화성시
공공기관
통합채용

NCS 직업기초능력평가
+ 일반상식(한국사 포함)

화성시
공공기관 통합채용
NCS 직업기초능력평가 + 일반상식(한국사 포함)

개정 2판 발행	2024년 5월 17일
개정 3판 발행	2024년 11월 11일

편 저 자	|	취업적성연구소
발 행 처	|	(주)서원각
등록번호	|	1999-1A-107호
주 소	|	경기도 고양시 일산서구 덕산로 88-45(가좌동)
대표번호	|	031-923-2051
팩 스	|	031-923-3815
교재문의	|	카카오톡 플러스 친구 [서원각]
홈페이지	|	goseowon.com

PREFACE

최근 많은 공사·공단에서는 기존의 직무 관련성에 대한 고려 없이 인·적성, 지식 중심으로 치러지던 필기전형을 탈피하고, 산업현장에서 직무를 수행하기 위해 요구되는 능력을 산업부문별·수준별로 체계화 및 표준화된 NCS를 기반으로 하여 채용 공고 단계에서 제시되는 '직무설명자료'상의 직업기초능력과 직무수행능력을 측정하기 위한 직업기초능력평가, 직무수행능력평가 등을 도입하고 있습니다.

화성시 공공기관에서도 업무에 필요한 역량 및 책임감과 적응력 등을 구비한 인재를 선발하기 위하여 NCS와 함께 일반상식 시험을 치르고 있습니다. 본서는 화성시 공공기관 통합채용 대비를 위한 필독서로 화성시 공공기관 일반상식 시험 출제 경향을 분석하여 응시자들이 보다 쉽게 출제 유형을 파악하고 효율적으로 대비할 수 있도록 구성하였습니다.

이책의 핵심!
• NCS평가 및 일반상식 연습문제
• 최근 시사, 경제·문화 및 한국사 상식
• 2021~2023년 일반상식 기출복원문제

신념을 가지고 도전하는 사람은 반드시 그 꿈을 이룰 수 있습니다.
처음에 품은 신념과 열정이 취업 성공의 그 날까지 빛바래지 않도록
서원각이 수험생 여러분을 응원합니다.

STRUCTURE

CHAPTER 01 — 2023년 하반기 기출복원문제

※ 2023년 하반기에 시행된 일반상식 기출문제의 일부 후기를 바탕으로 복원 및 재구성하였습니다.

1 대통령 임기 만료를 앞두고 나타난 권력누수 현상을 일컫는 말은?

① 레임덕
② 데드덕
③ 브로큰덕
④ 시팅덕
⑤ 마이티덕

✔ 해설 ② 데드덕: 권력공백 현상으로 사실상 가망이 없는 상황에서 사용된다.
③ 브로큰덕: 권력통제 불능상태. 말한다.
④ 시팅덕: 어수룩하여 이용당하거나 공격받기 쉬운 대상을 일컫는다.
⑤ 마이티덕: 임기가 끝날 때까지 무시받고 및 지적률이 유지되는 상태를 일컫는다.

2 '작은 별 변주곡」, 「돈 조반니」 등을 작곡한 고전파 음악가는?

① 바흐
② 드뷔시
③ 비발디
④ 모차르트
⑤ 브람스

✔ 해설 모차르트 … 오스트리아 잘츠부르크에서 태어나, 어렸을 때부터 뛰어난 재능으로 5세 때 소곡(小曲)을 작곡하였다. 전 유럽을 다니며 작곡하고 공연을 하다가 과로 10년간은 빈에 정착하여 하이든, 베토벤과 고전주의 음악을 완성했다.

3 조선시대 서울 도성의 사방에 세운 성문, 즉 서울의 4대문이 아닌 것은?

① 흥인지문
② 돈화문
③ 숭례문
④ 창의문
⑤ 숙정문

✔ 해설 4대문 … 궁을 중심으로 음양오행을 갖추고 동서남북에 세운 성문으로 흥인지문, 돈의문, 숭례문, 숙정문이다. 창의문(彰義門)은 4소문(4대문 사이의 작은 성문)으로, 4소문에는 창의문을 비롯하여 혜화문(惠化門), 광희문(光熙門), 소의문(昭義門)이 있다.

CHAPTER 01 — 시사

01 정치 · 행정 · 외교

☐ **국가유산청 ★★★**
국가유산기본법 시행에 따라 기존 문화재청이 국가유산청으로 출범하였다. 뿐만 아니라 천연기념물 · 지질유산 같은 자연유산의 종합적 · 전문적 보존 · 연구 · 활용을 위한 '국립자연유산원'도 설립된다. 또 현 대비슬품의 해외 반출 규제가 완화되고, 생성된 지 50년 미만 유산을 대상으로 하는 '예비문화유산' 제도도 시행된다. 또한 현재 80여 년이 지난 문화재 분류 체계가 현행 정부 범위와 시대 변화를 반영하는 데 한계가 있고, 현행 분류체계가 유네스코 기준과 서로 달라 국제 기준과 연계된 기준이 필요하며 문화재는 활동적 성격이 강하므로 미래의 가치까지 폭넓게 아우르는 유산이 적합하여, 국가유산기본법 등 13개 법률의 '문화재' 용어가 '국가유산' 등으로 일괄 변경되었다.

☐ **특별자치도 ★★**
대한민국 행정구역으로, 관련 특별법에 근거하여 고도의 자치권을 보장받는 구역이다. 특별자치도로 지정된 지역은 중앙정부로부터 많은 권한을 위임받는다. 현재 제주특별자치도, 강원특별자치도, 전북특별자치도가 있다.

☐ **몽고의 원칙 ★**
북방 한계선(NLL)의 경계선이 여러 관행과 역사에 따라 법 제도로 몽고되었다는 원칙으로 대한민국 정부가 북방 한계선 문제에 대해 주장하는 바이다.

✔ 해설 1953년 8월 30일 정전협정이 한성적 관리를 위해 양측 후 우리 군이 60여 년 동안 북한이 도발을 차단하고 수차례 교전을 통해 지켜온 실질적인 해상 경계선이이 무기가 실효되는 관할 해역이다. 동해 NLL은 지상의 군사분계선(MDL) 연장선을 기준으로 설정, 서해 NLL은 서해 5도 도서와 북한 지역과의 중간선을 기준으로 한강하구(우리부이의 서해5도선, 12개 최도를 연결하여 설정하였다.

☐ **하마평(下馬評) ★**
새롭게 관직에 오를 후보들에 대한 세간의 소문, 즉 정계 개편이나 개각, 인사이동 등이 있을 때마다 후보자에 관하여 미도는 풍설을 말한다. '꼴망에 오르다'와 같은 뜻으로 사용된다.

★ 출제예상문제
제시한 예시문제와 함께 다양한 유형의 예상문제를 다수 수록하여 실전에 대비할 수 있도록 구성하였습니다.

★ 상세한 해설
다양한 유형의 문제는 물론, 문제마다 꼼꼼한 해설을 첨부하여 이해도 높은 학습이 가능하도록 구성하였습니다.

★ 일반상식 기출복원문제
수험생들의 실제 후기를 바탕으로 2021~2023년 일반상식 기출문제 일부를 복원하여 수록하였습니다.

CONTENTS

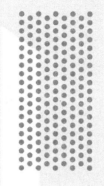

PART

01

일반상식
기출복원문제

CHAPTER 01

2024년 상반기 기출복원문제

※ 2024년에 시행한 일반상식 기출문제의 일부 후기를 바탕으로 복원 및 재구성하였습니다.

1 다음에서 설명하는 것으로 적절한 것은?

> • 1372년 승려 경한이 엮은 불교교리서
> • 세계에서 가장 오래된 금속 활자본
> • 상권과 하권으로 나뉘며 상권은 프랑스 국립도서관에 소장

① 무구정광대다라니경   ② 팔만대장경
③ 승정원일기   ④ 일성록
⑤ 직지심체요절

✔**해설** ⑤ 고려의 승려 경한(景閑)이 선(禪)의 요체(要諦)를 깨닫는 데 필요한 내용을 엮은 불교교리서에 해당한다. 정식서명은 「백운화상초록불조직지심체요절(白雲和尙抄錄佛祖直指心體要節)」이다.
    ① 세계에서 가장 오래된 목판 인쇄물에 해당한다. 1966년 석가탑에서 발견되었다.
    ② 고려시대에 간행된 불교경판으로 현재 유네스코 세계기록유산에 등재된 문화유산에 해당한다.
    ③ 조선시대 승정원이 취급한 문서와 사건을 기록한 일기에 해당한다.
    ④ 조선후기 국왕의 동정과 국정에 대한 사항을 수록한 정무일지에 해당한다.

2 IP, 이메일, 전화번호 등을 위조하여 사용자에게 신뢰할 수 있는 출처에서 온 것처럼 가장하여 속이는 행위를 일컫는 용어로 가장 적절한 것은?

① 랜섬웨어   ② 스푸핑
③ 디도스   ④ 파밍
⑤ 맨인더미들 공격

✔**해설** ① 랜섬웨어 : 악성 프로그램을 이용하여 사용자의 시스템이나 파일을 암호화하고 이를 풀어주는 대가로 금전을 요구하는 공격이다.
    ③ 디도스 : 여러 대의 장치를 통해서 특정 서버나 네트워크에 과부하를 일으켜 서비스가 정상적으로 운영되지 못하게 하는 공격이다.
    ④ 파밍 : 사용자가 정식 웹사이트에 접속하려고 할 때 공격자가 가짜 웹사이트로 유도하여 개인정보를 입력하도록 하는 방식이다.
    ⑤ 맨인더미들 공격 : 공격자가 사용자와 서버 간의 통신을 가로채어 정보 유출, 변조, 감청 등을 시도하는 공격을 의미한다.

3 다음 빈칸에 들어가는 사건으로 적절한 것은?

> 을미사변 → ( ) → 을사늑약

① 아관파천   ② 청일전쟁

③ 텐진조약   ④ 임오군란

⑤ 제물포조약

> ✔해설 ① 을미사변은 1895년 10월 8일에 일본세력이 명성황후를 시해한 사건이다. 1896년 2월 11일부터 1년 동안 고종황제가 러시아 공사관으로 피신한 사건은 아관파천에 해당한다. 을사늑약은 1905년 11월 25일 일본이 한국의 외교권을 박탈하기 위해서 강제로 체결한 조약에 해당한다.
> ② 1894년부터 1895년까지 청나라와 일본에서 한 전쟁을 의미한다.
> ③ 1858년 6월 러시아, 미국, 영국, 프랑스 등과 청나라가 맺은 조약에 해당한다.
> ④ 1882년 일본식 군제를 도입하는 것을 반항하기 위해서 일어난 구식 군대의 군란이다.
> ⑤ 1882년 임오군란으로 인해서 발생하게된 일본의 피해를 보상하는 등을 위한 조선과 일본의 조약이다.

4 5대양에 해당하지 않는 것은?

① 북극해   ② 남극해

③ 지중해   ④ 태평양

⑤ 대서양

> ✔해설 태평양, 대서양, 인도양, 북극해, 남극해는 5대양에 해당한다.

5 OPEC에 해당하지 않는 국가는?

① 베네수엘라   ② 이라크

③ 이란   ④ 사우디아라비아

⑤ 멕시코

> ✔해설 이라크, 이란, 사우디아라비아, 쿠웨이트, 베네수엘라 5대 석유 생산·수출국이 석유수출국기구(OPEC)에 해당한다.

Answer   1.⑤ 2.② 3.① 4.③ 5.⑤

6 G20 회원국에 포함되지 않는 국가는?

① 대한민국   ② 멕시코
③ 사우디아라비아   ④ 싱가포르
⑤ 유럽연합

> ✔해설 G20 회원국은 아르헨티나, 호주, 브라질, 캐나다, 중국, 프랑스, 독일, 인도, 인도네시아, 이탈리아, 일본, 멕시코, 러시아, 사우디아라비아, 남아프리카 공화국, 대한민국, 터키, 영국, 미국, 유럽연합(EU)이다.

7 이머징 마켓에서 개발 잠재력이 높으며 글로벌 투자자들의 관심을 받고 있는 시장인 VISTA에 해당하는 국가는?

① 중국   ② 스위스
③ 러시아   ④ 브라질
⑤ 베트남

> ✔해설 VISTA는 다섯 개의 국가를 지칭하는 약어로, 베트남(Vietnam), 인도(India), 남아프리카 공화국(South Africa), 터키(Turkey), 아르헨티나(Argentina)를 의미한다.

8 네옴시티에 대한 설명으로 옳지 않은 것은?

① 사우디아라비아의 북서부 홍해 인근 사막에 건설되는 도시이다.
② 석유 수출력을 강화하기 위한 도시에 해당한다.
③ AI와 IoT 같은 첨단 기술을 도시 전체에 적용한다.
④ 사우디 비전 2030의 일환에 해당한다.
⑤ 100% 재생 에너지로 운영되는 친환경 도시이다.

> ✔해설 ② 석유에 의존하지 않는 경제 구조로 전환하고, 글로벌 혁신 허브로 자리매김하려는 것을 목표로 한다.

9 우리나라에서 설립연도가 가장 오래된 영화제에 해당하는 것은?

① 대종상 영화제

② 청룡영화제

③ 부산국제영화제

④ 서울독립영화제

⑤ 전주국제영화제

> ✔ **해설** ① 대종상 영화제 : 1962년에 설립되었다. 한국 영화계를 대표하는 시상식에 해당한다. 한국 영화인 총연합회에서 주최한다.
> ② 청룡영화제 : 1963년에 설립되었다. 스포츠조선이 주최하는 시상식이다. 대중성과 예술성 모두를 고려한 시상을 한다.
> ③ 부산국제영화제 : 1996년에 설립되었다. 아시아 최대 규모의 국제영화제로, 세계 각국의 영화가 상영된다. 아시아 영화 및 감독들에게 주목받는 플랫폼으로 매년 10월 부산에서 개최한다.
> ④ 서울독립영화제 : 1975년에 설립되었으며 독립영화제로서의 정체성은 1999년부터 확립되었다.
> ⑤ 전주국제영화제 : 2000년에 설립되었으며 독립영화와 실험적인 영화를 중심으로 하는 영화제이다. 상업적인 영화보다는 예술성과 독창성이 뛰어난 영화들을 소개하는 데 중점을 둔다.

10 유치산업에 해당하지 않는 산업은?

① 정보기술(IT) 산업

② 재생에너지 산업

③ 항공우주 산업

④ 바이오 산업

⑤ 석유 산업

> ✔ **해설** ⑤ 이미 성숙하고 국제적으로 경쟁력이 확립된 산업은 유치산업에 해당하지 않는다. 그 중에 하나가 석유 산업에 해당한다. 보호무역 대상이 아니며 이미 강력한 경쟁력을 갖춘 상태이기 때문에 정부의 추가적인 보호나 지원이 필요하지 않다.
> ① 정보기술(IT) 산업은 초기 기술 개발과 연구에 많은 투자가 필요하기 때문에 국가 차원에서의 지원과 보호가 필요하다.
> ② 태양광, 풍력, 수소 에너지 같은 재생에너지 산업은 초기 단계에서 기술 개발과 인프라 구축에 막대한 비용이 들어간다.
> ③ 항공우주 산업은 대규모 자본 투자와 기술력이 요구되기 때문에 초기 단계에서 국가가 보호한다.
> ④ 바이오 분야는 초기 연구개발에 대한 비용이 크고 외국 기업과의 경쟁이 치열해 유치산업으로 보호받는다.

Answer 6.④ 7.⑤ 8.② 9.① 10.⑤

11 액체가 끓어 기체로 변하는 온도를 의미하는 용어는?

① 비등점

② 융점

③ 응고점

④ 임계점

⑤ 승화점

> **✔해설** ② 융점 : 고체가 열을 받아 액체로 변하는 온도이다.
> ③ 응고점 : 액체가 냉각되어 고체로 변하는 온도이다.
> ④ 임계점 : 물질이 액체와 기체의 구분이 없는 초임계 유체 상태로 변하는 온도와 압력의 조합이다.
> ⑤ 승화점 : 고체가 액체 상태를 거치지 않고 바로 기체로 변하는 온도이다.

12 국가별 전통의상을 틀리게 연결한 것은?

① 인도-갈라비아

② 베트남-아오자이

③ 필리핀-바롱 타갈로그

④ 스코틀랜드-킬트

⑤ 태국-쑤타이

> **✔해설** ① 인도에서 여성 전통의상은 사리(Sari), 남성은 쿠르타(Kurta)가 있다. 갈라비아(Galabeya)는 이집트의 전통의상에 해당한다.

13 조선시대 정조의 업적으로 적절하지 않은 것은?

① 규장각 설치

② 장용영 설치

③ 대동법 도입

④ 수원 화성 축조

⑤ 대전통편(大典通編) 편찬

> **✔해설** ③ 대동법을 도입한 것은 광해군에 해당한다.

14 공공 및 민간법인에서 이용하는 업무용 승용자동차에 대해 일반 등록번호판과 구별이 되도록 새로운 등록번호판에 사용되는 색은?

① 파랑색　　　　　　　　　　② 연녹색
③ 하얀색　　　　　　　　　　④ 노란색
⑤ 검정색

✔해설 「자동차 등록번호판 등의 기준에 관한 고시」에 따라 번호판에 적용되는 색상은 탈·변색이 취약한 색상이나 현재 사용 중인 색상을 제외하고 시인성이 높은 연녹색이다.

15 2023년 1월 기준 한국과 자유무역협정(FTA)가 발효된 국가에 해당하지 않는 곳은?

① 우즈베키스탄　　　　　　　② 호주
③ 페루　　　　　　　　　　　④ 싱가포르
⑤ 칠레

✔해설 ① 우즈베키스탄은 협상중인 FTA에 해당하며 발효되지 않았다.

16 부모나 가족의 명성에 영향을 받아 혜택을 거두는 이들을 의미하는 용어는?

① 네포베이비
② 핫마이크
③ 퍼레니얼
④ 슈퍼센티네리언
⑤ 요노족

✔해설 ① 네포베이비 : 족벌주의를 의미하는 네포티즘(nepotism)과 아이(baby)의 합성어에 해당한다.
② 핫마이크 : 각국 정상이나 정치인, 연예인 등의 유명인사가 마이크에서 실수로 험담을 하는 경우를 의미한다.
③ 퍼레니얼 : 트렌드나 나이에 상관없이 성장하고 발전하는 사람들을 의미한다.
④ 슈퍼센티네리언 : 나이가 100세를 넘기고서도 건강하게 장수하는 사람을 의미한다.
⑤ 요노족 : 꼭 필요한 것만 사고 필요하지 않은 물건을 절제하는 소비자를 의미한다.

Answer　11.①　12.①　13.③　14.②　15.①　16.①

17 고정되어 있고 예상이 불가능한 변화가 많은 소비를 의미하는 용어는?

① 솔리드 소비

② 디토소비

③ 가치 소비

④ 리퀴드 소비

⑤ 경험 소비

> ✔해설 ① 솔리드 소비 : 고정적이고 예상이 가능한 소비를 의미한다.
> ② 디토소비 : 자신과 취향이 비슷한 유명인의 제안을 따라서 구매하는 소비 트렌드에 해당한다.
> ③ 가치 소비 : 제품이나 서비스가 제공하는 가치를 주요하게 두고 소비를 하는 형태를 의미한다.
> ⑤ 경험 소비 : 물질적인 상품보다 여행, 공연, 전시 등의 경험을 중점적으로 소비하는 것이다.

18 디아스포라(Diaspora)의 본래의 의미에서 어떤 국가를 떠나서 외국에서 자국의 문화와 생활규범을 유지하며 사는 공동체인가?

① 이라크

② 이집트

③ 팔레스타인

④ 우즈베키스탄

⑤ 사우디아라비아

> ✔해설 ③ 팔레스타인을 떠나서 각 국가에서 살면서 자신의 정체성과 생활규범을 유지하면서 살아가는 공동체를 디어스포라(Diaspora)라고 한다.

19 비만치료제, 탈모방지의약품, 성장호르몬 등 삶의 질을 향상하는 데에 기여를 의약품을 의미하는 용어는?

① 디자이너 드러그

② 드러그 센서

③ 파티 드러그

④ 항정신병 약물

⑤ 해피 드러그

> ✔해설 ① 디자이너 드러그 : 불법 약물 화학 구조를 변형하여 만든 합성 마약을 의미한다.
> ② 드러그 센서 : 약물의 농도를 측정하는 바이오센서를 의미한다.
> ③ 파티 드러그 : 엑스터시 등과 같이 파티나 클럽에서 주로 사용되는 약물을 의미한다.
> ④ 항정신병 약물 : 조현병이나 양극성 장애와 같은 정신건강문제 치료를 위해 사용되는 약물이다.

20 당해 과세기간에 종합소득세가 있는 자가 신고 및 납부하야야 하는 달은?

① 1월

② 3월

③ 4월

④ 5월

⑤ 8월

> ✓ 해설 소득세법에 따라서 당해 과세기간에 종합소득금액이 있는 자는 다음해 5월 1일부터 5월 31일(성실신고 확인서 제출자는 6월 30일)까지 종합소득세를 신고 · 납부하여야 한다

2023년 하반기 기출복원문제

※ 2023년 하반기에 시행한 일반상식 기출문제의 일부 후기를 바탕으로 복원 및 재구성하였습니다.

1 대통령 임기 만료를 앞두고 나타난 권력누수 현상을 일컫는 말은?

① 레임덕
② 데드덕
③ 브로큰덕
④ 시팅덕
⑤ 마이티덕

✔해설 ② 데드덕 : 권력공백 현상으로 사실상 가망이 없는 상황에서 사용된다.
③ 브로큰덕 : 권력통제 불능상태 일컫는다.
④ 시팅덕 : 어수룩하여 이용당하거나 공격받기 쉬운 대상을 일컫는다.
⑤ 마이티덕 : 임기가 끝날 때까지 통치력 및 지지율이 유지되는 상태를 일컫는다.

2 「작은 별 변주곡」, 「돈 조반니」 등을 작곡한 고전파 음악가는?

① 바흐
② 드뷔시
③ 비발디
④ 모차르트
⑤ 브람스

✔해설 모차르트 … 오스트리아 잘츠부르크에서 태어나, 어렸을 때부터 뛰어난 재능으로 5세 때 소곡(小曲)을 작곡하였다. 전 유럽을 다니며 작곡하고 공연을 하다가 최후 10년간은 빈에 정착하여 하이든, 베토벤과 고전주의 음악을 완성했다.

3 조선시대 서울 도성의 사방에 세운 성문, 즉 서울의 4대문이 아닌 것은?

① 흥인지문
② 돈의문
③ 숭례문
④ 창의문
⑤ 숙정문

✔해설 4대문 … 궁을 중심으로 음양오행을 갖추고 동서남북에 세운 성문으로 흥인지문, 돈의문, 숭례문, 숙정문이다. 창의문(彰義門)은 4소문(4대문 사이의 작은 성문)으로, 4소문에는 창의문을 비롯하여 혜화문(惠化門), 광희문(光熙門), 소덕문(昭德門)이 있다.

4 규범이 혼란한 상태 또는 규범이 없는 상태의 사회 현상은?

① 퍼펙트 스톰
② 버블 현상
③ 광공해 현상
④ 블랙 아이스
⑤ 아노미 현상

> ✔해설 ① 퍼펙트 스톰 : 크고 작은 두 가지 이상의 악재가 동시발생하여 영향력이 더욱 커지는 현상으로, 초대형 경제위기를 의미한다.
> ② 버블 현상 : 일시적으로 경제가 활기를 띠는 것처럼 보이나 실제로는 기업생산이 위축되고 국민경제의 전체적인 부가 축적되지 않는 현상이다.
> ③ 광공해 현상 : 대기오염 물질과 인공 불빛으로 별이 시야에서 사라지는 현상을 말한다.
> ④ 블랙 아이스 : 기온이 갑작스럽게 내려갈 경우 도로 위에 녹았던 눈이 다시 얇은 빙판으로 얼어붙는 현상이다.

5 자신이 거주하는 지역에 사회기반시설이나 행정기관, 고용효과가 많은 대기업을 유치하려는 지역이기주의 현상은?

① 님비현상
② 님투현상
③ 핌피현상
④ 바나나현상
⑤ 임피현상

> ✔해설 ① 님비현상 : '내 뒷마당에서는 안 된다(Not In My Backyard)'는 뜻이다. 쓰레기 소각장, 방사능 폐기장, 공동묘지, 송전 탑, 유류저장소 등과 같은 혐오시설의 필요성을 인지하고 있으나 자신이 사는 근처 지역에 들어서는 것을 꺼리는 현상이다.
> ② 님투현상 : '나의 공직 재임기간 중에는 안 된다(Not In My Terms Of Office)'는 뜻이다. 공직자가 자신의 남은 임기 중 무리하게 일을 추진하지 않고 시간이 흐르기만을 안일하게 기다리는 현상을 말한다.
> ④ 바나나현상 : '어디에든 아무것도 짓지 마라(Build Absolutely Nothing Anywhere Near Anybody)'라는 뜻이다. 유해시설 설치 자체를 반대하는 것이다.
> ⑤ 임피현상 : 핌피와 유사하게, 세수원 확보 또는 지역발전에 커다란 영향을 미치는 행정구역조정이나 정수장 관리, 청사유치 등 자기 지역에 이득이 되는 시설을 유치·관할하려는 현상이다.

Answer 1.① 2.④ 3.④ 4.⑤ 5.③

6 사군자에 해당하지 않는 것은?

① 수선화   ② 매화
③ 난초   ④ 국화
⑤ 대나무

> ✔해설 사군자 ··· 매화, 난초, 국화, 대나무

7 제2차 세계대전 중 이루어진 미국이 주도한 원자폭탄제조계획 '맨해튼 프로젝트'를 이끈 물리학자는?

① 오펜하이머   ② 아벨슨
③ 테슬라   ④ 노벨
⑤ 퀴리

> ✔해설 맨해튼 프로젝트 ··· 제2차 세계대전 중 미국이 주도하고 영국과 캐나다가 공동으로 참여했던 핵폭탄 개발 프로젝트다. 이후 오펜하이머는 더 이상의 전쟁 관련 연구를 거부하고, 미국 정부가 추진하던 수소폭탄 계획에 대해서도 소극적이고 부정적인 입장을 표했다. 이로 인해 공산주의자로 몰리면서 모든 공직을 박탈당하기도 했다.

8 연극과 영화 등의 연기 · 분장 · 무대장치 · 의상 · 조명 등이 조화로운 상태로 화면 내의 모든 것들이 연기한다는 관점에서 영화적 미학을 추구하는 공간연출은?

① 맥거핀   ② 미장센
③ 시퀀스   ④ 방백
⑤ 독백

> ✔해설 ① 맥거핀 : 극의 초반부에 중요한 것처럼 등장했다가 사라져버리는 장치를 의미한다.
> ③ 시퀀스 : 쇼트(shot)들을 연속시켜 행위를 이루는 씬(scene)이 모여 하나의 자기 독립적 단위를 이루는 것을 말한다.
> ④ 방백 : 연극에서, 등장인물이 말을 하지만 무대 위의 다른 인물에게는 들리지 않고 관객만 들을 수 있는 것으로 약속되어 있는 대사를 말한다.
> ⑤ 독백 : 배우가 상대역 없이 혼자 말하는 행위 또는 그런 대사를 말한다.

9 다음 보기의 내용과 관련 있는 왕으로 옳은 것은?

> 미국 군대가 강화도를 침범하자 순무중군 어재영이 군사를 이끌고 광성보로 들어가서 배수진을 치고 방어하였다. 적군이 안개가 낀 틈을 타서 광성보를 넘어 밀려들어왔다. 어재연은 칼을 들고 싸우다가 칼이 부러지자 연환(鉛丸)을 쥐고 적들을 향해 던졌다. 연환이 다 떨어지자 적들은 그를 창으로 찔렀다.
>
> ─황현, 「매천야록」─

① 운요호 사건이 원인이 되었다.
② 외규장각 건물이 불타고 의궤를 약탈당했다.
③ 이후 전국 각지에 척화비가 세워졌다.
④ 병인박해가 일어나는 계기가 되었다.
⑤ 청군의 개입으로 종결되었다.

✔해설   보기는 신미양요(1871)에 대한 설명으로, 신미양요 이후 서양과의 통상수교를 반대하는 척화비를 전국 각지에 세웠다.
　① 제너럴 셔먼 호 사건이 원인이 되어 미국 함대가 강화도에 침입하였다.
　② 병인양요에 대한 설명이다.
　④ 1866년에 천주교를 박해한 사건으로, 이를 구실로 프랑스가 침략했다(병인양요).
　⑤ 임오군란, 갑신정변 때 청군의 개입으로 종결되었다.

10 의식적이고 고의적으로 사유재산을 파괴하고 생산설비 손상을 통한 노동자 쟁의행위는?

① 태업   ② 사보타주
③ 직장폐쇄   ④ 파업
⑤ 타임오프제

✔해설   ① 태업 : 표면적으로는 작업을 하면서 집단적으로 작업능률을 저하시켜 사용자에게 손해를 주는 쟁의행위이다. 쟁의 중 기계나 원료 등을 파괴하는 사보타주와는 다르다.
　③ 직장폐쇄 : 노사쟁의가 일어났을 때 사용자가 자기의 주장을 관철시키기 위하여 공장이나 작업장을 폐쇄하는 일을 말한다.
　④ 파업 : 노동자들이 자신들의 요구를 실현시키기 위해 집단으로 생산 활동이나 업무를 중단함으로써 맞서는 투쟁 방식이다.
　⑤ 타임오프제 : 노조전임자에 대한 사용자의 임금지급은 원칙적으로 금지하지만 노동자의 고충처리·노사 간의 단체교섭 준비 및 체결에 관한 활동·노동자의 산업안전에 관한 활동 등 노무관리 업무에 한해서 근무한 것으로 인정하여 근로시간에 대한 임금을 지급하는 제도이다.

Answer   6.①   7.①   8.②   9.③   10.②

11 종이 사이에 물감을 떨어뜨리고 종이를 접어서 눌렀다가 종이를 펴보면 대칭형의 무늬가 나타난다. 특수 종이 위에 어떠한 무늬를 찍어 얇은 막을 이루게 한 뒤 다른 표면에 옮기는 회화기법은?

① 프로타주 ② 프레스코
③ 마블링 ④ 데칼코마니
⑤ 에칭

> ✔해설 ① 프로타주 : 실물 위에 종이를 놓고 크레파스나 연필로 문질러 표현한다.
> ② 프레스코 : 회반죽 벽에 그려진 일체의 벽화기법이다.
> ③ 마블링 : 물에 유성 잉크를 떨어뜨리고 저은 후 종이를 얹어 찍어낸다.
> ⑤ 에칭 : 산의 부식작용을 이용하는 판화 방법으로, 금속과 반도체의 표면을 화학 처리하여 부식시킨다.

12 현대 사회의 부정적인 측면이 극단화한 암울한 미래상을 나타내는 용어는?

① 유토피아 ② 디스토피아
③ 포스트 아포칼립스 ④ 셰일펑크
⑤ 스팀펑크

> ✔해설 ① 유토피아 : 인간이 생각할 수 있는 최선의 상태를 갖춘 완전한 사회라는 뜻으로, 1515년 토머스 모어의 소설에서 유래되었다.
> ③ 포스트 아포칼립스 : 아포칼립스는 종말을 의미하며 대규모 전쟁이나 자연재해, 전염병 등으로 문명이 쇠락하고 최후에는 인류가 멸망하는 가상 세계관이다. 포스트 아포칼립스는 종말 이후의 세계를 의미한다. 암울하지만 문명이 존재하며 인류도 멸망하지 않는 디스토피아와는 다르다.
> ④ 셰일펑크 : 항해가 주를 이루었던 해적 시대에서 과학 기술이 비약적으로 발전한 가상시대를 뜻한다.
> ⑤ 스팀펑크 : 산업혁명 시기, 증기기관이 발전된 가상시대를 뜻한다.

13 동양에 대한 서구의 왜곡과 편견을 의미하는 용어는?

① 이데올로기 ② 데카당스
③ 오리엔탈리즘 ④ 딜레탕트
⑤ 레디메이드

> ✔해설 ① 이데올로기 : 사회 집단에 있어서 사상이나 행동, 생활방법을 근본적으로 제약하고 있는 관념이나 신조의 체계를 의미한다.
> ② 데카당스 : 19세기 후반 프랑스에서 시작되어 유럽 전역으로 전파된 퇴폐적인 경향 또는 예술운동을 가리킨다.
> ④ 딜레탕트 : 비직업적으로, 애호가(愛好家)의 입장에서 예술 제작을 하는 사람을 일컫는다.
> ⑤ 레디메이드 : 모던 아트에서는 오브제 장르 중 하나로, 실용적으로 만들어진 기성품이 최초의 목적에서 벗어나 별개의 철학적 의미를 갖게 된 것을 가리킨다.

14 성인이 되었지만 어른들의 사회에 적응하지 못하고 현실을 도피하기 위해 스스로를 어른이라고 인정하지 않고 거부하며 어린 아이에 머무르려고 하는 심리적인 증후군은?

① 살리에르 증후군   ② 램프 증후군

③ 번아웃 증후군   ④ 피터팬 증후군

⑤ 스마일마스크 증후군

> ✔해설 ① 살리에르 증후군 : 천재성을 가진 주변의 뛰어난 인물에게 질투와 시기, 열등감을 느끼는 증상을 말한다.
> ② 램프 증후군 : 실제로 일어날 가능성이 없는 일에 대해 마치 알라딘의 요술 램프의 요정 지니를 불러 내듯 수시로 꺼내 보면서 걱정하는 증상이다.
> ③ 번아웃 증후군 : 자신의 일과 삶에 보람을 느끼고 충실감에 넘쳐 열심히 일해 오던 사람이 돌연 슬럼 프에 빠져 신체적, 정서적인 극도의 피로감으로 인해 무기력증, 자기혐오 등 마치 연료가 다 타버린 (Burn) 것처럼 일할 의욕을 잃고 직장에 적응할 수 없게(Out) 되는 증상이다.
> ⑤ 스마일마스크 증후군 : 자신의 내면의 솔직한 감정을 숨기고 발산하지 못해 심리적으로 불안한 상태를 말한다. 대부분의 감정 노동자들이 겪고 있다.

15 민속 음악의 장단에서 가장 빠른 순서는?

① 진양조   ② 중모리

③ 중중모리   ④ 자진모리

⑤ 휘모리

> ✔해설 휘모리(가장 빠름)−자진모리−중중모리−중모리−진양조(가장 느림)

16 다음 중 피아노 3중주 악기로 옳은 것은?

① 피아노, 비올라, 바이올린   ② 피아노, 비올라, 오보에

③ 피아노, 오보에, 첼로   ④ 피아노, 첼로, 바이올린

⑤ 피아노, 바리톤, 플루트

> ✔해설 보통 피아노 3중주 악기는 피아노, 첼로, 바이올린을 뜻한다. 현악 3중주는 바이올린, 비올라, 첼로, 플 루트 3중주는 플루트, 바이올린, 첼로, 목관 3중주는 플루트, 오보에, 바순이다.

17 의사결정과 실행 이후 회수할 수 없는 비용은?

① 매몰비용

② 기회비용

③ 한계비용

④ 잠재적 비용

⑤ 명시적 비용

> ✔ 해설 ② 기회비용 : 선택으로 인해 포기된 기회들 가운데 가장 큰 가치를 갖는 기회 자체 또는 그러한 기회가 갖는 가치를 말한다.
> ③ 한계비용 : 생산물 한 단위를 추가로 생산할 때 필요한 총비용의 증가분을 말한다.
> ④ 잠재적 비용 : 당장 가시적으로 나타나진 않지만 장기적으론 기업의 비용으로 인식될 수 있는 비용을 말한다.
> ⑤ 명시적 비용 : 사업을 하면서 생산요소나 그 외의 비품 구입에 실제로 지불한 금액으로, 회계적 비용 이라고도 한다.

18 경제적 자립을 토대로 부를 축적해 40대 초반에 자발적 조기은퇴를 추진하는 사람들을 일컫는 말은?

① 파이어족

② 통크족

③ 코쿠닝족

④ 잡홉핑족

⑤ 인스피리언족

> ✔ 해설 ② 통크족 : 자녀에게 부양받기를 거부하고 부부끼리 독립적으로 생활하는 노인세대를 일컫는다.
> ③ 코쿠닝족 : 자신만의 안식처에 숨어 여가시간과 휴식을 적극적으로 보내는 사람들을 일컫는다.
> ④ 잡홉핑족 : 통상 2 ~ 3년을 단위로 직장을 자주 옮기는 사람들을 지칭한다.
> ⑤ 인스피리언족 : 집 안에 헬스룸, 게임룸, 영화룸 등을 갖추는 등 외부의 경험을 집 안으로 들여와 삶을 영위하는 사람들을 일컫는다.

19 곡물가격의 상승으로 일반 물가가 상승하는 현상은?

① 베지플레이션

② 애그플레이션

③ 스킴플레이션

④ 슈링크플레이션

⑤ 기대인플레이션

> **해설** ① 베지플레이션 : 채소 값이 폭등하며 새롭게 등장한 용어로 채소류 가격 급등에 따른 물가 상승을 의미한다.
> ③ 스킴플레이션 : 수급이 원활하지 못하다보니, 물가는 상승하고 비용이 증가하면서 기업은 인건비를 줄이거나 상품이나 서비스 질이 저하를 부추기는 상황을 의미한다. 대표적인 예로 패스트푸드 업체에서 수급 문제로 인해 양상추 대신 양배추를 제공하기도 했다.
> ④ 슈링크플레이션 : 가격은 유지하면서 제품 크기나 수량을 줄이거나 품질을 낮춰 사실상 값을 올리는 효과를 거두는 전략이다.
> ⑤ 기대인플레이션 : 기업 및 가계 등의 경제주체들이 현재 알고 있는 정보를 바탕으로 예상하는 미래의 물가상승률이다.

20 다음이 설명하는 화가는?

> 프랑스 후기 인상파의 대표적인 화가로, 프랑스에서 머물다가 태평양 타히티 섬으로 거처를 옮긴 후 원주민의 생활상이나 종교 등을 소재로 그림을 그렸으며 현실과 비현실을 종합적으로 구성하고 묘사하며 강렬한 원색을 사용하였다는 특징이 있다. 이후 상징주의와 야수파에 영향을 주기도 했다.

① 고갱

② 고흐

③ 피사로

④ 렘브란트

⑤ 라파엘로

> **해설** 고갱 … 프랑스 파리 출생인 그는 화가로서 생활이 어려워지자 문명을 부정하고 원시를 그리워하며 당시 프랑스의 식민지였던 타히티 섬으로 떠나 그곳에서 그림을 그렸다.

Answer 17.① 18.① 19.② 20.①

CHAPTER 03

2023년 상반기 기출복원문제

※ 2023년 상반기에 시행한 일반상식 기출문제의 일부 후기를 바탕으로 복원 및 재구성하였습니다.

1 상평통보에 대한 설명으로 옳은 것은?

① 경복궁 중건을 위한 재정 확충으로 발행되었다.

② 당나라를 모방하여 만든 것으로 최초의 화폐이다.

③ 법화로 발행되어 상업의 발달과 함께 전국적으로 유통되었다.

④ 근대 조폐 기관인 전환국에서 발행한 화폐이다.

⑤ 은으로 만들어졌으며 우리나라 지형을 본뜬 모양이다.

> **해설** 상평통보 … 조선 인조 때 최초로 시험 주조되었다가 조선 숙종 때 다시 주조되어 상업의 발달과 함께 전국적인 유통에 성공하였다.
> ① 흥선대원군 집권 시기 당백전에 대한 설명이다. 상평통보의 100배가량 되는 가치였고 이는 물가상승을 야기하였다.
> ② 고려 성종 때 주조된 철전에 대한 설명이다. 유통에는 실패하였다.
> ④ 구한말 전환국에서 발행한 백동화에 대한 설명이다. 액면가 2전 5푼이다.
> ⑤ 고려 숙종 때 은으로 우리나라 지형을 본따 만든 활구에 대한 설명이다.

2 일상생활에서 생긴 폐품이나 버려진 잡동사니를 소재로 제작하는 미술은?

① 팝아트   ② 옵아트

③ 정크아트   ④ 키넥티 아트

⑤ 라이트 아트

> **해설** ① 팝아트 : 전통적 예술개념을 타파한 미술 운동으로 1960년대 초엽에 뉴욕을 중심으로 출현하였다. 대표 인물로 앤디워홀이 꼽힌다.
> ② 옵아트 : 옵티컬 아트(Optical Art), 즉 기하학적 형태나 색채의 장력을 이용하여 시각적 착각을 다룬 추상미술이다. 팝아트의 상업주의와 지나친 상징성에 대한 반동적 성격으로 탄생하였다.
> ④ 키넥티 아트 : 어떠한 수단이나 방법에 의하여 움직임(動)을 나타내는 작품의 총칭으로, 움직임을 중시하거나 그것을 주요소로 한다. 작품 그 자체가 움직이거나 움직이는 부분이 조립되었다는 점이 시각적인 변화를 나타내는 옵아트와 다르다고 할 수 있다.
> ⑤ 라이트 아트 : 1960년대에 빛의 효과를 적극적으로 살려, 새로운 시각적 이미지를 창조해 내려는 의도에서 다양한 방법으로 시도된 미술 운동으로, '빛의 예술'이라는 뜻이다.

3 산 정상에 올랐을 때 귀가 먹먹해지는 현상과 관련이 있는 법칙은?

① 샤를의 법칙   ② 보일의 법칙

③ 피츠의 법칙   ④ 벤포드의 법칙

⑤ 아보가드로의 법칙

> ✔해설 보일의 법칙 … 압력이 증가하면 부피가 감소하고 압력이 감소하면 부피가 증가한다는 법칙이다. 즉 압력이 높으면 기체 입자 사이 간격이 좁아져서 부피가 작아지고, 압력이 작아지면 간격이 넓어지면서 부피가 커지는 것이다.
> ① 샤를의 법칙 : 온도가 증가하면 부피가 증가하고, 온도가 감소하면 부피가 감소한다는 법칙이다. 뜨거운 물에 찌그러진 탁구공을 넣었을 때 부풀면서 펴지는 현상이 샤를의 법칙이다.
> ③ 피츠의 법칙 : 목표물의 크기가 작고 움직이는 거리가 증가할수록 운동 시간이 증가한다는 법칙이다.
> ④ 벤포드의 법칙 : 실제 존재하는 많은 수치 데이터의 10진법 값에서 첫째 자리 확률 분포를 관찰했을 때 첫째 자리 숫자가 작을 확률이 크다는 법칙이다.
> ⑤ 아보가드로의 법칙 : 동일한 온도와 압력하에 모든 기체는 같은 부피 속 같은 수의 분자를 갖는다는 법칙이다.

4 우리나라 최초의 한글 소설은?

① 불놀이   ② 홍길동전

③ 금오신화   ④ 공무도하가

⑤ 해에게서 소년에게

> ✔해설 ① 우리나라 최초 자유시
> ③ 우리나라 최초 한문 소설
> ④ 우리나라 최초 서정시
> ⑤ 우리나라 최초 신체시

5 박물관이나 미술관 등에서 관람객들에게 전시 작품을 설명하는 안내인은?

① 학예사   ② 아카이브

③ 시츠프로브   ④ 도슨트

⑤ 큐레이터

> ✔해설 ①⑤ 학예사와 큐레이터는 같은 뜻으로, 박물관이나 미술관에서 재정 확보, 유물 관리, 자료 전시, 홍보 활동 따위를 하는 사람을 일컫는다.
> ② 개인이나 단체가 보존 가치가 있는 소장품 또는 기록물, 자료 등을 보관하고 관리하는 것을 일컫는다.
> ③ 주로 뮤지컬이나 오페라 공연에 사용하는 용어로, 공연 개막 전 배우들과 오케스트라 연주자들이 모여 합을 맞추는 연습을 의미한다.

Answer   1.③   2.③   3.②   4.②   5.④

6 전염병이 전 세계적으로 크게 유행하는 현상은?

① 엔데믹   ② 팬데믹

③ 트윈데믹   ④ 에픽데믹

⑤ 멀티데믹

> ✔해설 ① 엔데믹 : 팬데믹이 끝나고 감염병이 풍토병으로 정착되는 것을 말한다.
> ③ 트윈데믹 : 비슷한 두 가지 질병이 동시에 유행하는 상황을 일컫는다.
> ④ 에픽데믹 : 특정 지역에서만 발생하는 감염병이다.
> ⑤ 멀티데믹 : 여러 가지 호흡기 감염병이 동시에 유행하는 상황을 일컫는다.

7 뇌가 첨단 디지털기기에 익숙해져 현실에 무감각해지거나 무기력해지는 현상은?

① 디지털 치매   ② 노모포비아

③ 팝콘 브레인   ④ 디지털 노마드

⑤ VDT 증후군

> ✔해설 ① 디지털 치매 : 디지털 기기에 지나치게 의존한 나머지 기억력과 계산 능력이 크게 저하된 상태이다.
> ② 노모포비아 : 휴대폰을 소지하고 있지 않으면 불안함을 느끼는 현상을 일컫는다.
> ④ 디지털 노마드 : 가지고 있는 디지털 장비로 장소에 구애받지 않고 일하는 사람들을 가리키는 용어이다.
> ⑤ VDT 증후군 : 스마트폰이나 컴퓨터 모니터와 같은 영상 기기를 오랫동안 사용해 생기는 눈의 피로,
> 어깨·목 통증 등 증상을 통칭한다.

8 인공지능(AI) 기술을 이용해 인물의 얼굴 등을 특정 영상에 합성한 편집물은?

① 스트리밍   ② 커넥트카

③ 텔레매틱스   ④ 딥페이크

⑤ 웨어러블

> ✔해설 ① 스트리밍 : 다운로드 없이 인터넷이나 음성, 영상 등 실시간으로 재생하는 기법을 말한다.
> ② 커넥티드 카 : 통신망에 연결된 자동차로, 다른 차량이나 교통 및 통신 인프라, 보행자 단말 등과 실
> 시간으로 통신하며 운전자의 편의와 교통 안전을 돕는다.
> ③ 텔레매틱스 : 자동차와 무선통신을 결합한 신개념 차량 무선인터넷 서비스를 말한다.
> ④ 웨어러블 : 안경이나 시계, 의복 등 일상생활에서 신체에 착용 가능한 형태의 기기를 말한다.

9 자신의 목적을 이루기 위해 상대방의 심리나 상황을 통제하고 스스로를 의심하게끔 조종하는 행위는?

① 자이가르닉 효과　　　　　　　　② 뜨거운 손 현상

③ 가스라이팅　　　　　　　　　　　④ 초두 효과

⑤ 뮌하우젠 증후군

> ✔️해설 가스라이팅 … 연극 「가스등(gas light)」에서 유래된 정신적 학대를 일컫는다. 피해자는 자존감과 판단 능력을 잃고 이러한 과정에서 사회적으로 고립되고 정신력이 약해져 가해자에게 더욱 의존하게 된다. 가해자는 피해자를 위한다는 명목으로 가스라이팅을 하기 때문에 피해자 대부분은 자신이 가스라이팅을 당하고 있다는 사실을 인지하기 어렵다.
> ① 자이가르닉 효과 : 마치지 못한 일을 마음속에서 쉽게 지우지 못하는 현상을 말한다. 일이 해결되지 않으면 불편한 마음이 지속되어 잔상이 오래 남을 수 있는데, 첫사랑을 쉽게 잊지 못하는 것도 자이 가르닉 효과에 해당한다.
> ② 뜨거운 손 현상 : 이전 슛을 성공한 농구선수가 다음 슛 역시 성공할 것이라고 믿는 현상으로, 이번의 성공이 다음으로도 이어질 것이라고 믿는 인지적 편향을 말한다.
> ④ 초두 효과 : 처음에 입력된 정보가 나중에 습득하는 정보보다 더 영향력을 미치는 현상이다. 첫 만남에 느낀 인상, 분위기, 외모 등이 그 사람에 대한 고정관념을 형성하여 작용하는 것으로 '첫인상 효과'라고도 불린다.
> ⑤ 뮌하우젠 증후군 : 아프다고 거짓말하거나 자해를 통해 타인의 관심, 동정심을 유발하려는 정신질환이다.

10 수원 화성에 대한 설명으로 옳지 않은 것은?

① 정약용이 거중기를 설계하여 건설하였다.

② 정치적 이상을 실현하는 상징적 도시로 육성하였다.

③ 행차 시 이용할 수 있는 한강 배다리를 설치하였다.

④ 고종은 아관파천 후 이곳으로 환궁하였다.

⑤ 사도세자의 묘를 이곳으로 이장하였다.

> ✔️해설 고종은 아관파천 후 경운궁(덕수궁)으로 환궁하였다.

11 최초의 경험임에도 이미 경험한 적이 있는 것처럼 느껴지는 현상은?

① 데자뷔

② 클리셰

③ 디졸브

④ 자메뷔

⑤ 자각몽

> ✔ 해설 ② 클리셰 : 진부한 표현이나 고정관념, 예측가능한 뻔한 설정 등을 일컫는다.
> ③ 디졸브 : 한 화면이 사라지는 동시에 다른 화면이 점차 나타나는 장면 전환 기법이다.
> ④ 자메뷔 : 평소 익숙했던 것들이 갑자기 생소하게 느껴지는 현상으로 '데자뷔'의 반대 현상이다.
> ⑤ 자각몽 : 스스로 꿈을 꾸고 있다는 것을 자각한 채 꿈을 꾸는 현상이다.

12 제2차 세계대전이 공식적으로 발발했음을 알리는 사건은?

① 베르사유 조약 체결

② 일본의 진주만 공습

③ 스탈린그라드 전투

④ 독일의 폴란드 침공

⑤ 노르망디 상륙작전

> ✔ 해설 ① 베르사유 조약 체결 : 베르사유 조약은 제1차 세계 대전 후 체결된 조약이다.
> ② 일본의 진주만 폭격 : 일본은 미국 태평양 함대를 무력화하여 동남아를 지배하고 석유를 얻기 위한 목적 등으로 공습하였고, 이 일로 미국은 제2차 세계 대전에 참전하였다.
> ③ 스탈린그라드 전투 : 제2차 세계대전의 전환점이라고 할 수 있는 전투로, 독일군의 첫 번째 대패였으며 소련으로의 진격을 중단시켰다.
> ⑤ 노르망디 상륙작전 : 제2차 세계대전 중 연합군이 프랑스 노르망디 지역을 침공한 작전으로 독일군 패배의 결정적인 계기가 되었다.

13 정부 지출을 늘릴 경우 지출한 금액보다 많은 수요가 창출되는 현상은?

① 승수효과

② 스놉 효과

③ 앵커링 효과

④ 베블런 효과

⑤ 더닝 크루거 효과

> ✔ 해설 ② 스놉 효과 : 특정 상품에 대한 사람들의 소비가 증가하면 오히려 수요가 줄어드는 소비 현상이다.
> ③ 앵커링 효과 : 결정을 내릴 때 첫 번째 정보가 기준이 되어 이후 판단에 왜곡 또는 편파적인 영향을 미치는 현상이다.
> ④ 베블런 효과 : 가격이 오르는데도 일부 고소득층의 소비 과시욕이나 허영심 등으로 수요가 줄어들지 않는 현상이다.
> ⑤ 더닝 크루거 효과 : 능력 없는 사람이 잘못된 결정을 내려 부정적인 결과에 도달하더라도 무지하고 무능하여 실수를 알아차리지 못하는 현상을 말한다.

14 4차 산업혁명의 핵심 기술을 적극적으로 도입하여 제조업의 미래를 혁신적으로 이끌고 있는 공장은?

① 온톨로지

② 등대공장

③ 스마트 그리드

④ 스마트 팩토리

⑤ 3GPP

> ✔해설 등대공장 … 사물인터넷(IoT), 인공지능(AI), 빅데이터 등 4차 산업혁명의 핵심 기술을 적극적으로 도입하여 제조업의 미래를 혁신적으로 이끌고 있는 공장을 말한다. 세계 경제 포럼(WEF)이 2018년부터 선정하고 있으며, 한국은 2019년 7월에 포스코가 처음으로 등대공장에 등재되었다.
> ① 온톨로지 : 사물 간의 관계와 개념을 컴퓨터에서 활용 가능한 형태로 표현하는 것이다.
> ③ 스마트 그리드 : 전력 공급자와 소비자가 실시간으로 정보를 교환함으로써 에너지 효율을 최적화하는 차세대 지능형 전력망이다.
> ④ 스마트 팩토리 : 설계 · 제조 · 유통 등 생산 과정에 정보통신기술(ICT)를 접목한 지능형 공장이다.
> ⑤ 3GPP : 무선 통신 관련 국제 표준을 제정하기위해 1998년에 창설된 이동통신 표준화 기술협력 기구이다.

15 탐미적 경향, 전통의 부정, 퇴폐, 비도덕성을 특징으로 하며 19세기 프랑스와 영국에서 유행한 문예 경향은?

① 보헤미안

② 모더니즘

③ 맥시멀리즘

④ 아방가르드

⑤ 데카당스

> ✔해설 ① 보헤미안 : 세속적인 규범이나 행동양식에 따르지 않고 자유분방함을 추구하는 사람 또는 삶을 일컫는다.
> ② 모더니즘 : 근대적인 감각을 나타내는 예술 경향으로, 표현주의, 미래주의, 다다이즘, 형식주의 등 감각적이고 추상적이며 초현실적인 경향의 여러 운동을 가리킨다.
> ③ 맥시멀리즘 : 화려한 색상, 과장된 장식의 문화예술적 경향을 일컫는다.
> ④ 아방가르드 : 기존 예술에 대한 인식, 가치를 부정하고 새로운 예술 개념을 추구하는 예술운동(표현주의, 입체주의, 초현실주의, 다다이즘, 미래주의)을 총칭한다.

16 르네상스 시대 때 변성기가 오기 전 거세하여 소년의 목소리를 유지한 남자 가수는?

① 카스트라토　　　　　　　　　② 카운터테너
③ 드라마티코　　　　　　　　　④ 벨칸토
⑤ 팔세토

> ✔해설　② 카운터테너 : 6 ～ 8세 남자 아이를 거세해 변성기를 거치지 않도록 하는 카스트라토와는 다르게 정상
> 　　　　적으로 변성을 거친 남성이 가성을 이용해 소프라노의 음역을 구사하는 것이다.
> 　　　③ 드라마티코 : 넓은 음역과 풍부한 음량으로 극적인 표현이 가능한 오페라의 소프라노 기법 중 하나이다.
> 　　　④ 벨칸토 : 음색의 아름다움을 강조하는 이탈리아의 가창법이다.
> 　　　⑤ 팔세토 : 성악에서 두성을 사용하는 고성부보다 더 높은 소리를 내는 기법이다.

17 제시된 정보가 추후 알게 된 정보보다 더 강력한 영향을 미치는 효과로, 대인관계에서는 첫인상이 고정관념을 형성하여 적용하는 것은?

① 후광 효과　　　　　　　　　② 낙인 효과
③ 초두 효과　　　　　　　　　④ 스노브 효과
⑤ 피그말리온 효과

> ✔해설　① 후광 효과 : 외모에서 좋은 인상을 받았을 경우 그 사람의 성격 등을 좋게 평가하는 등 어떤 대상을
> 　　　　평가할 때에 어느 한 측면의 특질이 다른 특질에까지도 영향을 미치는 것을 말한다.
> 　　　② 낙인 효과 : 특정인이 타인으로부터 부정적인 낙인이 찍혔을 때, 실제로 그렇게 되는 현상을 말한다. '
> 　　　　스티그마 효과'라고도 한다.
> 　　　④ 스노브 효과 : 특정 상품을 소비하는 사람이 많아지면 그 상품에 대한 수요가 감소하는 심리 현상을
> 　　　　말한다.
> 　　　⑤ 피그말리온 효과 : 타인의 긍정적인 기대와 관심이 좋은 영향을 미치는 효과를 말한다.

18 입체파 화가가 아닌 인물은?

① 세잔　　　　　　　　　　　② 브라크
③ 피카소　　　　　　　　　　④ 고흐
⑤ 후안그리스

> ✔해설　입체파(큐비즘) … 20세기 초 프랑스 서양 미술 표현 양식으로, 여러 가지 형태를 입체 조각으로 표현하
> 　　　고, 여러 시점의 형태를 조합한다는 특징이 있다. 고흐는 후기 인상주의 화가에 해당한다.

19 존경의 표시로 다른 작품을 일부러 모방하는 것은?

① 표절

② 오마주

③ 패러디

④ 리메이크

⑤ 샘플링

> ✔해설 ① 표절 : 다른 사람의 저작물의 일부 또는 전부를 몰래 가져다 쓰는 행위이다.
> ③ 패러디 : 특정 작품의 소재나 문체를 흉내내어 익살스럽게 표현하는 수법 혹은 작품이다.
> ④ 리메이크 : 이미 발표된 작품을 부분적인 수정을 가하여 다시 만드는 것이다.
> ⑤ 샘플링 : 기존의 팝, 클래식 음반의 연주 음원을 그대로 따서 쓰는 음악기법을 말한다.

20 디지털 콘텐츠의 불법 복제 및 변조, 배포 등 무단 사용을 막아 저작권을 보호하는 기술은?

① CDN

② DRM

③ DAS

④ FNS

⑤ OCR

> ✔해설 DRM … 디지털 콘텐츠의 저작권을 보호하는 기술이다. 기업 내 문서 보안과 저작권 관리 기술이 포함된다.
> ① CDN : 용량이 큰 콘텐츠를 인터넷망에서 빠르고 안정적으로 전달해주는 콘텐츠 전송망을 말한다.
> ③ DAS : 빅데이터 기술을 활용하여 범죄를 예방하기 위해 개발된 범죄 감시 시스템 중 하나로, 사생활 침해라는 목소리도 있지만, 사례를 통해 범죄 예방에 효과가 있다는 사실을 증명하기도 했다.
> ④ FNS : 폐쇄형 SNS 중 하나로 가족 중심의 네트워킹 서비스이다.
> ⑤ OCR : 광학적 문자 판독 장치로, 세금이나 영수증에 많이 사용되는 기술이다. 문자를 빛에 비추고, 그 반사 광선을 전기 신호로 바꾸어 컴퓨터에 입력한다. 광 스캐너와 전용 소프트웨어를 사용한다.

2022년 기출복원문제

※ 2022년에 시행한 일반상식 기출문제의 일부 후기를 바탕으로 복원 및 재구성하였습니다.

1 MZ세대에 관한 설명으로 옳지 않은 것은?

① SNS를 기반으로 유통시장에서 강력한 영향력을 발휘하는 소비 주체이다.

② 오프라인보다 온라인이 익숙한 세대다.

③ 집단보다는 개인의 행복을, 소유보다는 공유를 중시하는 특징이 있다.

④ 미래보다는 현재를 중시하는 성향을 가진 이들이 많다.

⑤ 1990년대 중반부터 2010년대 중반에 출생한 세대다.

> ✔해설 1980년 초반부터 2000년대 출생한 '밀레니얼 세대'와 1990년대 중반부터 2000년대 출생한 'Z세대'를 통칭하여 MZ세대라고 한다.

2 산소 원자 1개와 수소 원자 2개로 이루어진 무기화합물을 무엇이라 하는가?

① 암모니아

② 질산

③ 이산화탄소

④ 물

⑤ 이산화황

> ✔해설 물…산소 원자(O) 1개와 수소 원자(H) 2개가 하나로 이루어진 무기화합물로 H_2O로 표기한다.

3 천문학에서 쓰이는 단위로 진공에서 빛이 1년 동안 이동한 거리를 무엇이라 하는가?

① 순행

② 광년

③ 광도

④ 만월

⑤ 선폭

> ✔해설 광년 … 천문학에서 쓰이는 거리의 단위로 빛이 진공에서 1년 동안 이동하는 거리를 말한다. 또한 천문 단위(AU) 및 파섹(pc)와 같이 천체간 거리를 확인하기 위해 사용되어진다.

4 타인의 관심이나 기대로 인해 능률이 오르거나 결과가 좋아지는 현상으로 그리스신화에 나오는 조각가의 이름에서 유래한 심리학 용어를 무엇이라고 하는가?

① 피그말리온 효과

② 디드로 효과

③ 넛지 효과

④ 루핑 효과

⑤ 베르테르 효과

> ✔해설 피그말리온 효과(Pygmalion Effect) … 타인의 관심이나 기대로 인해 능률이 오르거나 결과가 좋아지는 현상으로 그리스신화에 나오는 조각가 피그말리온의 이름에서 유래한 심리학 용어로 '로젠탈효과'라고도 한다.
> ② 디드로 효과(Diderot Effect) : 하나의 제품을 구입하면 그 제품과 연관된 제품을 연속적으로 구입하게 되는 현상으로 소비자는 단순히 기능적인 연관성뿐만 아니라 제품과 제품사이에 정서적 동질성을 느껴서 구입하게 된다.
> ③ 넛지 효과(Nudge Effect) : 인간 행동에 대한 적절한 이해를 바탕으로 타인의 행동을 유도하는 부드러운 개입을 뜻하는 말이다.
> ④ 루핑 효과(Looping Effect) : 사람들이 이전에 관심이 없다가 새로운 사실을 인식하게 되면 이러한 사실들이 상호작용하게 되어 사람이 변해 새로운 사실에 영향을 받은 다른 종류의 사람이 만들어지는 현상을 말한다.
> ⑤ 베르테르 효과(Werther Effect) : 유명인이나 자신이 롤 모델로 삼고 있던 사람이 자살할 경우, 자신과 동일시해서 자살을 시도하는 현상을 말한다.

Answer 1.⑤ 2.④ 3.② 4.①

5 피카소의 대표 작품 중 하나로 스페인에서 일어난 내전을 배경으로 만들어진 이 작품은 무엇인가?

① 미제레레
② 별이 빛나는 밤
③ 게르니카
④ 나와 마을
⑤ 바이올린이 있는 정물

> ✔해설 게르니카 … 1937년에 제작된 피카소의 대표 작품 중 하나로 스페인에서 일어난 에스파냐 내전 중 게르
> 니카라는 마을에서 일어난 폭격을 배경으로 만들어졌으며 전쟁의 참혹성을 표현한 작품이다.

6 태양계의 행성 중 태양에서 4번째로 가까이에 있는 행성은 무엇인가?

① 금성
② 화성
③ 목성
④ 토성
⑤ 해왕성

> ✔해설 태양계의 행성은 수성, 금성, 지구, 화성, 목성, 토성, 천왕성, 해왕성 순서대로 태양과 가까이 있으며 태
> 양 주변를 공전한다.

7 알렉스 오스본에 의해 알려진 기법으로 특정 주제의 대안을 찾기 위해 여러 구성원들이 자유롭고 독
창적인 아이디어를 제시하여 문제를 해결하기 위한 회의 방식을 무엇이라 하는가?

① 브레인토킹
② 브레인커팅
③ 브레인플래닝
④ 브레인스토리
⑤ 브레인스토밍

> ✔해설 브레인스토밍(brainstorming) … 특정 주제의 대안을 찾기 위해 여러 구성원들이 자유롭고 독창적인 아
> 이디어를 제시하여 문제를 해결하기 위한 회의 방식이다. 이는 알렉스 오스본에 의해 알려진 기법으로
> 짧은 시간동안 다양한 아이디어를 창출해낼 수 있다는 장점이 있다.

8 온실가스를 흡수하기 위해서 배출한 이산화탄소의 양을 계산하고 탄소의 양만큼 나무를 심거나 풍력·태양력 발전과 같은 청정에너지 분야에 투자해 오염을 상쇄시킨다는 개념을 가진 용어를 무엇이라고 하는가?

① 탄소배출권   ② 탄소중립
③ 탄소 발자국   ④ 그린뉴딜
⑤ 생태발자국

> ✔해설 탄소중립 … 온실가스를 흡수하기 위해서 배출한 이산화탄소의 양을 계산하고 탄소의 양만큼 나무를 심거나 풍력·태양력 발전과 같은 청정에너지 분야에 투자해 오염을 상쇄시킨다는 개념으로 "탄소제로"라고도 한다.

9 제1회 월드컵 개최국은 어디인가?

① 미국   ② 일본
③ 카타르   ④ 호주
⑤ 우루과이

> ✔해설 제1회 월드컵은 1930년 7월 13 ~ 30일까지 19일 동안 우루과이의 수도 몬테비데오의 3개 경기장에서 진행되었다. 개최국인 우루과이가 우승하고 아르헨티나가 준우승, 미국이 3위를 차지했다.

10 무력화된 경제 침체 상황에서 경기부양을 위해 여러 정책을 시행하였음에도 반응을 하지 않는 경제주체로 인해 경기 침체가 계속되는 현상은?

① 좀비경제   ② 거품경제
③ 마냐나 경제   ④ 고압경제
⑤ 저압경제

> ✔해설 ② 거품경제 : 내재가치에 비해 시장가격이 과대평가된 경제상태이다.
> ③ 마냐나경제 : 경제의 앞날을 지나치게 낙관적으로 보는 경제관을 일컫는다.
> ④ 고압경제 : 수요가 공급을 항상 상회하여 공급이 수요를 뒤따르는 경제를 말한다.
> ⑤ 저압경제 : 의도했던 투자가 의도한 저축에 미치지 못하는 상태에 있는 경제를 말한다.

Answer 5.③ 6.② 7.⑤ 8.② 9.⑤ 10.①

11 다음 중 남아메리카에 해당하지 않는 나라는?

① 아르헨티나　　　　　　　　　　② 브라질

③ 콜롬비아　　　　　　　　　　　④ 에콰도르

⑤ 캐나다

> ✔ 해설　캐나다는 북아메리카에 해당한다.

12 색채학 이론 중 하나로 한 사람 개개인이 가지고 있는 피부 톤과 색에 가장 잘 맞는 색을 찾는 것을 무엇이라 하는가?

① 캔디 컬러　　　　　　　　　　　② 트림 컬러

③ 마블 컬러　　　　　　　　　　　④ 퍼스널 컬러

⑤ 클리어 컬러

> ✔ 해설　① 캔디 컬러 : 사탕에서 볼 수 있는 색과 같이 선명한 원조색을 말한다.
> ② 트림 컬러 : 인테리어나 정원 등 데커레이션을 의미하는 정돈색을 일컫는다.
> ③ 마블 컬러 : 대리석을 보면 느낄 수 있듯 찬 기운을 주는 그레이시 계열의 파스텔 컬러를 말한다.
> ⑤ 클리어 컬러 : 등색상면에 있어서 각 명도단계로 가장 채도가 높은 색을 말한다.

13 나라 – 수도의 관계가 바르게 연결된 것은?

① 아르헨티나 – 프라하　　　　　　② 캐나다 – 오타와

③ 체코 – 부에노스아이레스　　　　④ 그리스 – 코펜하겐

⑤ 덴마크 – 아테네

> ✔ 해설　① 아르헨티나 – 부에노스아이레스
> ③ 체코 – 프라하
> ④ 그리스 – 아테네
> ⑤ 덴마크 – 코펜하겐

14 한국에 속해 있는 산맥이 아닌 것은?

① 노령산맥 ② 태백산맥

③ 알프스산맥 ④ 차령산맥

⑤ 소백산맥

> ✔ 해설 알프스 산맥 … 유럽 중남부 프랑스, 스위스, 오스트리아, 이탈리아에 걸쳐져 있는 산맥이다.

15 대한민국의 노동운동가이자 노동자로 1970년 11월 13일 평화시장 앞에서 근로기준법 준수를 요구하며 법전과 함께 분신한 열사는 누구인가?

① 김병조 ② 전태일

③ 이종일 ④ 박동완

⑤ 홍기조

> ✔ 해설 전태일 … 대한민국의 노동운동가이자 노동자로 1970년 11월 13일 평화시장 앞에서 근로기준법 준수를 요구하며 법전과 함께 분신하였다.
> ①③④⑤ 민족대표 33인 독립운동가에 해당한다.

16 20세기 초의 젊은 화가들과 그들의 미술경향을 나타내며 거칠고 강렬한 원색을 쓴 대담한 그림을 특징으로 한 현대미술사조는 무엇인가?

① 입체파 ② 표현주의

③ 미래파 ④ 야수파

⑤ 초현실주의

> ✔ 해설 야수파 … 20세기 초의 젊은 화가들과 그들의 미술경향을 나타내며 거칠고 강렬한 원색을 쓴 대담한 그림을 특징으로 한 현대미술사조이다. 야수파는 원색을 쓴 대담한 그림으로 야수의 그림 같다는 비평을 받았으며 주요 작품으로는 마티스 '후식', 루오 '미제레레', 드랭, 블라맹크 등이 있다.

Answer 11.⑤ 12.④ 13.② 14.③ 15.② 16.④

17 다양한 프로그램이나 게임 상품 등을 정식으로 출시하기에 앞서 피드백을 받아 오류를 수정하며 완성도를 높이기 위해 미리 선보이는 형식의 서비스를 무엇이라고 하는가?

① 베타 서비스
② 인수 테스트
③ 알파 테스트
④ 필드 테스트
⑤ 회귀 테스트

> ✔해설 베타 서비스 … 다양한 프로그램이나 게임 상품 등을 정식으로 출시하기에 앞서 피드백을 받아 오류를 수정하며 완성도를 높이기 위해 미리 선보이는 형식의 서비스를 말한다.

18 불안장애의 한 종류로 별다른 원인이나 이유가 없는 상황에서 갑자기 나타나며 극단적인 불안과 공포를 느끼는 증상을 무엇이라고 하는가?

① 조현병
② 공황장애
③ 해리장애
④ 섭식장애
⑤ 편집증

> ✔해설 공황장애 … 불안장애의 한 종류로 별다른 원인이나 이유가 없는 상황에서 갑자기 나타나며 극단적인 불안과 공포를 느끼는 증상을 말하며 심할 경우 발작증상이 나타나기도 한다.

19 기업이 지속가능한 경험을 위해 친환경, 사회적, 지배구조를 고려하여 사회적 책임을 다하는 기업의 경영 철학은?

① CSR
② SDGs
③ ESG
④ ERP
⑤ HRD

> ✔해설 ① CSR : 기업의 사회책임경영(Corporate Social Responsibility)으로 직간접적 이해 관계자에 대해 법적·윤리적 책임 등을 감당하는 경영 기법이다. 주로 자선이나 기부, 환경보호 등의 사회공헌 활동으로 나타난다.
> ② SDGs : 지속가능한 개발 목표로 2016년부터 2030년까지 시행되는 유엔과 국제사회의 최대 공동목표이다. 총 17가지 주요 목표와 169개 세부목표로 구성되어 있으며 유엔에서는 공식적으로 'Global Goals'이라고 한다.
> ④ ERP : 전사적 자원관리(Enterprise Resource Planning)로, 기업 내 생산이나 물류, 재무, 회계 등 경영 활동 프로세스들을 통합적으로 연계해 관리하는 시스템이다.
> ⑤ HRD(Human Resources Development) : 인적자원개발로 조직 내 성과, 역량 및 변화 가능성을 강화하기 위해 수행되는 활동이다.

20 다음의 내용과 관련 있는 왕으로 옳은 것은?

- 집현전 설치
- 4군 6진 개척
- 6조직계제를 폐지하고 의정부서사제(재상합의제)로 정책을 심의

---

① 태종
② 영조
③ 세종
④ 성종
⑤ 고종

> ✔해설 박스 안 내용은 세종의 업적으로 집현전을 설치, 한글 창제 및 6조직계제를 폐지하고 의정부서사제(재
> 상합의제)로 정책을 심의하였으며, 국가행사를 오례에 따라 거행하였다.

CHAPTER

2021년 기출복원문제

※ 2021년에 시행한 일반상식 기출문제의 일부 후기를 바탕으로 복원 및 재구성하였습니다.

1 제4의 물질 상태라고 부르며, 초고온에서 전자(음전하)와 이온(양전하)으로 기체가 분리되는 상태를 말하는 것은 무엇인가?

① 콜로이드   ② 쿼크
③ 플라즈마   ④ 초전도
⑤ 옥탄가

> ✔해설 플라즈마 … 우주 구성 물질의 99퍼센트가 플라즈마 상태로 구성되며 형광등 내부, 네온사인과 같은 일상생활에서도 쉽게 접한다.
> ① 콜로이드 : 물질이 분자 또는 이온 상태로 액체 속에 고르게 용해되어있는 용액
> ② 쿼크 : 물질을 구성하는 가장 기본적인 입자
> ④ 초전도 : 매우 낮은 온도에서 전기저항이 0에 가까워지는 현상
> ⑤ 옥탄가 : 가솔린 속에 함유되어 있는 이물질이 정제된 정도를 표시하는 수치

2 오륜기의 색이 아닌 것은?

① 파랑   ② 노랑
③ 검정   ④ 초록
⑤ 보라

> ✔해설 오륜기 … 흰 바탕에 왼쪽부터 파랑, 노랑, 검정, 초록, 빨강의 5색 고리를 위 3개, 아래 2개로 엮은 모양이다. 동그란 5개의 고리는 5개의 대륙을 상징하며 전 세계 선수의 만남과 어울림을 의미한다.

3 현실세계와 같은 활동이 이루어지는 3차원 가상세계를 뜻하는 것은?

① 메타버스   ② 증강현실

③ 혼합현실   ④ 확장현실

⑤ 가상현실

> ✔해설 메타버스 … 3차원 가상세계를 뜻한다. 기존의 가상현실보다 업그레이드된 개념으로 가상현실이 현실세
> 계에 흡수된 형태이다. 즉, 가상세계의 현실화인 셈이며, 게임으로 가상현실을 즐기는 것보다 앞서서 가
> 상의 세계에서 현실세계와 같은 사회, 문화, 경제활동 등을 할 수 있는 것이다.
> ② 증강현실 : 실제 사물에 CG가 합해져서 디지털 콘텐츠를 표현한다.
> ③ 혼합현실 : 별도의 장치 없이 실감나는 CG를 볼 수 있는 것이다.
> ④ 확장현실 : 가상현실(VR), 증강현실(AR), 혼합현실(MR) 등 다양한 기술이 합해진 실감기술로 가상공
> 간에서 제약 없이 활동할 수 있다.
> ⑤ 가상현실 : 가상세계를 영상을 바탕으로 경험하게 된다.

4 항원항체반응으로 일어나는 생체의 과민반응을 가르키는 용어는 무엇인가?

① 신종인플루엔자   ② 아나필락시스

③ 인터루킨   ④ AIDS

⑤ 인터페론

> ✔해설 ① 신종인플루엔자 : 사람이나 돼지, 조류 인플루엔자 바이러스의 유전물질이 혼합되어 나타난 새로운 종
> 류의 바이러스이다.
> ③ 인터루킨(Interleukin) : 백혈구 사이의 상호작용을 매개하는 물질이다.
> ④ 후천성면역결핍증(Acquired Immune Defici ency Syndrome) : 체내의 세포면역 기능이 현저히 떨어
> 져 보통 사람에게서는 볼 수 없는 희귀한 각종 감염증이 발생하고, 이것이 전신에 퍼지는 질환이다.
> ⑤ 인터페론(Interferon) : 바이러스의 침입을 받은 세포에서 분비되는 단백질이다. 바이러스의 침입에
> 대하여 저항하도록 생체내의 세포들을 자극하는 물질이다.

Answer 1.③ 2.⑤ 3.① 4.②

5 임의로 웹사이트를 구성하여 이용자를 방문하게 한 뒤 사용자 정보와 시스템 권한을 빼가는 수법은?

① 스푸핑　　　　　　　　　　　　　② 스니핑

③ 로맨스 스캠　　　　　　　　　　　④ 파밍

⑤ 큐싱

> ✔️ **해설** 스푸핑 … 외부의 악의적 네트워크 침입자가 임의로 웹사이트를 구성하여 일반 사용자의 방문을 유도해 인터넷 프로토콜인 TCP/IP의 결함을 이용, 사용자의 시스템 권한을 확보한 뒤 정보를 빼가는 해킹수법 이다.
> ② 스니핑 : 네트워크 내에 패킷 정보를 도청하는 장치를 말한다.
> ③ 로맨스 스캠 : SNS 등 온라인으로 피해자에게 접근하여 환심을 산 뒤 금전을 뜯어내는 사기수법이다.
> ④ 파밍 : 해당 사이트가 공식적으로 운영하고 있던 도메인 자체를 중간에서 탈취하는 수법이다.
> ⑤ 큐싱 : QR코드를 이용하여 정보를 탈취하는 것을 말한다.

6 경제학에서 어떤 재화에 대한 수요가 많아지면, 군중심리에 영향을 받아 동조하여 수요를 더 증가시 키는 효과는?

① 스놉 효과

② 톱니 효과

③ 리카도 효과

④ 디드로 효과

⑤ 밴드왜건 효과

> ✔️ **해설** ① 스놉효과 : 특정 상품에 대한 소비가 증가하면 그에 대한 수요가 줄어드는 소비 현상을 말한다.
> ② 톱니효과 : 한번 상승된 소비 수준은 소득이 감소하더라도 과거 최고 소득의 영향으로 소득이 감소한 만큼 소비가 줄지 않는 것을 말한다.
> ③ 리카도효과 : 소비재 가격의 상승에 의한 실질임금률의 저하에 따라 기계가 노동에 의해 대체되는 경 향이다.
> ④ 디드로효과 : 하나의 물건을 구입한 후 그 물건과 어울리는 다른 제품들을 계속 구매하는 현상이다.

7 다음 중 유네스코 한국무형문화유산으로 등재되지 않은 것은?

① 강강술래
② 아리랑
③ 줄타기
④ 윷놀이
⑤ 매사냥

✔해설 강강술래(2009), 아리랑(2012), 줄타기(2011), 매사냥(2010)은 유네스코 한국무형문화유산에 등재되어 있다.

8 다음 보기 중 어미-새끼 관계가 아닌 것은?

① 꿩-장끼
② 닭-병아리
③ 고등어-고도리
④ 개-강아지
⑤ 말-망아지

✔해설 '장끼'는 수컷을 이야기하며, 암컷은 '까투리'라고 부른다.

9 안데스산맥, 로키산맥, 알류산열도 등 세계의 지형에서 태평양을 둘러싸고 있는 지대를 무엇이라고 하는가?

① 인공강우
② 이수해안
③ 대륙붕
④ 환태평양조산대
⑤ 지구대

✔해설 환태평양조산대 … 세계의 지형에서 태평양을 둘러싸고 있는 지대로 안데스산맥, 로키산맥, 알류산열도, 일본열도, 쿠릴열도, 필리핀제도, 뉴기니섬, 뉴질랜드섬 등으로 연결되는 지대이다.
① 인공강우 : 구름에 어떤 영향을 주어 인공적으로 비를 내리게 하는 방법 또는 그 비를 말한다.
② 이수해안 : 육지의 융기 또는 해면의 저하로 생긴 해안을 말한다.
③ 대륙붕 : 해안에 접속되는 수심 200m 이내의 얕은 해저지형으로, 대륙의 연장부분에 해당되는 완경사면이다.
⑤ 지구대 : 지반의 단층작용에 의해 침하되어 생긴, 평행하는 두 단층 사이에 끼어 있는 좁고 깊게 파인 지대이다.

Answer 5.① 6.⑤ 7.④ 8.① 9.④

10 다음이 설명하는 것은 무엇인가?

> 과열 경쟁과 과도한 업무에 시달리는 직장인들에게 주로 나타나는 증상으로 반복되는 업무와 스트레스 속에서 몸과 마음이 힘들어지고 극도의 피로가 쌓이면 찾아오는 질병이다. 이는 우울증이나 자기혐오, 심리적 회피와 같은 증상을 동반하며 심할 경우 수면 장애를 유발해 건강에 치명적인 영향을 줄 수 있다.

① 가면 증후군　　　　　　　　　　② 블랙베리 증후군
③ 번아웃 증후군　　　　　　　　　　④ 일반 적응 증후군
⑤ 대사증후군

✔해설　번아웃 증후군 … 지나치게 업무에 집중하던 사람이 어느 순간 연료가 다 타버린 듯 무기력해지며 심신이 탈진하는 상태를 의미한다. 과도한 피로와 스트레스 누적으로 인해 발생하는 것으로 'Burn Out'의 어원 그대로 '타버리다, 소진되다'는 뜻을 내포한다.
① 가면 증후군 : 자신의 성공을 온전히 받아들이지 못하는 현상을 말한다.
② 블랙베리 증후군 : 과도하게 문자를 보내고 답하느라 팔이 저리고 엄지나 약지 등에 힘이 빠지는 일종의 디지털 질병이다.
④ 일반 적응 증후군 : 신체가 스트레스를 받는 상황에서 자신을 방어하려는 일반적인 시도가 나타난다는 것을 뜻하는 용어이다.
⑤ 대사증후군 : 고혈당, 고혈압, 고지혈증, 비만, 죽상경화증 등의 여러 질환이 한 개인에게서 한꺼번에 나타나는 상태를 말한다.

11 다음 중 십자군 원정의 영향이 아닌 것은?

① 교황권이 한층 강대해졌다.
② 동방국가와의 접촉으로 서구문화의 발달을 가져왔다.
③ 도시가 일어나고 원거리 상업이 발달하였다.
④ 봉건제후 몰락의 원인이 되었다.
⑤ 견문확대로 인하여 새로운 문화가 발전되었다.

✔해설　십자군 원정 … 11 ~ 13세기에 서유럽 그리스도교들이 팔레스타나와 예루살렘 등 성지 회복이란 명목하에 일으킨 대원정을 말한다. 십자군 정원의 영향으로는 동방과의 교통·무역 발달, 자유도시 발생, 봉건제 붕괴, 견문확대로 인한 새로운 문화 발전, 교황권의 약화 등이 있다.

12 감염 질환 등을 막기 위해 감염자가 발생한 의료기관을 통째로 봉쇄하는 조치를 의미하는 용어로, 환자와 의료진 모두를 동일 집단으로 묶어 전원 격리해 감염병 확산 위험을 줄이는 방식은?

① 음압병상

② 팬데믹

③ 코호트 격리

④ 능동감시

⑤ 자가격리

> ✔해설 **코호트 격리** … 보건의학 분야에서는 특정 질병 발생에 관여할 것으로 의심되는 특정 인구 집단을 가리키는 말로 사용된다. 여기에 격리(Isolation)라는 단어가 합쳐지면서 코호트 격리는 바이러스나 세균성 감염 질환자가 나온 병원을 의료진들과 함께 폐쇄해 감염병의 확산 위험을 줄이는 조치를 가리키는 말로 사용되고 있다. 코호트 격리는 특정 질병 발병 환자와 의료진을 동일 집단(코호트)으로 묶어 전원 격리하는 매우 높은 단계의 방역 조치로, 여기서 코호트 병원이란 이런 코호트 격리를 하는 병원을 가리킨다.
> ① 음압병상 : 기압 차를 이용해 병실 내부의 공기가 외부로 빠져나가지 못하도록 하여 병원균과 바이러스를 차단하는 병실이다.
> ② 팬데믹 : 감염병이 전 세계적으로 크게 유행하는 현상을 일컫는다.
> ④ 능동감시 : 국가에 의해 시설에 격리되지 않은 상태에서 지역 보건소로부터 상태 등을 확인 받는 것을 말한다.
> ⑤ 자가격리 : 환자가 스스로 외출을 금하고 외부 접촉을 삼가는 것을 말한다.

13 설립한지 10년 이하의 기업가치가 10억 달러(약 1조 원)인 스타트업을 일컫는 말은?

① 유니콘 기업

② 데카콘 기업

③ 한계기업

④ 헥토콘 기업

⑤ 좀비기업

> ✔해설 ② 데카콘 기업 : 기업공개 전 기업 가치 100억 원을 넘어선 스타트업이다.
> ③ 한계기업 : 미래 경쟁력을 상실하여 앞으로의 성장이 어려운 기업을 의미한다.
> ④ 헥토콘 기업 : 기업 가치 10억 달러 이상인 비상장 스타트업 기업(유니콘 기업)의 100배(H규모라는 뜻이다.
> ⑤ 좀비기업 : 회생 가능성이 크지 않으나 정부나 채권단으로부터 지원금을 받아 연명하는 부실기업이다.

Answer 10.③ 11.① 12.③ 13.①

14 부유층의 소득과 부를 먼저 증가시키면 소비와 투자 증가로 이어져 중소기업과 저소득층도 혜택을 볼 수 있다는 정부의 경제정책은?

① 낙수효과

② 분수효과

③ 세이의 법칙

④ 스필오버 효과

⑤ 일물일가의 법칙

> ✔해설 ② 분수효과 : 정부가 경제정책으로 저소득층과 중산층의 소득을 먼저 늘려주면 이들의 소비가 확대되고, 이는 생산과 투자로 이어지면서 전체 경제활동이 되살아나고 고소득층의 소득도 늘어날 수 있다는 정부의 경제정책이다.
> ③ 세이의 법칙 : 프랑스 경제학자 세이(J.S. Say)가 주장한 이론으로 자유경쟁의 경제에서는 일반적 생산과잉은 있을 수 없으며, 공급은 언제나 그만큼의 수요를 만들어낸다는 주장이다.
> ④ 스필오버 효과 : 물이 넘쳐 인근의 메마른 논까지 전해지듯, 특정 지역에 나타나는 혜택현상이 다른 지역까지 퍼지거나 영향을 미치는 것을 의미한다.
> ⑤ 일물일가의 법칙 : 동일한 시점일 경우, 완전경쟁이 행해지는 시장에서 판매하는 동일 상품에 대해서는 하나의 가격만 성립하는 법칙이다.

15 매달 일정 요금을 지불하고 정기적으로 제품 또는 서비스를 받는 경제활동은?

① 그리드락

② 가마우지경제

③ 구독경제

④ 공유경제

⑤ 뉴스 큐레이션

> ✔해설 ① 그리드락 : 양측의 의견이 팽팽하여 업무나 정책이 추진되지 못하는 상황을 일컫는다.
> ② 가마우지경제 : 일본에 의존적인 수출구조로 우리나라가 수출할수록 일본이 이득을 얻는 경제상황을 일컫는다.
> ④ 공유경제 : 집이나 자동차 등의 재산 대여, 지식이나 경험을 공유하며 합리적인 소비와 새로운 가치를 창출해내는 신개념 경제를 뜻한다.
> ⑤ 뉴스 큐레이션 : 이용자의 관심사에 따라 뉴스를 배치하는 서비스를 일컫는다.

16 판문점에 대한 설명으로 옳지 않은 것은?

① 1953년 판문점에서 휴전협정을 체결하였다.

② '돌아오지 않는 다리'는 미루나무 사건으로 폐쇄되었다.

③ 최초 남북미 정상 3자회동은 '판문각'에서 이루어졌다.

④ 전쟁 직후 판문점에서 대규모 포로 교환이 이루어진 바 있다.

> ✔해설 최초 남북미 정상 3자회동은 '자유의 집'에서 이루어졌다. 판문각은 군사분계선을 기준으로 '자유의 집'을 마주 보고 있는 북측 시설이다.
> ① 1951년 7월 8일 휴전회담 예비회담은 개성 북쪽에 위치한 고급요리점에서 개최되었으며, 1953년 7월 27일 판문점에서 휴전협정을 체결하였다.
> ② 1976년 '미루나무 사건(판문점 도끼 만행사건)' 이후 판문점 JSA 경계선이 그어지고 '돌아오지 않는 다리'도 폐쇄되었다.
> ④ 1953년 8월 5일 ～ 9월 6일까지 82,000여 명의 북한군 및 중국군 포로가, 13,000여 명의 유엔군 포로가 판문점을 통해 교환되었다.

17 어느 한 쪽이 양보하지 않을 경우 양쪽 모두 파국으로 치닫게 된다는 게임이론은?

① 치킨게임

② 내쉬균형

③ 죄수의 딜레마

④ 제로섬게임

⑤ 크런치모드

> ✔해설 치킨게임 … 1950년대 미국 젊은이들 사이에서 유행하던 자동차 게임의 이름으로, 두 명의 경쟁자가 차를 몰고 정면으로 돌진하다가 충돌 직전에 핸들을 꺾는 사람이 지는 것을 말한다. 핸들을 꺾은 사람은 치킨('겁쟁이'를 뜻하는 속어)으로 몰려 명예롭지 못한 사람으로 취급받지만 누구도 핸들을 꺾지 않을 경우 양쪽 모두 자멸하게 된다.
> ② 내쉬균형 : 상대의 전략을 예상할 수 있을 때 자신의 이익을 최대화하는 전략을 선택하여 형성된 균형 상태다.
> ③ 죄수의 딜레마 : 자신의 이익만을 고려한 선택이 결국에는 자신뿐만 아니라 상대방에게도 불리한 결과를 일으키는 상황이다.
> ④ 제로섬게임 : 한쪽의 이득과 다른 쪽의 손실을 더하면 제로가 되는 게임을 일컫는다.
> ⑤ 크런치모드 : 게임 출시 전 완성도를 높이기 위한 집중 근무 형태로, 업계 용어로 자주 쓰였으나 잦은 야근과 혹독한 업무 강도, 일상적인 수당 미지급 행태 등 게임 업계의 열악한 노동 환경을 대변하는 단어로 부상하고 있다.

Answer 14.① 15.③ 16.③ 17.①

18 자신의 생각과 일치하거나 자신에게 유리한 정보만을 받아들이고, 자신의 생각과 다르거나 믿고 싶지 않은 정보는 의도적으로 멀리하려는 심리를 나타내는 말은?

① 비교우위

② 집단극화

③ 인지부조화

④ 확증편향

⑤ 도박사의 오류

> ✔ 해설 ① 비교우위 : 한 국가의 모든 재화가 상대국보다 절대 우위에 있더라도 상호 무역을 통해 이익을 창출할 수 있다는 이론이다.
> ② 집단극화 : 집단 의사 결정 시 개별적으로 의사 결정을 할 때보다 더 극단적인 의사 결정을 하게 되는 경향성이다.
> ③ 인지부조화 : 개인의 신념이나 태도 간에 불일치 또는 비일관성으로 서로 모순되어 양립되지 않는 상태다.
> ⑤ 도박사의 오류 : 도박에서 줄곧 잃기만 하던 사람이 이번엔 꼭 딸 거라고 생각하는 오류를 말한다.

19 미켈란젤로의 조각 작품으로 옳은 것은?

① 페르세우스

② 아모르와 프시케

③ 피에타

④ 발자크

⑤ 생각하는 사람

> ✔ 해설 ①② 카노바
> ④⑤ 로댕

20 블랙홀에 가까이 접근한 물질이나 빛은 블랙홀의 중력을 벗어날 수 없게 된다. 아무리 오래 기다려도 빛을 통한 정보가 도달할 수 없는 시공간 영역의 경계 즉, 블랙홀 빛이 빠져나올 수 있는 곳과 없는 곳의 경계를 무엇이라고 하는가?

① 사건의 지평선

② 오르트 구름

③ 비가역반응

④ 백색왜성

⑤ 초신성

✔ 해설 ② 오르트 구름 : 먼지와 얼음이 태양계 가장 바깥쪽에서 둥근 띠 모양으로 결집되어 있는 거대한 집합소 이다.

③ 비가역반응 : 화학반응 중 화학평형이 뚜렷하게 생성계에 치우쳐 있어 역반응이 일어나기 어려운 반응 이다.

④ 백색왜성 : 항성진화의 마지막 단계에서 표면층 물질을 행성상성운으로 방출한 뒤, 남은 물질들이 축 퇴하여 형성된 청백색의 별이다.

⑤ 초신성 : 별이 폭발하면서 생기는 에너지를 순간적으로 방출하여 그 밝기가 평소의 수억 배에 이르렀 다가 서서히 낮아지는 현상이다.

Answer 18.④ 19.③ 20.①

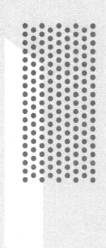

PART 02

일반상식

01

시사

01 정치 · 행정 · 외교

□ 국가유산청 ***

국가유산기본법 시행에 따라 기존 문화재청이 국가유산청으로 출범하였다. 뿐만 아니라 천연기념물 · 지질유산 같은 자연유산의 종합적 · 전문적 보존 · 연구 · 활용을 위한 '국립자연유산원'도 설립된다. 또 현대미술품의 해외 반출 규제가 완화되고, 생성된 지 50년 미만 유산을 대상으로 하는 '예비문화유산' 제도도 시행된다. 또한 60여 년이 지난 문화재 분류 체계가 현행 정책 범위와 시대 변화를 반영하는 데 한계가 있고, 현행 분류체계가 유네스코 기준과 서로 달라 국제 기준과 연계된 기준이 필요하며 문화재는 재화적 성격이 강하므로 미래의 가치까지 폭넓게 아우르는 유산이 적합하여, 국가유산기본법 등 13개 법률의 '문화재' 용어가 '국가유산' 등으로 일괄 변경되었다.

□ 특별자치도 **

대한민국 행정구역으로, 관련 특별법에 근거하여 고도의 자치권을 보장받는 구역이다. 특별자치도로 지정된 지역은 중앙정부로부터 많은 권한을 위임받는다. 현재 제주특별자치도, 강원특별자치도, 전북특별자치도가 있다.

□ 응고의 원칙 *

북방 한계선(NLL)의 경계선이 여러 관행과 역사에 따라 법 제도로 응고되었다는 원칙으로 대한민국 정부가 북방 한계선 문제에 대해 주장하는 바이다.

○ **PLUS** 1953년 8월 30일 정전협정의 안정적 관리를 위해 설정된 후 우리 군이 60여 년 동안 북한의 도발을 차단하고 수차례 교전을 통해 지켜온 실질적인 해상 경계선이자 우리가 실효적으로 지배하는 관할 해역이다. 동해 NLL은 지상의 군사분계선(MDL) 연장성을 기준으로 설정, 서해 NLL은 서해 5개 도서와 북한 지역과의 중간선을 기준으로 한강하구로부터 서북쪽으로 12개 좌표를 연결하여 설정하였다.

□ 하마평(下馬評) *

새롭게 관직에 오를 후보들에 대한 세간의 소문, 즉 정계 개편이나 개각, 인사이동 등이 있을 때마다 후보자에 관하여 떠도는 풍설을 말한다. '물망에 오르다'와 같은 뜻으로 사용된다.

□ **병립형 비례대표제** **

권자들이 정당에 투표하여 얻은 득표율대로 비례대표 의석을 나누는 것이다. '지역구 의원'과 '비례대표 의원'을 따로 선출하는데, 지역구에서는 한 명, 비례대표에서는 여러 명의 의원을 뽑는다. 각자 독립적으로 진행되며 서로에게 영향을 미치지 않는다.

> **○ PLUS** 연동형 · 준연동형 · 권역별 비례대표제
> ㉠ 연동형 비례대표제 : 하나의 정당이 지역구에서 얻은 의석 비율이 비례대표 지지율보다 낮을 경우 정당의 지지율에 맞춰 비례대표 의석을 채워준다.
> ㉡ 준연동형 비례대표제 : 연동형 비례대표제보다 완화된 제도로, '정당지지율과 지역구 의석비율 차이에서 절반까지만 의석수를 채워준다.
> ㉢ 권역별 비례대표제 : 비례대표 선거를 지역 단위로 나누어 시행하는 방식으로, 현재 47석인 전국 단위 비례대표를 수도권 16석, 중부권 15석, 남부권 16석 등으로 나누어 선거를 치른다.

□ **보궐선거(補闕選擧)** ***

대통령이나 국회의원, 지역구 의원 등이 그 임기 중에 사직 · 사망 · 실격함으로 인해 궐석(闕席)이 생길 경우, 그 자리를 보충하기 위하여 그 구역에 한해 실시하는 선거이다. 당선자는 전임자의 잔임기간만 재임하며, 보결선거(補缺選擧)라고도 한다.

□ **스윙보터** **

투표를 누구에게 할지 결정하지 못한 사람을 의미한다. 지지하는 정치인이 없는 부동층을 의미한다.

□ **비둘기파** **

비둘기파란 정치 · 사상 · 언론 또는 행동 따위가 과격하지 않고 온건한 방법을 취하려는 사람을 뜻하는 말이다. 비둘기파는 온순한 비둘기의 비유적인 표현으로, 베트남전쟁의 확대 · 강화를 주장했던 매파에 대립하여 이들은 전쟁을 더 이상 확대시키지 않고 한정된 범위 안에서 해결할 것을 주장하였다.

□ **필리버스터** *

국회(의회)에서 소수파가 다수파의 독주를 막거나 기타 필요에 따라, 합법적 수단을 동원해 의사 진행을 지연시키는 무제한 토론을 가리킨다. 우리나라를 비롯해 미국 · 영국 · 프랑스 · 캐나다 등에서 시행되고 있으며, 영국 의회에서는 '프리부터(Freebooter)'라고 한다. 우리나라 국회법은 재적의원 5분의 3 이상이 찬성하면 필리버스터를 종료하고 해당 안건에 대한 의결을 하도록 하고 있다.

□ **패스트트랙** ***

상임위에서 재적 위원 5분의 3이 찬성하면 법안을 지정하고 총 330일이 지나면 합의가 되지 않아도 법안을 통과시킬 수 있는 제도를 말한다. 국회법 제85조의 2에 규정된 내용으로 발의된 국회의 법안 처리가 무한정 표류하는 것을 막고 법안의 신속처리를 위해 마련되었다.

□ **의무투표제(義務投票制, Compulsory Voting)** ***

의무적으로 유권자에게 투표에 참여하거나 선거일에 투표장에 오도록 하는 제도를 이른다. 의무투표제에서는 유권자들에게 투표가 권리일 뿐 아니라 의무이기도 하다는 취지에서 투표 불참자에게 일정한 벌칙이나 불이익을 부과한다. 벌칙으로는 과태료 또는 투표권 박탈이 있고, 불이익으로는 공공서비스 이용을 제한하는 나라들이 있다.

□ **양출제입(量出制入)** **

국가의 재정계획 작성 시 지출 규모를 사전에 정하고 수입을 맞추는 원칙이다. 정부가 한 회계연도의 지출을 먼저 결정한 후 이에 맞게 세금을 거두는 방식이다. 반면 수입을 먼저 계산한 후 지출 규모를 맞추는 원칙은 양입제출(量出制入)이라고 한다. 우리나라는 국가재정 편성 원칙으로 양출제입을 적용하고 있으나 2012년 이후 계속되는 세금 부족으로 2015년 예산안부터는 양출제입에서 양입제출로 변환되었다.

□ **사보임** **

사보임은 사임(맡고 있던 자리에서 물러남)과 보임(어떤 직책에 임명함)을 합친 말로, 국회 상임위원회나 특별위원회 위원을 교체하는 절차를 말한다. 기존 위원을 물러나게 하고 새 위원을 임명한다. 이는 원내대표의 고유 권한으로, 소속 의원들을 상임위원회에 배치, 상임위에서 물러나게 하는 권한도 있다. 사보임을 국회의장에 신청하고, 국회의장이 이를 승인하면 위원의 사보임이 완료된다.

□ **컨벤션 효과(Convention Effect)** ***

전당대회나 경선대회 같은 정치 이벤트에서 승리한 대선후보 또는 해당 정당의 지지율이 전에 비해 큰 폭으로 상승하는 효과를 의미하는 것으로, 전당대회 효과라고도 한다.

□ **뉴 거버넌스(New Governance)** **

일반 시민사회를 정부의 영역에 포함시켜 파트너로 인정해줌으로써 정부조직, 기업, 시민사회, 세계체제 등 이들 전부가 공공서비스와 관련해 신뢰를 통한 네트워크 구축을 강조하는 개념으로 협력 체제에 중점을 두는 것이다. 정부부문과 민간부문 및 비영리부문 간 협력적 네트워크를 통한 공공서비스 전달 과정에 있어서의 효율성을 목표로 한다.

□ **지방분권** *

통치구조가 중앙권한으로 집중되어진 중앙집권체제와 달리 통치 권한이 지방정부에 분산되어 있는 체제를 의미한다. 지역주민과 대표기관에서 자기결정권을 확충하는 것으로 지역의 정치행정에 자기결정과 자기책임 원칙을 확립하는 것을 의미한다. 합리적으로 권한을 배분하여 중앙과 지방사무를 명확하게 구분, 강력한 재정분권, 자치단체의 자치역량을 제고, 주민자치 강화, 네트워크형 지방행정체계 등을 구축하는 것이다.

□ **레드라인** *

대북정책에서 현재의 포용정책이 실패할 경우 봉쇄정책으로 전환하는 기준선을 의미한다. 북한과의 포괄협상을 1단계로 시도하지만 이것이 실패할 경우에는 2단계 봉쇄정책으로 전환을 검토해야 하며, 이때 정책전환을 위한 기준을 마련한 것이 레드라인이다.

□ **특별재난지역** **

자연재해나 화재 · 붕괴 등의 대형사고와 같은 인적재난, 에너지 · 통신 · 금융 · 의료 · 수도 등 국가기반 체계의 마비와 전염병 확산 등으로 인해 극심한 피해를 입었을 때 수습 및 복구를 위해 특별한 조치와 지원이 필요가 인정되는 지역이다. 특별한 조치가 필요하다고 인정되는 경우, 중앙사고 대책본부장은 중앙안전대책위원회의 심의를 거쳐 특별재난지역으로 선포할 것을 대통령에게 건의할 수 있다(재난 및 안전관리기본법). 특별재난지역의 선포를 건의 받은 대통령은 당해 지역을 특별재난지역으로 선포할 수 있다. 특별재난지역으로 선포된 지역은 대통령령이 정하는 응급대책 및 재해구호와 복구에 필요한 행정 · 재정 · 금융 · 세제 등의 특별지원을 받을 수 있다.

□ **특례시** * 중요

기초자치단체의 법적지위를 유지하면서 광역시에 준하는 행정적 · 재정적 자치권한과 재량권을 부여 받을 수 있는 지방행정체계의 새로운 모델을 의미한다. 인구 100만 이상의 도수에 광역시와 일반시 사이의 차별적 권한을 대폭 부여한 것이다. 시, 군, 구만 있던 기초지자체에 특례시가 추가되는 것으로 2022년 1월 수원, 고양, 용인, 창원 4개 지자체가 특례시로 공식적으로 출범했다. 특례시 혜택으로는 택지개발지구 지정이 가능하고 사립 미술관 · 박물관 등 인프라 확충 설립이 가능하며 기초연금이나 국민기초생활보장 혜택이 확대된다.

□ **국정감사** **

국정감사는 국회가 국정 전반에 대한 조사를 행하는 것을 말한다. 이는 국회가 입법 기능뿐만 아니라 정부를 감시하고 비판하는 기능을 가지고 있는 것에서 인정된 것이다. 헌법과 국정 감사 및 조사에 관한 법률에서 정하고 있는 '국정'의 개념은 의회의 입법 작용뿐만 아니라 행정 · 사법을 포함하는 국가 작용 전반을 의미한다. 여기서 개인의 사생활이나 신앙 같은 사적사항은 제외된다. '국정'은 국정감사, 국정조사의 대상이 되며 국정감사는 국정의 전반, 국정조사는 국정의 특정사안을 대상으로 하게 된다. 현재 국정감사는 소관 상임위원회별로 매년 정기국회 집회일 이전의 감사 시작일 부터 30일 이내의 기간을 정하여 감사를 시행한다. 본회의 의결에 의해 정기회 기간 중에 감사를 실시 할 수 있다. 감사, 조사의 대상기관은 국가기관, 특별시, 광역시, 도, 정부투자기관, 한국은행 등, 그리고 본회의가 특히 필요하다고 의결한 감사원의 감사 대상기관이다.

□ 당 3역(黨三役) ***

한 정당의 중추적인 실력자, 즉 사무총장, 원내대표, 정책위의장을 가리킨다.

□ 레임덕 현상(Lame Duck) *** 중요

정치 지도자의 집권 말기에 나타나는 지도력 공백 현상을 말한다. 레임(Lame)은 다리를 저는, 절름발이의라는 뜻으로, 임기 만료를 앞둔 공직자의 통치력 저하를 기우뚱 걷는 절름발이 오리에 비유해 일컫는 것이다. 우리나라에서는 '권력누수현상'이라고 표현하기도 한다. 레임덕은 주요 현안에 대한 정책 결정이 늦어질 뿐만 아니라 공조직 업무능률을 저하시켜 국정 공백을 일으키는 등 나라 전체에 나쁜 영향을 끼칠 수 있는 위험한 현상이다.

> **○ PLUS** 정치 지도자 지도력 현상
> ㉠ 데드덕 : 권력공백 현상으로 사실상 가망이 없는 상황에서 사용된다.
> ㉡ 브로큰덕 : 권력통제 불능상태 일컫는다.
> ㉢ 시팅덕 : 어수룩하여 이용당하거나 공격받기 쉬운 대상을 일컫는다.
> ㉣ 마이티덕 : 임기가 끝날 때까지 통치력 및 지지율이 유지되는 상태를 일컫는다.

□ 중우정치(衆愚政治) *

다수의 민중에 의해 지배되는 민주정치가 그 조직이 민주적일지라도 반드시 선정이 베풀어지는 것은 아니라는 뜻으로, 아리스토텔레스(Aristoteles)가 민주정치의 결함을 비꼬아서 한 말이다.

□ 민주정치 *

자유와 평등을 기반으로 한 국민에 의한 통치형태를 말한다. 기본적 인권 또는 다수결원칙, 법치주의 등을 그 속성으로 하며 국민이 직접 정치에 참가하는 직접 민주제와 국민의 대표에 의해 통치하는 간접 민주제가 있으나, 모두 의회제와 권력분립 등을 수반하는 국민의 정치참여를 뜻한다.

□ 책임총리제 **

한국은 대통령제를 채택하면서도 부통령 대신 국무총리라는 직책을 두고 있다. 헌법상 국무총리는 국정의 2인자로 행정부를 통괄하고, 국무회의 부의장으로서 국무위원의 임명·제청권, 해임 건의권 등을 행사할 수 있다. 책임총리제는 이러한 현실을 지양하고 대통령과 총리가 업무를 구체적으로 명료히 분담해 수행하는 분권형 국정운영체제의 일환이다.

□ 국정조사권(國政調査權) ***

국회가 특정한 국정사안에 관한 조사를 할 수 있는 권한이다. 국회의원의 4분의 1 이상이 요구할 경우 국회는 조사 사안에 대한 특별위원회를 구성하거나 해당 상임위에서 조사위원회를 구성하며, 조사위 의결로 국회폐회 중에도 활동할 수 있다. 그 범위는 안건의 심의와 직접 관련된 보고, 서류의 제출요구, 참고인의 출석요구 등에 국한된다.

□ **투키디데스 함정** *

기존 패권국가와 빠르게 부상하는 신흥 강대국이 결국 부딪칠 수밖에 없는 상황을 의미한다. 원래 아테네와 스파르타의 전쟁에서 유래한 말이며 최근 미국과 중국의 상황을 설명하는 데 쓰여 주목받고 있다.

□ **일대일로** *

중국에서 출발하여 아시아와 유럽 대륙을 연결하는 거대 프로젝트로, 2013년 시진핑 중국 국가 주석이 중앙 · 동남아시아 순방에서 제시한 '신(新) 실크로드 전략'을 지칭한다. 이 프로젝트는 중국에서 중앙아시아, 동남아, 중동 등 지역을 거쳐 유럽에 이르는 지역을 육로와 해로로 연결해 관련국과 경제협력을 강화하는 사업이다. 중앙아시아와 유럽을 잇는 육상 실크로드(일대)와 동남아시아와 유럽, 아프리카를 연결하는 해상 실크로드(일로)를 말한다.

□ **선거구** **

① 대선거구제(大選擧區制) : 한 선거구에서 다수(보통 5인 이상)의 대표를 선출하는 제도이다. 이 제도는 전국적으로 큰 인물이 당선되기 쉬운 장점이 있으나, 선거구가 너무 넓어서 후보자의 인물 · 식견을 판단하기 어렵고 비용이 많이 드는 단점이 있다.

② 중선거구제(中選擧區制) : 한 선거구에서 2 ∼ 4명의 대표자를 선출하는 제도이다. 우리나라는 자치구 · 시 · 군의원 선거에서 채택하고 있다.

③ 소선거구제(小選擧區制) : 한 선거구에서 한 사람의 대표를 선출하는 제도이다. 선거구가 작기 때문에 선거관리와 투표가 간단하고 비용이 비교적 덜 들며, 선거인이 후보자를 잘 알 수 있는 동시에 정국이 안정되기 쉬운 장점이 있다. 우리나라는 지역구 국회의원 및 시 · 도의원 선거에서 채택하고 있다.

□ **사전투표** *

사전투표(事前投票) 또는 조기투표(早期投票)라고도 하며, 유권자가 지정된 선거일 이전에 투표를 할 수 있도록 하는 제도를 말한다. 사전투표는 통상적으로 투표 참여율을 높이고, 선거 당일의 투표소 혼잡을 막기 위해 시행한다. 사전투표는 선거 기간 동안 투표 장소를 벗어난 곳에 있다거나, 투표 업무 종사자, 선거 운동원, 의료 일정 등의 사유로 인하여 선거일에 선거를 할 수 없는 유권자의 선거를 위해 도입되었다. 우리나라는 공직선거법에 따라서 거소투표자와 선상투표자를 제외하고 누구든지 사전투표기간 중에 사전투표소에 가서 투표가 가능하다.

□ **게리맨더링(Gerrymandering)** **

선거구를 특정 정당이나 후보자에게 유리하게 인위적으로 획정하는 것을 말한다. 이것은 1812년 미국의 게리(Gerry)라는 매사추세츠 주지사가 자기의 소속 정당에 유리하게 선거구를 획정한 결과 샐러맨더(Salamander : 희랍신화 속의 도롱뇽)와 비슷한 기형의 선거구가 된 데서 유래되었다.

□ 로그롤링(Logrolling) **

선거를 도와주고 그 대가를 받거나 이권을 얻는 행위를 의미한다. 원래는 '통나무 굴리기'라는 뜻으로, 서로 협력하여 통나무를 모아 강물에 굴려 넣는 놀이에서 유래되었다.

□ 교차투표(Cross Voting) *

국회에서 의원들이 표결할 때 소속 정당의 당의(黨意)에 구애되지 않고 자의(自意)로 따라 투표하는 것으로, 소속 정당의 정책노선과 반대되는 투표가 가능해진다. 특히 미국 의회에서 두드러지고 있다.

□ 출구조사(Exit Poll) **

투표를 마치고 나오는 유권자를 대상으로 면접 조사하여 투표자 분포 및 정당·후보자별 지지율 등의 정보를 얻는 선거여론조사를 말한다. 우리나라는 텔레비전, 라디오, 일간신문사에 한하여 투표소 50m 밖에서 출구조사를 허용하고 있다. 투표 마감 후 결과가 공표되어 선거 결과를 가장 빠르게 예측할 수 있다.

□ 선거권(選擧權) **

국가기관으로서의 국민이 각종 공무원을 선임하는 권리로서 선거에 참여할 수 있는 지위 또는 자격을 말한다. 우리나라의 경우 선거권을 갖는 요건으로는 대한민국 국민이어야 하고, 선거일 현재 19세 이상이어야 한다. 소극적 요건으로는 금치산 선고를 받지 않았어야 하며, 금고 이상의 형을 선고받고 그 집행이 종료된 상태라야 하며, 선거범, 정치자금부정수수죄 및 선거비용관련 위법행위에 관한 벌칙에 규정된 자 또는 대통령·국회의원·지방의회의원·지방자치단체의 장으로서 그 재임 중의 직무와 관련하여 수뢰·사전수뢰 내지 알선수뢰, 알선수재에 규정된 죄를 범한 자로서 100만 원 이상의 벌금형을 선고받고 그 형이 확정된 후 5년 또는 형의 집행유예 선고를 받고 그 형이 확정된 후 10년 이상이 경과되어야 하고, 법원의 판결 또는 다른 법률에 의하여 선거권이 정지 또는 상실되어서도 안 된다.

□ 밴드왜건 효과 *** 🌱중요

소위 말하는 '대세론'으로 후보자가 일정 수준 이상의 지지율을 얻으면 그 후보를 따라가게 되는 것을 말한다. 경제학에서는 밴드왜건 효과를 다른 사람들이 어떤 상품을 소비하기 때문에 그 상품의 수요가 증가하는 현상을 의미한다.

□ 언더독 효과 *** 🌱중요

투견 시합에서 아래에 깔린 개를 보고 응원하게 되는 현상으로 생겨난 용어이다. 정치, 문화, 스포츠 경기 등 경쟁에서 지고 있는 약자에게 연민을 느껴 응원하고 지지하는 현상이다.

□ 레퍼렌덤(Referendum) *

일반적으로 헌법의 규정에 따라 국민이 입법과정에 직접 참여하는 경우를 말한다.

□ **플레비사이트(Plebiscite)** *

직접민주주의의 한 형태로 국민이 국가의 의사결정에 참여하는 제도로 일종의 국민투표이다. 최고통치자가 권력의 계속유지와 관련해 신임을 물을 경우 채택하는 등 주로 항구적인 정치상태를 창출하는 데 쓰인다. 특정인의 통치나 영토의 변경에 대하여 임의적으로 국민의 표결에 부치는 것이다.

□ **매니페스토(Manifesto)** **

선거 시에 목표와 이행 가능성, 예산 확보의 근거를 구체적으로 제시한 유권자에 대한 공약을 말하며, 어원은 라틴어 마니페스투(Manifestus : 증거)이다. 공약의 달성 가능성(Achievable), 검증 가능성(Measurable), 구체성(Specific), 타당성(Relevant), 기한 명시(Timed)의 다섯가지를 평가 기준으로 삼는다. 또 공약의 지속성(Sustainability), 자치력 강화(Empowerment), 지역성(Locality), 후속조치(Following)의 첫 글자를 딴 Self지수도 평가 기준으로 삼는다. 이 지표는 대체로 유권자와 밀접한 지방선거에서 의의를 둔다.

□ **캐스팅보트(Casting Vote)** **

의회의 표결에 있어서 가부동수(可否同數)인 경우 의장이 던지는 결정권 투표나, 2대 정당의 세력이 거의 같을 때 그 승패를 결정하는 제3당의 투표를 말한다.

□ **섀도캐비닛(Shadow Cabinet)** **

각료후보로 조직된 내각으로, 야당에서 정권을 잡는 경우를 예상하여 조직되는 것이다. 1876년에 생긴 제도로, 양당제가 잘 발달되어 있는 영국에서는 야당이 정권획득에 대비하여 총리 이하 각 각료로 예정된 멤버를 정해두고, 정권을 잡으면 그 멤버가 그대로 내각의 장관이 되는 경우가 많았다. '그늘의 내각' 또는 '그림자 내각'으로 번역되는데, 본래는 영국 야당의 최고지도부를 말하는 것이었다.

□ **엽관제(獵官制)** *

선거를 통하여 정권을 잡은 사람이나 정당이 직책을 담당하는 정치적 관행으로, 실적제도(Merit System)에 대립되는 제도를 말한다. 본래 국민의 봉사자이어야 할 공무원이 일부의 봉사자로 전락하고 직무의 계속성이 저해 받는 것에 대해 비판의 소리가 높다, 이에 대한 개선책으로 전문성과 기술성에 기초한 과학적 공무원제도인 실적제가 도입되었다. 우리나라의 경우 엽관주의현상은 이승만정권의 자유당 창당(1952)을 계기로 대두되었다.

□ **원내교섭단체(院內交涉團體)** *

국회에서 정당 소속 의원들이 개개인의 주장 혹은 소속 정당의 의견을 통합하여 국회가 개회되기 전 반대당과 교섭·의견조정을 하기 위하여 구성하는 의원단체를 말한다. 국회의원 20인 이상의 정당을 단위로 구성함이 원칙이나 다른 교섭단체에 속하지 않는 의원 20인 이상으로 구성할 수도 있다.

□ 인권선언(人權宣言) *

봉건적 특권계급에 대한 근대 시민계급의 자유와 평등의 권리를 천명한 것으로, 1789년 8월 프랑스 혁명 당시 라파예트(M. Lafayette)가 기초한 '인간 및 시민의 권리선언(인권선언)'을 국민회의 결의로 발표한 것이다. 이 선언은 근대 시민정치의 3대 선언 중의 하나이다.

● PLUS 근대 시민정치의 3대 선언 ··· 영국의 권리장전, 미국의 독립선언, 프랑스의 인권선언

□ 정당(政黨) **

정권획득을 목적으로 결성하는 단체로서, 국민의 이익을 위하여 책임 있는 정치적 주장이나 정책을 추진하고 선거의 후보자를 추천 또는 지지함으로써 국민의 정치적 의사형성에 참여하게 된다.

□ 대사 **

국가를 대표하여 외교교섭을 행하기 위하여 외국에 파견되는 외교사절의 제1계급으로, 특명전권대사의 약칭이며, 전권대사라고도 한다. 대사는 경력직 공무원인데 그중 특정직 공무원으로서 국가의 원수로부터 다른 국가의 원수에게 파견된다.

● PLUS 외교관 직급

㉠ 공사 : 국가를 대표하여 외교교섭을 하기 위해 외국에 파견되는 제2급 외교사절로, 특명전권공사의 약칭이다. 그 아래에 변리공사 · 대리공사가 있다.

㉡ 영사 : 자국의 통상과 국민보호를 위해 외국에 파견하는 공무원을 말한다. 본국에서 파견되는 파견영사와 다른 나라에 거주하는 사람 중에서 선임되는 명예영사(선임영사)가 있다.

□ R2P *

보호책임 원칙으로, 특정국가가 집단학살이나 반인도 범죄 등으로부터 자국민을 보호하지 못할 경우 UN이 나서야 한다는 원칙이다.

02 법률

□ 헌법 ***

헌법은 국가의 통치조직과 통치의 기본원리 그리고 국민의 기본권을 보장하는 법이다. 형식적 의미의 헌법은 성문헌법으로서 규정되어 있는 내용과 관계없이 헌법이라는 이름을 가진 규범을 말하며, 영국과 같은 불문헌법 국가에서는 형식적 의미의 헌법이 존재하지 않는다. 우리나라는 성문헌법·민정헌법·경성헌법으로서 국민주권주의, 자유민주주의, 복지국가의 원리, 국제평화주의, 조국의 평화적 통일의 지향 등을 기본으로 한다.

① 헌법의 개정절차

절차	내용
제안	대통령 : 국무회의의 심의, 국회의원 : 재적 과반수
공고	대통령이 공고, 20일 이상
국회의결	공고된 날로부터 60일 이내, 재적의원 3분의 2 이상 찬성
국민투표	국민투표로 확정, 국회의원 선거권자 과반수의 투표와 투표자 과반수의 찬성, 국회의결 후 30일 이내
공포	대통령의 공포, 즉시 공포(거부권 없음)

② 헌법의 개정과정

시기	주요 내용	공화국
제1차(1952)	대통령직선제, 국회양원제	제1공화국 (대통령제)
제2차(1954)	초대대통령 중임제한 철폐, 국민투표제 채택	
제3차(1960)	내각책임제, 대법원장·대법관선거제	제2공화국 (의원내각제)
제4차(1960)	반민주행위자·부정축재자·부정선거관련자 처벌을 위한 소급입법의 근거인 헌법 부칙 마련	
제5차(1962)	대통령제, 단원제, 법원에 위헌법률심사권 부여	제3공화국 (대통령제)
제6차(1969)	대통령 3선 취임 허용, 대통령 탄핵소추요건 강화	
제7차(1972)	통일주체국민회의 신설, 대통령 권한 강화, 국회 권한 조정, 헌법 개정 절차 이원화	제4공화국 (유신헌법)
제8차(1980)	대통령 간선제, 단임제(7년), 구속적부심 부활, 연좌제 금지, 국정조정권 부여, 헌법 개정 절차 일원화	제5공화국 (대통령제)
제9차(1987)	대통령 직선제, 단임제(5년), 국정조사권 부활로 국회 권한 강화, 비상조치권 국회해산권 폐지로 대통령 권한 조정	제6공화국 (대통령제)

□ **헌법재판소(憲法裁判所)** ***

헌법에 관한 분쟁 또는 의의(疑義)를 사법적으로 풀어나가는 재판소로, 1960년 제2공화국 헌법에 헌법재판소 설치가 규정되었으나 무산되고, 1987년 10월 말 공포된 개정 헌법에서 헌법위원회가 헌법재판소로 바뀌어 1988년 최초로 구성되었다. 헌법재판소는 대통령·국회·대법원장이 각각 3명의 위원을 선임해 9인의 재판관으로 구성되고 대통령이 국회의 동의를 얻어 재판관 중에서 위원장을 임명한다. 헌법재판소는 법원의 제청에 의한 법률의 위헌여부 심판, 탄핵의 심판, 정당의 해산 심판, 국가기관 상호 간과 국가기관과 지방자치단체 간 및 지방자치단체 상호 간의 권한쟁의에 관한 심판, 법률이 정하는 헌법소원에 관한 심판을 담당한다.

□ **위헌제청(違憲提請)** **

소송을 진행 중인 소송당사자가 당해 사건에 적용될 법률이 헌법에 위반된다고 주장하거나 법원의 직권에 의해 헌법재판소에 위헌법률심판을 제청하는 제도이다. 위헌제청의 대상은 대한민국의 모든 법률·긴급명령·조약 등이고, 대상이 되지 않는 것은 명령·규칙·조례·관습법 등이다. 법원이 위헌법률심판을 제청한 때에는 당해 소송사건은 정지되나 법원이 긴급하다고 인정하는 경우, 종국재판 외의 소송절차 진행이 가능하다. 위헌제청신청을 기각하는 결정에 대하여는 민사소송에 의한 항고나 재항고를 할 수 없다. 헌법재판소의 결정이 내려지면 제청법원은 그 결정에 따라 중단된 소송절차를 속개한다.

□ **헌법소원(憲法訴願)** **

공권력의 행사 또는 불행사에 의해 헌법상 보장된 기본권을 침해당했다고 생각되는 개인이나 법인이 권리를 되찾기 위해 헌법재판소에 그 심판을 요구하는 것을 말한다. 이때의 공권력에는 입법·사법·행정이 모두 포함되는 것이 원칙이지만, 현행 「헌법재판소법」 법원의 판결을 대상에서 제외하고 있어 법원의 판결을 뒤엎는 헌법소원을 낼 수는 없다.

□ **집단소송제** *

기업의 허위공사·분식결산 등으로 피해를 입은 투자자가 손해배상 청구소송을 제기해 승소하면 같은 피해를 입은 다른 사람들도 별도의 재판절차 없이 동일한 배상을 받을 수 있도록 하는 제도이다. 원래 집단소송제는 파산·제조물책임·환경·시민권·소비자취업차별 등 광범위한 사안에 대해 적용되는 것이지만, 우리 정부는 증권거래와 관련된 사안에 대해서만 도입하였다. 구체적으로는 유가증권신고서와 공개매수신고서의 허위·부실기재, 사업보고서 및 반기·분기보고서의 허위·부실기재, 수시공시와 조회공시사항의 허위·부실공시 등이다. 대표소송제와 혼동되는 경우가 많은데 대표소송제는 회사를 대표해 경영진을 대상으로 제기하는 소송으로 승소시 보상금도 회사로 돌아가는 반면, 집단소송제는 피해를 본 투자자들이 직접 보상받는다.

□ 죄형법정주의(罪刑法定主義) ***

어떤 행위가 범죄가 되고 또 그 범죄에 대해 어떠한 처벌을 할 것인가를 미리 법률로써 명문화시켜야 한다는 원칙이다. 이 원칙은 현대형벌제도의 기초이며, 국가권력의 남용을 방지하여 국민의 자유와 인권을 보장하려는 데에 그 목적이 있다. 관습형법금지의 원칙, 소급효금지의 원칙, 명확성의 원칙, 유추해석금지의 원칙, 적정성의 원칙을 내용으로 한다.

□ 죄수의 딜레마(Prisoner's Dilemma) **

2명 이상의 공범을 분리하여 경찰관이 취조할 경우 범인이 자백하지도, 또 끝까지 범행을 부인하지도 못하는 심리적 모순 상태를 말한다. 죄를 인정하는 자백을 할 수도 없고, 끝까지 부인하자니 다른 공범의 자백에 자신이 더 큰 피해를 당할까 두렵기 때문에 범인은 난처한 입장에 처하게 된다. 이때 대부분의 피의자들은 심리적인 갈등상태에서 자백을 선택하는 경우가 많다. 이는 각 개인이 자기의 이득만을 생각하고 의사결정을 내릴 때, 사회 전체에 손실을 야기시킬 수 있다는 것을 설명하는 좋은 예가 된다.

□ 법조브로커 *

변호사, 법무사의 법률 서비스 업무에 대해 중개를 해 주는 알선업자를 말한다. 호주와 뉴질랜드에서는 비법률가의 법조브로커가 합법이다. 한국에서는 변호사와 법무사만이 법률사무에 대한 알선, 중개를 유료로 할 수 있고, 비법률가의 알선 중개는 변호사법 위반으로 형사 처분된다.

□ 특별검사제(特別檢事制) **

정치적 중립성을 지키기 위하여 고위 공직자의 위법 혐의나 비리가 발견되었을 때 수사와 기소를 행정부로부터 독립된 변호사가 담당하게 하는 제도이다. 미국에서 먼저 정착되었으며, 우리나라의 경우 1999년 옷로비 사건에 특별검사제를 처음 도입하였고, 대북 송금에 관한 조사를 조사하기 위하여 실시하였다.

□ 사면(赦免) ***

대통령의 고유권한으로, 형의 집행을 면제해주거나 형 선고의 효력을 없애주는 조치를 말한다. 특정 죄목에 대해 일괄적으로 처벌을 면해주는 일반사면과 사면의 대상을 일일이 정해 취해지는 특별사면의 두 가지가 있다. 특별사면은 다시 가석방 또는 복역중인 피고인의 남은 형 집행을 면제해주는 조치인 잔형집행면제, 집행유예를 받은 사람에게 형의 선고를 없었던 일로 해주는 형선고실효 두 가지 방법이 있다. 또 행정처분취소는 경찰청 등 행정기관의 처분을 면해주는 조치이며, 징계사면은 말 그대로 징계받은 사실을 없던 일로 하는 것이다.

□ 국민기초생활보장법 *

근로능력이 있는 수급자에 대한 종합적인 자활·자립 지원을 목적으로 1999년 9월 7일에 제정되어 2000년 10월 1일부터 시행되고 있는 법률이다. 국민기초생활보장법에서는 국가로부터 생계지원을 받더라도 일할 능력이 있으면 자활관련 사업에 참여한다는 조건 아래 매달 생계비를 지급받도록 하고 있다.

□ 복권(復權) *

상실된 특정 권리·자격을 회복시키는 것으로 헌법 및 사면법상 대통령의 명에 의해, 형법에 의한 형의 선고, 파산법에 의한 파산선고로 상실 또는 정지된 자격을 회복시키는 것이다. 복권은 형의 집행을 종료하거나 집행면제를 받은 자에 한해서만 행해지는 것인데, 형의 선고에 의한 기성의 효과는 복권이 되어도 변경되지 않는다. 일반복권은 대통령령으로 하고, 특정한 자에 대한 복권은 대통령이 행하되 법무부장관의 상신과 국무회의의 심의를 거쳐야 한다. 특별복권은 검찰총장의 신청으로, 형의 집행종료일 또는 집행이 면제된 날로부터 3년이 경과된 자에 대해 법무부장관의 상신을 거쳐 대통령이 행한다.

□ 감청영장(監聽令狀) *

수사기관에서 공공연하게 이루어졌던 도청을 엄격히 금지하고 수사상 필요할 때에만 제한적으로 피의자 등의 통화내용을 엿들을 수 있게 한, 일종의 '합법화된 도청'을 말한다. 1993년 12월 제정된 「통신비밀보호법」에 도입해 1994년 6월부터 시행되었다.

□ 소멸시효(消滅時效) *

권리를 행사할 수 있음에도 불구하고 권리를 행사하지 않는 상태가 일정 기간 계속된 경우 권리소멸의 효과를 생기게 하는 제도를 말한다. 시효제도(時效制度)는 사회질서의 안정, 채증(採證)의 곤란 등의 이유로 인정되고 있으나 점유권, 일정한 법률관계에 필연적으로 수반되는 상린권, 담보물권 등은 소멸시효에 걸리지 않는다.

□ 플리 바겐(Plea Bargain) **

사전형량 조정제도를 말한다. 유죄를 인정하는 대신 형량을 경감받는 것으로 '플리 길티(Plea Guilty)'라고도 한다. 우리나라의 경우 플리 바겐에 대한 법적 근거는 없으나 기소에 대한 검사의 재량을 폭넓게 인정하는 기소편의주의와 기소독점주의를 채택하고 있어 수사의 형태가 암묵적으로 플리 바겐과 비슷하게 이루어지고 있다. 뇌물사건이나 마약범죄 등의 수사에 주로 활용된다.

□ 유추해석(類推解釋) *

법률에 명시되어 있지 않은 사항에 대하여 그와 유사한 성질을 가지는 사항에 관한 법률을 적용하는 것을 말한다. 형벌법규의 해석에 있어서는 죄형법정주의(罪刑法定主義)의 원칙상 유추해석은 금지되며, 이를 유추해석금지의 원칙이라고 한다. 다만, 대법원은 피고인에게 유리한 유추해석은 죄형법정주의의 취지에 반하는 것이 아니므로 허용된다고 본다.

□ 위임명령(委任命令) *

법률 또는 상위명령에 의하여 위임된 사항을 규정하는 법규명령을 말하는 것으로, 수탁된 범위 내에서는 새로이 개인의 권리·의무에 관한 사항, 즉 법률사항에 관하여 규정할 수 있다.

□ **알선수재죄** **

돈이나 물건의 대가를 받고 다른 사람의 업무처리에 관한 것을 잘 처리해 주도록 중간에서 알선한 경우 성립하는 죄. 처벌규정은 형법상 알선수뢰죄, 특정범죄가중처벌법상 알선수재죄, 특정경제범죄가중처벌법상 알선수재죄 등 3가지 규정이 있다. 형법상 알선수뢰죄는 공무원이 지위를 이용, 다른 공무원의 직무처리에 직·간접 영향을 미쳤을 때 적용된다. 이는 다른 공무원의 직무처리에 영향을 미친다는 점에서 공무원 자신의 직무에 관한 청탁을 받는 뇌물죄와 다르다. 또 특정범죄가중처벌법상 알선수재죄는 공무원이 아니더라도 공무원처럼 영향력을 행사할 수 있는 사람이 공무원의 직무에 대해 알선하고 돈을 받았을 경우에 적용되며, 특정경제범죄가중처벌법상 알선수재죄는 알선대상이 공무원이 아니라 금융기관일 경우 적용된다.

□ **심급제도(審級制度)** *

심급을 달리하는 법원에서 두 번 또는 세 번까지 재판을 받을 수 있게 하는 제도로서, 국민의 자유와 권리보호에 신중을 기하고 공정하고 정확한 재판을 받게 하기 위한 목적에서 만들어진 제도이다. 우리나라에서도 다른 민주국가와 마찬가지로 4계급 3심제이며, 제1심과 제2심은 사실심을 원칙으로 하고 제3심은 법률심이다.

□ **상소(上訴)** **

소송법상 법원의 판결 또는 결정에 대하여 억울하다고 생각하는 당사자가 그 재판의 확정 전에 상급법원에 대하여 다시 심판해 줄 것을 요구하는 소송행위를 말하며, 항소·상고·항고가 있다.

□ **항소(抗訴)** *

지방법원이나 그 지원(支院)에서 받은 제1심 판결에 대하여 억울하다고 생각하는 당사자가 그 재판이 확정되기 전에 고등법원이나 또는 지방법원 본원 합의부에 다시 재판을 청구하는 것을 말한다. 항소기간은 민사소송의 경우에는 2주일, 형사소송은 7일 이내이며, 항소기일이 지나면 선고는 확정된다. 또한 보통 군법회의 판결에 대한 고등군법회의에서의 상소도 항소라 한다.

□ **상고(上告)** *

고등법원이나 지방법원 합의부의 제2심 판결에 대하여 억울하게 생각하는 당사자가 그 재판의 확정 전에 대법원에 다시 재판을 청구하는 것을 말한다. 상고심에서는 법심판의 법령위반만을 심사대상으로 하기 때문에 당사자는 법적 평가의 면에 한하여 불복을 신청할 수 있으므로 보통 상고심을 법률심이라고 한다. 상고를 할 수 있는 재판은 원칙적으로 항소심의 종국판결에 한하지만 불항소합의가 있을 때의 비약적 상고(민사소송법), 또는 특수한 사건에서 고등법원이 제1심이 되는 때(행정소송법)에는 예외가 인정되고 있다. 상고를 할 수 있는 자는 원판결의 파기로 이익이 있는 자에 한하며, 상고제소기간은 항소의 경우와 같은 제한이 있다.

□ 항고(抗告) *

지방법원의 결정이나 명령에 대하여 불복(不服)이 있는 당사자 또는 제3자가 상급법원에 상소하는 것을 말한다. 불복을 신청할 수 없는 결정·명령이라도 헌법해석의 착오, 기타 헌법위반이 있음을 이유로 할 때는 대법원에 특별항고를 할 수도 있다.

□ 체포영장제 *

임의동행과 보호유치 등 탈법적 수사관행을 막기 위한 제도를 말한다. 체포영장제는 피의자가 죄를 범했다고 의심할 만한 상당한 이유가 있을 때 사전에 판사로부터 체포영장을 발부받아 체포하고 48시간 내에 구속영장을 청구하지 않을 경우 즉시 석방하는 제도로, 기존 긴급구속제도는 긴급체포제로 대체된다.

□ 법률행위(法律行爲) *

사법상 법률요건의 하나로, 법에 의하여 행위자가 마음먹은 그대로의 법률효과가 인정되는 행위를 말한다. 법률행위가 성립하기 위해서는 당사자·내용·의사표시의 3개 요건을 필요로 하며, 이 성립요건이 갖추어져 있지 않으면 법률행위는 성립하지 않는다. 법률행위의 형태는 단독행위·계약·합동행위 등의 세 가지로 나뉜다.

□ 청원권(請願權) *

국가기관이나 지방자치단체에 대하여 국민이 희망을 진술할 수 있는 권리를 말한다. 공무원의 비위 시정에 대한 징계나 처벌의 요구, 손해의 구제, 법령 또는 규칙의 제정·폐지·개정 등에 관하여 그 희망을 문서로써 진정할 수 있다. 청원을 접수한 국가기관은 공정 신속히 심사·처리하여 청원인에게 그 결과를 회답해 줄 의무가 있다. 그러나 반드시 청원의 내용대로 실행할 의무는 없다.

□ 인정사망제도(認定死亡制度) *

수재나 화재 등 사망확률이 높은 사고의 경우, 시신이 발견되지 않더라도 이를 조사한 관공서 등이 사망으로 인정하면 별도의 재판을 거치지 않고 사망신고를 할 수 있도록 하는 제도이다.

□ 속인주의(屬人主義) **

국민을 기준으로 하여 법을 적용하는 주의를 말한다. 즉, 한 나라 국민은 자기 나라에 있든지 외국에 있든지 그가 소속한 나라의 법에 적용을 받는다는 것이다. 우리나라 국적법은 속인주의를 원칙으로 하되, 예외적으로는 속지주의를 보충하고 있다. 국적법에서는 혈통주의라고도 한다.

⊙ PLUS 속지주의(屬地主義) … 어떤 나라의 영토 안에서 태어난 사람은 그 출생지의 국적을 얻게 되는 것을 말한다.

□ 알 권리(Right To Know) *

모든 정보원으로부터 일반적인 정보를 수집할 수 있는 권리로 국민이 정치적·사회적 문제에 관한 정보를 자유롭게 접할 수 있고 쉽게 알아볼 수 있는 권리이다. 개인의 경우 공공기관과 사회집단에 대해 정보를 공개하도록 청구할 수 있는 권리를 의미하며, 언론기관의 경우 정보를 공개하도록 청구할 권리뿐만 아니라 취재의 자유를 의미한다.

> **PLUS** 알 권리는 1945년 미국 AP통신사의 전무이사인 켄트 쿠퍼(Kent Cooper)가 뉴욕의 한 강연에서 "시민은 완전하고 정확하게 제시되는 뉴스에 접할 권리를 갖고 있다. 알권리에 대한 존중이 없이는 어느 한 국가나 또 세계적으로나 정치적 자유란 있을 수 없다."고 제창하면서 처음 사용되었다.

□ 액세스권(Right Of Access) *

국민이 자신의 사상이나 의견을 발표하기 위해 언론매체에 자유로이 접근하여 이용할 수 있는 권리로, 매체접근권이라고도 한다.

□ 필요적 변론사건(必要的辯論事件) *

법에 정해진 형량이 사형·무기 또는 최하 3년 이하의 징역·금고형인 죄목으로 피고인이 기소된 사건을 말하는 것이다. 이러한 사건들은 피고인이 유죄로 인정될 경우 무거운 처벌을 받기 때문에 형사소송법에서 변호인 없이 재판을 열 수 없도록 규정하고 있다.

□ 즉결심판 *

범증이 명백하고 죄질이 경미한 범죄사건(20만 원 이하의 벌금, 구류, 과료에 해당)에 대하여 정식 형사소송절차를 밟지 않고 「즉결심판에 관한 절차법」에 의거, 경찰서장의 청구로 순회판사가 행하는 약식재판이다. 주로 「경범죄처벌법」 위법사범(무임승차, 무전취식, 허위신고, 음주소란, 새치기 등), 가벼운 폭행죄, 단순도박죄, 「도로교통법」상의 자동차주정차금지위반, 「향토예비군설치법」상의 예비군훈련불참자 등을 들 수 있다. 즉결심판의 청구는 관할 경찰서장이 서면으로 하는데 검사의 기소독점에 대한 예외이다. 즉결심판에 있어서는 피고인의 자백만으로써 유죄를 인정할 수 있고 피고인이 피의자신문조서의 내용을 부인하더라도 유죄를 인정할 수 있도록 증거조사의 특례가 인정된다. 즉결심판에 불복하는 경우 피고인은 고지를 받은 날로부터 7일 이내에 소관 지방법원 및 지방법원 지원에 정식재판을 청구할 수 있다. 정식재판의 판결이 나면 즉결심판은 효력을 잃는다.

□ 일사부재리(一事不再理)의 원칙 *

「형사소송법」에서 일단 판결이 확정되면 같은 사건에 관하여 다시 공소의 제기가 허용되지 않는다는 원칙으로, 이에 위배된 공소는 면소판결을 받는다. 단, 「민사소송법」에서는 이 원칙이 적용되지 않는다.

□ **불고불리(不告不理)의 원칙** *

법원은 원칙적으로 검사가 공소제기를 하지 않으면 공판을 개시할 수 없고, 또 검사로부터 공소가 제기된 사건에 한하여 심리할 수 있다는 원칙이다. 다만, 준기소절차의 경우에는 예외이다.

□ **구인영장(拘引令狀)** *

법원이 심문을 목적으로 피고인이나 그 밖의 관계인을 강제로 부르기 위해 발부하는 영장이다. 구속영장의 '구속'은 구인과 구금(拘禁)을 포함하는 개념이며, 흔히 말하는 구속영장은 구금영장을 가리킨다. 이 때 구금은 구치소에 인치시켜 수사하는 것이고, 구인은 구치소가 아닌 지정된 장소에서의 조사를 말하며 구금할 필요가 없다고 판단될 때에는 24시간 이내에 석방하도록 되어 있다.

□ **배임죄(背任罪)** *

타인의 사무를 맡아서 처리하는 자가 자기나 제3자의 이익을 위하여 또는 본인(주인)에게 손해를 가하기 위해서 그 임무에 위배되는 행위를 하는 죄를 말한다. 배임죄는 신임관계를 위배하여 타인의 재산권을 침해하는 것을 내용으로 하는 범죄로서 배임죄의 주체는 타인의 사무를 처리하는 지위 또는 신분이 있는 자이다. 배임죄의 본질은 본인과 행위자 사이에 신임관계가 있음에도 불구하고 이에 위배해 손해를 가했다는 점에 있다.

□ **여적죄(與敵罪)** ***

형법 제93조에 명시되어 있는 내용으로 적국과 합세하여 대한민국에 항적함으로써 성립되는 범죄이다. 여기서 말하는 적국은 대한민국에 대적하는 외국 또는 외국인단체를 포함하며 항적은 동맹국에 대한 것도 포함한다. 본죄에 있어서 고의는 적국과 합세하여 대한민국에 항적한다는 인식을 필요로 하며, 본죄의 미수·예비·음모·선동·선전 등도 처벌한다.

□ **반의사불벌죄(反意思不罰罪)** **

친고죄와 달리 고소없이 처벌 가능하나 피해자가 처벌을 희망하지 않는다는 의사를 표시하면 처벌을 할 수 없는 범죄로, 단순존속폭행죄·과실상해죄·단순존속협박죄·명예훼손죄 등이 있다.

□ **재의요구권** **

집행 기관이 의회의 의결에 이의가 있는 경우, 이의 수리를 거부하고 의회에 반송할 수 있는 권리. 집행 기관의 거부권을 의미한다.

□ **명예훼손죄(名譽毀損罪)** *

형법 307조의 명예훼손죄는 공연히 구체적인 사실이나 허위 사실을 적시(摘示)하여 사람의 명예를 훼손함으로써 성립하는 범죄를 말한다. '공연히'는 불특정 다수인이 인식할 수 있는 상태를, '명예'는 사람의 인격에 대한 사회적인 평가로서 명예의 주체에는 자연인·법인·기타 단체가 있다. 오로지 공공의 이익에 관한 사실을 적시한 경우에는 처벌하지 아니하나, 진실한 사실을 적시한 경우에 2년 이하의 징역·금고나 500만 원 이하의 벌금에 처하고, 허위의 사실을 적시한 경우는 5년 이하의 징역·10년 이하의 자격정지나 1,000만 원 이하의 벌금에 처한다.

□ **미필적 고의(未必的故意)** **

어떤 결과가 발생할지도 모르나 경우에 따라서는 그렇게 되어도 상관없다고 생각하는 경우에 존재하는 고의를 가리킨다. 즉, 범죄사실이 발생할 가능성을 인식하고도 이를 용인하는 것을 말한다. 이런 경우에는 과실범이 아니라 고의범으로서 처벌된다.

□ **인 두비오 프로 레오(In Dubio Pro Reo)** *

'의심스러울 때는 피고인에게 유리하게 판결하라'는 법언(法諺)을 말한다. 형사소송에서 법원이 검사의 입증이 부족하여 유죄의 심증을 얻지 못할 경우 피고인에게 유리하게 무죄 판결을 해야 한다는 원칙이다. 유·무죄의 판단에 국한되며 소송법상의 사실의 존부에는 적용되지는 않는다.

□ **과태료(過怠料)** *

법률질서에 대한 위반이기는 하지만 형벌을 가할 만큼 중대한 일반 사회법익의 침해가 아니라고 인정되는 경우에 부과하는 현행 질서상의 질서벌을 말한다. 예를 들면 출생신고를 하지 않아서 「가족관계의 등록 등에 관한 법률」을 위반하였을 경우 해당 관청에 물게 되는 돈 따위를 말한다. 즉, 과태료는 행정법상 법령위반자에 대한 금전적인 벌로서 형(刑)은 아니다.

🔘 **PLUS** 과료(科料) … 경범죄에 과하는 재산형으로 형법이 규정하는 형벌의 일종이다. 그 금액이 적고 또는 비교적 경미한 범죄인에 대해 과한다는 점에서 벌금과 차이가 있다.

□ **공동정범(共同正犯)** *

공동실행의 의사와 공동실행의 사실이 있을 때 두 사람 이상이 공모하여 죄를 범하는 경우, 누가 정범이고 종범인지를 구별할 수 없는 상태의 범죄를 말한다. 공동정범은 2인 이상이 공동의 범행결의 하에 실행행위를 분업적으로 역할 분담하여 기능적으로 행위지배를 함으로써, 전체적인 범행계획을 실현하는 것으로 실질적으로 공범이 아니라 정범이다.

□ 간접정범(間接正犯) *

본인 스스로가 범죄를 행하지 아니하고 타인을 이용하여 간접적으로 범죄행위를 하게 하는 범인을 말한다. 예를 들면 사정을 전혀 모르는 간호사로 하여금 환자에게 약 대신 독물을 주게 한다든지, 광인(狂人)을 시켜 사람을 죽이는 행위 같은 것이다.

□ 공소시효(公訴時效) ***

확정판결 전에 시간의 경과에 의하여 형벌권이 소멸하는 제도를 말한다. 공소시효의 기산점은 범죄행위가 종료된 때부터 시작된다. 현행법상 인정되는 공소시효는 7종류가 있으며, 공소가 제기된 범죄는 판결의 확정이 없이 공소를 제기한 때로부터 25년을 경과하면 공소시효가 완성한 것으로 간주한다. 2015년 8월 형사소송법 개정안이 시행되면서 살인죄에 대한 공소시효를 폐지했다.

> **O PLUS** 공소시효의 기간
> ㉠ 사형에 해당하는 범죄에는 25년
> ㉡ 무기징역 또는 무기금고에 해당하는 범죄에는 15년
> ㉢ 장기 10년 이상의 징역 또는 금고에 해당하는 범죄에는 10년
> ㉣ 장기 10년 미만의 징역 또는 금고에 해당하는 범죄에는 7년
> ㉤ 장기 5년 미만의 징역 또는 금고, 장기10년 이상의 자격정지 또는 벌금에 해당하는 범죄에는 5년
> ㉥ 장기 5년 이상의 자격정지에 해당하는 범죄에는 3년
> ㉦ 장기 5년 미만의 자격정지, 구류, 과료 또는 몰수에 해당하는 범죄에는 1년

□ 선고유예(宣告猶豫) *

영미법에서 비롯된 형사정책적 제도로서 일정한 범인에 대하여 범죄를 인정함에 그치거나 또는 일정기간 유죄의 판결을 하는 것을 유예한 기간을 무사히 경과한 경우는 그 유죄의 판결을 언도하지 않는 제도를 말한다. 선고유예는 형의 선고를 유예한다는 점에서 형의 집행을 유예하는 집행유예와 다르다.

□ 집행유예(執行猶豫) *

형사정책적 입장에서 인정한 제도로서 유죄를 인정한 정상에 의하여 일정 기간 그 형의 집행을 유예하여 유예기간 중 특별한 사고 없이 그 기간을 경과한 때에는 형의 선고는 효력을 상실하게 하고 형이 없었던 것과 동일한 효과를 발생케 하는 제도이다. 집행유예는 3년 이하의 징역 또는 금고의 형을 선고할 경우 정상에 참작할 사항이 있을 때, 1년 이상 5년 이하의 기간 동안 형의 집행을 유예하는 제도이다.

□ 기소편의주의(起訴便宜主義) **

기소에 있어 검사의 재량을 인정하는 것으로 공소제기에 필요한 정도의 혐의가 있고 또 소송조건을 구비하였다고 하더라도 반드시 기소하는 것이 아니라 검사에게 기소·불기소에 대한 재량의 여지를 인정하는 것을 말한다. 우리나라 현행법은 기소편의주의를 취하고 있으며 1심 판결 전이라면 검사는 언제든지 공소를 취소할 수 있다.

□ 국민참여재판(國民參與裁判) **

2008년 1월 1일부터 시행된 한국형 배심원 재판제도를 말한다. 배심원은 만 20세 이상의 대한민국 국민으로 해당 지방법원 관할구역에 거주하는 주민 중 무작위로 선정되어 법적 구속력이 없는 평결을 내리고, 선고 형벌에 대해 토의하는 등의 재판참여의 기회를 갖는다. 2008년 2월 12일 대구지방법원에서 처음 열렸다. 국민참여재판은 형사재판으로 특수공무집행방해치사, 뇌물, 배임수재, 특수강도강간의 사건들에 적용되며, 배제결정이 있거나 피고인이 원하지 않을 경우 해당하지 않는다. 법정형이 사형·무기징역 등에 해당할 경우 9명, 그 밖의 사건은 7명, 피고인·변호인이 공소사실의 주요내용 인정 시엔 5명으로 하며, 5명 이내의 예비배심원을 둔다. 판사가 배심원과 다른 선고를 할 경우, 판사가 피고인에게 배심원의 평결 결과를 알리고, 다른 선고를 한 이유를 판결문에 밝힌다.

□ 온라인투자연계금융법(온투법)

온라인투자연계금융업의 등록과 감독에 필요한 사항과 이용자 보호에 대한 사항을 정하는 것이다. 온라인투자와 연계된 금융업을 건전하게 육성하고 금융혁신과 국민경제 발전에 기여를 목적으로 한 법이다. 온라인투자연계금융은 온라인플랫폼을 통해 특정 차입자에게 자금을 제공할 목적으로 투자한 투자자의 자금을 투자자가 지정한 해당 차입자에게 연계대출하고 원리금수취건을 투자자에게 제공하는 것을 의미한다(온라인투자연계금융업법 제2조). 온라인투자연계금융업을 등록한 뒤에 사업을 진행해야 하며 등록요건에 따라 등록해야한다. 온투법은 대부업체로 운영되었던 P2P금융을 법제화시킨 것이다. P2P금융은 온라인을 통해 대출과 투자를 연결하는 핀테크 서비스이다.

03 사회

□ 고령사회(高齡社會) **

우리나라의 경우 고령자고용법 시행령에서 55세 이상을 고령자, 50 ~ 55세 미만을 준고령자로 규정하고 있다. UN에서는 65세 이상 노인이 전체 인구에 차지하는 비율로 고령화사회, 고령사회, 초고령사회를 구분하는데, 고령화사회는 총 인구 중 65세 이상 인구가 차지하는 비율이 7% 이상, 고령사회는 총 인구 중 65세 이상 인구가 차지하는 비율이 14% 이상, 초고령사회는 총 인구 중 65세 이상 인구가 차지하는 비율이 20% 이상이다. 우리나라는 지난 2018년 65세 이상 인구가 총 인구의 14%를 넘어 고령사회로 진입했으며 2025년에는 초고령사회로 진입할 것으로 전망된다.

□ 노플라이 제도 ***

항공기 기내에서 폭력 및 폭언 등으로 항공기 운항 안전을 방해하거나 승무원이나 승객을 대상으로 난동을 부리는 행위, 기내에서 금하는 행위를 한 승객에게 일시적이나 영구적으로 해당 항공기 탑승을 거부하는 제도를 의미한다. 노플라이 제도는 일본항공, 델타항공, 네덜란드항공 등에서 운영하고 있으며 대한항공도 시행하고 있다.

□ 게임체인저 *

특정한 일에 결과와 흐름을 바꾸는 중요한 역할을 하는 것을 의미한다. 충격을 주는 아이디어를 통해 새로운 분야가 개척되는 것으로 대표적으로 스티브 잡스와 마크 저커버그가 있다.

□ 배리어 프리(Barrier Free) **

본래 건물이나 거주 환경에서 층을 없애는 등 장애가 있는 사람이 사회생활을 하는 데에 물리적인 장애를 제거한다는 의미로 건축계에서 사용되었다. 최근에는 물리적 장벽뿐만 아니라 제도적이고 법률적인 장벽까지 제거하자는 움직임으로, 문화예술에서도 수어통역, 음성해설 등을 통해 장벽을 없애려는 시도를 말한다. 배리어 프리 영화제, 배리어 프리 한국어교육실습, 배리어 프리 스포츠, 배리어 프리 키오스크, 배리어 프리 아동권리 교육 진행 등 여러 분야에서 차별 없이 동등한 사회를 위한 배리어 프리가 진행되고 있다.

□ 과로노인 *

늦은 나이에도 돈이 필요해 어쩔 수 없이 죽기 직전까지 일해야 하는 노인들을 의미한다. 연금이 모자라 신문 배달을 하고, 정리해고를 당해 편의점에서 일하는 노인, 치매에 걸린 어머니를 간병하느라 일을 계속해야만 하는 노인 등 그 유형은 다양하다.

□ 실버 택배 **

노인계층을 뜻하는 실버(Silver)와 택배의 합성어로, 인근 지역 거주 노인 인력을 활용한 택배 서비스를 뜻한다. 택배사가 아파트 단지 입구까지 수화물을 배송하면, 단지 내에서는 실버택배 요원이 각 세대에 방문 배송하는 식으로 이루어지며 노년층 일자리 확충이라는 공익목적으로 도입되었다.

□ 효과별 분류 *** 중요

구분	내용
베르테르효과 (Werther Effect)	유명인이나 자신이 롤 모델로 삼고 있던 사람이 자살할 경우, 자신과 동일시해서 자살을 시도하는 현상. 독일의 문호 괴테가 1774년에 출간한 「젊은 베르테르의 슬픔」에서 유래했는데, 이 작품에선 남주인공 베르테르가 여주인공 로테를 사랑하지만 그녀에게 약혼자가 있다는 것을 알고 실의에 빠져 권총자살을 하게 된다. 시대와의 단절로 고민하던 젊은 세대의 공감으로 자살이 급증하자 이를 연구한 미국의 사회학자 필립스(D. Phillips)가 이름을 붙였다.
루핑효과 (Looping Effect)	사람들이 이전에 관심이 없다가 새로운 사실을 인식하게 되면 이러한 사실들이 상호작용하게 되어 사람이 변해 새로운 사실에 영향을 받은 다른 종류의 사람이 만들어지는 현상. 예를 들어 유명인의 자살을 언론 보도를 통해 접하고 관심을 갖게 돼 개개인의 불안심리가 조성되면서 우울감이나 단절감이 자살로 이어지게 된다.
나비효과 (Butterfly Effect)	브라질에 있는 나비의 날갯짓이 미국 텍사스에 토네이도를 발생시킬 수도 있다는 과학이론. 기상 관측한 데이터를 통해 처음 이야기된 효과로, 어떤 일이 시작될 때 있었던 아주 미묘한 양의 차이가 결과에서는 매우 큰 차이를 만들 수 있다는 이론이다. 이는 후에 카오스 이론의 토대가 되었다.
낭떠러지효과	자신이 정통한 분야에 대해서는 임무수행능력이 탁월하지만 조금이라도 그 분야를 벗어나면 낭떠러지에서 떨어지듯이 일시에 모든 문제해결능력이 붕괴되는 현상을 말한다. 낭떠러지효과는 기계문명에 대한 맹신에서 벗어날 것을 인류에게 촉구하는 미래학자들의 경고이기도 하다.
넛지효과 (Nudge Effect)	어떠한 금지나 인텐시브 없이도 인간 행동에 대한 적절한 이해를 바탕으로 타인의 행동을 유도하는 부드러운 개입을 뜻하는 말. 행동경제학자인 선스타인(C.R. Sunstein)과 리처드 탈러(R.H. Thaler)가 공저한 「넛지」에 의하면, 팔을 잡아끄는 것처럼 강제에 의한 억압보다 팔꿈치로 툭 치는 부드러운 개입으로 특정 행동을 유도하는 것이 더 효과적이라고 한다.
디드로효과 (Diderot Effect)	하나의 제품을 구입하면 그 제품과 연관된 제품을 연속적으로 구입하게 되는 현상. 소비자는 단순히 기능적인 연관성뿐만 아니라 제품과 제품사이에 정서적 동질성을 느껴서 구입하게 된다.
피그말리온효과 (Pygmalion Effect)	타인의 관심이나 기대로 인해 능률이 오르거나 결과가 좋아지는 현상. 그리스신화에 나오는 조각가 피그말리온의 이름에서 유래한 심리학 용어로 '로젠탈효과'라고도 한다.
스티그마효과 (Stigma Effect)	타인에게 무시당하거나 부정적인 낙인이 찍히면 행태가 나빠지는 현상. 스티그마효과가 부정적 행태를 보인다면 피그말리온효과는 긍정적 행태를 보인다. '낙인효과'라고도 한다.
래칫효과 (Ratchet Effect)	소득수준이 높았을 때의 소비성향이 소득수준이 낮아져도 낮아진 만큼 줄어들지 않게 하는 저지작용이다.

□ 도넛현상(Doughnut) ***

대도시의 거주지역과 업무의 일부가 외곽지역으로 집중되고 도심에는 상업기관 · 공공기관만 남게 되어 도심은 도넛모양으로 텅 비어버리는 현상이다. 이는 도시 내의 지가상승 · 생활환경의 악화 · 교통혼잡 등이 원인이 되어 발생하는 현상으로 도심 공동화현상이라고도 한다.

□ 스프롤현상(Sprawl) **

도시의 급격한 팽창에 따라 대도시의 교외가 무질서 · 무계획적으로 주택화되는 현상을 말한다. 교외의 도시계획과는 무관하게 땅값이 싼 지역을 찾아 교외로 주택이 침식해 들어가는 현상으로 토지이용면에서나 도시시설정비면에서 극히 비경제적이다.

□ U턴현상 **

대도시에 취직한 시골 출신자가 고향으로 되돌아가는 노동력 이동을 말한다. 대도시의 과밀 · 공해로인한 공장의 지방 진출로 고향에서의 고용기회가 확대되고 임금이 높아지면서 노동력의 이동현상이 나타나고 있다.

□ J턴현상 *

대도시에 취직한 시골출신자가 고향으로 돌아가지 않고 지방도시로 직장을 옮기는 형태의 노동력이동을 말한다. U턴현상에 비해 이 현상은 출신지에서의 고용기회가 적을 경우 나타나는 현상이다.

□ 디지털 리터러시(Digital Literacy) **

디지털 자료를 보고 이해할 수 있는 능력을 의미한다. 디지털 사용빈도가 늘어나면서 다양하고 정보가 넘쳐나고 있다. 하지만 넘쳐나는 자료를 개인이 이해 · 평가 · 조합하는 능력이 필요하다. 이 능력을 디지털 리터러시라 한다. 문자로 적혀진 신문 기사나 계약서를 읽을 때 문해력이 필요하듯이 디지털 세상에서 스마트폰과 SNS을 사용하면서 일반 문자를 읽을 때처럼 필요한 문해력이 디지털에서도 필요하다.

□ 큐 그레이더(Q Grader) *

커피의 원재료인 생두와 원두의 맛, 특성 등을 감별해 커피의 등급을 결정하는 직종을 의미한다. 다시 말해 커피 감별사라고 하는데, 여러 가지 조건들로 커피를 감별해 커피의 등급(Grade)을 결정하는 역할을 담당한다. 이러한 큐 그레이더가 되기 위한 방법은 국가마다 조금씩 차이를 보이고 있으며 각국에 그들만의 자격시험이 있는데 비교적 체계적인 나라는 미국, 유럽, 일본, 콜롬비아, 브라질, 에티오피아 등의 국가들이 이를 시행하고 있다. 국내의 경우에도 이에 대한 자격시험이 있는데 원두 분별, 후 · 미각, 커피 구분, 커피 평가 테스트 등 22가지의 과정이 치러지며, 3년마다 한 번씩 재시험을 통해서 자격증을 갱신하는 방식이다.

□ 무리별 분류 *** 중요

구분	내용
여피족(Yuppie)	도시에서 자란 젊고 세련된 전문 직업인
더피족(Duppie)	경기 불황으로 인해 임시직으로 생계를 유지하는 사람들
이피족(Yiffie)	1990년대 여피에 이어 등장, 여유있는 삶, 가족관계, 다양한 체험 등 자신의 목적을 위해 직장을 마다하고 자신의 행복과 만족을 추구하는 청년들
예티족(Yettie)	신경제에 발맞춰 일에 대한 열정으로 패션에 신경을 쓰지 않는 20 ～ 30대의 신세대 인간형
댄디족(Dandy)	자신이 벌어서 규모 있는 소비생활을 즐기는 젊은 남자들. 방송 · 광고 · 사진작가 · 컴퓨터 프로그래머 등의 전문직에 종사하는 사람들
시피족(Cipie)	오렌지족의 소비 지향적 · 감각적 문화행태에 반발, 지적 개성을 강조하고 검소한 생활을 추구하는 젊은층
슬로비족(Slobbie)	성실하고 안정적인 생활에 삶의 가치를 더 부여하는 사람들로 빠르게 돌아가는 현대생활에서 여유 있게 살아가려는 사람들
니트족(Neet)	교육이나 훈련을 받지 않고 일도 하지 않으며 일할 의지도 없는 청년 무직자
좀비족(Zombie)	대기업 · 방대한 조직체에 묻혀 무사안일에 빠져있는 비정상적인 사람
딩크족(Dink)	정상적인 부부생활을 영위하면서 의도적으로 자녀를 갖지 않는 젊은 맞벌이 부부
듀크족(Dewks)	아이가 있는 맞벌이 부부
딘트족(Dint)	경제적으로 풍족하지만 바쁜 업무로 소비생활을 할 시간이 없는 맞벌이
네스팅족(Nesting)	단란한 가정을 가장 중시하고 집안을 가꾸는 가정주의자들
싱커즈족(Thinkers)	젊은 남녀가 결혼 후 맞벌이를 하면서 아이를 낳지 않고 일찍 정년퇴직해 노후생활을 즐기는 신계층
통크족(Tonk)	자식은 있되 자식뒷바라지에 의존하지 않고 취미 · 운동 · 여행 등으로 부부만의 생활을 즐기는 계층
우피족(Woopie)	자식에게 의지하지 않고 경제적인 여유로 풍요롭게 사는 노년세대
유미족(Yummy)	상향 지향적이고 활동적인, 특히 자녀에 대해 정열을 쏟는 젊은 어머니들
나오미족	안정된 결혼생활을 누리며 신세대 감각과 생활을 보여주는 30대 중반 여성들
루비족(Ruby)	자신을 꾸미는 40 ～ 50대 여성들
나우족(Now)	40 ～ 50대에도 젊고 건강하며 경제력이 있는 여성들
노무족(Nomu)	나이와 상관없이 자유로운 사고와 생활을 추구하고 꾸준히 자기개발을 하는 40 ～ 50대 남자들
프레퍼족(Prepper)	핵전쟁이나 재난에 대비해서 생존 가방을 싸거나 식량을 비축하는 등과 같은 준비를 하는 사람들
노마드족(Nomard)	첨단기기를 사용해서 일을 하면서 정착하지 않는 유목민처럼 떠돌아다니는 사람들
파이어족	경제적 자립을 토대로 부를 축적해 40대 초반에 자발적 조기은퇴를 추진하는 사람들
캥거루족	경제적 · 정신적 자립심이 부족하여 부모님에게 의지하는 젊은 세대

□ 치킨게임(Chicken Game) *** 🐰중요

경쟁을 할 때 어느 한 쪽이 양보하지 않을 경우 상대가 무너질 때까지 출혈 경쟁을 해서 결국 양쪽 모두 파국으로 치닫게 되는 극단적인 게임이론이다. 1950년대 미국 젊은이들 사이에서 유행하던 자동차 게임의 이름이 치킨게임이며, 한밤중에 도로에서 마주보고 두 명의 경쟁자가 자신의 차를 몰고 각각 정면으로 돌진하다가 충돌 직전에 핸들을 꺾는 사람이 지는 경기로 어느 한 쪽도 핸들을 꺾지 않으면 모두 승자가 되지만 결국 충돌해 양쪽 모두 파멸하게 된다. 이때 핸들을 꺾는 사람이 치킨으로 몰려 명예롭지 못한 사람의 취급을 받는다. 이 용어는 1950 ~ 1970년대 미국과 구 소련 사이의 극심한 군비경쟁에 대해 비판하면서 차용되었다.

□ 증후군의 분류 *** 🐰중요

구분	내용
빈 둥지 증후군 (Empty Nest Syndrome)	공소증후군. 중년의 가정주부가 어느 날 갑자기 빈 둥지를 지키고 있는 듯 허전함을 느끼며 자신의 정체성에 대해 회의를 품게 되는 심리적 현상
모라토리엄 증후군 (Moratorium Syndrome)	지식 수준이나 육체적으로 한 사람의 몫을 충분히 할 수 있음에도 불구하고 사회인으로서 책무를 기피하는 현상. 대개 고학력 청년들로 대학 졸업 후 사회로 나가기 두려워 취직하지 않고 빈둥거리는 것을 말한다.
파랑새 증후군 (Bluebird Syndrome)	현재의 일에 만족이나 정열을 느끼지 못하고 미래의 행복만을 꿈꾸는 증후군
피터팬 증후군 (Peter Pan Syndrome)	무기력증을 보이는 남성들의 심적 증후군. 어른이면서도 어린이 같은 언행을 일삼는 현상을 말한다.
슈퍼우먼 증후군 (Superwoman Syndrome)	직장여성 중 엘리트를 지향하는 여성들에게서 보이는 스트레스 증후군. 모든 일에 완벽하려고 지나친 신경을 써서 지쳐버리게 되는 증상을 말한다.
신데렐라콤플렉스 (Cinderella Complex)	자신의 능력으로 자립할 자신이 없는 여성이 일시에 자신의 일생을 변화시켜 줄 존재의 출현만을 기다리는 심리로, 남자의 인생에 의지하여 마음의 안정을 찾고 보호받기를 원하는 여성의 심리적 의존을 말한다.
Lid 증후군 (Loss Isolation Depression Syndrom)	핵가족화로 인해 노인들에게 발생할 수 있는 고독병의 일종. 자녀들은 분가해서 떠나고 주변의 의지할 사람들이 세상을 떠나면 그 손실에 의해 고독감과 소외감을 느낀다. 이런 상태가 지속되면 우울증에 빠지게 되는데 이를 고독고(孤獨苦)라 한다. ※ 노인의 4고(苦) : 빈고(貧苦), 고독고(孤獨苦), 병고(病苦), 무위고(武威苦)
살리에르 증후군	천재성을 가진 주변의 뛰어난 인물에게 질투와 시기, 열등감을 느끼는 증상을 말한다.
램프 증후군	실제로 일어날 가능성이 없는 일에 대해 마치 알라딘의 요술 램프의 요정 지니를 불러내듯 수시로 꺼내 보면서 걱정하는 증상이다
번아웃 증후군	자신의 일과 삶에 보람을 느끼고 충실감에 넘쳐 열심히 일해 오던 사람이 돌연 슬럼프에 빠져 신체적, 정서적인 극도의 피로감으로 인해 무기력증, 자기혐오 등 마치 연료가 다 타버린(Burn)것처럼 일할 의욕을 잃고 직장에 적응할 수 없게(Out) 되는 증상이다.
스마일마스크 증후군	자신의 내면의 솔직한 감정을 숨기고 발산하지 못해 심리적으로 불안한 상태를 말한다. 대부분의 감정 노동자들이 겪고 있다.

□ 세대별 분류 ** 🏷중요

구분	내용
A세대	Aspirations(욕구)의 첫 글자에서 따온, 아시아 · 라틴아메리카 등의 신흥경제국가의 도시에 살고, 연간 2천만 파운드를 벌며 계속 소득이 늘어 소비욕구가 강해 세계경제의 메가트렌드를 주도하는 30 ~ 40대 중산층
C세대	컴퓨터 보급의 일반화로 탄생하여 반도체칩과 카드, 케이블 속에 사는 컴퓨터 세대. 또는 자신이 직접 콘텐츠를 생산 · 인터넷 상에서 타인과 자유롭게 공유하며 능동적으로 소비에 참여하는 콘텐츠 세대.
E세대	Enterpriser(기업가)의 첫 글자에서 따온, 스스로가 사업체를 세워 경영인이 되고 싶어 하는 사람들
G세대	Green과 Global의 첫 글자에서 따온, 건강하고 적극적이며 세계화한 젊은 세대
L세대	Luxury(사치)의 첫 글자에서 따온, 세계적으로 유명한 고가의 고급 브랜드를 일상적으로 소비하는 명품족
M세대	휴대전화를 통화 이외의 다양한 용도로 사용하는 나홀로족인 모바일세대 또는 1980년대 초반 이후 출생한 덜 반항적, 더 실질적, 팀 · 의무 · 명예 · 행동을 중시하는 밀레니엄세대
N세대	1977 ~ 1997년 사이에 태어나 디지털 기술과 함께 성장, 기기를 능숙하게 다룰 줄 아는 자율성 · 능동성 · 자기혁신 · 개발을 추구하는 디지털 문명세대
P세대	Passion(열정) · Potential Power(힘) · Participation(참여) · Paradigm – Shifter(패러다임의 변화를 일으키는 세대)의 첫 글자에서 따온, 열정과 힘을 바탕으로 사회 전반에 적극적으로 참여해 사회 패러다임의 변화를 일으키는 세대. 자유로운 정치체제 하에서 성장하여 긍정적인 가치관을 가지며, 386세대의 사회의식 · X세대의 소비문화 · N세대의 생활양식 · W세대의 공동체의식 등이 모두 포괄해서 나타난다.
Y세대	컴퓨터를 자유자재로 다루고 다른 나라 문화나 인종에 대한 거부감이 없는, 전후 베이비붐 세대가 낳은 2세들인 10대 전후의 어린이
X세대	50% 정도가 이혼 · 별거한 맞벌이 부모 사이에서 자라 가정에 대한 동경과 반발 심리를 가지며 개인적인 삶에 큰 의미를 두는 1961 ~ 1984년 사이에 출생한 세대
IDI세대 (I Deserve Its Generation)	내 몫 챙기기에 철저한 미국의 젊은 세대. 산업화 · 현대화 이후 개인주의적 태도와 함께 드러나기 시작한 이기적인 사고가 매우 심해진 형태로 개인적인 요구와 욕망, 자기 권리만 내세운다.
부메랑세대	사회에 진출했다가 곧 독립을 포기하고 부모의 보호 아래로 돌아가는 젊은이들. 실패한 성인, 훈련 중인 성인으로 불린다.
캥거루세대	경제적 · 정신적으로 부모에 의존해 생활을 즐기는 젊은 세대. 자라증후군
미 제너레이션 (Me Generation)	자기주장이 강하고 자기중심적으로 생각하고 행동하는 요즘의 젊은층
MZ세대	밀레니얼 세대와 Z세대을 합쳐 부르는 세대로 디지털 환경에 익숙하며, 최신 트렌드와 색다른 경험을 추구하는 세대
알파세대	2010 ~ 2024년(또는 2011 ~ 2025년) 사이에 태어나 어렸을 때부터 기술적인 발전과 함께 성장, 로봇 및 인공지능(AI)과 같은 기술에 친근한 세대

□ 사회보장제도 *

국민이 빈곤·질병·생활불안의 경우에 처하더라도 최소한의 인간다운 생활을 하면서 살 수 있도록 국가가 정책적으로 보장하는 것이다. 우리나라의 국가적 규모의 사회보장제도의 실시는 1947년 과도정부 법령 제4호 미성년자 노동보호법이 효시이며, 1959년에는 한국사회보장제도 창설의 모태가 된 '건강보험제도 도입을 위한 연구회'가 보건복지부 주관하에 발족되었고, 그 연구결과 1962년 3월에 사회보장제도 심의위원회가 정식 법적 기구로 탄생되었다. 국제노동기구(ILO)에서는 사회보장의 내용을 '사회보험'과 '공공부조'로, 우리나라와 일본에서는 '사회보험', '공공부조', '사회복지서비스'로 나누고 있다.

□ 티슈인맥 *

한 번 사용하고 버리는 티슈처럼 필요할 때만 타인과 관계를 맺고, 필요가 없어지면 미련 없이 버리는 일회성 인간관계를 이르는 신조어이다.

□ 인구 데드크로스 현상 **

사망자 수가 출생아 수보다 많아지는 것을 말한다. 저출산 및 혼인율 감소 등이 주요 원인으로 꼽힌다. 정부는 인구 자연감소가 노동력 감소로 이어지지 않도록 여성, 고령자, 외국인 등 각 계층의 경제활동을 촉진시키려고 하고 있다. 퇴직한 전문 인력을 육성하는 시니어 창업 원 방안 및 고령자의 전직을 위한 프로그램도 제고하며, 여성의 일자리도 확대하려는 계획이다. 팬데믹 이전부터 여성 경력 단절 문제가 제기되었으나, 팬데믹으로 인해 자녀 돌봄 부담이 가중되고 여성 고용 비중 높은 서비스업 분야 경기 위축 등으로 인해 여성경력단절 문제가 심화되었다. 때문에 여성 진출 지원을 강화하고 직장 내 성차별 해소 등 근로여건 개선과 미취업, 경력단절 여성 일자리 복귀 지원 등을 확대하여 노동시장 참여를 촉진하기로 하였다. 단순히 돈으로만 꾀하려는 정책보다 왜 비혼과 비출산율이 높아졌는가에 대한 정부의 확실한 이해와 사회분위기가 우선 조성되어야 한다는 목소리가 크다. 한편, 데드크로스는 원래 주식시장에서 사용되는 용어로, 주가의 단기이동평균선이 중장기 이동평균선 아래로 뚫는 현상을 말한다.

□ 빌바오 효과 **

도시의 랜드마크 건축물이 해당 지역에 미치는 영향을 이르는 말이다. 이는 스페인 북부 소도시 빌바오에서 비롯되었다. 빌바오는 과거에 제철소, 조선소로 융성하였으나 1980년대 불황으로 철강산업이 쇠퇴하자 바스크 분리주의자들의 연이은 테러로 급격히 실업률 등이 급격히 하락하였다. 이를 극복하기 위해 정부에서는 문화산업을 통한 도시재생사업을 계획하였고, 사업의 일환으로 구겐하임 미술관을 유치하였다. 미술관 개관 이후 빌바오에는 매년 100만 명의 관광객이 찾아오면서 관광업 호황이 이루어졌고, 이후 도시 랜드마크 건축물이 도시경쟁력을 높이는 효과를 나타내는 말로 사용되기 시작하였다.

04 노동

□ **노동3권(勞動三權)** ***

노동자가 가지는 세 가지 권리로 단결권·단체교섭권·단체행동권을 말한다. 노동자의 권익(權益)을 위해 헌법상 보장되는 기본권으로서 사회권에 속하며, 단체행동권의 행사는 법률이 정하는 범위 내에서만 보장된다. 공무원의 경우 법률로 인정된 단순 노무에 종사하는 공무원 외에는 노동3권이 보장되지 않으며, 공무원에 준하는 사업체에 종사하는 근로자의 단체행동권은 법률에 의해 제한 또는 인정하지 않을 수 있다.

구분	내용
단결권	노동자가 근로조건 향상을 위해 단결할 수 있는 권리
단체교섭권	노동자의 노동시간, 임금, 후생복리 등의 조건에 관한 문제를 사용자 측과 단체적으로 협의할 수 있는 권리
단체행동권	단체교섭이 이루어지지 않을 경우 노사 간의 분쟁을 해결하기 위한 파업 등을 할 수 있는 권리

PLUS 사회권 ··· 개인의 생존, 생활의 유지·발전에 필요한 모든 조건을 확보하도록 국가에 요구할 수 있는 국민권리의 총칭으로 사회적 기본권 또는 생존권적 기본권이라고도 한다.

□ **숍제도의 분류** **

노동조합이 사용자와 체결하는 노동협약에 조합원 자격과 종업원 자격의 관계를 규정한 조항(Shop Clause)을 넣어 조합의 유지와 발전을 도모하는 제도를 숍제도(Shop System)라 한다.

구분	내용
오픈숍(Open Shop)	조합가입 여부에 관계없이 고용이나 해고에 차별대우를 하지 않은 제도로, 사용자는 노동자를 자유로 채용할 수 있고 노동자의 조합가입 여부도 자유의사인 것
유니언숍(Union Shop)	회사와 노동조합의 협정에 의해 일단 채용된 노동자는 일정한 기간 내에 의무적으로 조합에 가입해야 하는 제도로, 미가입자·조합탈퇴자 및 조합에서 제명된 자는 사용자가 해고하도록 하는 것
클로즈드숍(Closed Shop)	이해(利害)를 공통으로 하는 모든 노동자를 조합에 가입시키고 조합원임을 고용의 조건으로 삼는 노사 간의 협정제도로, 노동조합의 단결 및 사용자와의 교섭력을 강화하여 유리한 노동조건을 획득하려는 의도에서 나온 것
프레퍼렌셜숍(Preferential Shop)	조합원 우선숍 제도로, 조합원은 채용이나 해고 등 단체협약상의 혜택을 유리하게 대우하기로 하고, 비조합원에게는 단체협약상의 혜택을 주지 않는 것
메인터넌스숍 (Maintenance of Membership Shop)	조합원 유지숍 제도로, 조합원이 되면 일정기간 동안 조합원자격을 유지해야 하고, 종업원은 고용계속조건으로 조합원 자격을 유지해야 하는 것
에이전시숍(Agency Shop)	조합이 조합원과 비조합원에게도 조합비를 징수하여 단체교섭을 맡는 것

□ **공허노동** *

공허노동은 스웨덴의 사회학자 롤란드 폴센이 최초로 정의한 개념으로, 근무시간 중에 딴짓을 하는 것으로, 인터넷 쇼핑몰을 서핑하거나 SNS를 하는 등 업무와 무관한 일을 하는 행위를 뜻한다.

□ **협동조합** *

국제협동조합연맹에서는 '공동으로 소유되고 민주적으로 운영되는 사업체를 통하여 경제적·사회적·문화적 필요와 욕구를 충족시키고자 하는 사람들이 자발적으로 결성한 자율적인 조직'으로 정의한다. 미국 농무성(USDA)에서는 '이용자가 소유하고 이용자가 통제하며 이용규모를 기준으로 이익을 배분하는 사업체'로 정의한다. 공동 목적을 가진 5인 이상의 조합원이 사업의 종류나 제한 없이 조직을 만들 수 있다. 출자규모와 상관없이 조합원은 1인 1표제를 가지며, 조합원은 출자자산에 한정해서 유한책임을 가진다. 전체 배당액의 100분의 50 이상의 협동조합 사용 이용 실적에 따라 조합원은 배당받을 수 있다. 규모의 경제를 실현하고 도매상, 수집상, 가공업자, 소매업자들과 거래 교섭력을 높이는 데 그 목적이 있다. 농업협동조합은 조합원에게 개별 농가에서 할 수 없는 가공사업을 수행하여 부가가치를 높여 주고 농자재 공동구매를 통해 농가 생산비 절감에 기여한다. 협동조합의 7원칙으로는 ① 자발적이고 개방적인 조합원제도, ② 조합원의 민주적 통제. ③ 조합원의 경제적 참여, ④ 자율과 독립, ⑤ 교육·훈련 및 정보제공, ⑥ 협동조합간의 협동, ⑦ 지역사회에 대한 기여이다.

□ **동맹파업**(同盟罷業, Strike) ***

노동조합 및 기타 노동단체의 통제 하에 조합원이 집단적으로 노무제공을 거부하면서 그들의 주장을 관철시키려는 가장 순수하고 널리 행하여지는 쟁의행위(爭議行爲)이다. 우리나라는 헌법에 근로자의 단체행동권을 보장하고 노동조합 및 노동관계조정법으로 쟁의행위의 합법성을 인정하는데 헌법이 보장하는 쟁의권 행사의 범위를 일탈하지 않으면 쟁의행위에 대한 손해배상청구권은 면제된다. 동맹파업의 분류는 다음과 같다.

구분	명칭	내용
목적	경제파업	가장 일반적인 파업으로 근로자의 근로조건, 경제적 지위향상 도모 파업
	정치파업	정부에 대해 근로자의 일정한 요구의 실현을 촉구하는 파업(헌법상 정당성을 인정받지 못함)
	동정파업 (Sympathetic Strike)	노동자가 고용관계에 있는 사용자와는 직접적인 분쟁이 없음에도 불구하고 다른 사업장의 노동쟁의를 지원하기 위하여 벌이는 파업(파업의 효과상승, 조합의식 강화)
규모	총파업 (General Strike)	총동맹파업으로 동일 기업·산업·지역의 전체 또는 전 산업이 공동의 요구를 관철시키고자 통일적으로 단행하는 파업
	지역파업	일부 지역만이 행하는 파업
	부분파업	특정의 일부 기업이나 분야에서만 행하는 파업
방법	Walk Out	노동자를 공장이나 사업장 밖으로 철수시켜 행하는 파업
	농성파업 (Sit-Down Strike)	노동자가 사용자가 있는 곳이나 작업장, 교섭장소 등을 점거하여 주장을 관철시키기 위해 행하는 파업(강한 단결과 결의, 상대를 위압하여 유리한 교섭 촉진목적)
기타	살쾡이파업 (Wild Cats Strike)	노동조합이 주관하지 않고, 기층 근로자에 의해 자연발생적으로 일어나는 파업(미국의 노동운동이 제2차 세계대전을 고비로 노골적인 노사유착의 경향을 띠며 일어났고, 기습적·산발적인 형태로 전개된다는 점에서 살쾡이의 이름이 붙여짐)

□ **노동쟁의(勞動爭議)** ** 🎀 중요

근로자 단체와 사용자 사이의 근로시간·임금·복지·해고 등의 근로조건에 관한 주장의 불일치로 일어나는 분쟁상태를 말하며, 사전의 단체교섭 실시를 전제로 한다. 노동쟁의는 파업, 사보타주, 타임오프제, 태업, 불매운동, 직장폐쇄 등의 방법이 있다.

구분	내용
총파업	총동맹파업으로 동일 기업·산업·지역의 전체 또는 전 산업이 공동의 요구를 관철시키고자 통일적으로 단행하는 파업
태업	파업과는 달리 출근을 하여 정상근무를 하는 것처럼 보이나 실제로는 완만한 작업태도로 사용자에게 손해를 주어 요구조건을 관철시키려는 쟁의의 한 수단으로 조직적·계획적으로 행해질 경우에만 쟁의수단이 됨
보이콧(불매운동)	어떤 특정한 요구를 들어주지 않는 기업의 제품을 노동자들, 나아가 일반대중까지 단결하여 구매하지 않음으로써 상대방으로 하여금 요구를 들어주도록 하는 쟁의
피케팅	총파업이나 보이콧 등의 쟁의행위를 보다 효과적으로 행하기 위하여 파업에 동참하지 않은 근로희망자들의 공장이나 사업장 출입을 저지하여 파업에의 참여를 요구하는 행위
직장폐쇄	사용자가 노동자의 요구를 거부하고 공장을 폐쇄하여 그 운영을 일시적으로 중단함으로써 노동쟁의를 보다 유리하게 해결하려는 행위
사보타주	의식적이고 고의적으로 사유재산을 파괴하고 생산설비 손상을 통한 노동자 쟁의행위
타임오프제	노조전임자에 대한 사용자의 임금지급은 원칙적으로 금지하지만 노동자의 고충처리·노사 간의 단체교섭 준비 및 체결에 관한 활동·노동자의 산업안전에 관한 활동 등 노무관리 업무에 한해서 근무한 것으로 인정하여 근로시간에 대한 임금을 지급하는 제도

⊙ **PLUS** 직장폐쇄만이 사용자가 행하는 유일한 쟁의행위이다.

□ **임금피크제** *

워크 셰어링(Work Sharing)의 한 형태로, 임금피크제의 장점은 고령층의 실업 완화, 기업의 인건비 감소, 전문화된 인력의 경험을 살릴 수 있다는 것이나 일률적인 임금피크제의 적용으로 인한 임금수준 하락의 편법작용, 공기업의 노령자 구제수단의 일환으로 악용될 수 있다는 단점이 있다. 한편, 노동계에서는 임금피크제가 오히려 정년을 단축시키고, 노동조건을 악화시키는 결과를 낳을 것이라며 임금피크제의 도입을 반대하고 있다.

□ **플랫폼 노동** ***

앱이나 소셜 네트워크 서비스(SNS) 등의 디지털 플랫폼에 소속되어 일하는 것을 말한다. 즉, 고객이 스마트폰 앱 등 플랫폼에 서비스를 요청하면 이 정보를 노동 제공자가 보고 고객에게 서비스를 한다. 플랫폼 노동은 노무 제공자가 사용자에게 종속된 노동자가 아닌 자영업자이므로 특수고용노동자와 유사하다는 이유로 '디지털 특고'로도 불린다. 예컨대 배달대행앱, 대리운전앱, 우버 택시 등이 이에 속한다.

□ 노동자의 분류 ***

구분	내용
골드 칼라 (Gold Collar)	두뇌와 정보를 황금처럼 여기는 신세대를 상징하는 고도 전문직 종사자. 창의적인 일로 부가가치를 창출하는 인재로서 빌 게이츠와 스티븐 스필버그 감독 등이 있다. ※ 골드회사 : 직원의 창의성을 높이기 위해 근무시간과 복장에 자율성을 보장해 주는 회사
다이아몬드 칼라 (Diamond Collar)	지혜, 봉사심, 체력, 인간관계, 자기관리 능력의 다섯 가지 미덕을 고루 갖춘 인간형으로 성공할 가능성이 큰 경영인 또는 관리자
화이트 칼라 (White Collar)	육체적 노력이 요구되더라도 생산과 전혀 무관한 일을 하는 샐러리맨이나 사무직노동자. 블루칼라와 대비된다.
블루 칼라 (Blue Collar)	생산, 제조, 건설, 광업 등 생산현장에서 일하는 노동자. 노동자들의 복장이 주로 청색인 점에 착안하여 생겨나 화이트칼라와 대비된다.
그레이 칼라 (Gray Collar)	화이트 칼라와 블루 칼라의 중간층으로 컴퓨터·전자장비·오토메이션 장치의 감시나 정비에 종사하는 근로자
논 칼라 (Non Collar)	손에 기름을 묻히는 것도 서류에 매달려 있는 것도 아닌 즉, 블루 칼라도 화이트 칼라도 아닌 무색세대로 컴퓨터 세대
핑크 칼라 (Pink Collar)	가정의 생계를 위해 사회로 진출하는 주부. 예전에는 점원이나 비서직에 종사하는 여성들을 뜻했으며 자아 성취를 위해 일하는 직장 여성과는 거리가 있다. 남성 노동자인 블루 칼라와 대비된다.
퍼플 칼라 (Purple Collar)	빨강과 파랑이 섞인 보라색으로 가정과 일의 균형과 조화를 추구하는 근로자
레인보우 칼라 (Rainbow Collar)	참신한 아이디어와 개성으로 소비자의 욕구를 만족시켜주는 기획관련 업종을 지칭하는 광고디자인, 기획, 패션업계 종사자. 1993년 제일기획(광고회사)에서 '무지개 색깔을 가진 젊은이를 찾는다.'는 신입사원 모집공고에서 유래됐다.
네오블루 칼라 (Neo-Blue Collar)	새로운 감성미학을 표현해내고 개성을 추구하는 등 특유의 신명으로 일하는 영화·CF업계의 감성세대
르네상스 칼라 (Renaissance Collar)	세계 정치·경제·문화의 다양한 콘텐츠들을 섭렵하여 자신의 꿈을 좇아 변신한 인터넷 사업가
일렉트로 칼라 (Electro Collar)	컴퓨터의 생활화에 따라 새롭게 등장하고 있는 직종으로 컴퓨터에 대한 이해도와 기술수준이 뛰어난 엘리트
실리콘 칼라 (Silicon Collar)	창의적인 아이디어와 뛰어난 컴퓨터 실력으로 언제라도 벤처 창업이 가능한 화이트 칼라의 뒤를 잇는 새로운 형태의 고급 노동자
스틸 칼라 (Steel Collar)	사람이 하기 힘든 일이나 단순 반복 작업을 하는 산업용 로봇. 국내에서 전자와 자동차업종을 중심으로 1만여 로봇이 산업현장에 배치됐다.

□ 퍼플잡 ***

일정한 시간이나 장소 형태를 요구하는 정형화된 근무 제도에서 탈피해 근로자의 여건에 따라 특성에 맞는 근무 형태를 신축적으로 조절하는 것이다. 여성과 남성을 상징하는 빨강과 파랑을 섞으면 보라색이 나오는 것처럼 일과 가정의 조화와 남녀평등을 표방하며 기존의 정규직, 비정규직이란 이분법적 사고를 뛰어 넘는 다양성을 지향한다. 유연 출퇴근 시간제, 재택근무제, 일자리 공유제, 한시적 시간근무제 등이 있다.

□ 실업의 종류 *

노동할 능력과 의욕을 가진 자가 노동의 기회를 얻지 못하고 있는 상태를 실업(失業)이라고 한다. 대표적으로 실업의 원리를 설명하는 이론에는 J.M. 케인스의 유효수요의 이론과 K. 마르크스의 산업예비군 이론이 있다.

구분	내용
자발적 실업 (自發的 失業)	취업할 의사는 있으나, 임금수준이 생각보다 낮다고 판단하여 스스로 실업하고 있는 상태를 말한다. 케인스 (J.M. Keynes)가 1930년 전후 대공황기에 발생한 대량실업에 대해 완전고용을 전제로 설명하려 했을 때 분류한 개념의 하나로 비자발적 실업과 대비된다.
비자발적 실업 (非自發的 失業)	자본주의에서 취업할 의사는 있으나 유효수요(有效需要)의 부족으로 취업하지 못하는 상태를 말한다. 수요 부족실업 또는 케인스적 실업이라고도 한다. 케인스는 불황기의 대량실업 구제책으로 확장적 금융·재정정책에 의한 유효수요 증가정책을 써야한다고 주장했다.
마찰적 실업 (摩擦的 失業)	일시적인 결여나 산발적인 직업 간의 이동에서 발생하는 시간적 간격 등에 의해 발생하는 실업형태이다. 기업의 부도로 근로자들이 직장을 잃는 경우가 해당되며 케인스가 분류했다.
경기적 실업 (景氣的 失業)	경기변동의 과정에 따라 공황이 발생하면 실업이 급증하고 번영기가 되면 실업이 감소하는 실업형태로, 장기적 성격을 가진다.
계절적 실업 (季節的 失業)	산업의 노동력 투입이 자연적 요인이나 수요의 계절적 편재에 따라 해마다 규칙적으로 변동하는 경우에 생기는 실업형태이다.
구조적 실업 (構造的 失業)	일반적으로 선진국에서 자본주의의 구조가 변화하여 생기거나 자본축적이 부족한 후진국에서 생산설비의 부족과 노동인구의 과잉으로 생기는 실업형태이다. 경제구조의 특질에서 오는 만성적·고정적인 실업이며 경기가 회복되어도 빨리 흡수되지 않는 특징이 있다.
기술적 실업 (技術的 失業)	기술진보에 의한 자본의 유기적 구성의 고도화로 인해 발생하는 실업형태이다. 주로 자본주의적 선진국에서 나타나며 자본수요의 상대적 부족으로 인해 발생한다. 마르크스형 실업이라고도 하며 실물적 생산력의 향상으로 노동수요가 감소한 데 기인한다.
잠재적 실업 (潛在的 失業)	원하는 직업에 종사하지 못하여 부득이 조건이 낮은 다른 직업에 종사하는 실업형태로 위장실업이라고도 한다. 노동자가 지닌 생산력을 충분히 발휘하지 못하여 수입이 낮고, 그 결과 완전한 생활을 영위하지 못하는 반(半) 실업상태로, 영세농가나 도시의 소규모 영업층의 과잉인구가 이에 해당한다.
산업예비군 (産業豫備軍)	실업자 및 반실업자를 포함하는 이른바 상대적 과잉인구를 말한다. 자본주의가 발달해 자본의 유기적 구성이 고도화함에 따라 노동을 절약하는 자본집약적인 생산방법이 널리 채용되어 노동력이 실업으로 나타나는 것을 말한다. 마르크스는 이것을 자본주의 발전에 따르는 필연적 산물이라 하였다.

□ 감정노동 **

고도의 산업화로 서비스업이 활발해지며 등장한 노동 형태이다. 자신의 감정은 숨기고 서비스를 제공하는 직업종사자들이 해당된다. 승무원·전화상담원 등 고객을 직접 응대하는 직종들을 예로 들 수 있다. 감정노동을 오래 한 근로자 대부분은 스마일마스크 증후군(Smile Mask Syndrome)에 걸리는 경우가 많다.

05 기초과학

□ **HDR(High Dynamic Range)** **

디지털 영상의 계조도 신호 표현 범위가 보다 넓은 명암 영역에 대응되도록 하여 밝은 부분은 더 밝게, 어두운 부분은 더 어둡게 표현할 수 있는 기술이다. 가장 보편적인 HDR 10, 구글의 독자 방식인 VP9-Profile2, 돌비 비전 등 다양한 HDR 규격이 존재한다.

□ **네가와트** *

전력 단위인 메가와트(Megawatt)와 부정적인, 소극적인이라는 의미의 네거티브(Negative)가 합쳐진 것을 의미한다. 다시 말해 새롭게 전기를 생산하는 대신 공장, 빌딩 등의 시설에서 전기를 절약하는 것이다. 네가와트는 1989년 국제학회에서 미국의 환경과학자 아모리 로빈스에 의해 처음 사용되었는데, 그는 새로운 발전소를 세워 공급을 늘리는 기존의 방식 대신 정확한 수요 관리와 에너지 관리를 통해 에너지 효율을 높이자고 주장했다. 전력의 특성상, 전력사용은 사용량이 높은 시간대와 낮은 시간대에서 차이를 보이고 계속된 전력생산은 잉여에너지를 만들게 되는데, 네가와트는 에너지 수요를 관리하고 잉여에너지를 그대로 낭비하지 않는 등의 효율적인 에너지관리에 집중하는 방식이다.

□ **쿼크(quark)** ** 종요

소립자의 기본 구성자로 업·다운·스트레인지·참·보텀·톱의 6종(種)과 3류(類)가 있다. 종(種)은 향(Flavor)을 류(類)는 색(Color)을 말하며, 하나의 향은 세 가지의 색을 가지고 있다. 업과 다운, 스트레인지와 참, 보텀과 톱은 각각 쌍을 이뤄 존재한다.

□ **동위원소(同位元素)** *

원자번호는 같으나 질량수가 다른 원소로 일반적인 화학반응에 화학적 성질은 같지만 물리적 성질이 다르다. 1906년 방사성원소의 붕괴과정에서 처음 발견되었으며 방사성 동위원소, 안정 동위원소가 있다. 예를 들면 수소의 동위원소로는 경수로($_1H^1$)·중수소($_1H^2$)·3중수소($_1H^3$) 등이 있다.

□ **방사성원소(放射性元素)** **

원자핵으로부터 방사선(α선, β선, γ선)을 방출하고 붕괴하는 방사능을 가진 원소의 총칭이다. 천연방사성원소와 인공방사성원소로 나뉘며 좁은 뜻에서의 천연방사성 원소만을 가리키거나 그 중에서 안정 동위원소가 없는 라듐이나 우라늄의 원소를 지칭하기도 한다. 1896년 베크렐은 최초로 우라늄(u)을 발견하였으며, 1898년 퀴리부부는 광석 속에서 우라늄보다 강한 방사능을 가진 라듐(Ra)을 발견하였다. 원소가 처음 만들어졌을 때는 방사성원소와 비방사성원소가 존재했을 것으로 추정하는데, 이 중에서 반감기가 짧은 것은 모두 붕괴하고 반감기가 긴 원소만이 남아 존재한다고 추정한다.

□ 임계실험(臨界實驗) **

원자로 속에서 최소의 연료를 사용하여 '원자의 불'을 점화하는 것이다. 핵연료를 원자로 안에 조금씩 넣어가면 그 양이 어느 일정한 값을 넘었을 때 핵분열의 연쇄반응이 일어나기 시작한다. 즉, '원자의 불'이 점화된다. 이와 같이 핵분열이 지속적으로 진행되기 시작하는 경계를 '임계(Critical)', 이 핵연료의 일정량을 '점화한계량', 즉 '임계량'이라 부른다.

□ pH(Hydrogenion Exponent, 수소이온농도) *

어떤 용액 속에 함유되어 있는 수소이온의 농도를 말하는 것으로 pH = 7일 때 중성, pH > 7일 때 알칼리성, pH < 7일 때 산성이라고 한다. 물고기가 살 수 있는 담수의 pH는 보통 6.7 ~ 8.6이며, pH는 폐수를 중화 또는 응집시켜 화학적으로 처리할 때 그 기준이 된다.

□ 뉴턴의 운동법칙(運動法則 : Law Of Motion) ***

뉴턴이 1687년 「프린키피아」에 발표한 물체의 운동에 관한 기본법칙으로 물체의 질량과 힘의 개념이 세워지면서 고전역학의 기초가 확립되었다.

① 제1법칙(관성의 법칙) : 물체가 원래의 상태를 계속 유지하려는 성질을 관성이라 한다. 즉, 외부로부터 힘을 받지 않는 한 정지상태의 물질은 계속 정지하려 하고, 운동중인 물체는 계속 등속직선운동을 한다는 것이다. 관성의 크기는 질량에 비례한다.

> **PLUS** 정지상태를 계속하려는 관성의 예 … 정지하고 있던 버스가 갑자기 출발하면 서 있던 사람은 뒤로 넘어진다. 쌓아놓은 나무토막 중 하나를 망치로 치면 그 나무토막만 빠진다.
> 운동상태를 계속하려는 관성의 예 … 달리던 버스가 갑자기 정지하면 서 있던 승객은 앞으로 넘어진다. 뛰어가던 사람의 발이 돌부리에 걸리면 넘어진다.

② 제2법칙(가속도의 법칙) : 어떤 물체에 힘을 가하였을 때 생기는 가속도(a)의 크기는 작용하는 힘(F)의 크기에 비례하고 질량(m)에 반비례한다. 즉, $F = ma$

③ 제3법칙(작용·반작용의 법칙) : 물체에 힘을 작용시키면 원래 상태를 유지하기 위해 물체는 반대방향으로 힘을 작용(반작용)한다. 이와 같은 물체에 힘을 가할 때 나타나는 작용과 반작용은 크기가 같고 방향은 반대이며, 동일직선상에서 작용한다.

> **PLUS** 작용과 반작용의 예 … 포탄이 발사되면 포신이 뒤로 밀린다. 가스를 뒤로 분사하면서 로켓이 날아간다.

□ 케플러의 법칙(Kepler's Laws) **

① 제1법칙(타원궤도의 법칙) : 모든 행성은 태양을 중심으로 타원궤도를 그리며 공전한다.

② 제2법칙(면적의 법칙) : 태양과 행성을 연결하는 선분(동경)이 같은 시간에 그리는 면적은 일정하며, 행성의 속도가 근지점에서는 빨라지고 원지점에서는 느려진다.

③ 제3법칙(주기의 법칙) : 행성의 공전주기의 제곱은 타원궤도의 긴 반지름의 세제곱에 비례한다. 즉, 태양에 가까운 행성일수록 공전주기가 짧다.

□ **상대성이론(Theory Of Relativity) *****

미국 물리학자 아인슈타인(A. Einstein)에 의하여 전개된 물리학의 이론체계이다. 그는 1905년 기존의 뉴턴역학에 의하여 알려졌던 상대성이론을 시간·공간의 개념을 근본적으로 변경하여 물리학의 여러 법칙에 적용한 특수상대성이론과, 1915년 뉴턴의 만유인력 대신 특수상대성이론을 일반화하여 중력현상을 설명한 일반상대성이론을 완성하였다.

□ **초전도(超電導, Super Conductivity) ****

어떤 물질을 절대온도 $0^\circ K(-273^\circ C)$에 가까운 극저온상태로 냉각시켰을 때 갑자기 전기저항이 0이 되는 물리적 현상을 말한다. 초전도를 나타내는 물질을 초전도체라 하며 납 등의 금속이나 합금, 화합물 등 약 1,000여 종류가 있다.

□ **열의 이동 ****

① 대류(對流) : 열이 유체를 통하여 이동하는 현상으로, 이는 유체의 열팽창으로 인한 밀도변화에 의해 일어나는 물질의 순환운동이다.

② 전도(傳導) : 저온부와 고온부의 온도차에 의해 일어나는 열의 이동현상이다.

③ 복사(輻射) : 열이 중간에 다른 물질을 통하지 않고 직접 이동하는 현상을 말한다.

□ **청색기술 ****

자연에서 영감을 받거나 자연을 모방해서 만든 기술을 의미한다. 다시 말해 생물의 구조와 기능을 연구해 경제적 효율성이 뛰어나면서도 자연 친화적인 물질을 만드는 기술로 예를 들어 일본의 고속열차 신칸센은 물총새를 본뜬 디자인으로 소음 문제를 해결한 사례가 있다. 동시에 청색기술은 온실가스 등 환경오염 물질의 발생을 사전에 막는 기술이라는 의미도 지니고 있다.

□ **옥탄가(Octane Number) ****

가솔린 속에 함유되어 있는 이물질이 정제된 정도를 표시하는 수치로, 가솔린의 품질을 결정하는 요소이다. 옥탄가가 높을수록 엔진의 기능을 저하시키는 노킹현상이 일어나지 않으며 열효율이 높다.

◎ PLUS 노킹(Knocking) … 내연기관의 기통 안에서 연료가 너무 빨리 발화거나 이상폭발하는 현상을 말한다.

□ **표면장력(表面張力) ***

액체의 표면에 가지고 있는 자연상태에 있어서의 표면에너지를 말하는 것으로, 그 표면을 수축하려는 힘을 말한다. 이는 액체의 분자 간 인력의 균형이 표면에서 깨지고 액면 부근의 분자가 액체 속의 분자보다 위치에너지가 크기 때문에 이것을 될 수 있는 대로 작게 하려는 작용이 나타나는 것이다.

□ **빛의 성질** **

종류	내용
직진(直進)	빛이 입자이기 때문에 일어나는 현상(일식, 월식, 그림자 등)
반사(反射)	빛이 입자이기 때문에 어떤 매질의 경계면에서 다시 처음 매질 속으로 되돌아가는 현상
굴절(屈折)	한 매질에서 다른 매질로 통과할 때 그 경계면에서 방향이 바뀌는 현상(무지개, 아지랑이, 신기루 등)
간섭(干涉)	빛이 파동성을 갖기 때문에 일어나는 현상(물이나 비누방울 위에 뜬 기름의 얇은 막이 여러 색으로 보이는 것)
회절(回折)	빛이 파동성을 갖기 때문에 일어나는 현상으로, 틈이 좁거나 장애물의 크기가 작을수록 잘 발생
분산(分散)	빛이 복색광이기 때문에 굴절체를 통과하면서 굴절률에 따라 여러 개의 단색광으로 되는 현상(프리즘에 의한 분산 등)
산란(散亂)	빛이 공기 속을 통과할 때 공기 중의 미립자에 부딪쳐서 흩어지는 현상(저녁노을, 하늘이 파랗게 보이는 현상 등)
편광(偏光)	자연광은 여러 방향의 진동면을 갖지만, 전기석과 같은 결정축을 가진 편광판을 통과시키면 결정축에 나란한 방향으로 진동하는 빛만 통과(입체영화, 광통신 등)

□ **전자파(電磁波)** *

전자장의 변화가 주위의 공간에 전파되는 파동이다. 진동회로에 전기진동이 일어나면 주위에 전장과 자장이 생기며, 진동전류의 주기적인 변화로 전자장도 주기적인 변화를 한다. 이 진동변화가 파동으로 주위의 공간에 전파되며, 그 성질은 빛과 같아서 진행 속도도 같고 반사 · 굴절 · 간섭 · 회절 등의 현상을 일으킨다.

○ **PLUS** 독일 물리학자 헤르츠(H.R. Herz)에 의해 1888년 전기진동회로로부터 전자기파를 발생시키는 데 성공하면서 전자기파의 존재가 실험적으로 증명되었다.

□ **블랙홀(Black Hole)** **

물질이 극단적인 수축을 일으켜 그 안의 중력이 무한대가 되어 그 주변의 모든 물체를 끌어 당길 뿐만 아니라 빛까지도 흡수하여 빠져나갈 수 없는 천체를 의미한다. 강한 중력으로 인해 내부는 전파가 한쪽으로만 향하는 특수한 시공구조(時空構造)가 형성되며, 외부와는 전혀 연결되지 않는 하나의 독립된 세계를 이루게 된다.

□ **가이아(Gaia)가설** **

지구는 하나의 거대한 유기체로서, 지구상의 생물권은 단순히 주위환경에 적응하는 소극적인 존재가 아니라 지구의 물리 · 화학적 환경을 적극적으로 변화시키는 능동적인 존재라는 이론이다. 1978년 영국의 과학자 제임스 러브록이 지구상의 생명을 보는 새로운 관점을 통해 주장했다.

□ 전자기 법칙 *

구분	내용
쿨롱(Coulomb)의 법칙	두 전하 사이에 작용하는 전기력(척력·인력)은 두 전하 사이의 거리의 제곱에 반비례하며, 두 전하량의 곱에 비례한다.
옴(Ohm)의 법칙	도체에 흐르는 전류의 세기는 도체 양 끝의 전압에 비례하며, 전기저항에 반비례한다.
줄(Joule)의 법칙	저항이 큰 물체에 전류를 통과하면 열과 빛을 발생하는데, 일정한 시간 내에 발생하는 열량은 전류의 세기의 제곱과 도선의 저항에 비례한다.
앙페르(Ampére)의 법칙	도선에 전류가 흐르면 주위에 자기장이 형성되는데, 자기장의 방향은 전류의 방향을 오른나사의 진행방향과 일치시킬 때 나사의 회전방향이 된다.
플레밍(Fleming)의 법칙	• 왼손법칙 : 전류가 흐르는 도선이 자기장 속을 통과하면 그 도선은 자기장으로부터 힘을 받게 된다. 왼손 세손가락을 직각이 되게 폈을 때 검지를 자기장의 방향으로, 중지를 전류의 방향으로 가리키면 엄지는 힘, 즉 전자기력의 방향이 된다. • 오른손법칙 : 유도전류의 방향을 결정 시 오른손 세손가락을 직각이 되게 폈을 때 엄지는 도선의 방향을, 검지는 자기장의 방향을 가리키면 중지는 유도전류의 방향이 된다.
패러데이(Faraday)의 법칙	• 전자기 유도법칙 : 전자기유도로 회로 내에 발생되는 기전력의 크기는 회로를 관통하는 자기력선속의 시간적 변화율에 비례한다. • 전기분해법칙 : 전해질용액을 전기분해 시 전극에서 추출되는 물질의 질량은 전극을 통과한 전자의 몰수에 비례하고, 같은 전기량에 의해 추출되는 물질의 질량은 물질의 종류에 상관없이 각 물질의 화학 당량에 비례한다.
렌츠(Lenz)의 법칙	자석을 코일 속에 넣었다 뺐다 하면 코일에 유도전류가 생기는데, 이때 생긴 유도전류의 방향은 코일을 통과하는 자력선의 변화를 방해하는 방향으로 발생한다.

□ 게놈 *

생물 고유의 염색체 한 조(組) 또는 그 생물의 반수염색체수, 즉, N에 해당한다. 보통 이중의 게놈을 갖고 있다. 유네스코는 1997년 제29차 총회에서 유전자연구에 있어서 인권과 인간의 존엄성을 강조한 '인간게놈선언'을 채택하였다.

□ LMO **

유전자 가위와 같은 바이오 신기술을 사용하여 만든 생식과 번식이 가능한 유전자 변형 생물체이다. 생산량 증대나 새로운 부가가치 창출, 가공 상의 편의 등을 위하여 유전공학기술을 이용해 육종방법으로는 나타날 수 없는 유전자를 지니도록 개발된 유기물이다. 「유전자 변형 생물체 국가 간 이동 등에 관한 법률」상의 정의에서는 유전자 변형 생물체란 다음 각목의 현대생명공학기술을 이용하여 얻어진 새롭게 조합된 유전물질을 포함하고 있는 생물체를 말한다. 농산물 종자나 미생물 농약 등 LMO의 영역이 확대됨에 따라 LMO 안전성 논란도 높아지고 있다. 국제기구와 선진국 정부기관, 민간단체 등에서는 이와 관련된 정보를 수집·분석하여 소비자들에게 공개하고 있으며, 세계 각국은 LMO의 국가 간 이동에 관련된 법률을 제정하여 관리하고 있다.

□ 유전자 가위 *

DNA 절단기능을 가지고 있는 도구이다. 이중 가닥으로 이루어진 DNA의 특정부위를 절단하는 분자생물학적 도구이다. 유전자 편집과 교정에 적용된다. 절단된 DNA를 수선하면서 유전적 변이가 나타난다.

□ 서버용 D램 *

저장되어진 각종 정보들이 시간의 흐름에 따라 소멸되어져 가는 휘발성 메모리를 의미한다. 이는 S램에 비해 구조가 간단하며, 또한 작동 속도가 빨라 고밀도 집적에 유리하다. 더불어서 전력 소모가 적고, 가격이 낮아 대용량 기억장치에 많이 활용된다. 서버용 D램은 주로 데이터센터로 공급되는데, 데이터센터 하나 당 평균 1천 ~ 2천만GB의 서버용 D램을 필요로 한다. 현재 가장 큰 데이터센터 시장은 미국, 캐나다 등 북아메리카 지역으로 지난해 구글, 아마존웹서비스, 페이스 북, 마이크로소프트 등에서 데이터센터건립 계획을 발표하며 수요가 급격히 늘어나고 있는 추세이다.

□ 갈릴레이 위성 **

목성의 위성 중 크기가 커서 가장 먼저 발견된 4개의 위성(이오, 유로파, 가니메데, 칼리스토)를 '갈릴레이 위성'이라고 한다. 1610년 갈릴레이가 손수 만든 망원경을 사용하여 처음으로 발견하였기 때문에 그러한 이름이 붙었다. 목성의 제1위성 이오(Io), 제2위성 유로파(Europa), 제3위성 가니메데(Ganymede), 제4위성 칼리스토(Callisto)이다. 각각의 고유명은 네덜란드 천문학자 마리우스가 명명하였다. 이들 중 가니메데는 태양계의 위성 중 가장 커서 그 질량이 지구의 위성인 달의 2배나 된다.

□ 줄기세포(Stem Cell) ***

인간의 몸을 구성하는 서로 다른 세포나 장기로 성장하는 일종의 모세포로 간세포라 불리기도 한다. 이 줄기세포에는 사람의 배아를 이용해 만들 수 있는 배아줄기세포(복수기능줄기세포)와 혈구세포를 끊임없이 만드는 골수세포와 같은 성체줄기세포(다기능줄기세포)가 있다.

종류	내용
배아줄기세포 (Embryonic Stem Cell)	수정한지 14일이 안된 배아기의 세포로, 장차 인체를 이루는 모든 세포와 조직으로 분화할 수 있기 때문에 전능세포로 불린다. 1998년 이전까지 과학자들은 줄기세포가 배아가 성장하는 짧은 단계에만 존재하고 이를 몸에서 격리해서 살아있게 하는 데는 특별한 장치가 필요하기 때문에 격리 · 배양이 불가능하다고 믿었다. 그러나 1998년 존 기어하트(J. Gearhart) 박사와 제임스 토마스(J. Thomas) 박사의 연구팀은 각각 서로 다른 방법을 써서 인간의 줄기세포를 분리하고 배양하는 데 성공했다. 따라서 과학자들은 배아줄기세포를 이용하여 뇌질환에서 당뇨병, 심장병에 이르기까지 많은 질병을 치료하는 데 줄기세포를 이용할 수 있을 것으로 기대를 걸고 있다.
성체줄기세포 (Adult Stem Cell)	탯줄이나 태반 외에 탄생 후에도 중추신경계 등 각종 장기에 남아 성장기까지 장기의 발달과 손상시 재생에 참여하는 세포이다. 성체줄기세포는 배아줄기세포와 달리 혈액을 구성하는 백혈구나 적혈구세포처럼 정해진 방향으로만 분화하는 특성이 있다고 알려져 왔다. 최근에는 뇌에서 채취한 신경줄기세포를 근육세포, 간세포, 심장세포로 전환시킬 수 있다는 사실이 알려지면서 성체줄기세포를 이용해 다양한 질병을 치료할 가능성이 밝혀지고 있다.

06 첨단과학 · 우주

□ 대륙간탄도미사일(ICBM : Intercontinental Ballistic Missile) ***

핵탄두를 장착하고 한 대륙에서 다른 대륙까지 공격이가능한 탄도미사일로, 대륙간탄도탄이라고도 한다. 사정거리 5,500㎞ 이상으로, 대기권 밖을 비행한 후 핵탄두로 적의 전략목표를 공격한다. 최초의 대륙간탄도미사일은 1957년 소련에서 개발한 'R-7'으로, 세계 최초의 인공위성인 스푸트니크 1호가 이 미사일에 실려 발사되었다.

□ 백린탄 *

백린을 원료로 만든 탄환이다. 치명적인 화학무기로 폭발로 누출된 입자가 피부에 붙어서 화상을 일으킨다. 연기에 독성이 있어 연기를 흡입하면 장기화상을 입을 수 있고 섭취를 하면 장기손상이 나타난다. 1949년 제네바협약에서 민간인 거주지역 사용금지를 규정하였다.

□ B-52 폭격기 **

보잉사에서 제작된 미국의 전략폭격기로 정식명칭은 B-52 스트래토포트리스이다. 1952년 초도비행 이후 미군에서 가장 오래 운용해온 기종으로 현재까지 운용되는 폭격기 중 규모가 가장 크다. B-52 폭격기는 최대 27톤 이상의 폭탄을 싣고 6,400㎞ 이상을 날아가 폭격하고 돌아올 수 있다. 대륙간탄도미사일(ICBM), 잠수함 발사 탄도미사일(SLBM)이 탑재된 핵잠수함과 함께 미국의 3대 핵우산으로 불린다.

□ 전술핵 *

효율성과 경제성이 높은 핵무기로, 야포와 단거리 미사일로 발사할 수 있다. 포탄, 핵배낭, 핵 어뢰, 핵 기뢰 등의 다양한 형태가 존재하며 국지전 등의 전술적인 목적에 활용한다.

□ 보행자 알림(Pedestrian Notifications) **

무인자동차가 주변 행인에게 음성이나 전광판으로 위험을 알리는 기술로 구글에서 개발했다. 구글에 따르면 차량 내 인공지능(AI)을 이용해 차량 주변 사람 및 사물을 파악하고 어떻게 대처할지를 결정하며 이를 보행자에게 알리는 시스템으로, 보행자는 무인차가 속도를 줄일 것인지, 더 빨리 교차로를 지날 것인지 아니면 차량을 멈추고 사람이 지나는 것을 기다릴 것인지 등의 내용을 확인할 수 있다.

□ 퓨전메모리(Fusion Memory) **

D램의 고용량 · S램의 고속도 · 플래시메모리의 비휘발성 · 논리형 반도체의 일부 특성과 장점을 통합적으로 갖춘 차세대 신개념의 반도체를 말한다. 다양한 형태의 메모리와 비메모리를 하나의 칩에 결합시킨 것으로 디지털TV나 휴대폰 등 디지털 가전의 발달에 따른 고성능 · 다기능화에 대응하기 위하여 개발되었다.

□ **테슬라 봇 ***

미국 전기차 기업 테슬라가 개발한 휴머노이드 로봇이다. 반복 작업을 대신하기 위한 인간형 로봇으로 키는 172cm, 무게는 56kg이다. 최대 20kg 물건을 운송하고 8km 속도로 이동할 수 있다. 인간 수준의 정밀한 손과 물리력 감지할 수 있는 센서가 발에 달린다.

□ **보스턴 다이내믹스 ***

현대자동차가 인수한 로봇 개발 기업이다. 개발한 4족 보행 로봇 '스폿', 인간형 로봇 '아틀라스', 물류 로봇 '스트레치'가 있다. 휴머노이드 로봇인 아틀라스는 주변을 인식해서 사람처럼 뛰거나 점프 등이 가능하다. 로봇개 스폿은 자동차 공장을 다니면서 설비를 점검하고 보안 역할로 활용한다.

□ **반도체(半導體, Semiconductor) *****

물질은 크게 도체, 반도체, 부도체로 나뉜다. 반도체는 불순물의 첨가 유무에 따라 전기전도성이 늘기도 하고, 빛 또는 열에너지에 의한 일시적인 전기전도성을 갖기도 한다. 실리콘, 갈륨비소, 인듐인 등이 있으며 1948년 미국에서 트랜지스터가 개발됐고, 1958년에는 집적회로인 IC가 개발됐다. 전류를 한쪽 방향으로만 흐르게 하고, 그 반대 방향으로는 흐르는 못하게 하는 정류작용의 특성을 갖는 반도체 부품을 다이오드(Diode)라고 하며, 이것이 반도체 소자의 기본이 된다. 반도체는 트랜지스터와 다이오드 등으로 이루어진 집적회로소자 외에도 열전자방출소자, 발광소자 등의 첨단 전자산업에 응용되고 있다.

① 메모리반도체의 종류

구분	내용
D램	전기를 넣은 상태에서도 일정 주기마다 동작을 가하지 않으면 기억된 정보가 지워지는 휘발성메모리. 빠른 속도로 모바일기기나 PC의 시스템 메모리로 사용
S램	충전 없이도 일정기간 기억내용이 지워지지 않으므로 같은 집적도의 D램보다 고도화된 기술을 필요로 하는 반도체
플래시 메모리	D램·S램과 달리 전원 꺼져도 저장정보가 지워지지 않는 비휘발성메모리. 디지털카메라, PDA, MP3플레이어 등에 사용
F램	D램(고집적도), S램(고속동작), 플래시메모리(비휘발성)의 장점만을 모아 제작된 통합메모리. PDA, 스마트폰, 스마트카드 등에 사용

② 집적회로(IC : Integrated Circuit) : 많은 전자회로 소자가 하나의 기판 위에 분리할 수 없는 상태로 결합되어 있는 초소형의 전자소자로 두께 1mm, 한 변이 5mm의 칩 위에 전자회로를 형성시켜 만들며 보통 마이크로칩이라 불린다.

□ **비메모리반도체 ****

반도체는 데이터 저장에 활용되는 메모리반도체(D램, 플래시 등)와 정보처리·연산기능에 활용되는 비메모리반도체(PC의 중앙처리장치)로 나뉜다. 비메모리반도체는 특정 응용분야의 기기를 위한 주문형 반도체(ASIC)·마이크로 컨트롤러·디지털신호처리(DSP) 칩 등으로 가전, 통신기기, 자동화 등에 폭넓게 활용된다. 비메모리반도체는 다품종 소량생산의 고부가가치 사업으로 반도체 시장의 70%를 차지한다.

□ **탄소나노튜브(Carbon Nanotube)** **

1991년 일본전기회사(NEC)의 이지마 스미오박사가 전기방법을 사용하여 흑연의 음극 상에 형성시킨 탄소덩어리를 분석하는 과정에서 발견된, 탄소 6개로 이루어진 육각형 모양들이 서로 연결되어 관 형태를 이루고 있는 신소재를 말하며, 관의 지름이 수십 나노미터에 불과해 이 이름이 붙여졌다. 구리와 비슷한 전기 전도 · 다이아몬드와 같은 열전도율 · 철강의 100배인 강도를 지녀 15%가 변형되어도 끊어지지 않는다. 이 물질을 이용한 반도체와 평판 디스플레이, 배터리, 텔레비전브라운관 등의 장치가 계속 개발되고 있으며, 나노 크기의 물질을 옮길 수 있는 나노 집게로 활용되고 있다.

□ **나노기술(Nano – Technology)** **

100만분의 1을 뜻하는 마이크로를 넘어 10억 분의 1 수준의 극 미세가공 과학기술로, 1981년 스위스 IBM연구소에서 원자와 원자의 결합상태를 볼 수 있는 주사형 터널링 현미경을 개발하면서 등장하였다. 1나노미터는 사람 머리카락 굵기의 10만분의 1로 대략 원자 3 ~ 4개의 크기에 해당한다. 이 나노기술은 지금까지 알려지지 않았던 극 미세세계에 대한 탐구를 가능케 하고, DNA구조를 이용한 복제나 강철섬유 등의 신물질을 개발, 전자공학에서 정밀도가 실현되면 대규모 집적회로(LSI) 등의 제조기술을 크게 향상시킬 수 있다. 선진국에서는 1990년대부터, 우리나라는 2002년 나노기술개발촉진법을 제정하여 국가적으로 나노기술을 육성하고 있다.

□ **안티몬** **

안티모니(Antimony)라고도 불리며 원소기호는 Sb, 원자번호 51의 양성 원소를 의미한다. 이는 반금속성의 성질을 띠고 있으며, 끓는점은 1,635℃, 녹는점은 630.63℃이다. 안티몬에 중독되면 주로 피부염과 비염 증세가 나타나며 눈 자극과 두통, 가슴통증, 목통증, 호흡곤란, 구토, 설사, 체중감소, 후각 장애 등의 증세가 나타나게 되며 산화안티몬 농도 $4.2\text{mg}/\text{m}^3$와 $3.2\text{mg}/\text{m}^3$에 하루 6시간씩 매주 5일, 1년 동안 노출된 실험용 쥐에게서 폐암이 발생하는 것으로도 알려지고 있다.

□ **외골격 로봇** **

로봇 팔 또는 다리 등을 사람에게 장착해서 근력을 높여주는 장치를 의미한다. 다시 말해 인간의 몸을 지탱하는 기계 골격이 밖에 있다고 해서 붙여진 이름이다. 로봇을 입는다는 의미로 '웨어러블 로봇(Wearable Robot)'이라고도 한다. 외골격 로봇의 근본적인 목적은 팔에 로봇을 장착하여 무거운 포탄을 용이하게 옮기기 위함으로 1960년대 미 해군이 처음 개발하였다. 그후 미 국방부 지원을 받은 버클리대가 2004년에 '버클리 다리 골격'을 만들면서 본격적인 제작이 시작되었다. 이후 일본 사이버다인의 할, 이스라엘의 리웍 등 환자를 위한 외골격 로봇이 나오기 시작하였다. 외골격 로봇은 뇌졸중 환자의 재활 운동에 사용가능한데, 뇌졸중을 앓으면 뇌의 운동 영역 일부에 손상을 입어 팔다리가 마비되게 된다. 이런 사람들에게 뇌 – 컴퓨터 기술을 접목하여 신체를 예전과 같이 사용하게 할 수 있는 외골격 로봇이 개발되고 있다.

□ **사이버네틱스(Cybernetics)** *

키잡이(舵手)를 뜻하는 그리스어 Kybernetes에서 유래된 말로, 생물 및 기계를 포함하는 계(系)에서 제어와 커뮤니케이션에 관한 문제를 종합적으로 연구하는 학문을 말한다. 1947년 미국의 수학자 위너(N. Wiener)에 따르면, 사이버네틱스란 어떤 체계에 두 종류의 변량이 있는데 하나는 우리가 직접 제어 불가능한 것이고 다른 하나는 우리가 제어할 수 있는 것으로 한다. 제어할 수 없는 변량의 과거로부터 현재까지의 값을 바탕으로 제어할 수 있는 변량의 값을 정하여 인간에게 가장 편리한 상황을 가져오게 하기 위한 방법을 부여하는 것이라고 한다. 직접적으로 자동제어이론·정보통신이론 등이 있고, 생리학·심리학·사회학·경제학·우주탐험 등 광범위한 영역에까지 학제적 연구가 이루어지고 있으며, 특히 피드백과 제어로 특징되는 사이보그 등의 컴퓨터 연구에서 활발하다.

□ **세빗(CeBIT)** ***

세계적인 정보통신기술전시회로 독일 하노버에서 매년 개최된다. 미국의 컴덱스와 함께 세계 정보통신 분야를 대표하는 전시회로, 유무선 네트워크·디지털 및 온라인 이동통신 등의 통신분야에 주력하고 있다. 이미 소개된 제품 및 기술을 놓고 바이어들의 구매 상담을 벌여 시장의 환경변화를 가늠할 수 있다.

□ **차량자동항법장치(車輛自動航法裝置, Car Navigation System)** **

자동차에서 사용하도록 개발된 지구위성항법시스템으로, 이 장치가 내장되어 차량의 위치를 자동으로 표시해 주며 일반적으로 내비게이션이라 부른다. 내비게이션은 현재 위치를 파악하고, 도로지도·바탕지도·시설물DB 등의 전자지도를 구성하여 경로안내를 제공한다.

□ **핵융합(核融合, Nuclear Fusion)** **

태양에서 에너지가 방출되는 원리가 핵융합이다. 수소의 원자핵인 양성자가 융합하여 헬륨 원자핵을 생성하는 핵융합 반응이 일어난다. 이 과정에서 반응물과 생성물의 질량 차이인 질량결손이 질량-에너지 등가원리에 의해 에너지로 생성된다. 이 과정을 사용하여 수소폭탄이 만들어졌는데, 이 무한하고 방사능도 적으며 방사성 낙진도 생기지 않는다.

□ **칼리머(Kalimer)** **

차세대 원자로로 한국형 액체금속로를 말한다. 고속의 중성자를 핵반응에 이용, 우라늄을 플루토늄으로 재순환시키는 고속증식로의 일종으로서 물이 아닌 금속인 액체나트륨을 냉각재로 이용하여 액체금속로라고 한다. 핵연료를 계속 증식하며 핵반응을 일으켜서 같은 원자로 속에서 에너지와 연료를 동시에 생산해 내 기존 경수로보다 70배나 많은 에너지를 얻을 수 있다. 그러나 경수로에 비해 높은 건설단가와 액체나트륨 취급의 어려움, 안전문제, 핵연료 처리문제가 제기되고 있다. 한국원자력연구소가 1997년부터 개념설계를 시작으로 실용화를 계획하고 있다.

07 디지털

□ 팝콘브레인 ***

미국 워싱턴대학교 정보대학원 교수가 만든 용어로, 디지털기기가 발달하면서 크고 강렬한 자극에만 마치 팝콘이 터지듯 뇌가 반응하는 현상을 '팝콘 브레인(popcorn brain)'이라 한다. 스마트폰과 같은 전자기기의 지나친 사용으로 뇌에 큰 자극이 지속적으로 가해지면서 단순하고 잔잔한 일상생활에는 흥미를 잃게 되는 것이다. 딱히 확인 할 것이 없음에도 스마트폰 화면을 켠다거나, 스마트폰을 하느라 할 일을 뒤로 미루는 것도 팝콘 브레인의 증상이다.

□ 모바일 신분증 **

블록체인 기반의 분산 식별자 DID 기술을 사용하여 이용할 수 있다. 블록체인 기반 신용증명 기술로 서비스 제공자가 개인정보를 통제·관리하는 것이 아니라 내가 스스로 개인정보를 선택하여 직접 신용증명에 필요한 정보만을 골라서 제공할 수 있다. 온라인과 오프라인 구분 없이 사용하고 실물 신분증과 동일한 효력을 지닌다. 현재는 모바일 운전면허증만을 제공하고 추후에 국가유공자증, 장애인등록증, 청소년증, 외국인등록증을 추진할 계획이다. 모바일 운전면허증은 사용자가 자기정보주권을 확보할 수 있어 국민 생활에 일대 혁신을 기대하고 있다.

□ 가상화폐 *

실물의 지폐나 동전이 없어도 온라인에서 거래를 할 수 있는 화폐이다. 정부나 중앙은행이 화폐의 가치·지급을 보장하지 않는다. 블록체인 기술을 활용한 분산형 시스템 방식으로 처리된다. 분산형 시스템의 구조는 채굴자라 칭하는 참여자가 있고 블록체인 처리의 보상으로 코인 수수료를 받는다. 생산비용, 이체비용, 거래비용 등이 일체 들지 않고 하드디스크에 저장되어 보관비용, 도난·분실의 위험도 적다. 비밀성이 보장되어 범죄에 악용될 수 있다.

□ 블록체인 ***

나카모토 사토시가 개발한 기술로 블록을 연결한 것을 의미한다. 이 기술을 사용하여 비트코인을 만들었다. 블록에 데이터를 넣어서 체인의 형태로 연결한다. 연결된 블록을 여러 대의 컴퓨터에 동시에 복제·저장하는 기술이다. 사용자에게 거래내역이 투명하게 공개되고 공유되면서 데이터 위·변조를 할 수 없다. 가상화폐 결제뿐 아니라 현재는 전자결제, 디지털 인증, 의료기록 관리, 모바일 신분증 발급 등 다양한 분야에서 사용된다.

□ NFT ***

블록체인 기술을 통해 디지털 콘텐츠에 별도의 인식값을 부여한 토큰이다. 비트코인과 같은 가상자산과 달리 인터넷에서 영상·그림·음악·게임 등의 기존자산을 복제가 불가능한 창작물에 고유한 인식값을 부여하여 디지털 토큰화하는 수단이다. 블록체인 기술을 기반으로 하여 관련 정보는 블록체인에 저장되면서 위조가 불가능하다. 가상자산에 희소성과 유일성과 같은 가치를 부여하는 신종 디지털자산이다. 슈퍼레어, 오픈씨, 니프티 게이트웨이 등 글로벌 플랫폼에서 거래되며 최근 디지털 그림이나 영상물 등의 영향력이 높아지고 있다.

□ 마이데이터 ***

개인정보의 주인이 금융회사가 아닌 개인임을 정의하는 것을 의미한다. 개인정보를 적극적으로 관리가 가능하여 자산관리에 활용하는 과정이다. 데이터 3법 개정으로 금융정보를 통합하여 관리하는 마이데이터산업이 가능해졌다. 은행, 여신전문금융회사, 상호금융 등에서 마이데이터 산업을 허가받았다. 마이데이터 산업으로 은행 간의 경쟁이 플랫폼 간의 경쟁으로 확장되었다. 마이데이터 서비스의 핵심으로는 분할되던 금융정보, 보험정보, 보유한 실물자산 등의 정보를 한 눈에 확인이 가능하도록 통합적으로 관리하는 것이다.

□ 딥페이크 *** 중요

미국의 한 온라인 커뮤니티에 배우의 얼굴과 포르노 영상을 합성하여 만들어진 편집물이 등장하면서 시작되었다. 이는 연예인과 정치인 등의 유명인뿐만 아니라 일반인까지 딥페이크의 대상이 되며 사회적 문제가 되고 있다.

□ 소셜 커머스(Social Commerce) ***

소셜 네트워크 서비스(SNS)를 이용한 전자상거래로, 일정 수 이상의 상품 구매자가 모이면 정해진 할인가로 상품을 제공·판매하는 방식이다. 2005년 야후의 장바구니 공유서비스인 쇼퍼스피어 사이트를 통해 소개되어, 2008년 미국 시카고에서 설립된 온라인 할인쿠폰 업체인 그루폰(Groupon)이 소셜 커머스의 비즈니스 모델을 처음 만들어 성공을 거둔 바 있다. 일반적인 상품 판매는 광고의 의존도가 높지만 소셜 커머스의 경우 소비자들의 자발적인 참여로 홍보와 동시에 구매자를 모아 마케팅에 들어가는 비용이 최소화되므로, 판매자는 소셜 커머스 자체를 마케팅의 수단으로 보고 있다. 최근 스마트폰 이용과 소셜 네트워크 서비스 이용이 대중화되면서 새로운 소비 형태로 주목받고 있다.

◉ PLUS 소셜 네트워크 서비스(SNS : Social Network Service) ··· 웹에서 이용자들이 개인의 정보공유나 의사소통의 장을 만들어 폭넓은 인간관계를 형성할 수 있게 해주는 서비스로 트위터, 페이스북 등이 있다.

□ **핀테크** ***

'Finance(금융)'와 'Technology(기술)'의 합성어이다. 지급결제 서비스, 금융데이터 분석 업무, 사기거래 탐지(FDS), 은행 플랫폼 등 다양한 기술이 금융과 서비스를 제공하고 있다. 애플페이, 삼성페이 등이 있고 최근에는 생체인식을 통한 인증서비스도 제공한다.

□ **크롤링** *

무수히 많은 컴퓨터에 분산 저장되어 있는 문서를 수집하여 검색 대상의 색인으로 포함시키는 기술. 어느 부류의 기술을 얼마나 빨리 검색 대상에 포함시키냐 하는 것이 우위를 결정하는 요소로서 최근 웹 검색의 중요성에 따라 발전되고 있다.

□ **5G** ***

4세대 이동 통신에서 진화된 이동 통신이라는 의미로 사용되는 마케팅 명칭이다. 5G의 정식 명칭은 'IMT−2020'으로 이는 국제전기통신연합(ITU)에서 정의한 5세대 통신규약이다. 5G는 최대 다운로드 속도가 20Gbps, 최저 다운로드 속도가 100Mbps인 이동통신기술이다. 이는 현재 사용되는 4G 이동 통신기술인 롱텀에볼루션(LTE)과 비교하면 속도가 20배가량 빠르고, 처리 용량은 100배 많다. 5G는 초고속, 초저지연, 초연결 등의 특징을 가지며 이를 토대로 가상 · 증강현실, 자율주행, 사물인터넷 기술 등을 구현할 수 있다.

□ **랜섬웨어** ***

몸값을 뜻하는 'Ransome'과 제품을 뜻하는 'Ware'의 합성어를 말한다. 인터넷 사용자의 컴퓨터에 잠입해 내부 문서나 사진 파일 등을 암호화하여 열지 못하도록 한 뒤, 돈을 보내면 해독용 열쇠 프로그램을 전송해준다며 비트코인이나 금품을 요구한다.

□ **파밍(Pharming)** **

피싱(Phishing)에 이어 등장한 인터넷 사기수법으로, 피싱이 금융기관 등의 웹사이트에서 보낸 이메일로 위장하여 사용자가 접속하도록 유도한 뒤 개인정보를 빼내는 방식인데 비해, 파밍은 해당 사이트가 공식적으로 운영 중인 도메인 자체를 중간에서 가로채거나 도메인 네임 시스템(DNS) 또는 프락시 서버의 주소 자체를 변경하여 사용자들로 하여금 공식 사이트로 오인하여 접속토록 유도한 뒤 개인정보를 빼내는 새로운 컴퓨터 범죄수법이다.

□ **스푸핑(Spoofing)** ** 중요

외부의 악의적 네트워크 침입자가 임의로 웹사이트를 구성하여 일반 사용자의 방문을 유도해 인터넷 프로토콜인 TCP/IP의 결함을 이용, 사용자의 시스템 권한을 확보한 뒤 정보를 빼가는 해킹수법이다.

□ 스마트 그리드 ** 🎀중요

에너지 효율성의 향상과 신재생에너지공급의 확대를 통한 온실가스 감축을 목적으로 기존의 전력망에 정보기술(IT)을 접목하여 공급자와 소비자가 양방향으로 실시간 정보를 교환하고 통제함으로 에너지 효율을 최적화하는 차세대 지능형 전력망을 말한다.

□ 로보어드바이저(Robo Advisor) ***

투자자의 성향 정보를 토대로 알고리즘을 활용해 개인의 자산 운용을 자문하고 관리해주는 자동화된 서비스이다. 로보 어드바이저 서비스는 사람의 개입 여부에 따라 총 4단계로 구분할 수 있다. 1단계 자문·운용인력이 로보 어드바이저의 자산배분 결과를 활용해 투자자에게 자문하거나, 2단계 투자자 자산을 운용하는 간접 서비스, 3단계 사람의 개입 없이 로보 어드바이저가 직접 자문하거나, 4단계 투자자 자산을 운용하는 직접 서비스로 나뉜다.

□ 메타버스 *** 🎀중요

가상과 초월을 의미하는 메타(Meta)와 우주를 의미하는 유니버스(Universe)의 합성어로 1992년 닐 스티븐슨의 소설 「스노 크래시」에서 처음 등장한 단어이다. 코로나19로 인한 비대면 추세에 가속화되어 발달하고 있다. 가상현실(VR)보다 더 진화한 개념으로 게임으로 가상현실을 즐기는 것보다 앞서서 가상의 세계에서 현실처럼 사회, 문화, 경제활동 등을 할 수 있는 것이다. 네이버제트가 운영하는 증강현실 서비스인 제페토는 국내 대표 메타버스 플랫폼이다. 제페토는 얼굴인식과 AR, 3D 기술 등을 접목하여 나만의 3D아바타를 만들 수 있다.

□ 증강현실(AR : Augmented Reality) *** 🎀중요

현실 세계에 3차원 가상물체를 겹쳐 보여주는 기술이다. 증강현실 기술은 1990년 보잉사의 항공기 전선 조립과정을 설명하는 데 처음 사용되었고 미국과 일본을 중심으로 연구개발이 진행되었다. 증강현실은 2000년대 중반부터 스마트폰이 등장·활성화되면서 주목받기 시작하였다. 증강현실은 실제 환경에 가상의 객체를 혼합하여 사용자가 실제 환경보다 실감나는 부가정보를 제공받을 수 있다. 예를 들면, 길을 가다 스마트폰 카메라로 주변을 비추면 근처에 있는 상점의 위치 및 전화번호, 지도 등의 정보가 입체영상으로 표시되거나 하늘을 비추면 날씨정보가 나타나는 등 다양한 분야에 적용되고 있다.

구분	내용
가상현실(VR : Virtual Reality)	기술이 컴퓨터그래픽이 만든 가상환경에 사용자를 몰입하도록 함으로써 실제 환경은 볼 수 없다. HDM 기기를 머리에 쓰고 사용자가 가상공간을 볼 수 있다.
혼합현실(MR : Mixed Reality)	가상현실과 증강현실을 혼합한 기술로 현실 배경에 현실과 가상의 정보를 혼합시켜 공간을 만드는 기술로 현대자동차의 헤드업 디스플레이, 인텔사의 스마트 헬멧 등이 있다.
확장현실 (XR : eXtended Reality)	가상현실(VR), 증강현실(AR), 혼합현실(MR) 등의 다양한 기술로 구현되는 현실과 비슷한 공간으로 실감기술이라고도 부른다.

08 지리 · 교통

□ 계절풍기후(季節風氣候, Monsoon Climate) ***

한국 · 일본 · 중국 · 동남아시아 등 계절풍의 영향을 받는 지역의 기후로, 몬순기후라고도 한다. 계절 풍은 여름과 겨울에 대조적인 기후를 발생시키는데, 열대해양기단과 찬대륙기단의 영향으로 여름철에는 비가 많고 고온다습하며 겨울철에는 춥고 맑은 날이 많으며 저온건조하다. 우리나라는 여름에는 남동계절풍의 영향을 받아 고온다습하며, 겨울에는 북서계절풍의 영향을 받아 한랭건조하다.

□ 해양성기후(海洋性氣候) *

해양의 영향을 받아 상대적으로 여름에는 서늘하고 겨울에 따뜻한 기후로, 대륙 동안에 비하여 연교 차가 작고 연중 강수량이 고르며 편서풍이 탁월하다. 주로 위도 40 ~ 60° 범위의 대륙 서안에 위치 한 나라에서 볼 수 있어 서안해양성기후라고도 하며 영국, 독일, 프랑스, 스칸디나비아 3국 등이 이 에 속한다. 또한 북아메리카 북서안과 뉴질랜드, 칠레 남부 등지에서도 나타난다.

□ 대륙성기후(大陸性氣候) **

대륙 내부에서 육지의 영향을 받아 나타나는 기후로 내륙성 기후라고도 한다. 해양성 기후에 비해 바다의 영향을 받지 않기 때문에 공기 중의 수증기량이 적고 이로 인해 맑은 날씨를 보이는 날이 많 으며, 일교차 · 연교차가 크고 기압과 바람 이외의 기후요소에 의해서도 기후변화가 심하게 나타난다. 대륙 내부에 위치한 대부분의 나라가 대륙성 기후의 영향을 받으며 우리나라 역시 대륙성 기후로, 여름에는 북태평양기단의 영향을 받아 몹시 더우며 겨울에는 시베리아기단의 영향을 받아 몹시 춥다.

□ 열대우림기후(熱帶雨林氣候) *

연중 고온다우한 기후로, 거의 매일 스콜이 내리며 월강우량이 최소 60㎜ 이상이다. 이 기후대에서 는 원시농업 · 수렵 등이 행해지며, 서구의 자본가들이 현지인의 값싼 노동력을 이용하여 고무 · 야 자 · 카카오 등의 특정 농산물을 대량으로 생산하는 재식농업(플랜테이션)이 이루어진다. 분포지역은 아마존강 유역, 콩고강 유역, 말레이반도, 인도네시아제도, 기니만 연안의 아프리카 등이다.

□ 허리케인(Hurricane) **

에스파냐어 '우라칸(Huracan, 강대한 바람)'에서 유래된 싹쓸바람으로, 대서양 서부에서 발생하는 열대 저기압을 말한다. 허리케인은 북대서양 · 카리브해 · 멕시코만에서 발생하는데 연간 10회 정도 출현하 며, 그 밖에 5 ~ 10회 발생하기도 한다. 8 ~ 10월에 가장 많고 태풍보다 출현수가 상대적으로 적으 나 월별 빈도로 보면 비슷하다. 대체적으로 소형이나 중심기압이 낮을수록 우세해서 최대풍속이 강해 그 구조는 태풍과 같다.

□ 쓰나미(Tsunami) **

해저에서 급격한 지각변동으로 해수가 급격히 이동할 때 형성되는 천해파로 지진해일이다. 이는 대개 얕은 진원을 가진 진도 6.3 이상의 지진과 함께 일어나기도 하고, 해저의 화산폭발 · 빙하의 붕괴 · 토사 함몰 · 핵폭발 등으로 발생하기도 한다.

> **● PLUS** 폭풍해일 ··· 저기압이나 태풍에 의해 발생하는 해일로 저기압해일이라고도 한다.

□ 스콜(Squall) **

열대지방에서 거의 매일 오후에 볼 수 있는 소나기를 말한다. 바람의 갑작스러운 변화나 강한 햇볕에 의해 공기 중의 일부가 상승하고 그로 인해 발생한 상승기류에 의해 비가 내린다.

□ 스텝(Steppe) *

대륙 온대지방의 반건조기후에서 발달한 초원지대로, 습윤한 삼림지대와 사막과의 중간대이다. 주로 키가 작은 화분과의 풀이 자라는데, 비가 많이 내리는 봄철에는 무성해지나 여름철 건계에는 말라 죽는다. 즉, 건조한 계절에는 불모지이고, 강우계절에는 푸른 들로 변한다.

□ 툰드라(Tundra) *

타이가(Taiga)지대의 북에 접한 북극권 내의 지표로 대부분의 낮은 얼음으로 덮여 있다. 여름에는 지표의 일부가 녹아서 습지가 되며, 지의류 · 선태류 · 작은 관목 등의 식물과 순록같은 동물이 살 수 있다. 유라시아 북부 · 캐나다 북부 · 시베리아 북부 · 알래스카 북부 등지에 위치하고 있다.

□ 엘니뇨(El Nino)현상 ***

남미 에콰도르와 페루 북부연안의 태평양 해면온도가 비정상적으로 상승하는 현상으로, 아프리카의 가뭄이나 아시아 · 남미지역의 홍수 등을 일으키는 원인이다. 엘니뇨는 스페인어로 '신의 아들'이란 뜻인데, 크리스마스 때 이 현상이 가장 현저해서 붙여진 이름이다.

□ 라니냐(La Nina)현상 ***

적도 부근의 표면 해수온도가 갑자기 낮아지는 현상이다. 엘니뇨와 번갈아 대략 4년 주기로 일어나며, 이 현상으로 인한 대기순환 교란은 1 ~ 3년간 여파를 미친다. 반(反)엘니뇨현상으로도 불린다.

□ 에어포켓(Air Pocket) **

대기 중에 국지적인 하강기류가 있는 구역을 말하며, 이 구역에서 비행중인 항공기에는 수평자세로 급격히 고도가 낮아지는 현상이 발생하게 된다. 이는 적운 계통의 구름, 강, 늪, 삼림의 상공, 산악이나 높은 건물의 바람맞이 상공에 생기는 것으로 우리나라 대관령 상공에서도 자주 일어난다.

> **● PLUS** 선박 또는 해상구조물이 침몰하였을 경우 내부에 공기가 남아있는 공간도 에어포켓이라 한다.

□ 선상지(扇狀地, Fan) *

하천상류의 산지에서 평지로 바뀌는 경사의 급변점(곡구)에서 유속이 감소하여 골짜기 어귀에 자갈이나 모래(토사)가 퇴적되어 이루어진 부채꼴 모양의 완만한 지형이다. 골짜기 어귀에 중심을 선정, 선상지 말단부를 선단, 그리고 그 중간을 선앙이라고 부른다. 토지의 이용면에서 볼 때, 선정은 산림 취락의 입지와 밭으로 사용되며, 선앙은 과수원으로, 선단은 물이 용천하기 때문에 취락 입지와 논으로 사용한다. 우리나라는 구례·사천·추가령 지구대의 석왕사 등 선상지가 많은 편이나, 산지의 대부분이 저산성 산지로 경사의 급변점이 낮아 선상지의 발달은 미약하다.

□ 범람원(汎濫原, Flood Plain) *

하천이 홍수 등으로 인해 주변으로 범람하여 토사가 퇴적되어 생긴 평야를 말한다. 범람원은 장년기 이후의 지형에서 특히 넓게 나타나며, 그 안에 자연제방이나 후배습지가 생겨 강이 자유롭게 곡류하게 된다. 충적평야의 일종으로 토지가 비옥하여 주로 농경지로 이용된다.

□ 삼각주(三角洲, Delta) *

하천이 호수나 바다와 만나는 지점에서 하천을 따라 운반되어 온 토사가 퇴적하여 만들어진 충적평야로, 토양이 매우 기름져서 일찍부터 농경이 발달하였다. 나일강 하구, 미시시피강 하구, 낙동강 하구 등이 이에 속한다.

□ 카르스트(Karst)지형 ***

석회암지대에 생기는 특수한 지형으로, 빗물이나 지하수에 의해 침식되어 형성된다. 지하에 생긴 동굴은 종유동이라 하는데, 돌리네·종유석·석순·석회주 등 기암괴석이 많으며 우리나라에서는 연변의 동룡굴, 울진의 성류굴, 제주도의 만장굴 등이 유명하다.

□ 라피에(Lapies) *

석회암이 나출된 대지 등에서 석회암의 용식에 의하여 형성된 작은 기복이 많은 지형으로 카르스트 지형 중에서 가장 일반적인 것이다. 영국에서 부르는 '크린트'는 석회암이 나출된 면을 일컫고, '그라이크'는 수직인 파이프 모양의 구멍을 일컫는다. 또, 석회암의 나출면이 절리 등을 따라서 홈이 파이는 경우도 있다. 석회암이 움푹 들어간 부분에 토양이 메워지고, 튀어나온 부분이 묘석을 세워 놓은 것 같은 모양을 나타내기도 한다. 이들 라피에가 집합되어 있는 지역을 '카렌펠트(Karrenfelt)'라고 부른다.

□ 싱크홀(Sink Hole) *

지하 암석이 용해되거나 기존에 있던 동굴이 붕괴되면서 생긴 움푹 파인 웅덩이를 말한다. 장기간의 가뭄이나 과도한 지하수 개발로 지하수의 수면이 내려가 지반의 무게를 견디지 못해 붕괴되기 때문에 생기는 것으로 추정되며, 주로 깔때기 모양이나 원통 모양을 이룬다. 석회암과 같이 용해도가 높은 암석이 분포하는 지역에서 볼 수 있다.

□ **모레인(Moraine)** *

빙하에 의하여 운반된 점토·모래·자갈 등의 암설(巖屑)을 말한다. 이것은 하천과 바닷물에 의하여 운반된 토양과 달리, 층리가 없고, 또 대소의 암층을 혼합한 채로 퇴적한다. 빙하의 표면·내부·적부·종단부 등 그 위치에 따라, 표퇴석·내부퇴석·저퇴석·중앙퇴석으로 구분된다. 또 단퇴석은 빙하의 선단에 있었던 암설이 빙하가 녹았기 때문에, 그대로 그곳에 퇴적한 것을 말한다. 현재 퇴석은 독일·구소련·북미 등지에서 많이 볼 수 있다.

□ **이수해안(離水海岸)** * 중요

육지의 융기 또는 해면의 저하로 생긴 해안을 말한다. 예로부터 융기지역의 해안에 생기는 경우가 많으며, 일반적으로 해안선이 평탄하고 얕은 해저의 앞바다에는 연안주, 석호 등이 발달한다.

□ **해안단구(海岸段丘)** * 중요

해안지형에 있어 해식애·단층해안 등이 점차적으로 융기되어 육지화된 계단 모양의 지형으로 바닷가 취락의 형성, 교통로 등으로 이용되고 있다.

□ **대륙붕(大陸棚)** **

해안에 접속되는 수심 200m 이내의 얕은 해저지형으로, 대륙의 연장부분에 해당되는 완경사면이다. 해양면적의 8%에 불과하나 수산·광산자원이 풍부하고, 생물의 종류가 매우 많아 그 양은 해양 전체의 대부분을 차지하는 바다생물의 보고이다.

□ **지구대(地溝帶)** * 중요

지반의 단층작용에 의해 침하되어 생긴, 평행하는 두 단층 사이에 끼어 있는 좁고 깊게 파인 지대이다. 라인지구대, 동아프리카지구대, 형산강지구대, 추가령지구대 등이 그 예이다.

□ **환태평양조산대** *** 중요

세계의 지형에서 태평양을 둘러싸고 있는 지대로 안데스산맥, 로키산맥, 알류산열도, 일본열도, 쿠릴열도, 필리핀제도, 뉴기니섬, 뉴질랜드섬 등으로 연결되는 지대이다. 오늘날까지도 지진·화산 등의 지각변동이 계속되고 있다.

□ **코리올리의 힘** *

1828년 프랑스의 코리올리(G. G. Coriolis)가 체계화한 이론으로, 회전하고 있는 물체 위에서 운동하는 물체를 생각할 때 상정하는 겉보기의 힘을 말한다. 보통 전향력(轉向力)이라고 하는데, 지구의 자전에 의해 생기는 코리올리의 힘에 의하여 태풍이 북반구에서는 시계방향으로, 남반구에서는 시계반대방향으로 소용돌이치게 되는 것을 설명할 수 있다.

□ **인공강우** * 🌟중요

구름에 어떤 영향을 주어 인공적으로 비를 내리게 하는 방법 또는 그 비를 말한다. 인공강우의 과학적인 기초는 베르제론(T. Bergeron) 등이 제창한 빙정설이며, 미국의 랭뮤어(I. Langmuir)가 처음으로 실험하였고, 1946년에 실제로 성공하였다. 랭뮤어의 실험은 옥화은(AgI)의 연기와 드라이아이스(-60℃ 이하)를 혼합하여 구름 위에 뿌린 것이었다.

□ **차도** *

차도와 보도를 구분하는 돌 등으로 이어진 연석선과 안전표지, 그와 비슷한 공작물로써 그 경계를 표시하여 모든 차의 교통에 사용하도록 된 도로의 부분이다. 차로는 차마가 한 줄로 도로의 정하여진 부분을 통행하도록 차선에 의하여 구분되는 차도를 부분이며 여기서 차선은 차로와 차로를 구분하기 위해 그 경계지점을 안전표지에 의하여 표시한 선을 말한다.

□ **길가장자리구역** *

보도와 차도가 구분되지 아니한 도로에서 보행자의 안전을 확보하기 위하여 안전표지 등으로 그 경계를 표시한 도로의 가장자리 부분을 말한다.

□ **안전지대** *

도로를 횡단하는 보행자나 통행하는 차마의 안전을 위하여 안전표지나 그와 비슷한 공작물로 표시한 도로의 부분을 말한다.

□ **하이재킹(Hijacking, 항공기납치)** **

항공기에 승객으로 가장해서 탑승하여 무력으로 조종사와 승객을 위협, 정규항로가 아닌 지역에 불시착시키거나 폭발시킬 목적으로 납치하는 행위를 말한다.

□ **버드스트라이크(Bird Strike)** ***

조류충돌을 일컫는 용어이다. 항공기의 이·착륙 시 사람까지 빨아들일 정도의 강한 흡입력을 갖고 있는 항공기 엔진에 새가 빨려 들어감으로써 엔진이 파괴되는 등 대형사고가 발생하기도 한다.

09 환경 · 공해

□ **유엔인간환경회의(UNCHE : United Nations Conference for Human Environment)** ***

1972년 스웨덴의 스톡홀름에서 '하나뿐인 지구'라는 슬로건하에 개최된 국제회의로, 스톡홀름회의라고도 한다. 지구의 환경파괴를 막고 천연자원이 고갈되지 않도록 국제적인 협력 체제를 확립하는 것을 목적으로 하며, 따라서 환경오염 물질의 규제, 천연자원의 보호, 국제기구설치 문제 등을 주요 의제로 다루었다. 인간의 경제활동으로 인한 공해 · 오염 등의 문제를 국제적 수준에서 다루기 위해서 '인간환경선언(스톡홀름선언)'과 109개 항의 권고로 이루어진 행동계획을 채택하였으며, '유엔환경계획(UNEP)'을 설치하고 환경기금을 조성하는 등의 합의를 이끌어 냈다. 또한 이 회의가 개최된 6월 5일은 '세계 환경의 날'로 제정되었다.

□ **유엔환경계획(UNEP : United Nations Environment Program)** **

유엔인간환경회의(UNCHE)의 결의에 따라 1973년 케냐의 나이로비에 사무국을 설치한 유엔의 환경관련활동 종합조정기관이다. 환경 관련 지식을 증진하고, 지구환경 상태의 점검을 위해 국제적인 협력을 촉진하는 것을 목적으로 한다. 선진국의 공해와 개발도상국의 빈곤 등 인간거주문제가 환경문제의 최우선이라 보고 환경관리가 곧 인간관리라고 규정하며, 인구와 도시화, 환경과 자원, 환경생태에 관한 연례보고서를 작성하고 5년마다 지구 전체의 환경 추세에 대한 종합보고서를 발간하는 등의 활동을 전개하고 있다. 1987년 오존층 파괴 물질에 대한 '몬트리올의정서'를 채택하여 오존층 보호를 위한 국제협력체계를 확립하였으며, 지구환경감시시스템 및 국제환경정보조회시스템을 구축하였고 '글로벌 500'을 제정하는 등 다양한 활동을 전개하고 있다. 우리나라는 1972년에 가입했다.

□ **몬트리올의정서(Montreal Protocol)** ***

지구 오존층 파괴 방지를 위하여 염화불화탄소(CFC, 프레온가스) · 할론(Halon) 등 오존층 파괴 물질 사용에 대해 규정한 국제환경협약이다. 1974년 미국 과학자들의 CFC 사용 규제에 대한 논의로부터 시작되었으며, 1985년 '비엔나협약'에 근거를 두고 1987년 캐나다 몬트리올에서 정식 채택되었다. CFC의 사용 및 생산금지, 대체물질 개발 등을 주요 골자로 하고 있으며 1992년 코펜하겐에서 열린 제4차 회의에서 '코펜하겐의정서'를 채택하였다. 우리나라는 1992년에 가입하였다.

□ **리우선언(Rio宣言)** ***

1992년 브라질의 리우데자네이루에서 열린 유엔환경개발회의(UNCED, 리우회의)에서, 환경보전과 개발전략의 조화 등 선언적 사항을 규정한 지구헌장이다.

ⓞ **PLUS** 의제 21(Agenda 21) ⋯ 1992년 유엔환경개발회의(UNCED)에서 채택된 21세기를 향한 '지구환경보전행동계획'의 별칭이다.

□ **람사협약(Ramsar Convention)** ***

물새서식지로 중요한 습지보호에 관한 협약으로 1971년 2월 이란 람사르에서 채택돼 1975년 12월 발효됐다. 국경을 넘어 이동하는 물새를 국제자원으로 규정하고 가입국에 습지를 보전하는 정책을 펴도록 의무화하고 있으며, 협약에 가입한 국가들은 보전가치가 있는 습지를 1곳 이상씩 협약사무국에 등록하고 지속적인 보호정책을 펴야 한다. 협약은 습지를 바닷물이나 민물의 간조 시 수심이 6m를 넘지 않는 늪과 못 등 소택지와 개펄로 정의하고 있다. 습지는 육상 동·식물의 안식처 역할을 할 뿐 아니라 수중생태계 환경을 조절하는 소중한 자원이지만 그동안 농지와 택지개발 명분에 밀려 파괴되는 경우가 많았다. 우리나라는 1997년 7월 28일 람사협약이 국내에서 발효되어 세계 101번째 가입국이 됐다.

□ **런던협약(London Convention)** *

폐기물 및 기타 물질의 투기에 의한 해양오염방지에 관한 조약이다. 1972년 영국 런던에서 채택되어 1975년에 발효된 런던덤핑조약이 1992년에 런던협약으로 개명된 것이다. 국제해상기구(IMO)가 협약을 담당하고 있으며, 우리나라는 1993년에 가입하였다.

□ **워싱턴협약(CITES : Convention on International Trade in Endangered Species of Wild Fauna and Flora)** *

멸종위기에 처한 야생 동·식물의 국제거래에 관한 협약으로, 세계적으로 멸종위기에 처해 있는 야생 동·식물의 상업적인 국제거래 규제 및 생태계 보호를 목적으로 한다. 정식 명칭은 '멸종위기에 처한 야생 동·식물의 국제거래에 관한 협약'이지만 1973년 워싱턴에서 채택되어 워싱턴 협약이라 불린다. 야생 동·식물을 멸종위기 정도에 따라 3등급으로 구분하여 차등 규제하고 있으며 우리나라는 1993년에 이 협약에 가입했다.

□ **바젤협약(Basel Convention)** **

1989년 스위스 바젤에서 채택된 것으로 유해폐기물의 국가간 이동 및 처리에 관한 협약이다. 가입국은 동·아연·카드뮴 등 47종의 폐기물을 국외로 반출해서는 안되며, 자국 내에서도 폐기물 발생을 최소화하고 충분한 처리시설을 확보해야 한다. 1992년에 발효되었으며, 우리나라는 1994년에 가입했다.

□ **그린피스(Green Peace)** ***

국제적인 자연보호단체이다. 남태평양 폴리네시아에서의 프랑스 핵실험에 항의하기 위해 선박을 출항시킨 운동을 계기로 1970년에 조직되었으며, 본부는 네덜란드의 암스테르담에 있다. 전멸위기의 야생동물 보호, 원자력발전 반대, 핵폐기물의 해양투기 저지운동 등 폭넓은 활동을 전개하고 있다.

□ **세계물포럼(WWF : World Water Forum)** [*]

물 위기의 심각성을 지적하고, 공통의 해결방안을 모색하는 지구촌 최대의 물 관련 행사이다. 1997년 모로코 마라케시를 시작으로 3년마다 열리고 있으며, 정부·비정부기구·전문가·시민 등의 각계각층이 21세기 물문제해결을 논의하고 그 중요성을 세계에 인식시키기 위한 목적으로 세계수자원회의(WWC : World Water Council)에 의해 제창되었다. 1997년 제1차 물포럼에서는 마라케시선언을 채택하였고, 2000년 네덜란드 헤이그에서 열린 제2차 물포럼에서 각국 정부는 식량안보의 선행조건으로서의 수자원 중요성에 인식을 같이 하고, 지속 가능한 수자원관리를 통한 생태계 보전을 다짐하는 헤이그선언을 채택하였다. 2003년 3차 물포럼에서는 130여 개국 정부대표와 비정부기구 등이 참가하여, 헤이그선언을 구체적으로 어떻게 실천할지를 논의하고 또 물과 기후, 물과 식량 등 17개 이슈에 대한 토론과 참가 정부대표들의 수자원 각료회의가 열렸다.

⊙ PLUS 논의 결과는 '교토각료선언'과 '세계물행동보고서'로 정리되어 각국의 수자원정책에 심대한 영향을 미치게 된다.

□ **로마클럽(Club Of Rome)** [***]

1968년 이탈리아의 실업가 아우렐리오 페체이의 제창으로 출범한 미래연구기관이다. 천연자원의 고갈, 공해에 의한 환경오염, 개발도상국의 인구증가 등 인류가 직면하는 모든 문제에 관해 연구하고 그 타개책을 모색하며 널리 알리는 것이 주된 활동이다.

□ **교토의정서(Kyoto Protocol)** [***]

기후변화협약에 따른 온실가스 감축목표에 관한 의정서로 효율적인 온실가스 감축을 위해 가입당사국으로 하여금 이산화탄소(CO_2), 메탄(CH_4), 아산화질소(N_2O), 불화탄소(PFC), 수소불화탄소(HFC), 불화유황(SF_6)의 여섯 가지를 줄이기 위해 노력하도록 요구한다.

□ **국제배출권거래제(International Emission Trading)** [**]

각국이 자국에 허용된 배출량 중 일부를 거래할 수 있는 것으로써 탄소배출권을 주식이나 채권처럼 시장에서 거래할 수 있도록 만든 제도를 말한다. 2005년 2월부터 발효된 교토의정서에 따르면, 유럽연합(EU) 회원국과 일본 등 38개국은 제1차 의무공약기간(2008 ~ 2012년) 동안 연평균 온실가스 배출량을 1990년 배출량 기준 대비 평균 5.2% 감축시켜야 하는 법적 의무를 규정하고 있다. 이 목표를 채우지 못한 국가나 기업들은 벌금을 내거나 거래소에서 탄소배출권을 사야하고, 감축의무대상국이 아니거나 배출량이 적은 개도국은 배출권을 거래할 수 있다. 배출권의 발급권한은 유엔이 갖고 있으며 청정개발체제(CDM)는 선진국(부속서 1국가, Annex 1 Party)이 개도국(비부속서 1국가, Non - Annex 1 Party) 내에서 온실가스 배출 감축 프로젝트를 통해 온실가스 배출을 줄이면 그에 상응하는 배출권을 거래할 수 있도록 한 시스템을 갖춰 배출권 거래를 촉진시키고 있다.

□ **탄소중립** *** 🏅중요

탄소제로라고도 한다. 온실가스를 흡수하기 위해서 배출한 이산화탄소의 양을 계산하고 탄소의 양만큼 나무를 심거나 풍력·태양력 발전과 같은 청정에너지 분야에 투자해 오염을 상쇄한다. 산업자원부에서는 2008년 2월 18일부터 대한상공회의소, 에너지관리공단, 환경재단 등 21개 기관과 공동으로 개최하는 제3차 기후변화 주간에 탄소중립 개념을 도입해 이산화를 상쇄하고자 하는 노력을 하고 있다.

□ **탄소배출권** * 🏅중요

지구 온난화를 유발하는 대표적인 온실가스로는 이산화탄소(CO_2), 메탄(CH_4), 아산화질소(N_2O), 수소불화탄소(HFC), 불화탄소(PFC), 불화유황(SF_6) 등이 있는데 이 중 이산화탄소가 전체 배출량의 비중이 가장 높고 인위적인 제어가 가능하기 때문에 이들을 대표하며, 이러한 이산화탄소 등의 온실가스를 배출할 수 있는 권리를 탄소배출권이라 한다. 기상 이변, 재난 및 엘니뇨에 의한 이상 기온, 대규모 홍수·지진해일 등과 같은 천재지변 등 지구 온난화에 대한 폐해가 현실로 나타나고 있어, 지구 환경 문제에 대해 범지구적인 해결 노력이 필요하다는 점을 깨닫게 되면서 국제적 협력으로 구체화된 것이 1997년 12월 교토의정서(Kyoto Protocol)이다.

□ **환경호르몬** **

정식 명칭은 외인성 내분비교란물질로 인체에 들어가면 여성호르몬과 똑같은 작용을 한다고 해서 이런 이름이 붙었다. 남성의 정자수를 감소시키고, 성장억제·생식이상 등을 일으키는 것으로 의심받고 있다. 1996년 3월 미국에서 「잃어버린 미래(Our Stolen Future)」라는 책이 출판되면서 세계적인 관심을 끌게 되었다. 다이옥신 등 70여 종의 화학물질이 여기에 해당되는 것으로 알려져 있다.

□ **환경개선부담금제(環境改善負擔金制)** *

오염원인자부담원칙에 따라 오염물질을 배출한 오염원인자에게 오염물질 처리비용을 부담하게 하는 제도이다. 부과대상자는 폐수나 대기오염물질을 많이 배출하는 호텔·병원·백화점·수영장·음식점 등의 건물과 경유자동차이며, 지방자치단체는 이들로부터 3월과 9월 1년에 두 차례 부담금을 징수한다. 환경개선부담금이 면제되는 건물은 단독주택·아파트 등 공동주택, 160㎡ 미만의 시설물·공장·창고·주차장 등이다. 지방자치단체가 징수한 환경개선부담금은 징수비용(징수금액 중 10%)을 제외하고는 전액 환경부의 환경개선특별회계로 귀속된다.

□ **PPP(Polluter Pays Principle)** **

오염자 비용부담원칙이다. 환경자원의 합리적인 이용과 배분을 조장하는 동시에 국제무역이나 투자의 왜곡현상을 바로잡기 위해 오염방지비용을 오염자에게 부담시키자는 구상으로, 1972년 OECD(경제협력개발기구) 이사회가 가맹국에게 권고했다. 최근에는 오염방지비용뿐만 아니라 환경복원·피해자 구제·오염회피비용까지 오염원이 부담해야 한다는 견해가 대두되고 있다.

10 보건 · 건강

□ **히포크라테스 선서 ****

고대 그리스 의사 히포크라테스가 말한 의료의 윤리적 지침으로, 시대의 요구에 따라 오늘날에는 1948년에 스위스 제네바에서 세계의사협회가 발표한 '제네바 선언'이 일반적으로 낭독되고 있다. 제2차 세계대전 당시 나치의 비윤리적 인체 실험에 의사가 참여한 것을 반성하는 의미로 이후 몇 차례에 걸쳐 개정되기도 했다. 현재 우리나라에서 쓰이는 선서문도 사실은 제네바 선언문이다.

□ **세계보건기구(WHO : World Health Organization) ****

보건 · 위생 분야의 국제적인 협력을 위하여 설립한 UN(국제연합) 전문기구이다. 세계의 모든 사람들이 가능한 한 최고의 건강 수준에 도달하는 것을 목표로, 1946년 61개국의 세계보건기구헌장 서명 후 1948년 26개 회원국의 비준을 거쳐 정식으로 발족하였다. 본부는 스위스 제네바에 있으며 총회 · 이사회 · 사무국으로 구성되어 있고 재정은 회원국 정부의 기부금으로 충당한다. 중앙검역소 업무와 연구 자료의 제공, 유행성 질병 및 전염병 대책 후원, 회원국의 공중보건 관련 행정 강화와 확장 지원 등을 주요활동으로 한다. 한국은 1949년 제2차 로마총회에서 가입하였다.

□ **담배규제기본협약(FCTC : the Framework Convention on Tobacco Control) ***

금연을 위한 국제 협력 방안을 골자로 한 보건 분야 최초의 국제협약이다. 흡연으로 해마다 500만 명 이상의 죽음을 초래하고 있다는 문제의식에서 비롯하였으며, 세계보건기구(WHO)의 추진으로 2003년 5월 열린 세계보건총회(WHA)에서 만장일치로 채택되어 2005년 2월 발효되었다. 흡연 통제를 위해 담배광고 및 판촉의 포괄적인 금지, 간접 흡연규제, 경고문구 제한 등을 주요내용으로 하며 협약의 당사국들은 담배의 광고나 판촉 금지조치를 발효일로부터 5년 이내에 도입하고 겉포장의 경고문도 3년 이내에 30% 이상으로 확대해야 할 의무를 지게 된다. 공중 보건과 위생에 관한 사상 최초의 국제협약이라는 점에서 큰 의의를 갖는다.

□ **HACCP(Hhazard Analysis & Critical Control Point, 위해요소 중점관리기준) ****

식품의 원료부터 제조, 가공 및 유통 단계를 거쳐 소비자에게 도달하기까지 모든 과정에서 위해물질이 해당 식품에 혼입되거나 오염되는 것을 사전에 방지하기 위한 식품관리 제도로, 식품의 안전성을 확보를 목적으로 한다. 이를 위해 단계별 세부 위해 요소(HA)를 사전에 제거하기 위한 중점관리 점검 항목(CCP)을 설정하고, 이를 바탕으로 종사자가 매일 또는 주기적으로 각 중점관리 항목을 점검해 위해 요인을 제거한다. HACCP의 개념은 1960년대 초 미국 우주계획의 식품 개발에 처음 적용된 이후 1993년 FAO, WHO의 국제식품규격위원회에서도 식품 위생관리 지침으로 택한 바 있다.

□ **이력추적제** **

먹을거리 안전에 대한 국민들의 관심이 높아짐에 따라 각종 농산물로부터 국민의 안전을 보호 할 목적으로 도입하여 2005년부터 모든 농산물에 적용하였다. 농산물 생산에 사용한 종자와 재배방법, 원산지, 농약 사용량, 유통 과정 등이 제품의 바코드에 기록되기 때문에 소비자들도 농산물의 생산에서 유통에 이르기까지 모든 이력을 쉽게 알 수 있다.

□ **감염병(感染病)** ***

원충, 진균, 세균, 스피로헤타(Spirochaeta), 리케차(Rickettsia), 바이러스 등의 미생물이 인간이나 동물에 침입하여 증식함으로써 일어나는 병을 통틀어 이르는 말이다.

🔵 **PLUS** 감염병의 구분(2024. 09. 15. 시행 기준)

구분	특성 및 해당 질환
제1급 감염병	• 생물테러 감염병 또는 치명률이 높거나 집단 발생의 우려가 커서 발생 또는 유행 즉시 신고하여야 하고, 음압격리와 같은 높은 수준의 격리가 필요한 감염병 • 에볼라바이러스병, 마버그열, 라싸열, 크리미안콩고출혈열, 남아메리카출혈열, 리프트밸리열, 두창, 페스트, 탄저, 보툴리눔독소증, 야토병, 신종감염병증후군, 중증급성호흡기증후군(SARS), 중동호흡기증후군(MERS), 동물인플루엔자 인체감염증, 신종인플루엔자, 디프테리아
제2급 감염병	• 전파가능성을 고려하여 발생 또는 유행 시 24시간 이내에 신고하여야 하고, 격리가 필요한 감염병 • 결핵, 수두, 홍역, 콜레라, 장티푸스, 파라티푸스, 세균성이질, 장출혈성대장균감염증, A형간염, 백일해, 유행성이하선염, 풍진, 폴리오, 수막구균 감염증, b형헤모필루스인플루엔자, 폐렴구균 감염증, 한센병, 성홍열, 반코마이신내성황색포도알균(VRSA) 감염증, 카바페넴내성장내세균목(CRE) 감염증, E형간염
제3급 감염병	• 발생을 계속 감시할 필요가 있어 발생 또는 유행 시 24시간 이내에 신고하여야 하는 감염병 • 파상풍, B형간염, 일본뇌염, C형간염, 말라리아, 레지오넬라증, 비브리오패혈증, 발진티푸스, 발진열, 쯔쯔가무시증, 렙토스피라증, 브루셀라증, 공수병, 신증후군출혈열, 후천성면역결핍증(AIDS), 크로이츠펠트—야콥병(CJD) 및 변종크로이츠펠트—야콥병(vCJD), 황열, 뎅기열, 큐열, 웨스트나일열, 라임병, 진드기매개뇌염, 유비저, 치쿤구니야열, 중증열성혈소판감소증후군(SFTS), 지카바이러스 감염증, 매독
제4급 감염병	• 제1급감염병부터 제3급감염병까지의 감염병 외에 유행 여부를 조사하기 위하여 표본감시 활동이 필요한 감염병 • 인플루엔자, 회충증, 편충증 , 요충증, 간흡충증, 폐흡충증, 장흡충증, 수족구병, 임질, 클라미디아감염증, 연성하감, 성기단순포진, 첨규콘딜롬, 반코마이신내성장알균(VRE) 감염증, 메티실린내성황색포도알균(MRSA) 감염증, 다제내성녹농균(MRPA) 감염증, 다제내성아시네토박터바우마니균(MRAB) 감염증, 장관감염증, 급성호흡기감염증, 해외유입기생충감염증, 엔테로바이러스감염증, 사람유두종바이러스 감염증

□ **알츠하이머병(Alzheimer Disease)** *

나이가 들면서 정신 기능이 점점 쇠퇴하여 일으키는 노인성 치매로 독일의 신경과 의사 올로이스 알츠하이머의 이름을 따서 명명한 신경질환이다. 이 병에 걸리면 특히 기억과 정서면에서 심각한 장애를 일으키며 현대 의학에서는 아직 알츠하이머병의 뚜렷한 예방법이나 치료 방법이 없는 상태이다.

□ **조류인플루엔자(AI : Avian Influenza)** **

닭, 오리, 칠면조 등과 같은 가금류와 야생 조류가 감염되는 급성 바이러스 전염병이다. 주로 철새의 배설물에 의해 전파되며 AI에 걸린 조류의 콧물, 호흡기 분비물, 대변에 접촉한 조류들이 다시 감염되는 형태로 조류 간에 퍼진다. 지구상에 존재하는 AI 바이러스는 모두 135종의 혈청형으로 분류되며 이 중 사람에게 가장 치명적인 것은 H5N1형이다. 1997년 홍콩에서 첫 인체 감염을 일으켜 6명이 사망하면서 주목을 받은 H5N1형은 변이가 빠르고 다른 동물에게 쉽게 전이되는 특징을 갖고 있다. 이는 감염된 조류를 통해 인체에도 전염될 수 있다는 것을 말한다. 발병하면 감기나 일반 독감에 걸렸을 때와 비슷한 증상이 나타나며 심하면 38도 이상의 고열을 동반한 기침, 인후통, 호흡 곤란 증세를 보인다. AI 바이러스는 섭씨 41도일 때 철새 등의 배설물에서 최소 35일간 살 수 있지만 75도 이상으로 5분 동안 가열하면 죽는다.

□ **아프리카돼지열병(ASF)** ***

돼지와 멧돼지에 감염 시 발열이나 전신의 출혈성 병변을 일으키는 국내 제1종 법정전염병으로, 최대 치사율이 100%에 이르지만 현재 치료제나 백신이 없다. 아프리카돼지열병의 주요 임상증상으로는 돼지들이 한데 겹쳐있거나, 급사하거나 비틀거리는 증상, 호흡곤란, 침울 증상, 식욕절폐, 복부와 피부 말단 부위에 충혈 등이 있다.

□ **구제역(口蹄疫)** ***

소, 돼지, 양, 염소 등 발굽이 두 갈래로 갈라진 우제류 동물에게만 발생하는 전파력이 매우 강한 바이러스성 급성 전염병이다. 일단 감염이 되고 나면 치사율이 70 ~ 80%에 달하는 국제 1급 가축전염병으로 광우병과는 달리 감염된 고기를 먹어도 사람에게는 감염되지 않는 것으로 알려져 있다. 구제역 바이러스는 감염된 동물의 배설물 또는 사람의 옷이나 신발 등에 잠복해 있다가 해당 동물에 전염되기도 한다. 주로 동물의 호흡, 소화, 생식 행위를 통해 감염되며 잠복기는 3 ~ 5일 정도로 구제역에 걸리면 입술이나 혀, 잇몸, 콧구멍 등에 물집이 생기면서 다리를 절고 침을 흘리며 식욕이 급격히 감퇴하는 증상을 보이다 결국 폐사하게 된다.

출제예상문제

1   생물테러감염병이나, 성매개감염병, 인수공통감염병 등의 감염병을 고시하는 자는?

① 식품의약품안전처장

② 보건복지부장관

③ 질병관리청장

④ 과학기술정보통신부 장관

⑤ 기획재정부장관

✔ 해설 질병관리청장이 고시한다.

2   간에 작용하여 포도당을 글리코겐으로 변하게 하고 체내의 포도당 소비를 촉진시킴으로써 혈당량 을 낮춰 주는 호르몬은?

① 인터페론

② 아데닌

③ 구아닌

④ 인슐린

⑤ 셀룰로스

✔ 해설 인슐린(insulin) … 췌장에서 분비되는 호르몬으로, 포도당을 글리코겐으로 바꾸어 간에 저장한다. 부족 하게 되면 혈액 중의 당 농도가 지나치게 높아져 소변으로 나오는데, 이것이 당뇨병이다.

3 사회보험 구성으로 옳은 것은?

① 생계급여

② 주거급여

③ 국민연금

④ 가정복지서비스

⑤ 노인복지서비스

> ✔ 해설 ①② 공공부조
> ④⑤ 사회서비스
> ※ 사회보장제도 구성
>
> | 구분 | 내용 |
> |---|---|
> | 사회보험 | 국민연금, 건강보험, 고용보험, 노인장기 요양보험, 산업재해 보상보험 |
> | 공공부조 | 생계급여, 의료급여, 주거급여, 교육급여 |
> | 사회서비스 | 노인복지서비스, 장애인복지서비스, 아동복지서비스, 가정복지서비스 |

4 공격 대상이 방문할 가능성이 있는 합법적 웹사이트를 미리 감염시킨 뒤 잠복하면서 피해자의 컴퓨터에 악성코드를 추가로 설치하는 공격을 말하는 것은 무엇인가?

① 스파이 앱

② 워터링홀

③ 제로데이공격

④ 매크로바이러스

⑤ 디도스

> ✔ 해설 워터링홀(Watering Hole) … 사자가 먹이를 습격하기 위하여 물웅덩이 (Watering hole) 근처에 매복하고 있다가 먹이가 물웅덩이에 빠지면 공격하는 것에서 유래한 용어로 특정 계층이나 관련된 인사들만이 접근하는 사이트들에 악성코드 감염을 유도하는 것이다.

Answer 1.③ 2.④ 3.③ 4.②

5 외교적으로 꼭 필요한 동반자라는 뜻으로, 외교 관계에서 구심점 역할을 하는 핵심 국가를 일컫는 말은?

① 코드아담
② 린치핀
③ 코너스톤
④ 아포스티유
⑤ 스핀닥터

✔ 해설 린치핀 … 본래 마차나 수레, 자동차 바퀴가 빠지지 않도록 축에 꽂는 핀을 가리킨다. 미국은 린치핀을 주로 미·일 관계에만 사용했는데, 2010년 G20 정상회의에서부터 한미 동맹 관계를 린치핀이라고 사용하기 시작하였다.

① 코드아담 : 미국의 미아찾기 프로그램으로 다중이용시설에서 미아가 발생할 경우 시설봉쇄 등 현장에서 바로 실행하여 수색하는 시스템이다.

③ 코너스톤 : 외교상에서는 린치핀과 함께 '꼭 필요한 동반자'라는 뜻을 가진다. 주로 미·일 관계를 상징하고 있다.

④ 아포스티유 : 협약에 따라 문서의 관인이나 서명을 대조하여 진위를 확인하고 발급하는 것으로, 아포스티유가 부착된 공문서는 아포스티유 협약 가입국에서 공문서로서의 효력을 갖는다.

⑤ 스핀닥터 : 정치권에서 특정 정치인이나 정부 고위 관료 측근에서 대변인 역할을 하는 정치홍보 전문가를 말한다.

6 다음 중 비말감염을 통해 전염되는 질환으로 볼 수 없는 것은?

① 결핵
② 백일해
③ 메르스
④ 에이즈
⑤ 독감

✔ 해설 비말감염 … 감염자가 기침·재채기를 할 때 침 등의 작은 물방울(비말)에 바이러스·세균이 섞여 나와 타인에게 감염시키는 것을 말한다. 비말 크기는 $5\mu m$($1\mu m$는 100만 분의 1m) 이상으로, 보통 기침을 한 번 하면 약 3,000개의 비말이 전방 2m 내에 분사되는 것으로 알려졌다. 따라서 비말감염을 피하려면 감염자로부터 2m 이상 떨어져야 한다. 이 비말은 기침, 재채기, 대화 또는 기관지 내시경과 같은 특별한 처치 시 발생하며, 바이러스를 가진 비말이 다른 사람의 눈 결막이나 비강, 구강 점막에 튀면서 전염이 일어난다. 비말감염으로 전염되는 대표 질환으로는 결핵, 독감, 백일해, 메르스(중동호흡기증후군) 등이 있다.

7 다음 중 고소득을 올리며 고품격의 레저 활동 등을 하며 여유 있는 삶을 즐기는 생산직 노동자를 지칭하는 말은?

① 퍼플 칼라   ② 화이트 칼라

③ 네오블루 칼라   ④ 레인보우 칼라

⑤ 일렉트로 칼라

> ✔해설 ① 퍼플 칼라 : 근로시간과 장소를 탄력적으로 조정해 일하는 노동자다.
> ② 화이트 칼라 : 샐러리맨이나 사무직 노동자다.
> ④ 레인보우 칼라 : 아이디어와 변화에 능한 광고 디자인 등 기획 관련 업종 노동자다.
> ⑤ 일렉트로 칼라 : 컴퓨터 관련 지식과 기술로 무장하고 컴퓨터 관련 직종에 종사하는 노동자다.

8 정식으로 외교 관계를 수립하지 않은 국가 간 외교 관계를 수립하기 위한 전 단계로 상호 간에 설치하는 사무소를 의미하는 것은?

① 간이사무소   ② 예정사무소

③ 연락사무소   ④ 정식사무소

⑤ 인력사무소

> ✔해설 통상적으로 국제 사회에서 두 나라의 외교 관계 수립은 절차상 처음부터 대사관을 설치하는 경우는 드물고 사전에 연락사무소나 상주대표부 설치 등으로 시작한다.

9 온라인 플랫폼에서 불특정 다수의 개인에게 다양한 목적으로 자금을 모으는 방식을 의미하는 것은?

① 소셜펀딩   ② 뉴스펀딩

③ 타이거펀드   ④ 퀀텀펀드

⑤ 크라우드펀딩

> ✔해설 ① 소셜펀딩(Social Funding) : 사업 개요를 인터넷에 공개해 투자를 받는 펀딩 방식이다.
> ② 뉴스펀딩(News Funding) : 구독자가 감명 깊게 본 기사를 후원하는 뉴스 서비스이다.
> ③ 타이거펀드(Tiger Fund) : 단기 투자를 목표로 하는 헤지펀드 중의 하나이다.
> ④ 퀀텀펀드(Quantum Fund) : 짐 로저스가 조즈 소르스와 설립한 헤지펀드 중에 하나이다.

Answer   5.②   6.④   7.③   8.③   9.⑤

10 5G에 대한 설명으로 옳은 것은?

① 국제전기통신연합(ITU)에서 IMT – 2000이라 칭한다.

② Peak Date Rate가 1Gbps 정도 된다.

③ 표준기술 빔포밍 기술이 5G에서는 사용되지 않는다.

④ 모든 전자기기 연결하는 기술이다.

⑤ 국제전기통신연합(ITV)에서 정의한 4세대 통신규약이다.

> ✔해설 ① IMT – 2020으로 칭한다.
> ② 4G 속도이다. 5G에서는 20Gbps 속도이다.
> ③ 안테나를 활용하는 빔포밍 기술은 5G 표준 기술로 도입되었다.
> ⑤ 국제전기통신연합(ITV)에서 정의한 5세대 통신규약이다.

11 다음 9m를 나노미터로 변환한 것으로 알맞은 것은?

① 9×10^{-9} ② 9×10^{-8}

③ 9×10^{-7} ④ 9×10^{-6}

⑤ 9×10^{-5}

> ✔해설 나노미터는 10억분의 1m를 가리키는 단위이다.

12 머신러닝, 인공지능, 클라우드 등의 첨단기술을 활용해서 금융규제에 대응하고 금융법규를 준수하는 업무를 자동화하여 효율적으로 대응하기 위한 기술을 의미하는 것은?

① 인슈어테크 ② 핀테크

③ 섭테크 ④ 레그테크

⑤ 파밍

> ✔해설 ① 인슈어테크(InsureTech) : 보험(Insurance)과 기술(Technology)의 합성어로, 데이터 분석을 통해 다양한 보험서비스를 제공하는 것이다.
> ② 핀테크 : 금융(Financial)과 기술(Technology)의 합성어로, 금융 서비스와 관련된 소프트웨어 서비스를 제공 것이다.
> ③ 섭테크(Suptech) : 감독(Supervision)과 기술(Technology)의 합성어로, 최신 기술로 금융감독 업무를 수행하기 위한 것이다. 금융 감독이나 검사 등의 금융상담 서비스이다.
> ⑤ 파밍(Pharming) : 피싱(Phishing)에 이어 등장한 인터넷 사기수법이다.

13 다음 중 우리나라와 최초로 수교를 맺은 사회주의 국가는?

① 중국 ② 헝가리

③ 쿠바 ④ 베트남

⑤ 러시아

> ✔해설 1948년 남·북한 동시에 사회주의 국가인 헝가리와 최초로 수교를 맺었으며, 이후 1989년 우리나라와 단독 수교를 맺었다.

14 형법상 형의 종류가 아닌 것은?

① 벌금 ② 몰수

③ 과징금 ④ 자격정지

⑤ 자격상실

> ✔해설 과징금 … 국가가 국민에게 징수하는 금전 부담으로, 행정법상 의무위반에 대한 제재에 해당한다.
> ※ 형법상 형의 종류
> 형의 종류는 다음과 같다〈형법 제41조〉.
> 1. 사형
> 2. 징역
> 3. 금고
> 4. 자격상실
> 5. 자격정지
> 6. 벌금
> 7. 구류
> 8. 과료
> 9. 몰수

15 섀도캐비닛(Shadow Cabinet)이란 무엇인가?

① 각외대신 ② 후보내각

③ 각내대신 ④ 야당내각

⑤ 정당내각

> ✔해설 섀도캐비닛(Shadow Cabinet) … '그늘의 내각' 또는 '그림자 내각'으로 번역하기도 하며, 영국 야당의 최고지도부인 의원간부회의를 말한다. 야당이 정권을 잡았을 때에 대비한 내각이다.

Answer 10.④ 11.① 12.④ 13.② 14.③ 15.④

16 대통령제와 의원내각제의 요소를 결합한 절충식 정부형태를 무엇이라 하는가?

① 연방정부제   ② 연립내각제
③ 이원집정부제   ④ 혼합정부제
⑤ 의무투표제

✔ 해설 이원집정부제 … 평상시에는 의원내각제 정부형태를 취하나, 비상시가 되면 대통령에게 강력한 대권을 부여하여 신속하고 강력하게 국정을 처리하는 제도로, 독일 바이마르공화국과 프랑스 제5공화국이 실제로 채택하였다.

17 고속도로 주행 시 안전거리로 알맞은 것은?

① 90km/h 주행 시 85m   ② 100km/h 주행 시 80m
③ 110km/h 주행 시 80m   ④ 120km/h 주행 시 95m
⑤ 100km/h 주행 시 100m

✔ 해설 고속도로를 주행할 때는 주행속도의 수치를 그대로 m로 한 수치의 안전거리이다. 100km 고속도로에서 안전거리는 100m이다.

18 Pax Sinica란 무엇인가?

① 중국이 주도하는 세계평화
② 미 · 소 간의 새로운 세계평화질서 확립
③ 미국의 지배에 의한 세계평화
④ 세계 곡물수출을 통한 미국의 경제부흥
⑤ 세계 등유수출을 통한 미국의 경제부흥

✔ 해설 팍스 시니카(Pax Sinica)
　　ⓐ 중국의 지배에 의한 세계질서의 유지를 이르는 표현으로 팍스 로마, 팍스 브리태니카, 팍스 아메리카나에 이어 등장하였다. 중국은 홍콩 · 마카오의 반환을 계기로 고속성장을 이루고 있으며, 동남아시아뿐만 아니라 전 세계 화교들의 경제력을 바탕으로 중국이 세계를 중화사상을 중심으로 개편하려고 할 것으로 보고 그 시기를 이르는 표현이다.
　　ⓑ 과거 청대의 강희제부터 건륭제가 지배하던 130년간의(1662 ~ 1795) 중국은 티베트, 내 · 외몽고까지 영토를 확장시켰다. 이렇게 넓은 영토, 평화와 번영이 지속된 시기를 팍스 시니카라고 칭하기도 한다.

19 인공지능, 빅데이터, 블록체인 등의 기술을 결합한 부동산 서비스는?

① 에드테크   ② 레그테크
③ 프롭테크   ④ 실재감테크
⑤ 터프테크

> ✅**해설** 프롭테크(proptech) … 부동산에 첨단 정보기술을 결합한 부동산 서비스를 일컫는다. 인터넷 부동산 시세 조회 및 중개 서비스, 사이버 모델하우스(3D 공간설계), 부동산 크라우드펀딩, 사물인터넷(IoT) 기반의 건물관리 등이 프롭테크에 해당한다.
> ① 에드테크 : 교육과 정보기술을 결합한 교육산업을 말한다. '에듀테크' 또는 '에드테크'라고 한다.
> ② 레그테크 : 정보기술을 활용한 금융 규제 준수 관련 업무의 자동화 · 효율화를 말한다.
> ④ 실재감테크 : 가상공간을 창조하고 다양한 감각 자극을 제공, 인간의 존재감과 인지능력을 강화시켜 생활 스펙트럼을 확장하는 기술이다. 즉, 감각과 시공간의 간극을 허무는 기술이다.
> ⑤ 터프테크 : 리스크(위험)가 크고 불가능에 가깝지만 인류를 위해 꼭 필요한 기술 분야에 도전하는 테크놀로지를 의미한다.

20 육군 부대가 한 지역에 계속 주둔하며 그 지역 경비와 군대의 질서 및 군기 감시, 시설물 보호를 목적으로 제정한 대통령령은?

① 분수령   ② 위수령
③ 계엄령   ④ 경비계엄령
⑤ 추풍령

> ✅**해설** 위수령 … 육군 부대가 한 지역에 계속 주둔하면서 그 지역의 경비, 군대의 질서 및 군기(軍紀) 감시와 시설물을 보호하기 위하여 제정된 대통령령을 의미하는 것으로 제정된 위수령에 따르면 위수사령관은 치안유지에 관한 조치에 관하여 그 지구를 관할하는 시장 · 군수 · 경찰서장과 협의하여야 하며, 병력 출동은 육군참모총장의 사전승인을 얻어야 하나 사태가 위급한 경우 사후승인도 가능하도록 하였다. 병기는 자위상(自衛上)의 필요, 진압 · 방위 등의 필요가 있을 때에 사용하며, 사용하였을 때는 즉시 육군참모총장에게 보고하도록 하였다.

Answer   16.③   17.⑤   18.①   19.③   20.②

21 충분한 범죄 혐의가 있고 소송조건을 갖추었음에도 불구하고 검사의 재량에 의하여 공소를 제기하지 아니할 수 있음을 말하는 용어는?

① 기소독점주의
② 기소법정주의
③ 기소편의주의
④ 기소중지
⑤ 기소유예

✔해설 ① 기소독점주의 : 범죄를 기소해 소추(訴追)하는 권리를 검사만이 가지고 있는 것을 말한다.
② 기소법정주의 : 법률이 미리 일정한 전제 조건을 정해 두고 그 조건이 충족되면 반드시 기소해야 하는 원칙을 말한다.
④ 기소중지 : 넓은 의미의 불기소처분으로, 수사를 일시적으로 중지하는 처분이다.
⑤ 기소유예 : 죄를 지은 사람에게 검사의 판단 하에 기소를 하지 않는 것을 말한다.

22 저렴한 임대료로 다수의 사람이 함께 공동으로 거주하는 공간을 의미하는 것은?

① 셰어하우스
② 핵가족
③ 수정핵가족
④ 프렌디
⑤ 슬로비족

✔해설 ② 핵가족 : 부부와 미혼의 자녀만으로 이루어진 소가족을 말한다.
③ 수정핵가족 : 자식 세대의 맞벌이 부부가 많아지면서 증가한 가족 형태로, 부모와 기혼 자식의 가족이 한집에 동거하지만 각기 독립적으로 생활하는 가족을 말한다.
④ 프렌디 : 친구 같은 아빠로 육아에 활발하게 참여하는 아버지를 일컫는다.
⑤ 슬로비족 : 성실하고 안정적인 생활에 삶의 가치를 더 부여하는 사람들을 말한다.

23 쇠와 피에 의해서 통일을 이뤄낼 수 있다는 철혈정책과 오스트리아 배척 정책을 통해서 독일에 통일을 이뤄낸 정치가는?

① 쿠르트 슈마허
② 요아힘 가우크
③ 빌리 브란트
④ 비스마르크
⑤ 앙겔라 메르켈

✔해설 ① 쿠르트 슈마허 : 독일 서방의 통합정책, 방위공동체 구상 등 정책을 비판하는 서독의 국회위원이다.
② 요아힘 가우크 : 동독의 민주화에 앞장섰던 독일의 정치인으로 2012년 3월 제11대 대통령으로 선출되었다.
③ 빌리 브란트 : 서독 4대 총리로 적극적인 동방 화해정책을 위해 힘썼다.
⑤ 앙겔라 메르켈 : 2005년 독일에서 선출된 총리로 2000년 최초로 여성 당수 자리에 올랐으며, 연립정부를 구성하였다.

24 다음 내용이 설명하고 있는 것은?

> 이는 인적재난 및 자연재난으로 구분되며 대형사고 및 국가기반체계의 마비 및 전염병 확산 등으로 인해 많은 피해를 입었을 경우에 이에 대한 수습 및 복구 등을 위해 특별조치 및 국가적 지원이 필요할 시에 인정되는 지역이다.

① 보통재난지역   ② 일부재난지역
③ 특별재생지역   ④ 보통침수지역
⑤ 특별재난지역

> ✔해설 특별재난지역 … 재난으로 인해 특별조치가 필요하다고 인정되면 심의를 거쳐 특별재난지역으로 선포할 것을 대통령에게 건의할 수 있다.

25 다음 중 한국의 4대 암 질환이 아닌 것은?

① 폐암   ② 간암
③ 위암   ④ 대장암
⑤ 피부암

> ✔해설 한국인에게 가장 많이 발생되는 주요 4대 암 질환은 폐암, 간암, 위암, 대장암이다.

26 스칸디나비아 반도에 사는 설치류의 일종으로 개체수가 급증하면 다른 땅을 찾아 움직이는데, 이동 시에 직선으로 우두머리만 보고 따라가다 집단적으로 호수나 바다에 빠져 죽기도 하는 이것은?

① 스톡홀름 신드롬　　　　　　　　② 테네시티 신드롬
③ 레밍 신드롬　　　　　　　　　　④ 오셀로 신드롬
⑤ 제노비스 신드롬

✔해설 레밍 신드롬 … 자신의 생각 없이 남들이 하는 행태를 무작정 따라하는 집단행동 현상을 의미하는 것으로 맹목적인 집단행동을 비난할 때 종종 인용되며, 다른 말로 레밍 효과라고도 한다.

27 부모는 물론 조부모까지 아이를 위한 지출을 아끼지 않는 현상은?

① 패런트 포켓　　　　　　　　　　② 차일드 포켓
③ 식스 포켓　　　　　　　　　　　④ 하우스 포켓
⑤ 팬츠 포켓

✔해설 식스 포켓 … 출산율이 낮아지면서 한 명의 아이를 위해 부모, 양가 조부모, 6명이 지갑을 연다(아이를 위한 지출을 한다)는 것을 의미한다.

28 상대방을 앞에 두고도 스마트폰에만 집중하는 무례한 행위를 뜻하는 것은?

① 데빙　　　　　　　　　　　　　　② 샤빙
③ 퍼빙　　　　　　　　　　　　　　④ 무빙
⑤ 파밍

✔해설 퍼빙 … 스마트폰을 사용하느라 같이 있는 사람을 소홀히 대하거나 무시하는 현상을 나타내는 용어로 예를 들어 스마트폰을 계속 보면서 대화를 이어가거나 메시지가 올 때마다 회신을 하는 등의 행위가 퍼빙에 해당한다.

29 경제적 · 정신적 자립심이 부족하여 부모님에게 의지하는 젊은 세대를 일컫는 말은?

① 니트족   ② 좀비족

③ 프리터족   ④ 캥거루족

⑤ 프레퍼족

> ✔해설 ① 니트족 : 일을 하지 않고 일할 의지도 없는 청년 무직자를 일컫는다.
> ② 좀비족 : 대기업이나 거대 조직 내에서 무사안일에 빠져 좀비처럼 행복하는 사람들을 일컫는다.
> ③ 프리터족 : 특정한 직업 없이 아르바이트로 생계를 유지하는 젊은층을 일컫는다.
> ⑤ 프레퍼족 : 재난 · 재앙이 닥칠 것을 우려하여 일상생활에서 생존을 위한 대비를 하는 사람들을 일컫는다.

30 싱글족 가운데 두 곳 이상에 거처를 두거나 잦은 여행과 출장 등으로 오랫동안 집을 비우는 사람들을 일컫는 용어는?

① 0.5인 가구   ② 10% 가구

③ 1인 가구   ④ 2인 가구

⑤ 표준가구

> ✔해설 0.5인 가구 … 1인 가구보다 집에 머무는 시간이 훨씬 더 짧으며 평소에는 직장 근처에 방을 얻어 혼자 살지만 주말에는 가족들의 거처로 찾아가 함께 시간을 보내는 경우도 여기에 속한다.

31 대출을 받아 무리하게 장만한 집 때문에 빚에 허덕이는 사람들을 이르는 말은?

① 카 푸어   ② 하우스 푸어

③ 워킹 푸어   ④ 실버 푸어

⑤ 랜드 푸어

> ✔해설 하우스 푸어(House Poor) … 서울과 수도권을 중심으로 무리하게 대출을 받아 집을 장만했기 때문에 내 집은 있으나 대출이자와 원금에 허덕이며 힘겹게 살고 있는 사람들을 말한다. 심지어 집값이 떨어지면서 매매가보다 낮은 가격으로 내놓아도 거래가 되지 않는 상황에 이르는 경우도 있다.

Answer 26.③ 27.③ 28.③ 29.④ 30.① 31.②

32 다음의 상황과 관련된 용어는?

> 甲은 자신의 전공분야인 IT 관련 업무능력이 매우 뛰어나다. 하지만 자신이 담당한 업무 외에는 문외한이라 기본적인 문제해결에서도 어려움을 겪는다.

① 스티그마 효과　　　　　　　　② 피그말리온 효과
③ 낭떠러지 효과　　　　　　　　④ 나비효과
⑤ 보시보 효과

✔해설 제시된 상황은 자신이 정통한 분야에 대해서는 임무 수행능력이 탁월하지만 조금이라도 그 분야를 벗어나면 낭떠러지에서 떨어지듯 일시에 모든 문제해결능력이 붕괴되는 낭떠러지 효과와 관련 있다.

33 다음 중 맞벌이를 하면서 자녀를 두지 않고 돈과 출세를 인생의 목표로 삼는 부부는?

① 시피족　　　　　　　　　　　② 통크족
③ 우피족　　　　　　　　　　　④ 딩크족
⑤ 슬로비족

✔해설 딩크(DINK)족 … Double Income, No Kids의 약어로, 정상적인 부부생활을 영위하면서 의도적으로 자녀를 두지 않고 맞벌이하는 세대를 말한다.

34 UN기준에 따라서 전체 인구 중에 노령인구비율이 20% 이상일 때를 의미하는 것은?

① 초고령화 사회　　　　　　　　② 고령화 사회
③ 고령 사회　　　　　　　　　　④ 저출산 현상
⑤ 초저출산 현상

✔해설 고령화 · 고령 · 초고령사회 기준
　㉠ 고령화사회 : 총 인구 중 65세 이상 인구가 차지하는 비율이 7% 이상
　㉡ 고령사회 : 총 인구 중 65세 이상 인구가 차지하는 비율이 14% 이상
　㉢ 초고령사회 : 총 인구 중 65세 이상 인구가 차지하는 비율이 20% 이상

35 사회적으로 논란이 된 인물의 패션을 따라하는 것은?

① 라스트룩   ② 그런지룩
③ 블레임룩   ④ 페어룩
⑤ 마린룩

> ✔해설 ① 라스트룩 : 전자거래에서 거래요청을 받은 시장 참가자가 해당 호가에 거래를 승낙하거나 거절할 최종
> 기회를 가지는 절차이다.
> ② 그런지룩 : 1980년대 엘리트주의에 대한 반동으로 시작된 스타일로, 낡아서 해진 듯한 의상으로 편안
> 함과 자유를 추구하는 패션 스타일이다.
> ④ 페어룩 : 가족, 친구, 연인 등 같은 디자인, 소재 또는 색상의 옷을 입거나 액세서리, 스카프 등 공통
> 된 포인트를 주는 패션 스타일이다.
> ⑤ 마린룩 : 바다와 관계되는 모티브를 활용한 패션 스타일이다.

36 실업의 유형 중 현재 직장에 만족하지 못하고 이직을 고려하거나 준비하고 있는 사람과 관련된 것은?

① 마찰적 실업   ② 경기적 실업
③ 구조적 실업   ④ 비자발적 실업
⑤ 기술적 실업

> ✔해설 실업의 유형
> ㉠ 자발적 실업 : 일할 능력을 갖고 있으나 현재의 임금수준에서 일할 의사가 없어서 실업 상태에 있는 것
> • 마찰적 실업 : 일시적으로 직장을 옮기는 과정에서 실업상태에 있는 것
> • 탐색적 실업 : 보다 나은 직장을 찾기 위해 실업상태에 있는 것
> ㉡ 비자발적 실업 : 일할 의사와 능력은 갖고 있으나 현재의 임금수준에서 일자리를 구하지 못하여 실업
> 상태에 있는 것
> • 경기적 실업 : 경기침체로 인해 발생하는 대량의 실업
> • 구조적 실업 : 일부 산업의 급속한 사양화와 노동공급과잉으로 발생하는 실업
> • 기술적 실업 : 기술이 새롭게 도입되면서 노동수요가 감소되면서 발생하는 실업

37 '공익을 위하여'라는 라틴어 줄임말로 미국에서 소외 계층을 위해 무료 변론을 하는 변호사를 일컫는 말로 쓰이면서 대중화된 개념은?

① 애드호크(Ad Hoc)

② 페르소나 논 그라타(Persona Non Grata)

③ 프로보노(Probono)

④ 마니페스투스(Manifestus)

⑤ 큐 그레이더(Q Grader)

> ✔해설 프로보노(Probono) … 라틴어 'Pro Bono Publico'의 줄임말로서 '정의를 위하여'라는 뜻이다. 지식이나 서비스 등을 대가없이 사회 공익을 위하여 제공하는 활동을 말한다.

38 불확실하고 위험한 상황에서 용기를 내 먼저 도전하는 사람, 또는 사업으로 다른 이들에게 참여의 동기부여를 유발하는 선구자를 뜻하는 말은 무엇인가?

① 레몬마켓

② 체리피커

③ 코요테 모멘트

④ 퍼스트펭귄

⑤ 실버 택배

> ✔해설 퍼스트 펭귄 … 무리 중에서 먹이 사냥을 위해 바다에 처음 뛰어드는 펭귄을 나머지 펭귄들도 뒤따른다는 데에서 유래했다.
> ① 레몬마켓: 시고 맛없는 레몬만 있는 시장처럼 저급품만 유통되는 시장이다.
> ② 체리피커: 기업의 제품이나 서비스를 구매하지 않으면서 자신의 실속만을 차리는 소비자이다.
> ③ 코요테 모멘트: 증권시장에서는 증시의 갑작스러운 붕괴를 표현하는 말이다.
> ⑤ 실버 택배: 노인계층을 뜻하는 실버(Silver)와 택배의 합성어로, 인근 지역 거주 노인 인력을 활용한 택배 서비스이다.

39 다음이 설명하는 것은?

> 조종사 없이 무선전파의 유도에 의해서 비행 및 조종이 가능한 비행기나 헬리콥터 모양의 군사용 무인항공기의 총칭하는 것이다. 카메라, 센서, 통신시스템 등이 탑재돼 있으며 25g부터 1200kg까지 무게와 크기도 다양하다. 군사용도로 처음 생겨났지만 최근엔 고공 촬영과 배달 등으로 확대됐다. 또한 농작물에 농약을 살포하거나, 공기질을 측정하는 등 다방면에 활용되고 있다.

① 비조
② 백린탄
③ THAAD
④ 틸트로터 항공기
⑤ 드론

✔해설 박스 안 설명은 드론에 대한 것으로 드론은 조종사 없이 비행 및 조종이 가능한 군사용 무인항공기를 총칭하며 용도는 산업부터 군사용까지 다양하다.
① 비조 : 우리나라의 무인기로 2000년에 성공적으로 개발된 군사용 무인기
② 백린탄 : 백린을 원료로 만든 탄환이며 치명적인 화학무기 중 하나로 폭발로 누출된 입작 피부에 붙어서 화상을 일으킨다.
③ THAAD : 군사기지를 적의 미사일 공격으로부터 보호할 목적으로 제작된 공중방어시스템
④ 틸트로터 항공기 : 헬리콥터처럼 떠서 비행기처럼 날아가는 축소형 스마트 무인 항공기

40 베버리지가 정부 사회보장에 관한 문제를 조사·연구한 보고서에서 국민의 최저 생활 보장을 목적으로 5대 악을 퇴치할 것을 주장하였는데, 다음 중 5대 악이 아닌 것은?

① 결핍
② 질병
③ 나태
④ 불신
⑤ 무지

✔해설 베버리지 5대 악 … 결핍, 질병, 나태, 무지, 불결

Answer 37.③ 38.④ 39.⑤ 40.④

경제

□ **캐즘(Chasm)** **

본래 지층에 균열이 생기면서 단절되는 것을 뜻하는 지질학 용어이나, 1991년 제프리 무어박사가 스타트업 성장 과정을 캐즘에 빗대 설명하면서 경제 · 경영분야에서도 사용되고 있다. 경제 · 경영분야에서 캐즘은 첨단기술 제품이 소수의 혁신적 성향 소비자들이 지배하는 초기 시장에서 대중화 단계에 이르기 전, 일시적으로 수요가 침체되거나 감퇴하는 현상을 일컫는다.

□ **매그니피센트 7** *

미국의 7개 빅테크 기업(마이크로소프트 · 애플 · 알파벳 · 아마존 · 엔디비아 · 메타 · 테슬라)을 일컫는다.

🔵 **PLUS** AI5 ⋯ AI랠리를 이끈 5개 기업(엔디비아 · 마이크로소프트 · AMD · TSMC · 브로드컴)을 일컫는다.

□ **근원 개인소비지출** **

근원 개인소비지출은 개인소비지출(PCE)에서 가격 변동성이 커 전체적인 경제 트렌드를 왜곡할 수 있는 식료품과 에너지를 제외한 지수다. 근원 개인소비지출은 중앙은행 등의 정책 결정권자들에게 인플레이션 추세를 보이기 위해 사용된다.

🔵 **PLUS** 개인소비지출(PCE) ⋯ 소비자가 최종적으로 사용하기 위해 구매한 모든 상품과 서비스의 총액으로, PCE가 증가하면 소득이 증가하고 소비자 신뢰도도 증가했음을 나타낸다.

□ **잠재 산출량** **

한 나라의 경제에서 이용 가능한 노동 · 자본 · 토지(생산요소)와 생산기술을 결합해 만들 수 있는 재화와 서비스의 최대 산출량을 의미한다. 경제의 실제 산출량은 잠재 산출량보다 클 수도, 작을 수도 있다.

□ <u>**소프트랜딩**</u> ***

경기 성장세가 꺾이지만 급격한 둔화로까지는 이어지지 않는 것을 말한다. 원래 비행기나 우주선이 기체에 무리가 가지 않도록 착륙하거나 궤도에 진입하는 기법을 가리키는 우주항공 용어였으나, 경제 분야에서는 급격한 경기침체나 실업률 증가를 야기하지 않으면서 경기가 서서히 가라앉는 것을 일컫는다.

🔵 **PLUS** 하드랜딩 ⋯ 경기 성장률이 2 ~ 3%에 불과한 선진국에서는 경기가 침체되어 갑자기 마이너스 성장을 하게 될 경우 충격이 크다는 의미에서 하드랜딩이라고 한다.

□ 크로스 머천다이징(Cross Merchandising) ***

단일상품 뿐만 아니라 관련된 상품까지 진열하는 마케팅 즉, 보완 상품을 함께 전시함으로써 시너지 효과를 내며 구매를 촉구한다. 관련 품목 접근법이라고도 하는데, 소비자가 한 제품에서 다른 제품으로 관심을 돌리도록 유인한다. 예를 들면 유제품이나 냉동식품, 샴푸-헤어 컨디셔너 등이 있으며 패션 쪽에서도 가능하다.

□ 집적 이익(集積利益) **

어떠한 지역에 산업이나 인구가 집중되면서 서로 간에 분업 또는 노동력 및 소비시장이 형성되면서 도로나 편의 시설이 마련되고 투자 효율 및 생활 효율이 좋아지면서 얻는 경제적 이익을 의미한다.

□ 미들 마켓(Middle Market) **

최상위 소비자나 최하위 소비자가 아닌 중상층을 대상으로 하는 시장을 말하며, 동시에 공공자금과 개인자금의 중간에 있는 자금시장(장학재단, 문화재단 등 복지 기금 운용 시장)을 일컫는다.

□ 디프레션(Depression) ***

리세션보다 침체 정도가 더 심한 상태로 경기후퇴를 일컫는 리세션보다 경제 활동이 일반적으로 침체되는 상태다. 물가와 임금이 하락하고 생산이 위축되며 실업이 늘어난다. 즉, 리세션은 경기가 정점을 찍은 뒤 둔화되는 과정이라면 디프레션은 경기가 침체된 상태 자체를 의미한다. 또한 디프레션은 경기가 침체된 불황이라는 점에서 지속적으로 물가가 하락하는 디플레이션과 다르다.

□ CBDC *

중앙은행 디지털화폐를 의미한다. 1985년 미국 예일대 교수 제임스 토빈이 제안한 것으로 현물 화폐 대신에 사용하자고 제안한 화폐이다. 중앙은행을 의미하는 'Central Bank'와 디지털 화폐가 합쳐진 용어로 중앙은행에서 발행한다. 비트코인과 같은 암호화폐와 달리 각국 중앙은행에서 발행하여 현금처럼 가치변동이 크지 않고 액면가가 정해져 있다. 블록체인으로 관리되어 위조의 위험이 적고 모든 금융거래가 기록에 남아 탈세나 자금세탁을 방지할 수 있다. 현재 스웨덴 중앙은행 릭스방크에서는 2020년 2월부터 E-크로나 디지털 화폐를 시범 운영을 하고 있다.

□ 스위프트(Society for Worldwide Interbank Financial Telecommunications) *

1973년 5월 유럽과 북미의 금융회사에서 자금이동과 외국환거래 업무 등의 국제적인 데이터통신망을 위해서 만든 비영리 기관이다. 국제은행간 금융데이터 통신협회를 의미한다.

□ 국채(國債) **

정부가 공공목적에 필요한 자금을 확보하기 위해 발행하는 채권이다. 당해 세입으로 갚기 위한 단기 국채와 당해 이후의 세입으로 상환하는 장기국채가 있다. 정부가 원리금 지급을 보장하므로 기업들이 발행하는 회사채에 비해 안전성이 높다는 장점이 있다. 우리나라의 경우 국고채권(국고채), 외국환평형기금채권(외평채), 국민주택채권 등 3종류가 있다.

PLUS TB금리 … 미국 국채 금리, 즉 재무부채권 금리를 말한다. 미국재무부 채권은 연방정부의 통화증발에 의한 인플레이션을 초래하지 않으면서 재정적자를 보전하는 수단이 되며, 외국정부 및 외국중앙은행의 대외지급준비운용수단으로 이용되기도 하고 각종 금융기관, 기관투자자의 투자수단 및 제2선의 지급준비수단 역할을 한다.

□ 신파일러(Thin Filer) **

금융이력 부족자를 의미한다. 개인 신용을 평가할 금융정보가 부족하여 금융거래에서 소외되는 계층을 의미한다. 금융 이력이 부족하다는 이유로 대출과 신용카드 발급에 제재를 받은 계층이다. 소득과 상환능력이 있더라고 신용점수에 불리하게 작용하는 것이다.

□ 뱅크 런 **

은행의 예금 지급 불능 상태를 우려하여 고객들이 대규모로 예금을 인출하는 사태를 말한다. 경제 상황 악화로 금융시장에 위기감이 조성되면서 이를 우려한 금융기관의 고객들이 대규모로 예금을 인출하는 상황을 말하며 뱅크 런으로 인한 은행 위기를 막기 위해 예금보험공사는 예금자보호법을 시행하고 있다.

□ 공유경제 *** 🏃중요

개인 소유를 기본 개념으로 하는 전통 경제와 대비되는 개념으로 공유경제는 소유자들이 많이 이용하지 않는 물건으로부터 수익을 창출할 수 있으며, 대여하는 사람은 물건을 직접 구매하거나 전통적인 서비스업체를 이용할 때보다 적은 비용으로 서비스를 이용할 수 있다는 장점이 있다. 그러나 공유 서비스를 이용하다가 사고가 났을 경우, 보험을 비롯한 법적 책임에 대한 규정이 명확하지 않는 등 이를 규제할 수 있는 법안이나 제도가 마땅치 않다는 문제점을 가진다.

□ 규모의 경제 *

대량 생산에 의하여 1단위당 비용을 줄이고 이익을 늘리는 방법이 일반적인데, 최근에는 설비의 증강으로써 생산비를 낮추고 있다. 생산 조직이나 생산의 규모가 커질수록 생산과 판매를 위한 비용이 줄어드는 경우, 이를 규모의 경제라고 한다. 규모의 경제는 생산규모와 관련된 것으로 경제규모가 커진다고 해서 반드시 규모의 경제가 발생하는 것은 아니다.

PLUS 범위의 경제 … 한 기업이 여러 재화나 서비스를 생산할 때 발생하는 총 비용이 별도의 기업으로 하나씩 생산했을 때 발생하는 총비용보다 작아지는 경우를 말한다.

□ 가마우지 경제 *

핵심 부품과 소재를 일본에서 수입해 다른 나라에 수출하는 우리나라 산업경제의 구조적 특성상 수출하면 할수록 정작 이득은 일본에 돌아간다는 의미를 지닌 용어다. 이 말은 중국이나 일본 일부 지방에서 낚시꾼이 가마우지 새의 목 아래를 끈으로 묶어두었다가 새가 먹이를 잡으면 끈을 당겨 먹이를 삼키지 못하도록 하여 목에 걸린 고기를 가로채는 낚시방법에 빗댄 용어다. 1980년대 말 일본 경제평론가 고무로 나오키(小室直樹)가 「한국의 붕괴」라는 책에서 처음 사용하였다.

□ 이더리움 **

거래 명세가 담긴 블록이 사슬처럼 이어져 있는 블록체인(Block Chain) 기술을 기반으로 하며 인터넷만 연결되어 있으면 어디서든 전송이 가능하다. 거래소에서 비트코인으로 구입하거나 비트코인처럼 컴퓨터 프로그램으로 채굴해 얻을 수 있다

◎ PLUS 가상화폐 … 네트워크로 연결된 가상 공간에서 전자적 형태로 사용되는 디지털 화폐 또는 전자화폐를 말한다.

□ 디폴트(Default) **

채무자가 공사채나 은행 융자, 외채 등의 원리금 상환 만기일에 지불 채무를 이행 할 수 없는 상태를 말한다. 채무자가 민간 기업인 경우에는 경영 부진이나 도산 따위가 원인이 될 수 있으며, 채무자가 국가인 경우에는 전쟁, 혁명, 내란, 외화 준비의 고갈에 의한 지급 불능 따위가 그 원인이 된다.

□ 기업공시(IR : Investor Relation) *

투자자관리. 기업이 투자자와의 관계에서 신뢰를 쌓기 위해 기업에 대한 모든 정보를 제공하는 활동을 말한다. 증권시장에서의 주식투자는 다른 저축수단과는 달리 기업에 대한 각종 정보를 바탕으로 투자의사를 결정하게 된다. 따라서 투자자의 현명한 투자의사를 결정시키기 위해서 발행회사의 경영 상태나 재무상황을 정확하게 알려주어야 한다. 이로써 증권시장에서의 공정한 가격형성에도 도움이 되는 것이다. 만일 그릇된 정보나 루머에 의해서 주식의 가격이 결정되고 올바른 정보는 일부세력이 독점하게 되면 결국 주식의 가격형성은 왜곡을 일으켜 주식시장은 투기경향을 나타내게 되는 것이다. 그래서 〈증권거래법〉이나 〈상법〉에 의해서 기업공시에 대한 각종 제도를 마련하고 증권거래소가 직접 나서서 기업 내용을 알려주도록 되어 있다. 증권거래소의 기업공시 내용은 정기적인 공시, 수시공시, 풍문조회 등으로 구분된다. 정기적인 공시란 증권거래소가 상장회사에 대한 기업공시실을 마련하여 신주를 발행할 때는 제출된 유가증권 신고서, 사업설명서, 유가증권 발행실적 보고서와 함께 매 결산기 마다 제출된 재무제표, 반기 결산보고서 등을 비치하여 열람하게 하는 제도이다.

□ **골든크로스** **

주가나 거래량의 단기 이동평균선이 중장기 이동평균선을 아래에서 위로 돌파해 올라가는 현상을 말한다. 이는 강력한 강세장으로 전환함을 나타내는 신호로 받아들여진다. 이동평균선이란 특정 기간 동안의 주가의 평균치를 이어놓은 선을 말한다. 일반적으로 증권시장에서는 골든크로스 출현을 향후 장세의 상승신호로 해석한다. 또 골든크로스 발생 시 거래량이 많을수록 강세장으로의 전환 가능성이 높다는 의미를 지닌다.

□ **다보스포럼(Davos Forum)** **

세계경제포럼 연차총회의 통칭으로 민간 재단이 주최하지만 세계 각국의 정계(政界)·재계(財界)·관계(官界)의 유력 인사들이 모여 공식적인 의제 없이 참가자의 관심분야에 대한 각종 정보를 교환하고 세계경제 발전 방안에 대하여 논의한다. 매년 1 ~ 2월 스위스의 고급 휴양지인 다보스에서 회의를 하기 때문에 일명 '다보스 회의'라고도 한다. 1971년 독일 출신의 하버드대 경영학교수 클라우스 슈바브(K. Schwab)에 의해 만들어져 독립적 비영리재단 형태로 운영되고 본부는 제네바에 있으며, 기관지 「월드링크(World Link)」를 격월간으로, 「세계경쟁력 보고서」를 매년 발간한다.

□ **애버취 – 존슨효과** **

수익률 규제하에서 이윤극대화를 추구하는 기업이 규제가 없을 경우와 비교하여 자본은 과다하게 투입하고 노동은 과소하게 사용하는 것을 의미한다. 경영자는 높은 회계적 이윤을 실현시켰을 때 능력 있는 경영자로 인정받을 수 있기 때문에, 회계적 이윤을 증가시킬 동기가 존재한다. 수익률 규제 하에서는 회계적 이윤이 자본 투입량과 연계되어 있으므로 생산과정에서 더 많은 자본을 투입하면 보다 높은 회계적 이윤을 실현할 수 있기 때문이다.

□ **기저효과** **

특정 시점의 경제 상황을 평가할 때 비교의 기준으로 삼는 시점에 따라 주어진 경제상황을 달리 해석하게 되는 현상이다. 호황기의 경제상황을 기준시점으로 현재의 경제상황을 비교할 경우, 경제지표는 실제 상황보다 위축된 모습을 보인다. 반면, 불황기의 경제상황을 기준시점으로 비교하면, 경제지표가 실제보다 부풀려져 나타날 수 있다.

□ **헤일로 효과(Halo Effect)** ***

헤일로(Halo)란 후광을 뜻하는데, 인물이나 상품을 평정할 때 대체로 평정자가 빠지기 쉬운 오류의 하나로 피평정자의 전체적인 인상이나 첫인상이 개개의 평정요소에 대한 평가에 그대로 이어져 영향을 미치는 등 객관성을 잃어버리는 현상을 말한다. 특히 인사고과를 할 경우 평정자가 빠지기 쉬운 오류는 인간행동이나 특성의 일부에 대한 인상이 너무 강렬한 데서 일어난다. 헤일로효과를 방지하기 위해서는 감정·선입감·편견을 제거하고, 종합평정을 하지 말고 평정요소마다 분석 평가하며, 일시에 전체적인 평정을 하지 않을 것 등이 필요하다.

□ 시너지 효과(Synergy Effect) *

기업의 합병으로 얻은 경영상의 효과로, 합병 전에 각 기업이 가졌던 능력의 단순한 합 이상으로 새로운 능력을 갖게 되는 결과를 말한다. 각종 제품에 대해 공통의 유통경로 · 판매조직 · 판매창고 · 수송시설 등을 이용함으로써 생기는 판매시너지, 투자시너지, 생산시너지, 경영관리시너지 등이 있다. 시너지란 본래 인체의 근육이나 신경이 서로 결합하여 나타내는 활동, 혹은 그 결합작용을 의미한다.

□ 앵커링 효과(Anchoring Effect) ** 중요

처음에 인상 깊었던 것이 기준이 되어 향후 판단에 왜곡된 영향을 미치는 현상으로 배가 닻(Anchor)을 내리면 연결한 밧줄 범위 내에서만 움직일 수 있듯이 각인된 기억이 기준이 되어 향후 내리는 결정에 편파적이고 왜곡된 영향을 미치는 현상을 말한다. 정박 효과라고도 하며 비즈니스, 쇼핑, 주식, 등 매우 광범위하게 일어난다.

□ 피구 효과(Pigou Effect) ***

임금의 하락이 고용의 증대를 가져온다는 피구(A.C. Pigou)의 이론을 말한다. 즉, 기업의 임금인하는 사람들이 보유하고 있는 현금이나 예금잔고의 실질가치를 인상하는 결과가 되어 일반물가수준은 하락하게 된다. 이러한 실질현금잔고의 증가는 소득에 변화가 없더라도 소비지출을 증가시키므로 결과적으로 고용을 증대시킨다.

□ 리카도 효과(Ricardo Effect) *

일반적으로 호경기 때에는 소비재 수요증가와 더불어 상품의 가격상승이 노동자의 화폐임금보다 급격히 상승하고 임금이 상대적으로 저렴해진다. 기업은 기계를 대신하여 노동력을 사용하려는 경향이다.

□ 톱니 효과(Ratchet Effect) ***

관성효과. 소득이 높았을 때 굳어진 소비 성향이 소득이 낮아져도 변하지 않는 현상을 말한다. 관성효과가 작용하면 소득이 감소하여 경기가 후퇴할 때 소비 성향이 일시에 상승한다. 소비는 현재의 소득뿐만 아니라 과거의 소득에도 영향을 받고 있어 소비자의 소비지출은 소득과 동반하여 변동하는 것이 아니라 안정적인 경향을 보여 경기후퇴 시에도 빠르게 변동을 보이진 않는다. 이처럼 소비의 상대적 안정성으로 경기가 후퇴하여도 소비가 소득의 감소와 같은 속도로 줄어들지 않게 되어 경기후퇴속도는 상당히 완화된다.

□ 베블런 효과(Veblen Effect) * 중요

허영심에 의해 수요가 발생하는 것으로, 가격이 상승한 소비재의 수요가 오히려 증가하는 현상이다. 예를 들면 다이아몬드는 비싸면 비쌀수록 여성의 허영심을 사로잡게 되어 가격이 상승하면 수요가 오히려 증대한다.

□ 립스틱 효과(Lipstick Effect) *

경기불황일 때 저가상품이 잘 팔리는 현상으로 저가제품 선호추세라고도 한다. 본래 립스틱만 발라도 분위기를 바꾸는 효과를 얻는다는 뜻으로 불황일 때 립스틱처럼 저렴한 가격으로 만족할 수 있는 제품이 인기를 끄는 현상을 의미하게 되었다. 특히 여성의 어려운 경제여건을 나타내는 것으로, 저렴한 립스틱만으로도 만족을 느끼며 쇼핑을 알뜰하게 하는 데에서 유래된 말이다.

□ 전시 효과(Demonstration Effect) **

후진국이나 저소득자가 선진국이나 고소득자의 소비양식을 본떠 그 소비를 증대시키는 경향으로, 신문·라디오·영화·TV 등의 선전에 대한 의존도가 크다. 근대 경제이론에서는 전시효과에 의해 소비성향이 상승함으로써 저축률이 저하되므로 자본축적을 저지한다고 하여 문제시하고 있다. 듀젠베리 효과라고도 한다.

□ 공매도 ***

채권이나 주식을 소유하지 않은 상태에서 매도주문을 내는 것이다. 향후 주가가 하락할 것을 예상하고, 한국예탁결제원 등에서 주식을 빌려서 팔고, 주가가 하락하면 같은 종목을 싼값에 사서 갚는 대차거래를 말한다. 예상대로 주가가 떨어지면 시세차익을 얻을 수 있지만, 반대로 주가가 올라가면 손해를 볼 수도 있다. 공매도에는 금융위원회는 주가가 급락하는 것을 막기 위해 금지 시한은 정하지 않고 증시상황에 맞춰 탄력적으로 공매도 금지를 적용하기로 했다.

□ 트리플 위칭데이(Triple Witching Day) *

주가지수선물, 주가지수옵션, 개별주식옵션의 만기가 동시에 겹치는 날로 3개의 주식파생상품의 만기가 겹쳐 어떤 변화가 일어날지 아무도 예측할 수 없어 혼란스럽다는 의미에서 생긴 말이다. 트리플 위칭데이는 현물시장의 주가가 다른 날보다 출렁일 가능성이 상존하는데 이를 가리켜 만기일효과(Expiration Effect)라고 부른다. 또한 결제일이 다가오면 현물과 연계된 선물거래에서 이익을 실현하기 위해 주식을 팔거나 사는 물량이 급변, 주가가 이상 폭등·폭락하는 현상이 나타날 가능성이 크다. 특히 결제 당일 거래종료시점을 전후해서 주가의 급변동이 일어날 수 있다. 미국의 경우는 S&P500 주가지수선물, S&P100 주가지수옵션, 개별주식옵션 등 파생상품계약이 3·6·9·12월 세 번째 금요일에, 한국은 3·6·9·12월의 두 번째 목요일에 트리플 위칭데이를 맞게 된다.

□ 네 마녀의 날(Quadruple Witching Day) *

네 가지 파생상품(주가지수 선물과 옵션, 개별 주식 선물과 옵션)의 만기일이 겹치는 날로 3·6·9·12월 둘째 목요일에 발생한다. 네 마녀가 돌아다녀 혼란스러운 것처럼 이날은 주식시장의 변동 폭이 넓어지고 예측이 힘들다는 사실을 바탕으로 이와 같이 부르는 것이다. 네 마녀의 날에는 파생상품 관련 숨어있던 현물 주식 매매가 정리매물로 시장에 쏟아져 나오면서 예상하기 힘든 주가 움직임이 발생한다. 이는 파생상품 거래에서 이익 실현을 위해 주식을 팔거나 사는 물량이 급격하게 늘어나거나 줄어드는 것으로 주가의 이상폭등, 이상폭락의 가능성을 보여준다. 따라서 주식투자가들은 이를 기회로 삼아 투자전략을 마련하기도 한다. 미국에서 처음 시작된 이 용어는 트리플 위칭데이(주가지수선물, 주가지수옵션, 개별주식옵션)라 불렸으나 개별주식선물이 도입된 2002년 12월부터 '쿼드러플 위칭데이'로 변경되었다. 우리나라도 2008년 4월까지는 트리플 위칭데이였으나, 2008년 5월 개별주식선물이 도입되어 2008년 6월 12일 첫 번째 쿼드러플 위칭데이를 맞았다.

□ 사이드카(Side Car) ***

선물시장이 급변할 경우 현물시장에 대한 영향을 최소화함으로써 현물시장을 안정적으로 운용하기 위해 도입한 프로그램 매매호가 관리제도의 일종으로, 주식시장에서 주가의 등락폭이 갑자기 커질 경우 시장에 미치는 영향을 완화하기 위해 주식매매를 일시 정지시키는 제도인 서킷 브레이커(Circuit Braker)와 상이한 개념이다. 주가지수 선물시장을 개설하면서 도입하였는데, 지수선물가격이 전일종가 대비 5% 이상 상승 또는 하락해 1분간 지속될 때 발동하며, 일단 발동되면 주식시장 프로그램 매매호가의 효력이 5분간 정지된다. 그러나 5분이 지나면 자동적으로 해제되어 매매체결이 재개되고, 주식시장 후장 매매 종료 40분 전(14시 20분) 이후에는 발동할 수 없으며, 또 1일 1회에 한해서만 발동할 수 있도록 되어 있다.

□ 서킷브레이커(Circuit Breakers) ***

주식거래 시 주가가 급격하게 하락할 때 매매를 일시적으로 중단하는 제도이다. 뉴욕증권거래소에서 1987년 10월 이른바 블랙먼데이(Black Monday)의 증시폭락 이후 최초로 도입되었으며, 우리나라에서는 유가증권시장에 1998년 12월 7일부터 국내주식가격 제한폭이 상하 15%로 확대되면서 도입되었고 코스닥시장은 2001년 9·11테러 이후 이 제도가 도입되어 처음 발동되었다. 서킷브레이커는 주가가 폭락하는 경우 거래를 정지시켜 시장을 진정시키는 목적으로 주가지수가 전일종가 대비 10% 이상 하락한 상태로 1분 이상 지속될 경우 발동된다. 서킷브레이커가 발동되면 처음 20분 동안 모든 종목의 호가 접수 및 매매거래가 정지되며, 향후 10분 동안 새로 동시호가만 접수되고, 하루 한 번만 발동할 수 있으며, 장 종료 40분 전에는 발동할 수 없다.

○ PLUS 블랙 먼데이 … 월요일 증시가 대폭락할 경우 흔히 '블랙 먼데이'라고 한다. 1987년 10월 19일 뉴욕 증시가 개장 초반부터 대량의 팔자 주문이 쏟아지면서 그날 하루 22.6%가 폭락했는데, 당시 월요일이었기 때문에 '블랙먼데이'라는 이름이 붙여졌다. 이후 지수 폭락일을 나타내는 보통명사가 됐다. 이날 하락률은 미국 역사상 최대였고 이 기록은 지금까지도 깨지지 않고 있다.

□ 울트라 스텝(Ultra Step) **

중앙은행이 한 번에 기준금리를 1%p 인상하는 조치를 말한다. 통상적인 금리 조정은 0.25%p 수준에서 이루어지나 인플레이션 우려가 커질 경우에는 0.25%p를 넘긴다. 2022년 5월 미국 연방준비제도(연준)은 기준금리를 빅 스텝(big step)을, 6월에는 자이언트 스텝(giant step)으로 단행한 바 있다. 2022년 7월 13일 미국 소비자물가 상승률이 9.1%로 발표되자 7월 26 ~ 27일로 예정된 연방공개시장위원회(FOMC)에서 울트라 스텝을 선택할 가능성이 대폭 커졌다.

⊙ PLUS 금리 인상 용어
　　ⓐ 빅스텝(big step) : 금리를 한 번에 0.5%p 인상하는 조치
　　ⓑ 점보스텝(jumbo step) : 빅스텝을 두 번 연속 단행하는 조치
　　ⓒ 자이언트 스텝(giant step) : 금리를 한 번에 0.75%p 인상하는 조치

□ 좀비 기업(Zombie Company) ** 🌟중요

회생 가능성이 없어 시장 원리에 따라 퇴출되어야 하나 정부나 채권단의 지원으로 간신히 파산을 면하고 있는 부실 기업이다.

□ 분수 효과(Fountain Effect) ** 🌟중요

정부가 경제정책으로 저소득층과 중산층의 소득을 먼저 늘려주면 이들의 소비가 확대되고, 이는 생산과 투자로 이어지면서 전체 경제활동이 되살아나고 고소득층의 소득도 늘어날 수 있다는 주장이다.

□ 생산자물가지수(PPI : Producer Price Index) *

대량거래로 유통되는 모든 상품의 가격변동을 측정하기 위해 작성된 지수이다. 도매물가지수를 사용해 오다 1990년부터 생산자물가지수로 바뀌었다. 이 지수는 1차 거래단계가격을 대상으로 한다. 국내 생산품은 생산자 판매가격을, 수입품의 경우는 수입업자 판매가격을 기준으로 하고 이것이 불가능할 경우 다음 거래단계인 대량도매상 또는 중간도매상의 판매가격을 이용한다. 소비자물가지수와 같은 특수목적지수와는 달리 상품의 전반적인 수급동향을 파악할 수 있고 포괄범위가 넓기 때문에 국민경제의 물가수준측정에 대표성이 가장 큰 지수이다. 한편 생산자물가지수는 기업 간의 중간거래액을 포함한 총거래액을 모집단으로 하여 조사대상품목을 선정하였기 때문에 원재료, 중간재 및 최종재에 해당되는 품목이 혼재되어 있어 물가변동의 중복계상 가능성이 크다고 할 수 있다. 이러한 생산자물가지수의 한계를 보완하기 위하여 한국은행은 '가공단계별 물가지수' 또한 편제해 오고 있다.

□ 소비자기대지수(消費者期待指數, Consumer Expectation Index) ***

경기에 대한 소비자들의 기대심리를 반영한 지수를 말한다. 기준점수를 100으로 하고 이를 웃돌면 6개월 이후의 경기가 현재보다 개선될 것으로 보는 가구가 나빠질 것으로 보는 가구보다 많다는 것을 의미한다. 매월 통계청에서 작성하는데, 주요 기대지수는 경기·가계생활·소비지출·내구소비재 및 외식·문화·오락 등이고 소득계층 및 연령대별로 분석해서 작성한다.

□ **소비자물가지수(CPI : Consumer Price Index)** *

전국 도시의 일반소비자가구에서 소비목적을 위해 구입한 각종 상품과 서비스에 대해 그 전반적인 물가수준동향을 측정하는 것이며, 이를 통해 일반소비자가구의 소비생활에 필요한 비용이 물가변동에 의해 어떻게 영향받는가를 나타내는 지표이다.

□ **인플레이션(Inflation)** **

상품거래량에 비해 통화량이 과잉증가함으로써 물가가 오르고 화폐가치는 떨어지는 현상이다. 과잉투자 · 적자재정 · 과소생산 · 화폐남발 · 수출 초과 · 생산비 증가 · 유효수요의 확대 등이 그 원인이며, 기업이윤의 증가 · 수출 위축 · 자본 부족 · 실질임금의 감소 등의 결과가 온다. 타개책으로는 소비 억제, 저축 장려, 통화량 수축, 생산 증가, 투자 억제, 폭리 단속 등이 있다.

□ **디플레이션(Deflation)** *

상품거래에 비하여 통화량이 지나치게 적어 물가는 떨어지고 화폐가치가 오르는 현상이다. 지나친 통화량수축, 저축된 화폐의 재투자 부진, 금융활동의 침체, 구매력저하 등이 원인이며 생산위축, 실업자증가, 실질임금증가 등의 결과가 나타난다. 이를 타개하기 위해서는 유효수효확대, 통화량증대, 저리금리정책, 조세인하, 사회보장, 실업자구제 등의 정책이 필요하다.

□ **스태그플레이션(Stagflation)** ***

Stagnation(침체)과 Inflation의 합성어로, 경기침체하의 인플레이션을 의미한다. 경기가 후퇴함에 따라 생산물이나 노동력의 공급초과현상이 일어남에도 불구하고 물가가 계속해서 상승하는 현상을 말한다.

□ **슬로플레이션(slowflation)** *

경기가 회복하는 속도는 둔화가 되는 상황에서 물가는 계속 상승하는 현상이다. 느린(Slow)와 물가상승(Inflation)의 합성어이다. 스태그플레이션보다 경기가 하강하는 강도가 약할 때 사용되는 용어이다.

□ **슬럼플레이션(Slumpflation)** *

Slump와 Inflation의 합성어로, 불황중의 인플레이션을 말한다. 흔히 스태그플레이션보다 그 정도가 심한 상태이다.

□ **기펜의 역설(Giffen's Paradox)** *

재화의 가격이 하락하면 수요가 증가하고 가격이 상승하면 수요가 감소하는 것이 일반적이나, 열등재의 경우 그 재화의 가격이 하락해도 오히려 수요가 감소하는 경우가 있다. 이러한 현상을 기펜의 역설이라고 하며, 이러한 재화를 기펜재라고 한다.

□ 모라토리엄(Moratorium) ***

전쟁·천재(天災)·공황 등으로 경제가 혼란되어 채무이행에 어려움이 생길 때 국가의 공권력에 의해 일정 기간 채무의 이행을 연기 또는 유예하는 것을 뜻한다. 이는 일시적으로 안정을 도모하기 위한 채무국의 응급조치로서, 채무의 추심이 강행되면 기업도산의 수습을 할 수 없게 되는 우려에서 발동한다. 모라토리엄을 선언하면 국가신인도가 직강하되고 은행 등 금융업체들의 신용도가 사실상 제로 상태에 빠지므로 대외경상거래가 마비된다. 이에 따라 수출이 힘들어지고 물가가 상승하며 화폐가치가 급락한다. 대규모 실업사태와 구조조정의 고통이 장기화되며, 외채사용이 엄격히 통제된다.

□ 국민총생산 **

GNP(Gross National Product)는 국민총생산으로, 한 나라에 있어서 일정 기간(1년) 동안 국민들이 생산한 재화와 용역의 최종생산물의 합계를 화폐액으로 표시한 것이다.

□ 국내총생산 *

GDP(Gross Domestic Product)는 국내총생산으로, 외국인을 포함하여 국내에서 거주하는 모든 사람이 생산하는 부가가치의 총액이다. 따라서 GDP에서 해외지불소득(임금·이자·로열티 등)을 빼고, 해외수취소득을 합하면 GNP가 된다.

> **PLUS** 한국은행의 경제성장률 발표기준은 1995년부터 GNP에서 GDP로 바뀌었다.

□ 국민소득(NI : National Income) **

원래 한 나라에서 1년 동안 생산한 모든 재화와 용역을 화폐가치로 표시한 것을 말하며, 좁은 의미로는 1년 동안 생산한 것 중 순수입액의 합을 말하는 것으로 분배국민소득의 개념이다.

□ 국민순생산(NNP : Net National Product) *

1년 동안 각 기업이 순수하게 새로 생산한 재화와 용역의 부가가치를 말한다. 국민총생산물에서 자본의 감가상각분을 뺀 잔액을 말하며, 그것은 그 해의 생산활동의 결과로서 그 연도의 것만 볼 수 있는 최종생산물의 순가치를 시장가치로 평가한 것이다.

□ 세이의 법칙(Say's Law) *

프랑스 경제학자 세이(J. S. Say)가 주장한 이론으로서, 판로설이라고도 불린다. '공급은 스스로 수요를 창조한다.'라고 하여 자유경쟁의 경제에서는 일반적 생산과잉은 있을 수 없으며 공급은 언제나 그만큼의 수요를 만들어 낸다는 주장이다. 이 이론은 고전학파 경제학의 기본명제가 되었던 것으로, 공황발생 이후부터는 설득력을 잃고 케인스의 유효수요이론이 그 위치를 대신하였다. 판매와 구매의 통일면만 보고 화폐의 유동성을 무시한 것이라는 비판을 받는다.

□ **일물일가(一物一價)의 법칙** *

완전경쟁이 행해지는 시장에서는 동일한 시기, 동일한 시장에서 동일한 품질의 물품에는 동일한 가격이 붙여진다는 법칙이다. 제본스(W.S. Jevons)는 이를 무차별의 법칙이라고 하였다.

□ **엥겔의 법칙(Engel's Law)** *

독일의 통계학자 엥겔(E. Engel)은 가계지출에 대해 음식물비의 비율을 조사한 결과 그 비율의 크기가 생활정도를 나타내는 지표가 된다고 했다. 즉, 소득이 낮은 가정일수록 전체의 생계비에 대한 음식물비의 비율이 높고, 소득의 증가에 따라 음식물비의 비율이 감소하고 문화비의 비율이 증가한다는 것이다.

○ **PLUS**   엥겔계수 = $\dfrac{음식물비}{총생계비} \times 100$

□ **슈바베의 법칙(Schwabe's Law)** *

19세기 후반 슈바베(H. Schwabe)에 의해 주장된 것으로, 생계비 중에서 주거비가 차지하는 비율을 통계적으로 설명한 법칙이다. 즉, 가난할수록 전체 생계비에서 차지하는 주거비의 비율이 높다는 것이다.

□ **그레샴의 법칙(Gresham's Law)** *

"악화(惡貨)가 양화(良貨)를 구축한다."는 그레샴(S.T. Gresham)의 이론이다. 실질가치가 서로 다른 두 가지 종류의 화폐가 동시에 유통될 경우, 실질가치가 우량한 화폐는 용해·저장·수축 등으로 유통계에서 자취를 감추고 악화만이 남아서 유통된다는 것이다.

□ **빈곤의 악순환(Vicious Circle Of Poverty)** *

후진국은 국민소득이 낮기 때문에 국내저축이 미약하므로 높은 투자가 형성될 수 없다. 따라서 국민소득의 성장률이 낮으며, 이런 현상이 되풀이되는 과정을 빈곤의 악순환이라고 한다. 미국의 경제학자 넉시(R. Nurkse)가 '저개발국의 자본형성 문제'에서 처음 사용한 용어이다.

□ **레인지 포워드** *

불리한 방향의 리스크를 헤지하기 위해 옵션을 매입하고 그에 따른 지급 프리미엄을 얻기 위해 유리한 방향의 옵션을 매도하여 환율변동에 따른 기회이익을 포기하는 전략이다. 환율 변동으로 인해 발생할 수 있는 이익과 손실을 모두 일정 수준으로 제한함으로써 환 리스크는 일정 범위 내로 제한된다.

□ **보완재(補完財)** ***

재화 중에서 동일 효용을 증대시키기 위해 함께 사용해야 하는 두 재화를 말한다. 이들 재화는 따로 소비할 경우의 효용합계보다 함께 소비할 경우의 효용이 더 크다. 보완재의 예로는 커피와 설탕, 버터와 빵, 펜과 잉크 등이 있다.

□ **디노미네이션(Denomination)** *

관리통화제하에서 화폐의 호칭단위를 낮추는 것을 말한다. 인플레이션에 의하여 팽창한 통화의 계산단위를 바꾸는 것으로, 엄밀한 의미에서는 평가절하라 할 수 없다.

PLUS 디노미네이션이 실시되는 경우는 다음과 같은 이유에서이다. 경제 규모가 커지거나 인플레이션으로 화폐 가치가 과도하게 떨어지면 화폐로 표현하는 거래 단위 숫자가 너무 커져서 거래나 계산·기장(記帳)·지급 등 경제 생활에서의 불편이 심해지는데 이를 해소하기 위해 디노미네이션이 이뤄진다. 브라질과 아르헨티나 등 남미 국가들은 인플레이션 기대 효과를 완화시키고 국민 경제 생활의 정상화를 위해 디노미네이션을 여러 차례에 걸쳐 단행한 바 있다.

□ **리디노미네이션(Redenomination)** ***

디노미네이션을 다시 한다는 것으로, 한 나라의 화폐를 가치의 변동 없이 화폐, 채권, 주식 등의 액면을 동일한 비율의 낮은 숫자로 표현하거나, 새로운 통화단위로 화폐의 호칭을 변경하는 것으로, 우리나라에서는 1953년에 100원을 1환으로, 화폐개혁이 있었던 1962년에 10환을 1원으로 바꾼 일이 있으며, 2004년에 1,000원을 1원으로 바꾸는 안이 논의되기도 했다. 리디노미네이션을 실시할 경우에 거래편의의 제고, 통화의 대외적 위상재고, 인플레이션 기대심리 억제, 지하자금의 양성화 촉진 가능성 등의 장점 등이 있으나, 새 화폐 제조와 컴퓨터시스템·자동판매기·장부 변경 등에 대한 큰 비용, 물가상승 우려, 불안심리 초래 가능성 등의 문제가 있다.

□ **대체재(代替財)** ***

재화 중에서 동종의 효용을 얻을 수 있는 두 재화로, 경쟁재라고도 한다. 대체관계에 있는 두 재화는 하나의 수요가 증가하면 다른 하나는 감소하고, 소득이 증대되면 상급재의 수요가 증가하고 하급재의 수요는 감소한다. 예를 들어 버터(상급재)와 마가린(하급재), 쌀(상급재)과 보리(하급재), 쇠고기(상급재)와 돼지고기(하급재) 등이다.

□ **경제 6단체** **

전국경제인연합회, 한국경영자총협회, 대한상공회의소, 한국무역협회, 중소기업중앙회, 한국중견기업연합회를 말한다. 전국경제인연합회는 순수민간단체이며 대(對)정부 압력단체의 역할을 한다.

□ **왝더독(Wag The Dog)** **

꼬리가 개의 몸통을 흔든다는 뜻으로, 앞뒤가 바뀌었다는 말이다. 증권시장에서 주가지수 선물가격이 현물지수를 뒤흔드는 현상으로 주식시장이 장 마감을 앞두고 선물시장의 약세로 말미암아 프로그램 매물이 대량으로 쏟아져 주가가 폭락하는 경우를 나타내는 현상을 일컫는다. 여기서 프로그램 매물이란 선물과 현물의 가격차이가 벌어졌을 때 상대적으로 싼 쪽을 사고 비싼 쪽을 팔아 이익을 남기는 거래방식이다. 주로 투신사 등의 기관투자자의 거래에서 이용되고 컴퓨터로 처리하기 때문에 프로그램 매매이다.

□ **유럽연합(EU : European Union)** **

유럽의 정치와 경제를 통합하기 위해 1993년 11월 1일 마스트리히트조약의 발효에 따라 유럽 12개 국이 참가하여 출범한 연합기구로 1994년 1월 1일 이후 사용하기 시작한 EC의 새로운 명칭이다. EU회원국 수는 27개국으로 오스트리아, 벨기에, 불가리아, 키프로스, 체코, 덴마크, 에스토니아, 핀 란드, 프랑스, 독일, 그리스, 헝가리, 아일랜드, 이탈리아, 라트비아, 리투아니아, 룩셈부르크, 몰타, 네덜란드, 폴란드, 포르투갈, 루마니아, 슬로바키아, 슬로베니아, 스페인, 스웨덴, 크로아티아이다.

□ **유럽자유무역연합(EFTA : European Free Trade Association)** *

EU에 참가하지 않은 스위스, 아이슬란드, 노르웨이, 리히텐슈타인으로 구성된 자유무역체제이다. 유럽 전체를 자유무역지역으로 설립하는 데 목적이 있었으나, 현재는 각 회원국의 독자적인 통상정책을 구성한다.

□ **북미자유협정(NAFTA : North America Free Trade Agreement)** *

미국·캐나다·멕시코 등 북미 3국을 단일시장으로 묶는 자유무역협정을 말한다. 협정은 노동과 자 본의 자유로운 이동, 동일한 노동법과 환경보전법 적용, 역내의 관세 및 수입제한을 단계적으로 낮춰 15년 이내에 원칙적으로 철폐할 것 등이다. 유럽공동체(EC)에 이어 두 번째로 진행된 대규모 경제통 합으로 거대한 단일시장을 이루었다.

□ **주식회사(株式會社)** ***

1인 이상의 발기인에 의해 설립되며 유한책임의 주주로 구성되는 물적 회사이다. 자본금은 균일한 금액으로 표시되어 있는 주식으로 분할되고 매매·양도가 가능하다. 구성기관으로는 의결기관인 주주 총회, 집행 및 대표기관인 이사회와 대표이사, 회계감사기관인 감사의 세 기관이 있다. 주식회사는 주식에 의한 대자본의 형성, 주주의 위험분산, 자본과 경영의 분리 등이 특징이라 할 수 있다.

□ **주택담보대출비율(LTV : Loan To Value Ratio)** **

금융기관에서 주택을 담보로 대출해 줄때 적용하는 담보가치대비 최대대출가능 한도를 말한다. 주택 담보대출비율은 기준시가가 아닌 시가의 일정비율로 정하며, 주택을 담보로 금융기관에서 돈을 빌릴 때 주택의 자산 가치를 얼마로 설정하는 가의 비율로 나타낸다.

□ **가젤형 기업(Gazelles Company)** *

상시 근로자 10인 이상이면서 매출이나 순고용이 3년 연속 평균 20% 이상인 기업으로, 빠른 성장과 높은 순고용 증가율이 가젤(빨리 달리면서도 점프력도 좋은 영양류의 일종)과 닮았다는 데서 이름이 유래됐다. 자생적 성장을 이룬 기업을 지칭하므로 인수합병은 제외된다. 특히 가젤형 기업 중에서도 매출 1,000억 원 이상의 기업은 슈퍼 가젤형 기업이라고 한다. 가젤형 기업은 규모가 작아 눈에 띄 지 않지만, 틈새시장을 집요하게 파고들어 세계 최강자 자리에 오른 히든 챔피언과는 차이가 있다. 히든 챔피언이 매출 시장에 비중을 더 두는 데 비해 가젤형 기업은 안정적인 일자리 창출에 중추적 인 역할을 하고 있기 때문이다.

□ **고객관계관리(CRM : Customer Relationship Management)** ***

기존고객의 정보를 분석해서 고객의 특성에 맞는 마케팅을 전개하는 것으로 고객관계관리라고 한다. 전산시스템과 인터넷의 발달로 다양한 고객관리를 할 수 있게 되면서 새로운 마케팅기법으로 각광받고 있다. 고객에 대한 정보자료를 정리ㆍ분석해 마케팅 정보로 변환함으로써 고객의 구매패턴을 지수화하고, 이를 바탕으로 마케팅프로그램을 개발ㆍ실현ㆍ수정하는 고객 중심의 경영 기법을 의미한다. 다시 말해 기업이 고객의 성향과 욕구를 미리 파악해 이를 충족시켜 주고, 기업이 목표로 하는 수익이나 광고효과 등 원하는 바를 얻어내는 기법을 말한다. 영화관을 예로 들자면, 회원카드를 통하여 고객이 어떤 영화를 얼마나 자주 보고 언제 보는가를 CRM을 통해 고객의 취향을 파악해, 취향에 맞는 영화가 개봉될 때를 맞춰 할인쿠폰이나 개봉정보를 알려줄 수 있다. 이 경우 무작위로 정보를 보내는 것보다 비용과 효과 면에서 유리할 것이다.

□ **고객경험관리(CEM : Customer Experience Management)** *

고객이 어떻게 생각하고 느끼는지를 파악하고, 이를 토대로 고객의 경험을 데이터 하여 구축한 것으로, 기업은 모든 접점에서 고객과 관계를 맺고 각기 다른 고객 경험 요소를 서로 통합해준다. 그리고 고객에게는 감동적인 경험을 갖도록 해주어 기업 가치를 높인다. 고객은 단순히 가격과 품질만을 검토하여 이성적으로 제품을 구매하는 것이 아니라, 친절한 매장 직원이나 편리한 주문시스템 같은 감성적 요인으로 구매를 하는 경향이 있다는 측면에서 등장한 고객관리기법으로 콜롬비아 비즈니스 스쿨의 번트 슈미트 교수(Bernd. Schmitt)가 그의 저서 「CRM을 넘어 CEM으로」에서 처음 소개하였다.

□ **나노 경영** *

맥이트(McIT) 이론에 기초하여 지속적 고용 유지와 부가가치 창출을 동시에 성취한다는 경영이론이다. 맥이트(Mcit)란 경영(Management), 문화(Culture) 그리고 정보기술(Information Technology)의 앞 글자를 딴 것이다. 나노는 '10억분의 1'을 의미하는 것으로 나노기술은 원자와 분자를 직접 조작하고 재배열하여 기존에 존재하지 않던 신물질을 개발하는 기술이다. 나노기술처럼, 나노 경영은 기업이 수행하는 아주 작은 세부 활동들을 분석하여, 이를 보다 큰 차원에서 결합ㆍ응용하여 보다 효율적으로 기업을 경영하는 것을 의미한다. 창조ㆍ지식경영과 함께 주 30시간의 업무활동과 10시간의 학습활동을 목표로 한 스피드 경영 및 시간 관리가 그 핵심이다.

□ **B2B · B2C** ***

B2B는 Business to Business(기업 對 기업)의 줄임말로 기업과 기업이 전자상거래를 하는 관계를 의미하며, 인터넷 공간을 통해 기업이 원자재나 부품을 다른 기업으로부터 구입하는 것이 대표적이다. 일반소비자와는 큰 상관이 없지만 거래규모가 엄청나서 앞으로 전자상거래를 주도할 것으로 보인다. B2C는 Business to Consumer의 줄임말로 기업이 개인을 상대로 인터넷상에서 일상용품을 판매하는 것이 대표적이다. 현재 인터넷에서 운영되고 있는 전자상거래 웹사이트의 대부분이 B2C를 겨냥하고 있다. 이밖에도 전자상거래의 유형 중에는 C2B, C2C도 있으나 차지하는 비중은 미미한 편이다.

□ **서브프라임 모기지(Sub-Prime Mortgage)** **

미국에서 신용등급이 낮은 저소득층을 대상으로 높은 금리에 주택 마련 자금을 빌려 주는 비우량 주택담보대출을 뜻한다. 미국의 주택담보대출은 신용도가 높은 개인을 대상으로 하는 프라임(Prime), 중간 정도의 신용을 가진 개인을 대상으로 하는 알트 A(Alternative A), 신용도가 일정 기준 이하인 저소득층을 상대로 하는 서브프라임의 3등급으로 구분된다. 2007년 서브프라임 모기지로 대출을 받은 서민들이 대출금을 갚지 못해 집을 내놓아 집값이 폭락하며 금융기관의 파산 및 글로벌 금융위기를 야기시켰다. 시사주간지 타임에서 서브프라임 모기지를 '2010년 세계 50대 최악의 발명품'으로 선정하였다.

□ **자기자본투자(PI : Principal Investment)** **

증권사들이 고유 보유자금을 직접 주식ㆍ채권ㆍ부동산 및 인수ㆍ합병(M&A) 등에 투자해 수익을 얻는 것으로 주식거래 중개와는 별도로 한다. 해외 투자은행들은 위탁수수료 수익 비중에 비해 자기자본투자의 비중이 높지만 국내 증권사들의 경우 위탁수수료 수익 비중이 자기자본투자에 비해 높다.

□ **역모기지론(Reverse Mortgage Loan)** *

고령자들이 보유하고 있는 주택을 담보로 금융기관에서 일정액을 매월 연금형식으로 받는 대출상품이다. 주택연금 또는 장기주택저당대출이라고 한다. 부동산을 담보로 주택저당증권(MBS)을 발행하여 장기주택자금을 대출받는 제도인 모기지론과 자금 흐름이 반대이기 때문에 역모기지론이라고 한다. 주택은 있으나 경제활동을 할 수 없어 소득이 없는 고령자가 주택을 담보로 사망할 때까지 자택에 거주하면서 노후 생활자금을 연금 형태로 지급받고, 사망하면 금융기관이 주택을 처분하여 그동안의 대출금과 이자를 상환 받는다. 역모기지론의 가입조건은 부부가 모두 65세 이상이어야 하고, 6억 원 미만의 주택을 가진 사람을 대상으로 한다. 고령자가 사망 시 또는 계약 시까지 주택에 살면서 노후 생활비를 받으므로 주거안정과 노후소득보장을 받을 수 있다. 우리나라는 2006년부터 종신형 역모기지론이 도입되었으며, 주택금융공사의 공적보증으로 대출기간을 종신으로 늘렸으며, 현재 조건이 완화되어 담보대출이나 전세보증금이 끼어 있는 집도 이용할 수 있다.

□ **스핀오프(Spin Off)** *

정부출연연구기관의 연구원이 자신이 참여한 연구결과를 가지고 별도의 창업을 할 경우 정부보유의 기술을 사용한데 따른 로열티를 면제해 주는 제도를 말한다. 이를 실시하는 국가들은 기술이 사업화하는 데 성공하면 신기술연구기금을 출연토록 의무화하고 있다. 또 기업체의 연구원이 사내창업(社內創業)을 하는 경우도 스핀오프제의 한 형태로 볼 수 있다.

□ BCG매트릭스 **

BCG매트릭스는 컨설팅 전문회사인 'Boston Consulting Group'에 의해 개발된 것으로 기업 경영전략 수립의 분석도구로 활용된다. 이는 사업의 성격을 단순화, 유형화하여 어떤 방향으로 의사결정을 해야 할지를 명쾌하게 얘기해 주지만, 사업의 평가요소가 상대적 시장점유율과 시장성장률뿐이어서 지나친 단순화의 오류에 빠지기 쉽다는 단점이 있다. X축은 상대적 시장점유율, Y축은 시장성장률을 놓고 각각 높음·낮음의 두 가지 기준을 정한 매트릭스로 구성하여 사업을 4가지로 분류했다.

① Star사업 … 수익과 성장이 큰 성공사업으로 지속적인 투자가 필요하다.

② Cash Cow 사업 … 기존 투자에 의해 수익이 지속적으로 실현되는 자금 원천사업으로 시장성장률이 낮아 투자금이 유지·보수에 들어 자금산출이 많다.

③ Question Mark 사업 … 상대적으로 낮은 시장 점유율과 높은 성장률을 가진 신규사업으로 시장점유율을 높이기 위해 투자금액이 많이 필요하며, 경영에 따라 Star 사업이 되거나 Dog 사업으로 전락할 위치에 놓이게 된다.

④ Dog 사업 … 수익과 성장이 없는 사양사업으로 기존의 투자를 접고 사업철수를 해야 한다.

□ 페트로 달러(Petro Dollar) **

석유에 대한 주된 결제통화로서 달러의 위상을 상징하는 용어를 의미한다. 국제 원유는 오로지 달러로만 거래되는데, 이는 사우디아라비아와 미국이 함께 구축한 '페트로 달러' 체제 때문이다. 최대 산유국인 사우디는 지정학적 이유와 달러 확보를 위해 오로지 달러로만 원유를 결제받기로 했고 덕분에 미국은 무려 40년간 원자재 시장은 물론 실물경제 시장에서 달러 패권을 누렸다. '페트로 달러'는 '석유를 팔아 얻은 달러'를 뜻하지만 좀 더 폭넓은 국제 정치경제학적 의미에서는 달러로만 석유 대금을 결제할 수 있게 하는 현 체제를 의미하기도 한다.

□ 팹리스 *

팹리스(Fabless)란 반도체를 설계만 하고 제작은 하지 않는 기업이다. '공장(Fab)이 없다(Less)'는 뜻의 팹리스는 중앙처리장치(CPU)나 모바일프로세서(AP), 통신모뎀·이미지센서 같은 시스템 반도체(비메모리) 칩의 설계를 맡는다. 팹리스의 설계에 따라 반도체를 생산만 하는 기업은 파운드리(Foundry)라고 한다.

□ 레이더스(Raiders) *

기업약탈자 또는 사냥꾼을 뜻한다. 자신이 매입한 주식을 배경으로 회사경영에 압력을 넣어 기존 경영진을 교란시키고 매입주식을 비싼값에 되파는 등 부당이득을 취하는 집단이다. 즉, 여러 기업을 대상으로 적대적 M&A를 되풀이하는 경우를 말한다.

□ 풋백옵션(Putback Option) *

일정한 실물 또는 금융자산을 약정된 기일이나 가격에 팔 수 있는 권리를 풋옵션이라고 한다. 풋옵션에서 정한 가격이 시장가격보다 낮으면 권리행사를 포기하고 시장가격대로 매도하는 것이 유리하다. 옵션가격이 시장가격보다 높을 때는 권리행사를 한다. 일반적으로 풋백옵션은 풋옵션을 기업인수합병에 적용한 것으로, 본래 매각자에게 되판다는 뜻이다. 파생금융상품에서 일반적으로 사용되는 풋옵션과 구별하기 위해 풋백옵션이라고 부른다. 인수시점에서 자산의 가치를 정확하게 산출하기 어렵거나, 추후 자산가치의 하락이 예상될 경우 주로 사용되는 기업인수합병방식이다.

□ 아웃소싱(Outsourcing) **

제품생산 · 유통 · 포장 · 용역 등을 하청기업에 발주하거나 외주를 주어 기업 밖에서 필요한 것을 조달하는 방식을 말한다. 특히 업무가 계절적 · 일시적으로 몰리는 경우 내부직원, 설비를 따로 두는 것보다 외부용역을 주는 것이 효율적이다. 주로 기업에서 활용됐으나 최근에는 정부부문도 일상적 관리업무나 수익성이 있는 사업 등을 민간에 맡겨 효율성을 높이면서 조직을 줄이는 것이 세계적인 추세이다.

□ 법정관리(法定管理) *

기업이 자력으로 회사를 운영하기 어려울 만큼 부채가 많을 때 법원에서 제3자를 지정하여 자금을 비롯한 기업활동 전반을 관리하게 하는 것을 말한다. 법정관리신청을 하면 법정관리체제의 전단계 조치인 재산보전처분결정을 내려 이날부터 회사와 관련된 모든 채권 · 채무가 동결되고, 법정관리결정을 내려 법정관리자를 지정하면 법정관리체제로 전환된다. 법정관리신청이 기각되면 파산절차를 밟거나 항고 · 재항고를 할 수 있는데, 항고 · 재항고 기간 중엔 법원의 회사재산보전처분결정이 그대로 효력을 발생, 시간벌기작전으로 파산위기를 넘기기 위한 목적으로 이용되는 경우도 있다. 부도위기에 몰린 기업을 파산시키기보다 살려내는 것이 단기적으로는 채권자의 이익을 희생시키는 대신 장기적으로는 기업과 채권자에게는 물론 국민경제 전반에 바람직한 경우가 많다는 점에서 이 제도를 시행하고 있다.

□ 스톡옵션(Stock Option) ***

주식매입선택권으로 기업이 전문경영인이나 핵심기술자를 고용하면서 일정 기간 후 채용할 때의 약속한 가격으로 주식을 살 수 있도록 하는 제도를 말한다. 입사 후 기업성장으로 주가가 오르면 주식차익을 챙길 수 있어 고급인력을 초빙하는데 유리하다.

□ 백기사(White Knight) **

경영권 다툼을 벌이고 있는 기존 대주주를 돕기 위해 나선 제3자이다. 이때 우호적인 기업인수자를 백기사라고 한다. 백기사는 목표기업을 인수하거나 공격을 차단한다. 백기사처럼 기업을 인수하는 단계까지 가지 않고 기업의 주식확보를 도와주는 세력을 백영주(White Squire)라고 한다.

□ **그린메일(Green Mail)** **

기업사냥꾼(Green Mailer)이 대주주에게 주식을 팔기 위해 보낸 편지를 말한다. 기업사냥꾼들이 상장기업의 주식을 대량 매입한 뒤 경영진을 위협해 적대적 M & A를 포기하는 대가로 자신들이 확보한 주식을 시가보다 훨씬 높은 값에 되사들이도록 강요하는 행위이다.

□ **종업원지주제도(從業員持株制度)** *

회사가 종업원에게 자사주의 보유를 권장하는 제도로서 회사로서는 안정주주를 늘리게 되고 종업원의 저축을 회사의 자금원으로 할 수 있다. 종업원도 매월의 급여 등 일정액을 자금화하여 소액으로 자사주를 보유할 수 있고 회사의 실적과 경영 전반에 대한 의식이 높아지게 된다.

□ **CI(Corporate Identity)** *

기업이미지 통합을 말한다. 상품구입에서 직장을 고르는 경우에 이르기까지 기업·소비자·취직자 등은 그 기업의 이미지에 따라 선택판단을 내리게 되는 경우가 많다. 이 때문에 각 기업들은 기업의 명칭에서부터 종업원의 복장에 이르기까지 통일된 이미지를 주는, 즉 같은 회사의 제품이라는 것을 식별할 수 있도록 해주는 기업활동과 전략을 수립하고 있다. 본격적으로 도입된 것은 1980년대부터인데 여기에는 VI(Visual Identity : 시각이미지 통일), BI(Behavioral Identity : 행동양식 통일), MI (Mind Identity : 심리 통일) 등이 있다.

□ **콘체른(Konzern)** *

동종(同種) 또는 이종(異種)의 각 기업이 법률상으로는 독립하면서 경제상으로는 독립을 상실하고 하나의 중앙재벌 밑에서 지배를 받는 기업집중의 형태로, 재벌이라고도 한다. 일반적으로 거대기업이 여러 산업의 다수기업을 지배할 목적으로 형성된다.

□ **워크아웃(Workout)** **

기업가치회생작업으로, 기업과 금융기관이 서로 합의해서 진행하는 일련의 구조조정과정과 결과를 말한다. 미국의 GE사가 1990년대 초 개발한 신(新)경영기법이다. 사전적 의미로는 운동·훈련 등으로 몸을 가뿐하게 하는 것으로, 종업원들이 근무장소에서 벗어나 회사 내 문제점에 대한 토론을 벌이고 이를 통해 회사의 발전방안을 도출해 내는 의사결정방식이다.

□ **콤비나트(Combinat)** *

국내의 독립된 기업이 생산공정에 있어서 낭비축소, 부산물의 공동이용 등 기술합리화를 위해 지역적·다각적으로 결합하여 기업을 경영하는 기업집단의 형태를 말한다. 콤비나트화의 목적은 원재료의 확보, 생산의 집중화, 유통과정의 합리화 등으로 원가절감을 기하는 것이다.

□ **트러스트(Trust)** *

동종 또는 유사한 기업의 경제상·법률상의 독립성을 완전히 상실하고 하나의 기업으로 결합하는 형태로, 이는 대자본을 형성하여 상대경쟁자를 누르고 시장을 독점지배할 수 있다. 일반적으로 거액의 자본을 고정설비에 투자하고 있는 기업의 경우에 이런 형태가 많다. 트러스트의 효시는 1879년 미국에서 최초로 형성된 스탠더드 오일 트러스트(Standard Oil Trust)이다.

□ **카르텔(Cartel)** *

기업연합을 뜻하는 것으로, 같은 종류의 여러 기업들이 경제상·법률상의 독립성을 유지하면서 상호간의 무리한 경쟁을 피하고 시장을 독점하기 위해 협정을 맺고 횡적으로 연합하는 것을 말한다. 협정의 내용에 따라 구매카르텔, 생산카르텔(생산제한·전문화 등), 판매카르텔(가격·수량·지역·조건·공동판매 등)이 있다. 우리나라에서는 「독점규제 및 공정거래법」에 의해 원칙적으로 금지되어 있다.

□ **신디케이트(Syndicate)** *

카르텔 중 가장 결합이 강한 형태로, 중앙에 공동판매소를 두어 공동으로 판매하고 이익을 분배하는 기업집중의 형태이다. 공동판매카르텔이라고도 한다.

□ **리콜(Recall)** *

소환수리제로, 자동차에서 비행기까지 모든 제품에 적용되는 소비자보호제도로서 자동차와 같이 인명과 바로 직결되는 제품의 경우 많은 국가에서 법제화해 놓고 있다. 2만여개의 부품으로 구성된 자동차의 경우 부품을 일일이 검사한다는 것은 기술적으로 불가능하며 대부분 표본검사만 하기 때문에 품질의 신뢰성이 완벽하지 못해, 이에 대한 사후보상으로 애프터서비스제와 리콜제가 있다. 애프터서비스제가 전혀 예기치 못한 개별적인 결함에 대한 보상임에 비해 리콜제는 결함을 제조사가 발견하고 생산일련번호를 추적, 소환하여 해당 부품을 점검·교환·수리해 주는 것을 말한다. 리콜은 반드시 공개적으로 해야 하며, 소비자에게 신문·방송 등을 통해 공표하고 우편으로도 연락해 특별점검을 받도록 해야 한다.

출제예상문제

1 경기침체 후 잠시 회복기를 보이다가 다시 경기 불황에 빠지는 현상은?

① 더블 딥
② 어닝 쇼크
③ 펀더멘탈
④ 골디락스
⑤ 패닉셀

> ✔해설 ② 어닝 쇼크 : 기업이 예상보다 저조한 실적을 발표해, 주가에 영향을 미치는 현상이다.
> ③ 펀더멘탈 : 경제성장률, 물가상승률, 경상수지 등 국가의 경제 상태를 나타내는 거시 경제지표들을 일 컫는다.
> ④ 골디락스 : 뜨겁지도, 차갑지도 않은 이상적인 경제 상황, 즉 경제가 높은 성장을 이루고 있음에도 물 가 상승이 없는 상태를 말한다.
> ⑤ 패닉셀 : 주식 시장이 좋지 않을 것으로 판단되어, 공포심에 손실을 감수하고 매도하는 투매 현상이다.

2 가장 높은 시청률과 청취율을 유지하여 비싼 광고비를 지불해야 하는 방송시간대를 일컫는 용어는?

① 콜 타임
② 브레이크아웃 타임
③ 프라임타임
④ 랩 타임
⑤ 하프타임

> ✔해설 ① 콜 타임(Call Time) : 야구경기 진행 도중에 감독이나 선수의 요구에 의해 잠시 경기 진행을 정지한 상황이다.
> ② 브레이크아웃 타임(Breakout Time) : 특정 국가가 핵무기 제조하고자 결심한 시점부터 핵물질을 확보 까지 걸리는 시간이다.
> ④ 랩 타임(Lap Time) : 육상경기나 자동차 경주 등에서 트랙을 한 바퀴를 도는 데 걸리는 시간이다.
> ⑤ 하프타임(Half Time) : 경기 전·후반 중간의 휴게시간이다.

3 가격이 상승한 소비재의 수요가 오히려 증가하는 현상은?

① 립스틱 효과
② 전시 효과
③ 시너지 효과
④ 리카도 효과
⑤ 베블런 효과

✔해설 베블런 효과 … 허영심에 의해 수요가 발생하는 것으로, 가격이 상승한 소비재의 수요가 오히려 증가하는 현상이다.

4 국방·경찰·소방·공원·도로 등과 같이 정부에 의해서만 공급할 수 있는 것이라든가 또는 정부에 의해서 공급되는 것이 바람직하다고 사회적으로 판단되는 재화 또는 서비스를 무엇이라고 하는가?

① 시장실패
② 공공재
③ 사유재
④ 보이지 않는 손
⑤ 보완재

✔해설 공공재 … 보통 시장가격은 존재하지 않으며 수익자부담 원칙도 적용되지 않는다. 따라서 공공재 규모의 결정은 정치기구에 맡길 수밖에 없다. 공공재의 성질로는 어떤 사람의 소비가 다른 사람의 소비를 방해하지 않고 여러 사람이 동시에 편익을 받을 수 있는 비경쟁성·비선택성, 대가를 지급하지 않은 특정 개인을 소비에서 제외하지 않는 비배제성 등이 있다.

5 기업의 이미지를 시각화 하여 나타낸 심벌마크로 기업의 사명이나 역할 등의 아이덴티티를 나타내어 외부에 기업이미지를 통일화하여 보여주는 마크를 의미하는 용어는?

① PI
② SI
③ MI
④ CI
⑤ BI

✔해설 ① PI(President Identity) : 기업의 최고경영자 이미지를 의미한다.
② SI(Shop Identity) : 기업의 매장을 통일화하는 브랜드 전략을 의미한다.
③ MI(Mind Identity) : 기업의 최고경영자의 마음가짐을 의미한다.
⑤ BI(Bran Identity) : 기업의 브랜드 이미지를 통합한 작업을 의미한다.

Answer 1.① 2.③ 3.⑤ 4.② 5.④

6 다음 내용을 읽고 괄호 안에 들어갈 말로 가장 적절한 것을 고르면?

> 국민경제 내에서 자산의 증가에 쓰인 모든 재화는 고정자산과 재고자산으로 구분된다. 고정자산은 국내 총고정자본형성 또는 고정투자이고, 재고자산은 재고증감 또는 재고투자이다. 고정자산과 재고자산의 합계를 (   )이라 한다.

① 국내총투자율
② 국내총생산
③ 국내신용
④ 국내공급물가지수
⑤ 국민총생산

✔ **해설** 국내총투자율(Gross Domestic Investment Ratio) … 국민경제가 구매한 재화 중에서 자산의 증가로 나타난 부분이 국민총처분가능소득에서 차지하는 비율을 의미한다.

7 다음 내용을 읽고 괄호 안에 들어갈 말로 가장 적절한 것을 고르면?

> (   )을/를 시행하게 되면 환율 변동에 따른 충격을 완화하고 거시경제정책의 자율성을 어느 정도 확보할 수 있다는 장점이 있다. 하지만 특정 수준의 환율을 지속적으로 유지하기 위해서는 정부나 중앙은행이 재정정책과 통화정책을 실시하는 데 있어 국제수지 균형을 먼저 고려해야하는 제약이 따르고 불가피하게 자본이동을 제한해야 한다.

① 경제고통지수
② 자유변동환율제도
③ 고정환율제도
④ 고정자본소모
⑤ 소비자물가지수

✔ **해설** 고정환율제도 … 외환의 시세 변동을 반영하지 않고 환율을 일정 수준으로 유지하는 환율 제도를 의미한다. 이 제도는 경제의 기초여건이 악화되거나 대외 불균형이 지속되면 환투기공격에 쉽게 노출되는 단점이 있다.

8 중앙은행에서 블록체인 기술을 활용하여 발행하는 가상화폐는?

① 스테이블 코인 ② CBDC

③ 이더리움 ④ 비트코인

⑤ 라이트코인

✔해설 ① 스테이블 코인 : 가격변동성을 최소화하여 설계한 가상 화폐(암호화폐)이다.
③ 이더리움 : 러시아 이민자 출신 캐나다인 비탈리크 부테린이 2014년 개발한 가상 화폐(암호화폐)이다.
④ 비트코인 : 2009년 나카모토 사토시에 의해 개발된 가상 화폐(암호화폐)이다.
⑤ 라이트코인 : P2P방식을 이용하여 거래하는 가상 화폐(암호화폐)이다.

9 ㉠, ㉡에 들어갈 동물로 옳은 것은?

> 주식시장에서 주가가 하락하는 약세장을 (㉠)에 빗대며, 반대로 주가가 상승하는 강세장을 (㉡)에 빗대어 표현한다.

	㉠	㉡
①	곰	백조
②	곰	황소
③	황소	고양이
④	독수리	곰
⑤	독수리	황소

✔해설 주식시장에서 주가가 하락하는 약세장을 곰에 빗대어 '베어마켓'이라고 하며, 반대로 주가가 상승하는 강세장을 황소에 빗대어 '불마켓'이라고 한다.

10 다음 내용을 가장 잘 설명하고 있는 것은?

> 과거에 한 번 부도를 일으킨 기업이나 국가의 경우 이후 건전성을 회복했다 하더라도 시장의 충분한 신뢰를 얻기 어려워지며, 나아가 신용위기가 발생할 경우 투자자들이 다른 기업이나 국가보다 해당 기업이나 국가를 덜 신뢰하여 투자자금을 더 빨리 회수하고 이로 인해 실제로 해당 기업이나 국가가 위기에 빠질 수 있다.

① 긍정 효과　　　　　　　　　② 자동 효과

③ 기저 효과　　　　　　　　　④ 분수 효과

⑤ 낙인 효과

✔해설　어떤 사람이 실수나 불가피한 상황에 의해 사회적으로 바람직하지 못한 행위를 한 번 저지르고 이로 인해 나쁜 사람으로 낙인찍히면 그 사람에 대한 부정적 인식이 형성되고 이 인식은 쉽게 사라지지 않는다. 이로 인해 추후 어떤 상황이 발생했을 때 해당 사람에 대한 부정적 사회인식 때문에 유독 그 사람에게 상황이 부정적으로 전개되어 실제로 일탈 또는 범죄행위가 저지르는 현상을 낙인 효과라고 한다. 경제 분야에서도 이러한 현상이 발생한다.

11 경제문제가 발생하는 가장 근본적인 원인은?

① 이윤극대화의 원칙　　　　　② 한계효용 체감의 법칙

③ 희소성의 원칙　　　　　　　④ 3면 등가의 원칙

⑤ 세이의 법칙

✔해설　희소성의 원칙 … 자원은 한정되어 있으나 더 많이 생산하고 더 많이 소비하려는 인간의 욕망은 자원의 희소성으로 인하여 제한되므로, 경제활동은 항상 선택의 문제에 직면하게 된다.
① 이윤극대화의 원칙 : 기업이 수입과 비용의 차액인 이윤을 극대화 하는 행동원리를 말한다.
② 한계효용의 체감의 법칙 : 재화나 서비스 소비량이 증가할수록 한계효용이 감소하는 현상을 말한다.
④ 3면 등가의 원칙 : 국민소득을 측정할 때 생산국민소득, 분배국민소득, 지출국민소득의 값이 동일하다는 원칙이다.
⑤ 세이의 법칙 : 자유경쟁의 경제에서는 일반적 생산과잉은 있을 수 없으며 공급은 언제나 그 만큼의 수요를 만들어 낸다는 주장이다.

12 브레이크가 고장 난 기차가 달리는 레일 위에는 다섯 명의 인부가 있다. 기차가 이대로 달리면 인부가 모두 죽는다. 레일 변환기로 기차의 방향을 바꾸면 한 명의 인부가 죽고 다섯명이 살게 될 때 당신이 어떠한 선택을 할 것인지 물어보는 심리학적 질문을 무엇이라고 하는가?

① 죄수의 딜레마   ② 폴리애나 현상
③ 치킨 게임   ④ 밴드웨건 효과
⑤ 트롤리 딜레마

✔해설 트롤리 딜레마 … 윤리학 분야의 사고실험으로 소수를 희생하여 다수를 구할 것인지를 판단하는 문제상황이다.
① 죄수의 딜레마 : 자신의 이익을 위한 선택이 자신뿐만 아니라 상대방에게도 불리한 결과를 유발하는 상황이다.
② 폴리애나 현상 : 지치고 감당하기 어려운 상황에서 해결방법보다 심리적으로 회피를 선택하는 심리학적 용어이다.
③ 치킨 게임 : 어느 한쪽이 양보하지 않으면 모두 파국으로 치닫게 되는 극단적인 게임이다.
④ 밴드웨건 효과 : 유행에 따른 소비성향을 뜻하는 말로, 악대를 앞에 두고 사람들을 끌고 다니는 차량을 의미한다.

13 자원의 희소성이 존재하는 한 반드시 발생하게 되어 있으며 경제문제를 발생시키는 근본요인이 되는 것은?

① 암묵적비용   ② 매몰비용
③ 한계효용   ④ 기초가격
⑤ 기회비용

✔해설 기회비용 … 인간의 욕구에 비해 자원이 부족한 현상을 희소성이라 하는데, 희소한 자원을 가지고 인간의 모든 욕구를 충족시킬 수 없기 때문에 인간은 누구든지 부족한 자원을 어느 곳에 우선으로 활용할 것인가를 결정하는 선택을 해야 한다. 이렇게 다양한 욕구의 대상들 가운데서 하나를 고를 수밖에 없다는 것으로 이때 포기해 버린 선택의 욕구들로부터 예상되는 유·무형의 이익 중 최선의 이익을 일컫는다.

Answer 10.⑤ 11.③ 12.⑤ 13.⑤

14 기업과 소비자의 관계를 통해 기업이 추구하는 사익(私益)과 사회가 추구하는 공익(公益)을 취하여 브랜드 가치를 높이는 마케팅은?

① 넛지 마케팅

② 코즈 마케팅

③ 디 마케팅

④ 앰부시 마케팅

⑤ 프로슈머 마케팅

✔**해설** 코즈 마케팅은 제품 판매와 더불어 기부를 연결한다는 특징을 가진다.

15 신문광고 요금을 이론적으로 비교하는 단위를 나타내는 척도로 신문매체의 광고가치를 발행한 부수와 비용 측면에서 경제적으로 평가할 때 이용하는 것을 일컫는 용어는?

① 프레임 레이트

② 디플레이트

③ 비트 레이트

④ 밀라인 레이트

⑤ 슬로 플레이션

✔**해설** ① 프레임 레이트 : 초당 재현되는 프레임 수로 측정되는 것으로 연속된 이미지들이 재현되는 속도의 비율
② 디플레이트 : 일정 기간의 경제 량을 양적 비교할 때 디플레이터를 사용하여 가격 변동을 산출하는 것
③ 비트 레이트 : 1초당 처리해야 하는 비트(Bit) 단위의 데이터 크기를 의미
⑤ 슬로 플레이션 : 경기가 회복되는 속도는 둔화가 되는 상황에서 물가는 계속 상승하는 현상

16 경기 침체나 위기 이후 회복될 쯤 경기 부양을 위해 내놓았던 정책을 거둬들이며 경제에 미치는 영향을 최소화하는 전략적 경제 정책은 무엇인가?

① 출구전략

② 양적완화

③ 워크아웃

④ 세일 앤드 리스 백

⑤ 라이노미네이션

> ✔ 해설 경기 침체나 위기가 끝나갈 쯤 입구전략을 끝내고, 물가의 급격한 상승을 동반한 인플레이션과 같은 부작용을 막기 위해 시장에 공급된 통화를 거둬들이고, 금리를 올리며, 세제 감면 혜택을 줄이고, 정부의 적자 예산을 흑자 예산으로 바꾸는 등의 조치를 펴게 되는데, 이를 출구전략이라고 한다.

17 기업이 생산비와 인건비 절감 등을 이유로 해외로 진출했다가 다시 자국으로 돌아오는 현상은?

① 리마 신드롬

② 리먼사태

③ 리쇼어링

④ 오프쇼어링

⑤ 프렌드쇼어링

> ✔ 해설 ① 리마 신드롬 : 인질범들이 포로나 인질들에게 정신적으로 동화되어 그들에 대한 공격적인 태도가 완화되는 현상을 의미한다.
> ② 리먼사태 : 2008년 미국의 투자은행 리먼브라더스 파산에서 시작된 글로벌 금융위기를 일컫는다.
> ④ 오프쇼어링 : 기업 업무의 일부를 해외 기업에 맡기는 아웃소싱의 한 형태이다.
> ⑤ 프렌드쇼어링 : 우호국이나 동맹국들과 공급망을 구축하는 움직임이다.

18 동일 업종의 기업이 경쟁의 제한 또는 완화를 목적으로 가격이나 생산량, 판로 등에 협정을 맺어 형성하는 독점 형태는?

① 카르텔
② 콘체른
③ 콤비나트
④ 트러스트
⑤ 펀더멘탈

> ✔해설 ② 콘체른 : 하나의 지배적 기업과 두 개 이상의 피지배 기업으로 이루어진 기업 집단이다. 카르텔이나 트러스트와 달리 동종업계가 아닌 전반적으로 다른 산업들을 한데 모은 것이다.
> ③ 콤비나트 : 생산 과정에서 기술적 연관이 있는 여러 생산 부문을 집약적으로 한 지역에 형성한 기업 집단이다.
> ④ 트러스트 : 기업결합체라고 한다. 카르텔은 개개의 기업의 독립성을 보장하는 기업 연합이지만 트러스트는 동일 산업 내의 기업 합동이다.
> ⑤ 펀더멘탈 : 경제성장률, 물가상승률, 경상수지 등 국가의 경제 상태를 나타내는 거시 경제지표들을 일컫는다.

19 다음 내용을 읽고 괄호 안에 들어갈 말로 가장 적절한 것을 고르면?

> 영국의 전래동화에서 유래한 것으로 동화에 따르면 엄마 곰이 끓인 뜨거운 수프를 큰 접시와 중간 접시 그리고 작은 접시에 담은 후 가족이 이를 식히기 위해 산책을 나갔는데, 이때 집에 들어온 (   )이/가 아기 곰 접시에 담긴 너무 뜨겁지도 않고 너무 차지도 않은 적당한 온도의 수프를 먹고 기뻐하는 상태를 경제에 비유한 것을 무엇이라고 하는가?

① 애덤 스미스   ② 임파서블
③ 세이프티   ④ 골디락스
⑤ 사이드카

> ✔해설 골디락스 경제(Goldilocks Economy) … 경기과열에 따른 인플레이션과 경기침체에 따른 실업을 염려할 필요가 없는 최적 상태에 있는 건실한 경제를 의미한다. 이는 다시 말해 경기과열이나 불황으로 인한 높은 수준의 인플레이션이나 실업률을 경험하지 않는 양호한 상태가 지속되는 경제를 지칭한다.

Answer 18.① 19.④

문화

01 국문학

□ **고려가요(高麗歌謠)** **

'속요', '별곡'이라고도 하며 고려시대 평민들이 부르던 민요적 시가를 뜻한다. 향가와 민요의 영향을 받아 형성된 것으로 리듬이 매끄럽고 표현이 소박하면서도 세련된 것이 특징이다. 분절체로 후렴구 발달하였고 3 · 3 · 2조(3 · 3 · 3조 또는 3 · 3 · 4조)의 3음보 음수율로 된 비정형의 형식을 보인다. 주로 남녀상열지사의 내용이 많으며 자연에 대한 예찬, 이별의 슬픔 등 진솔한 감정이 잘 표현되어 있다. 「악학궤범」, 「악장가사」, 「시용향악보」 등에 한글로 기록되어 있다.

□ **한문학(漢文學)** *

문학의 한 장르를 형성하는 것으로 한시(漢詩) · 한문 · 한학(漢學) 등을 통틀어 이르는 말이기도 하다. 고려시대는 과거 제도의 실시, 불교 문학의 발달, 주자학의 도입, 국자감 · 수사원의 설치 등으로 국문학사상 한문학이 가장 융성했던 시기이다. 주요 작품으로는 이승휴의 「제왕운기」, 이규보의 「동국이상국집」, 각훈의 「해동고승전」, 이제현의 「소악부」 등이 있다. 조선시대에 와서는 불교적 성격을 띠었던 고려시대의 한문학이 순유교적인 성격으로 변모하였다. 경학을 중시하고 학행일치(學行一致)를 주장하는 도학파와 순수한 시가와 문장을 중시하는 사장파로 대립하는 양상이 벌어지기도 했다. 주요 작품으로는 권근의 「양촌집」, 서거정의 「동문선」, 서경덕의 「화담집」, 이현보의 「농암집」, 이황의 「퇴계전서」, 이이의 「율곡전서」 등이 있다.

□ **패관문학(稗官文學)** *

고려후기 임금의 정사를 돕기 위해 설화들을 수집하여 엮은 설화문학으로 산문적인 형태로 발전하였다. 박인량의 「수이전」, 이인로의 「파한집」, 최자의 「보한집」, 이규보의 「백운소설」 등이 대표적이다.

□ **경기체가(景幾體歌)** **

평민문학이었던 속요에 대하여 귀족계층에게 향유된 시가로, 고려 고종 때부터 조선 중종 때까지 계속된 장가의 한 형식이다. 내용은 퇴폐적이고 현실도피적인 생활에서 오는 풍류적 표현이며, 3 · 3 · 4조의 운에 '景긔엇더ᄒ니잇고'라는 후렴구가 있다. 대표 작품에는 안축의 관동별곡 · 죽계별곡, 한림제유의 한림별곡 등이 있다.

□ 가전체문학(假傳體文學) **

고려 무신정변 이후 문신들의 삶에 대한 깊은 인식을 사물의 의인화 기법을 통하여 표현한 문학형태로, 소설의 직접적 전신이라고 할 수 있다. 인간의 문제를 사물로 가탁한 점은 우화적 성격이나, 일반적으로 우화가 동물이나 식물을 사건이나 대화에 있어서만 의인화한 것이라면 가전체는 그러한 자연물에 직접 인간적인 이름을 붙인 점이 특색이다. 계세징인(戒世懲人), 즉 사회를 풍자하고 비판하며 교훈을 주는 내용이 주를 이룬다.

○ PLUS 고려 가전체 작품으로는 임춘의 「국순전」, 이곡의 「죽부인전」, 이첨의 「저생전」 등이 대표적이다. 조선시대에도 여러 문인들에 의해 꾸준히 창작되었다. 1931년 변영만이 창작한 「시새전」도 가전의 전통을 이은 작품이다. 중국 한유의 「모영전」이 최초의 작품으로 알려져 있다.

□ 청록파 ***

1939년 문예지 「문장」을 통하여 조지훈·박두진·박목월이 등단하였고, 바로 이들이 모여 펴낸 시집이 1946년 「청록집」이다. 시집의 이름을 빌려서 이들을 청록파라고 부른 것이다.

○ PLUS 박목월은 향토적 서정으로 한국인의 전통적인 삶의 의식을 민요풍으로 노래하였고, 조지훈은 고전미에 문화적 동질성을 담아 일제에 저항하는 시를 썼고, 박두진은 자연에 대한 친화와 사랑을 그리스도교적 신앙을 바탕으로 읊었다. 이들은 일제강점기 말에 등단하여 한글로 작품을 발표하였고, 자연을 소재로 자연 속에 인간의 심성을 담은 시를 썼고, 광복 후에도 시의 순수성을 잃지 않았다는 공통점을 가지고 있다.

□ 독립신문 ***

한국 최초의 민간 신문으로 미국에서 귀국한 서재필(徐載弼)이 정부로부터 4,400원(3,000원은 신문사 창설비, 1,400원은 서재필의 주택구입비)의 자금을 지급받아 1896년 4월 7일 창간하였다. 처음에는 가로 22cm, 세로 33cm의 국배판 정도 크기로 4면 가운데 3면은 한글전용 「독립신문」으로 편집하고, 마지막 1면은 영문판 「The Independent」로 편집하였다. 창간 이듬해인 1897년 1월 5일자부터 국문판과 영문판을 분리하여 두 가지 신문을 발행하였다. 이 신문은 여러 가지로 한국 신문사상 획기적인 위치를 차지할 뿐만 아니라, 19세기 말 한국사회의 발전과 민중의 계몽을 위하여 지대한 역할을 수행한 한 시대의 기념비적인 신문으로 평가받고 있다.

○ PLUS 독립신문은 국가등록문화재 제506호이다.

□ 한국통사 **

독립운동가인 박은식이 중국 상해에서 출판한 책으로 '나라의 국교(國敎)와 국사(國史)가 없어지지 않으면 나라는 망한 것이 아니다'라는 신념으로 우리나라의 근대사를 종합적으로 서술하였다.

□ 주요 문학잡지 **

잡지	연도	발행	특징
시문학	1930	김영랑, 박용철	시의 형식미 · 음악성 중시, 언어의 조탁
삼사문학	1934	신백수, 이시우	초현실주의 기법(의식의 흐름)
조선문학	1935	이무영	프로문학파의 활동무대
시인부락	1936	서정주, 김동리, 김광균	시전문지로 인간과 생명을 노래
자오선	1937	서정주, 이육사	시전문지로 유파를 초월
문 장	1939	이병기, 정지용	신인추천제 실시
인문평론	1939	최재서	월간문예지로 비평 활동에 주력
국민문학	1941	최재서	친일문학의 기관지로 인문평론의 후신
백 민	1945	김송	민족주의문학 옹호
문 학	1946	조선문학가동맹	'조선문학가동맹' 기관지
사상계	1953	장준하	월간 교양잡지
현대문학	1955 ~ 현재	현대문학사	추천제 실시

02 세계문학

□ 문예사조의 두 근원 **

구분	헬레니즘(Hellenism)	헤브라이즘(Hebraism)
근원	그리스의 정신과 문화	헤브라이인적 사상과 문화
특징	인간 중심, 보편성, 이성, 육체적, 본능적, 현실적	신 중심, 개성, 감성, 영혼적, 금욕적, 이상적
관련사조	문예부흥, 고전주의, 사실주의, 자연주의, 주지주의	낭만주의, 상징주의

□ 서구 문예사조 *** 중요

① **고전주의(古典主義, Classicism)** : 17 ~ 18세기 아리스토텔레스의 '시학'에 대한 면밀한 주석과 함께 시작되었고, 고대 그리스 · 로마의 고전 작품들을 모범으로 삼고 거기에 들어 있는 공통적인 특징들을 재현하려는 경향이다.

② **낭만주의(浪漫主義, Romanticism)** : 고전주의의 몰개성적 성격에 반발하여 독일, 프랑스에서 일어나 영국으로 전파되었다. 이성적이기보다는 감정적이고, 객관적이기보다는 주관적이며, 현실적이기보다는 낭만적인 경향을 띤다.

③ **사실주의(寫實主義, Realism)** : 낭만주의의 비현실적 성격에 반발하여 19세기에 일어난 사조로, 사물을 있는 그대로 정확하게 관찰하고 객관적으로 묘사하려는 경향이다.

④ **자연주의(自然主義, Naturalism)** : 19세기 사실주의의 급진적인 경향으로 자연 과학적 결정론에 바탕을 두고 있다. 인간도 자연물처럼 인과율이라는 자연 법칙에 따라 환경 본능 유전 인자 등에 의해 그 일생이 운명적으로 결정된다고 보는 사상을 배경으로 한다.

⑤ **상징주의(象徵主義, Symbolism)** : 19세기 말에서 20세기 초에 걸쳐 프랑스에서 일어난 사조로, 사물, 정서, 사상 등을 상징을 통해 암시적으로 표현하려는 경향이다.

⑥ **유미주의(唯美主義, Aestheticism)** : 미의 창조를 목표로 19세기 후반에 나타난 사조이고, 이는 탐미주의라고도 하며 넓은 의미의 낭만주의에 포함된다.

⑦ **초현실주의(超現實主義, Surrealism)** : 프로이드의 정신분석학의 영향으로, '자동기술법'을 바탕으로 하여 무의식의 세계를 표출하려는 경향인 초현실주의가 다다이즘을 흡수하여 일어났다.

⑧ **실존주의(實存主義)** : 전후의 허무 의식에서 벗어나려는 실존적 자각(자아 발견)과 건설적인 휴머니즘을 추구한다.

⑨ **다다이즘(Dadaism)** : 20세기에 들어와서 현실적 속박으로부터 해방되려는 의지를 보인 사조로, 현대 지식인의 정신적 불안과 공포에 대한 저항이 프랑스를 중심으로 전개되었다.

⑩ **모더니즘(Modernism)** : 19세기 말엽부터 유럽의 소시민적 지식인들 사이에 일어나 20세기 이후에 크게 성행한 사조로서 기존의 사실주의와 유물론적 세계관, 전통적 신념으로부터 벗어나려는 전반적인 새로운 문화 운동으로 극단적인 개인주의, 도시 문명이 가져다 준 인간성 상실에 대한 문제의식 등에 기반을 둔 다양한 문예 사조를 통칭한다.

□ **셰익스피어의 4대 비극** ***

① **햄릿**(Hamlet) : 주인공을 통해 사색과 행동, 진실과 허위, 신념과 회의 등의 틈바구니 속에서 삶을 초극하고자 하는 모습이 제시되었다.

② **오셀로**(Othello) : 흑인 장군인 주인공의 아내에 대한 애정이 이아고(Iago)의 간계에 의해 무참히 허물어지는 과정을 그린 작품이다.

③ **리어왕**(King Lear) : 늙은 왕의 세 딸에 대한 애정의 시험이라는 설화적 모티브를 바탕으로 하고 있으나, 혈육 간의 유대의 파괴가 우주적 질서의 붕괴로 확대되는 과정을 그린 비극이다.

④ **맥베스**(Mecbeth) : 권위의 야망에 이끌린 한 무장의 왕위찬탈과 그것이 초래하는 비극적 결말을 그린 작품이다.

🔵 **PLUS** 셰익스피어의 5대 희극 … 베니스의 상인, 뜻대로하세요, 십이야, 말괄량이길들이기, 한여름밤의꿈

□ **동반자문학**(同伴者文學) **

러시아혁명(1917)년 이후부터 신경제 정책(NEP)이 끝날 때까지 문단의 큰 세력을 이뤘던 러시아의 우익문학이다. 혁명에는 찬성하지만 마르크스주의나 프롤레타리아 문학에는 적극적으로 가담하지 않는 자유주의적 성향을 보인다.

🔵 **PLUS** 개인주의를 중시하며 작품의 주인공으로 인텔리를 등장시키는 특징이 있다.

□ **쉬르레알리즘 문학**(Surrealism Literature) **

초현실주의 문학으로 제1차 대전 이후 다다이즘에 뒤이어 태동한 전위적 예술운동이다. 전통적 예술 형식과 인습적 사회 관념을 부정하는 다다이즘의 정신을 이어받았으며, 꿈과 무의식의 내면세계에서 떠오르는 비합리적 이미지를 그대로 기술하는 자동기술을 도입했다. 앙드레 브르통이 제창했으며 엘 뤼아르, 아라공, 콕토 등을 대표적 초현실주의자로 꼽을 수 있다.

□ **정오**(正午)**의 문학** *

프랑스의 실존주의작가 카뮈의 사상으로, 살려고 하는 육체의 요구와 절대를 추구하는 정신의 요구 중 어느 한쪽으로도 쏠리지 않는 긴장의 모럴·절도의 모럴·한계의 모럴을 표현하는 것이다. 모순의 명석한 인식과 부조리에 대한 올바른 반항을 중추로 하는 사상이다.

□ **하드보일드**(Hard Boiled)**문학** **

1930년을 전후하여 미국문학에 등장한 새로운 사실주의수법이다. 원래 '계란을 완숙하다'라는 뜻의 형용사이지만, 전의(轉意)되어 '비정' 또는 '냉혹'이란 뜻의 문학용어가 되었다. 개괄적으로 자연주의적·폭력적인 테마나 사건을 무감정의 냉혹한 자세로, 또는 도덕적 판단을 전면적으로 거부한 비개인적인 시점에서 묘사하는 것이다. 헤밍웨이의 「무기여 잘 있거라」, D. 해밋의 「플라이 페이퍼」 등이 대표적이다.

□ **해빙기문학(解氷期文學)** **

20세기 중반 구소련의 공식적이고 형식적인 당문학에 반발하여 자유주의적인 사조를 펼치며 독재주의정책을 비난하고 개성을 살린 소련 현역작가들의 작품활동이다. 대표작품에는 에렌부르크의 「해빙기」, 솔제니친의 「이반데니소비치의 하루」, 파스테르나크의 「닥터 지바고」 등이 있다.

□ **아스팔트(Asphalt)문학** *

나치스가 정권을 잡게 되자 문학의 숙청을 단행하였는데, 이때 반나치적인 문학에 대해 나치스측에서 붙인 명칭이다. 당시의 사회주의적 내지는 국제적 · 세계주의적 경향의 문학에 대하여 향토감 · 국가관이 결여된 문학이라는 이유로 나치스측이 그렇게 명명하여 금지시켰다.

□ **레지스탕스(Resistance)문학** **

제2차 세계대전 중 프랑스의 반나치스 저항문학으로, 초기에는 패전의 슬픔만을 표현하다가 저항의 자세가 적극적인 표현으로 바뀌면서는 비합법적 출판에 의존하게 되었다. 이런 상황하에서 집필 · 출판되었기 때문에 인쇄가 용이하고 운반이 간편한 시나 단편, 중편소설이 주를 이루었다. 시집에는 「아라공의 엘사의 눈동자」, 소설에는 「트리오레의 아비뇽의 연인들」 등이 있다.

□ **카타르시스(Catharsis)** **

아리스토텔레스의 시학 제6장 비극의 정의 가운데 부분에서 나오는 용어이다. 비극이 그리는 주인공의 비참한 운명에 의해서 관중의 마음에 두려움과 연민의 감정이 격렬하게 유발되고, 그 과정에서 이들 인간적 정념이 어떠한 형태로든지 순화된다고 하는 일종의 정신적 정화작용이다.

□ **패러디(Parody)** * 중요

원작을 풍자적으로 비평하거나 익살스럽게 하기 위해 문체 · 어구 등을 흉내낸 작품으로, 어떤 음률에 다른 가사를 붙여 부르는 노래인 경우에도 지칭된다. 때로는 원작의 명성에 편승하여 자기의 의도를 효과적으로 표현하기 위해 사용되기도 한다.

□ **알레고리(Allegory)** *

'풍유' 또는 '우유'로 번역될 수 있는 말로, 표면적으로는 인물과 배경 · 행위 등 통상적인 이야기요소를 다 갖추고 있으면서 그 이면에는 정신적 · 도덕적 · 역사적 의미가 전개되는 이중구조로 된 글이나 작품을 말한다. 스펜서의 「페어리 퀸」, 버니언의 「천로역정」 등이 대표적인 작품이다.

03 매스컴

□ 복스 팝(Vox Pop) **

라틴어로 '민중의 소리'라는 뜻이다. 그냥 복스라고도 하는데, 이는 아주 짧은 형태의 다큐멘터리라고 할 수 있다. 복스 팝의 아이템을 선정하고 나면 인터뷰 질문을 만드는데 질문은 아주 구체적이어야 한다. 답변하기 쉽도록 답변의 범위도 좁게 설정해야 한다. 대부분 라디오 프로그램 코너로 사용되는데, 가벼운 주제나 무거운 주제를 모두 다룰 수 있고 시사 프로그램에서는 여론을 들려줄 수 있기 때문에 자주 활용된다. 다만, 시사 프로그램에서 진행할 때에는 모든 여론을 대변하는 것이 아니므로 각별히 주의해야 하며 이밖에도 윤리 원칙, 공정성, 책임성에 유의해야 한다.

□ 사회적 책임 이론(Social Responsibility Theory) **

미디어 기술과 환경 변화에 따라 미디어 책임의 영역이 저널리즘에서 산업과 오락 영역으로까지 확장됐다. 언론은 자유를 적극적인 자유를 기반으로 하지만, 도덕적 의무가 수반된다. 즉, 언론은 사기업으로 정부가 규제해서는 안 되지만 공익을 추구해야 한다는 것이다. 언론은 종합적이고 정확한 보도를 해야 하며 다양한 의견이 교환되어야 한다. 집단의 의견이나 태도를 수렴하고 사회가 지향할 가치를 제시하며 모든 사회 구성원들이 이용할 수 있어야 한다. 한편 1947년 미국에서 발표된 허친스보고서와 1949년에 영국에서 공표된 왕립언론위원회보고서는 1959년 「언론의 4이론」을 통해서 언론의 이론 중 하나인 사회적 책임 이론으로 정착되었다.

□ 엠바고(Embargo) ***

엠바고는 '선박의 억류 혹은 통상금지'를 뜻하나, 언론에서는 '어떤 뉴스 기사를 일정 시간까지 그 보도를 유보하는 것'을 의미한다. 정부기관 등의 정보제공자가 어떤 뉴스나 보도자료를 언론기관이나 기자에게 제보하면서 그것을 일정 시간이나 기일, 즉 해금시간 후에 공개하도록 요청할 경우 그때까지 해당 뉴스의 보도를 미루는 것이며 혹은 그 요청까지도 엠바고로 부르기도 한다. 국가이익이나 생명에 끼칠 수 있는 폐해를 막는다는 취지에서 도입되었으나 '국민의 알 권리' 침해라는 비판도 받고 있다.

> **PLUS** 엠바고 유형
> ㉠ 보충 취재용 엠바고 : 뉴스 가치가 매우 높은 발표 기사이면서도 전문적이고 복잡한 문제를 다루고 있을 때 취재기자들과 취재원의 합의 아래 이루어지는 시한부 보도 중지
> ㉡ 조건부 엠바고 : 뉴스 가치가 있는 사건이 일어나는 것은 확실히 예견할 수 있으나 정확한 시간을 예측하기 어려울 경우, 그 사건이 일어난 이후에 기사화 한다는 조건으로 보도자료를 미리 제공하는 형태
> ㉢ 공공이익을 위한 엠바고 : 국가이익과 관련되거나 인명과 사건에 위해를 끼칠 수 있는 사건이 해결될 때까지 시한부 보도 중지
> ㉣ 관례적 엠바고 : 외교관례를 존중하여 재외공관장의 인사이동에 관한 사항을 미리 취재했더라도 주재국 정부가 아그레망을 부여할 때까지 보류하거나 양국이 동시에 발표하기로 되어 있는 협정 또는 회담 개최에 관한 기사를 공식 발표가 있을 때까지 일시적인 보도 중지

□ **매스컴(Masscom)** *

대량전달이라는 의미의 매스 커뮤니케이션(Mass Communication)의 약칭으로, 불특정 다수의 대중을 대상으로 전달하는 대량의 사회정보 및 전달상황을 말한다.

> 🔵 **PLUS** 퍼스널 커뮤니케이션(Personal Communication) … 지식 · 판단 · 감정 · 의지와 같은 의식의 전달이 개인적, 면접적인 상호 작용을 통해 이루어지는 것

□ **커스컴(Cuscom)** *

매스컴이 다수의 사람들에게 정보를 전달하는 것을 목적으로 한다면 커스컴은 유선방송이나 케이블TV처럼 그 매체를 접하고자 하는 정해진 소수의 사람들을 상대로 정보를 전달하는 것을 목적한다.

□ **프리츠커상** **

1979년 하얏트 재단 회장인 제이 A.프리츠커 부부가 제정한 '건축계의 노벨상'이라고 불리는 건축 분야 최고 권위 상이다. 건축을 통해 인류와 환경에 공헌한 건축가에게 매년 수여되는 상이다. 2018년 3월 7일 미국 하얏트재단은 '2018년 프리츠커상'에 인도 건축가 발크리시나 도시를 선정했다. 하얏트재단은 발크리시나 도시의 건축이 기후와 입지 특성, 지역적 맥락을 깊이 있게 이해하고 기술과 장인정신을 녹여내 선정했다고 밝혔다.

□ **국제언론인협회(IPI : International Press Institute)** *

1951년 자유주의국가 언론인들이 상호 간의 협조와 권익옹호를 위해 결성한 국제단체이다. 개인자격으로 가입하며, 언론의 자유를 수호하고, 교류를 촉진하여 편집 실무를 개선함을 목적으로 한다. 본부는 오스트리아 빈에 있으며, 우리나라는 1960년 12월에 가입하였다.

□ **방송통신위원회(KCC : Korea Communications Commission)** **

방송위원회(KBC)의 방송 정책 및 규제, 정보통신부의 통신서비스 정책과 규제를 총괄하는 대통령 직속 기구이다. 방송과 통신의 융합 현상에 능동적으로 대응하고 방송의 자유와 공공성 · 공익성을 보장하며, 방송 · 통신 간 균형 발전을 위해 방송 · 통신 관련 인허가 업무, 각종 정책 수립 등의 역할을 담당한다. 위원장 1명을 포함, 5명의 상임위원으로 구성되는데 대통령이 2인을 임명하고 그중 1명을 위원장으로 삼으며 나머지 위원 3명은 국회에서 추천한다.

> 🔵 **PLUS** 방송통신심의위원회 … 방송의 공공성과 공정성을 보장하고, 정보 통신의 건전한 문화를 창달하며 올바른 이용 환경을 조성하기 위하여 설치된 기관이다.

□ **맥루한의 미디어결정론** ***

맥루한은 저서 「미디어의 이해(Understanding Media)」에서 '미디어는 메시지이다'라고 강조하였다. 미디어가 전달하는 것은 그 내용과 전혀 다른, 즉 미디어 그 자체의 특질 내지 형태라고 주장하였다. 또한 미디어의 커뮤니케이션 과정상 다른 모든 요소에 영향을 끼치는 것을 강조하고, 메시지와 채널의 결합으로 발생하는 결과적 영향을 감각을 불러일으키는 '미디어는 마사지(Massage)이다.'라고 표현했다. 매체발달단계에서 텔레비전의 출현으로 시작되는 제3단계는 개별적 국가 단위에서 벗어난 전체적인 특성을 지닌다.

□ **세계 4대 통신사** ***

① AP(Associated Press) : 1848년 헤일(D. Hale)의 제안으로 결성된 미국 연합통신사이다. 신문사 · 방송국을 가맹사로 하는 협동조직의 비영리법인 UPI와 함께 세계최대통신사이다.

② UPI(United Press International) : 1958년에 UP가 경영난에 빠진 INS(International News Service)통신사를 병합하여 설립한 영리법인이다.

③ AFP(Agence France Press) : 아바스(C. Havas)가 만든 외국신문 번역통신사의 후신으로 전 세계에 100여개의 지국을 설치하고 서유럽적 입장에서 논평과 보도를 한다.

④ 로이터(Reuters) : 1851년 독일인 로이터가 영국에 귀화하여 런던에 설립한 영국의 국제 통신사로 전 세계적인 통신망을 구축하여 국제 신문계의 중심을 이루고 있으며 특히 경제 · 외교기사 통신으로 유명하다.

□ **미국의 4대 방송** **

① NBC(National Broadcasting Company) : 1926년에 설립된 미국 내셔널 방송회사로 우리나라에서 개최된 88올림픽의 중계를 맡았으며, 미국 방송조직 중 가장 크다.

② CBS(Columbia Broadcasting System) : 미국의 콜롬비아 방송회사로 1927년 설립되었다. 라디오 · 텔레비전 망을 보유한 민간회사로 시류에 민감하여 기획과 실시의 면에 있어서 활발한 기동성을 가지고 있다.

③ ABC(American Broadcasting Company) : 미국에서 세 번째로 방대한 텔레비전 네트워크를 가진 아메리칸 방송회사로 1944년에 설립되었다.

④ MBS(Mutual Broadcasting System) : 4개의 방송국이 연합하여 1934년에 설립한 것으로 전국적인 규모의 라디오 전문 네트워크로 소규모 라디오 방송국의 형태로 방송국 상호 간에 프로그램을 제공한다.

□ 적대언론(Adversary Journalism) *

어떤 성격의 정부이든 정부나 권력자에 적대적인 입장에 서서 항상 비판적인 자세를 유지하고 완고한 감시자 역할을 수행하는 언론이다. 적대언론의 언론인은 객관성과 냉정성을 최대한 유지하지만 정부나 권력에 대해 영원한 반대자로 남는다. 이런 점에서 적대언론은 언론이 정치권력에 비판적인 국가의 제4부가 되어야 한다는 자유민주주의의 전통적인 언론이념과 관련있다. 그러나 어떤 정부이건 무조건 적대하는 언론을 적대언론이라고 정의한다면, 과연 그러한 언론이 바람직스러운 언론이냐에 대해서는 많은 사람이 회의적이며, 또 그런 의미의 적대언론은 역사상 한 번도 존재했던 적이 없다고 보여진다.

□ 발전언론 *

국가의 자주성 보전과 문화적 주체성을 확립하기 위해 언론이 국가발전에 긍정적 역할을 수행해야 한다고 보는 보호개발도상국의 언론이념이다. 개발도상국에서 언론은 개개인의 자유가 아닌 총체적인 국가목표를 강조하므로 언론의 자유는 하위에 있게 된다. 반전언론은 언론의 자유를 전적으로 부정하지 않으나 국가발전이 언론의 자유보다 우위에 있으므로 현실적으로 독재정권의 나팔수로 전락되는 경우가 많다.

□ 클리킹 현상(리모컨에 의한 텔레비전 시청형태) *

① Soft Clicking : 보고 있던 프로그램이 재미가 없기 때문에 채널을 바꾸는 현상
② Hard Clicking : 언제 보아도 재미없는 프로그램에 제재를 가하는 현상
③ Lovely Clicking : 여러 프로그램에 매력을 느껴 어느 것도 놓치지 않으려고 이리저리 채널을 바꾸는 현상
④ Rational Clicking : 이리저리 돌리다 선택을 한 다음 채널을 바꾸는 현상

● PLUS 재핑(Zapping) … 광고를 보지 않기 위해서 리모컨을 이용해 여러 채널을 옮겨 다니는 행위이다.

□ 뉴스 큐레이션 **

미디어가 일방적으로 제공하는 뉴스를 그대로 받아보는 방식에서 탈피해 스마트 미디어 환경에서 이용자가 자신의 취향에 맞게 원하는 분야의 콘텐츠를 읽어 볼 수 있도록 도와주는 서비스이다. 영국의 닉 달로이시오가 만든 뉴스 큐레이션 앱 썸리를 비롯해 와비, 펄스 등이 있으며 국내에는 2009년 도입된 네이버의 뉴스캐스트, 뉴스스탠드 등에서 뉴스 큐레이션 서비스를 제공하고 있다.

□ 저널리즘(Journalism) **

매스미디어를 통해 공공의 사실이나 사건에 관한 정보를 보도하고 논평하는 활동으로 시사적 문제의 보도와 논평의 사회적 전달 활동을 의미한다.

PLUS 저널리즘의 종류

구분	특징
옐로저널리즘 (Yellow Journalism)	저속하고 선정적인 기사로 대중의 흥미를 위주로 보도하는 센세이셔널리즘 경향을 띠는 저널리즘을 의미한다.
블랙저널리즘 (Black Journalism)	공개되지 않은 이면적 사실을 밝히는 정보활동을 말한다. 개인이나 특정의 약점을 이용하여 이를 발표하겠다고 협박하거나, 보도해서 이익을 얻고자 하는 신문·서적·잡지 등에 의해 행해지는 저널리즘 활동을 말한다.
퍼블릭저널리즘 (Public Journalism)	취재원을 다양화하여 여론 민주화를 선도함으로써 선정주의를 극복하고자 하여 고급지의 새로운 방법으로 시민이 참여하는 민주주의과정을 활성화시키자는 것이다. 즉, 언론인 스스로가 지역사회의 일원으로 행동하고 시민들이 공동관심사에 참여하도록 주선해 주는 것으로 시빅 저널리즘(Civic Journalism)이라고 한다.
포토저널리즘 (Photo Journalism)	사진으로 사실이나 시사적인 문제를 표현하거나 보도하는 저널리즘이다.
팩저널리즘 (Pack Journalism)	자의적·제도적 제한 및 안이한 편집, 취재방법이나 취재시각 등이 획일적인 개성이 없는 저널리즘으로 인간·정치·사건에 대해 취재가 단편적으로 이루어지고 있는 언론 상황을 뜻한다.
경마저널리즘 (Horse Race Journalism)	공정한 보도보다는 단순한 흥미 위주로 경마를 취재하는 기사처럼 누가 이기는가에 집착하여 보도하는 형태로 특정 상황만을 집중적으로 보도하는 것이다.
수표저널리즘 (Check Journalism)	방송이나 신문사가 유명인사의 사진 또는 스캔들 기사, 센세이셔널 한 사건의 당사자 증언 등을 거액을 주고 사들여 보도하는 것을 의미한다.
파라슈트저널리즘 (Parachute Journalism)	낙하산 언론으로 현지 사정은 알지 못하면서 선입견에 따라 기사를 작성하는 것이다.
하이프저널리즘 (Hipe Journalism)	오락만 있고 정보가 없는 새로운 유형의 뉴스를 말한다.
뉴저널리즘 (New Journalism)	1960년대 이후 새롭게 등장한 보도 및 기사를 작성하는 방법으로, 기존의 속보성·단편성·객관성의 관념을 극복하고, 구체적 묘사와 표현을 목표로 사건과 상황에 대해 독자에게 실감나게 전달하고자 한다.
제록스저널리즘 (Xerox Journalism)	극비문서를 몰래 복사하여 발표하는 것으로 문서를 근거로 한 폭로기사 일변도의 안이한 취재방법과 언론경향을 비판하는 표현이다.
그래프저널리즘 (Graph Journalism)	사진을 중심으로 하여 편집된 간행물로 다큐멘터리를 중심으로 사회 문제 및 패션, 미술, 영화의 소재까지 다룬다.

04 매스미디어

□ 퍼블릭 액세스 **

퍼블릭 액세스 채널은 시민사회의 미디어 액세스 요구를 제도화한 것이다. 방송사뿐 아니라 일반 시민도 방송에 접근할 권리가 있다는 것을 제도적으로 인정한 사례라 할 수 있다. 시민의 미디어 액세스는 다양한 의견 개진으로 민주적 토론 문화를 만들어 간다는 점에서 민주주의의 발전을 위한 필수 장치라고 할 수 있다. 민주적 헌법이 있는 국가에서 시민의 미디어 액세스는 당연한 기본권으로 인정받아야 한다.

□ 디지털방송 **

기존의 아날로그방송과는 달리 정보의 신호를 부호화하여 기록하는 디지털 형태로 텔레비전 신호를 압축하여 내보내는 방송을 의미한다. 아날로그방송은 하나의 전파에는 하나의 영상밖에 실을 수 없어 음성은 다른 전파로 보내야 한 것에 비해 디지털방송은 하나의 전파에 다수의 영상이나 음성 등을 실을 수 있고, 질을 떨어뜨리지 않고 정보를 압축할 수 있어 1개의 아날로그방송 주파수대에 4 ~ 8 개의 채널을 설정할 수 있다. 또한 컴퓨터를 사용하여 정보를 관리하기 쉽고 시청자가 주문하는 정보도 내보낼 수 있는 쌍방향 방송도 가능하다.

> **● PLUS** 디지털TV … 디지털 방송을 수신할 수 있는 TV수상기로 기존 아날로그방송 대신에 디지털방송의 고화질, 고음질을 구현해 기존 아날로그 TV보다 5배 선명한 화질과 CD 수준의 음질을 보장한다.

□ 재핑 효과(Zapping Effect) **

채널을 바꾸다가 중간에 있는 다른 채널의 시청률이 높아지는 현상을 의미한다. 사람들이 채널을 바꾸는 이유는 자신이 보고 있던 프로그램의 광고를 피하기 위함이다. 대부분의 광고는 많은 사람들이 자신에게는 필요가 없는 것이라 생각하기 때문에 그 시간을 허비하기 싫어 다른 채널로 이동하는 것이다. 이렇게 딱히 다른 채널을 보기 위한 의도가 없었음에도 불구하고 짧은 순간에 지나가려던 채널에 관심을 빼앗겨 버리면 그 채널에서 오히려 더 많은 시간을 할애하게 되는 것이 바로 재핑 효과이다. 이는 다른 채널에서 때마침 자신의 관심사 혹은 자신의 취향과 맞는 방송이 송출되고 있을 경우 크게 발생하게 된다.

□ CATV(Cable / Community Antenna TV) **

공동시청안테나TV로 난시청 문제를 해결하기 위해 1948년 미국에서 시작되었다. TV전파가 잘 잡히는 높은 언덕이나 산 위에 설치한 우수한 성능의 안테나로부터 TV전파를 수신하여 증폭한 다음, 유선으로 각 가정의 TV수신기로 분배하는 유선TV이다. CATV는 난시청 해소는 물론 무선공중전파에 의한 TV방송에 비해 유선으로 신호를 전달하기 때문에 선명한 화면을 제공할 수 있고, 다양한 서비스가 가능하여 사회적인 영향력도 매우 크다. 우리나라는 1995년 3월 1일 케이블TV 방송을 시작하였다.

> **● PLUS** 케이블TV의 3주체 … 전송망사업자, 프로그램공급자, 방송국

□ 인포데믹스(Infodemics) **

정보(Information)와 전염병(Epidemics)의 합성어로 부정확한 정보가 확산되어 발생하는 각종 부작용을 일컫는 말이다. IT기술이 발전하면서 잘못된 정보나 소문이 미디어와 인터넷, SNS를 통해 확산되면서 정치, 경제, 사회, 안보 등에 치명적인 위기를 초래하게 되는 경우가 종종 발생하게 된다.

□ 광고의 종류 **

구분	특징
배너 광고	인터넷 홈페이지에 뜨는 막대모양의 광고
타이업(Tie-Up) 광고	영화의 명장면을 이용해 인지도를 높이는 광고
제휴광고	두 기업이 절반 이하의 비용으로 두 배 이상의 효과를 보는 광고
멀티스폿 광고	비슷한 줄거리에 모델을 달리해서 여러 편을 한꺼번에 내보내는 광고
네거티브 광고	죽음, 성, 혐오동물, 범죄 등 부정적인 소재를 활용하는 광고
DM광고	광고주가 예상되는 고객에게 우편으로 직접 송달하여 선전하는 광고
애드버토리얼	'advertisement(광고)'와 'editorial(편집기사)'의 합성어로 신문, 잡지에 기사형태로 실리는 PR광고
애드버커시 광고	기업의 활동과 실태를 홍보하여 기업을 지지도를 높이는 광고
티저(Teaser) 광고	상품 자체는 감추어 호기심을 갖게 함으로써 상품에 대한 관심이나 지명도를 높이는 광고
POP 광고	Point Of Purchase의 약자로 소매점이나 가두매점 등에서 소비자가 상품을 구매하는 그 시점에 이루어지는 광고
PPL	영화, 드라마 등에 자사의 특정 제품을 등장시키는 광고
키치 광고	설명보다는 기호, 이미지 등을 중시하여 언뜻 보아 무슨 내용인지 감이 안 잡히는 광고
레트로 광고	회고광고 또는 추억광고라고도 하며 고객에게 추억의 향수를 불러일으킴으로써 상품에 대한 이미지를 높이는 광고

05 문화

□ **세계문화유산목록(世界文化遺産目錄)** *** 🌿중요

① 세계유산 : 「세계유산협약」(1972)에 의거하여 유네스코 세계유산위원회가 인류 전체를 위해서 보호되어야 할 뛰어난 보편적 가치가 있다고 인정하여 세계유산목록에 등재한 유산이다. 문화유산, 자연유산, 복합유산으로 분류된다.

② 세계기록유산 : 유네스코가 세계적인 가치가 있다고 지정한 귀중한 기록유산으로, 1995년 선정기준 등을 마련하여 1997년부터 2년마다 국제자문위원회(IAC : International Advisory Committee)의 심의 · 추천을 받아 유네스코 사무총장이 선정한다. 기록유산은 단독 기록 또는 기록 모음일 수도 있으며, 기록을 담고 있는 정보나 그 기록을 전하는 매개물일 수도 있다. 세계유산 및 세계무형유산과는 구별되어 별도로 관리한다.

③ 인류무형유산 : 2001년 인류 문화의 다양성과 창의성을 존중하기 위해 유네스코에서 제정한 제도로, 전 세계의 전통 춤, 연극, 음악, 놀이, 의식 등 구전(口傳)되는 문화재나 무형문화재 가운데 보존 가치가 있는 것을 선정한다.

④ 우리나라의 유산 등록현황

구분	내용
세계유산	종묘(1995), 석굴암과 불국사(1995), 해인사 장경판전(1995), 창덕궁(1997), 수원화성(1997), 경주역사유적지구(2000), 고창 · 화순 · 강화의 고인돌 유적(2000), 제주 화산섬과 용암동굴(2007), 조선왕릉(2009), 한국의 역사마을 : 하회와 양동(2010), 남한산성(2014), 백제역사유적지구(2015), 산사 및 한국의 산지승원(2018), 한국의 서원(2019), 한국의 갯벌(2021), 가야고분군(2023)
세계기록유산	조선왕조실록(1997), 훈민정음 해례본(1997), 승정원 일기(2001), 직지심체요절(2001), 해인사 대장경판 및 제경판(2007), 조선왕조 의궤(2007), 동의보감(2009), 일성록(2011), 5.18 민주화운동 기록물(2011), 새마을운동 기록물(2013), 난중일기(亂中日記)(2013), 한국의 유교책판(2015), KBS특별생방송 '이산가족을 찾습니다' 기록물(2015), 조선왕실 어보와 어책(2017), 국채보상운동 기록물(2017), 조선통신사기록물(2017), 4 · 19혁명기록물(2023), 동학농민혁명기록물(2023)
인류무형유산	종묘제례 및 종묘 제례악(2001/2008), 판소리(2003/2008), 강릉단오제(2005/2008), 강강술래(2009), 남사당놀이(2009), 영산재(2009), 제주칠머리당 영등굿(2009), 처용무(2009), 가곡(2010), 대목장(2010), 매사냥(2010), 줄타기(2011), 택견(2011), 한산모시짜기(2011), 아리랑(2012), 김장문화(2013), 농악(2014), 줄다리기(2015), 제주해녀문화(2016), 씨름(2018), 연등회(2020), 한국의 탈춤(2022)

□ **세계지적재산기구(WIPO : World Intellectual Property Organization)** **

지적재산권의 국제적 보호 촉진과 국제협력을 위해 설립한 국제기구로 세계지적소유권기구라도고 한다. 세계지적재산권기구설립조약(1970년 발효)을 근거로, 저작권을 다루는 베른조약(1886년 발효)과 산업재산권을 다루는 파리조약(1883년 발효)의 관리와 사무기구상의 문제를 통일적으로 처리할 목적으로 설립하였으며 1974년 유엔전문기구가 되었다.

□ 국보(國寶)·보물(寶物) *

국가가 지정하는 국가유산은 국보, 보물, 중요민속자료, 사적 및 명승, 천연기념물, 중요무형유산으로 분류할 수 있다. 보물은 건조물, 전적, 서적, 고문서, 회화, 조각, 공예품, 고고자료, 무구 등의 유형유산 중 중요도가 높은 것을 선정하는 것으로 문화재청장과 문화재위원회의 심의를 거친다. 보물에 해당하는 유산 중 인류문화의 관점에서 볼 때 역사적, 학술적, 예술적 가치가 크고 그 시대를 대표하거나 제작기술이 특히 우수하여 그 유래가 드문 것을 국보로 정한다.

PLUS ㉠ 문화재 지정번호 : 국보나 보물 등 문화재 지정 시 순서대로 부여하는 번호로, 일부에서 문화재 지정순서가 아닌 가치 서열로 오인해
서열화 논란이 제기되는 경우가 있었다. 이에 「문화재보호법 시행령」등 관련 규정에서 '지정(등록)번호'를 삭제하고 문화재 행정에서
지정번호를 사용하지 않도록 정책을 개선하였다.
㉡ 1962년 문화재 보호법 제정 이후 쓰였던 '문화재'는 역사와 정신까지 아우르는 '국가유산'이란 새 명칭으로 변경·확대되었다.

□ 골든 글로브상(Golden Globe Prize) *

세계 84개국의 신문 및 잡지기자 114명으로 구성된 헐리우드 외국인기자협회가 그해 최우수영화의 각 부문과 남녀배우에게 수여하는 상으로, 아카데미상을 시상하기 전에 시상한다.

□ 세계 3대 영화제 ***

베니스, 칸, 베를린 영화제를 말하는 것으로 세계 4대 영화제라고 할 경우 모스크바영화제를 포함한다. 베니스영화제가 가장 오랜 역사를 지녔지만, 일반적으로 칸영화제를 가장 권위 있는 영화제로 생각한다.

□ 베니스영화제 **

이탈리아 베니스(Venice)에서 매년 개최되는 최고(最古)의 국제 경쟁영화제로 1932년 5월 창설되었다. 매년 8월 말에서 9월 초에 열리며 수상 부문으로 작품상, 남녀배우상 등이 있으며 그랑프리는 '산마르코 금사자상(황금사자상)'이라고 부른다. 타 영화제 출품작을 제외한 일반 극영화만 출품이 가능하다는 특징이 있다.

□ 칸영화제 **

1946년 프랑스 국립영화센터에서 관광휴양지인 칸(Cannes)에 설립한 국제 경쟁영화제이다. 최고의 권위를 인정받고 있은 국제영화제로 황금종려상, 심사위원 대상, 남녀배우주연상, 감독상, 각본상 등의 경쟁부문과 주목할 만한 시선, 황금카메라상, 시네파운데이션 등 비경쟁부문으로 나누어 시상한다.

□ 베를린영화제 **

1951년 서베를린(Berlin)시 시장이었던 빌리 브란트가 세계의 평화와 우애를 지향하고자 창설한 국제영화제로 금곰상(최우수작품상), 은곰상(심사위원 대상, 감독상, 남녀배우상 등), 알프레드바우어상, 블루엔젤상, 평생공로상 등이 있다.

□ 모스크바영화제 *

1959년에 창설된 공산권 최대 규모의 영화제로 베니스, 칸, 베를린영화제와 더불어 세계 4대 국제영화제로 홀수 년도 6월경에 열린다. 시상은 대상(금게오르기상), 심사위원 특별상(은게오르기상), 남녀주연상(동게오르기상)으로 나누어 한다.

□ 대종상(大鐘賞) *

우리나라 영화산업의 육성과 영화인들의 의욕을 고취시키고자 당시 문화공보부가 1962년에 설립한 상으로, 작품상·남녀주연상·촬영상·음악상·미술상 등 여러 부문에 걸쳐 해마다 시상되고 있다.

□ 아카데미상(Academy Award) **

미국의 영화예술과학아카데미협회가 시상하는 영화상으로, 오스카 금패가 수여되어 오스카상이라고도 한다. 1927년 5월에 창설되었으며, 1928년부터 매년 우수영화·영화인에게 수여해 온 세계적으로 권위 있는 영화상이다. 수상부문은 작품·감독·주연 남녀배우·조연 남녀배우·음악·촬영상 등 16개 부문에 시상한다.

06 예술

□ **노벨상(Nobel Prize)** **

스웨덴의 알프레드 노벨의 유언에 따라 인류 복지에 공헌한 사람이나 단체에게 수여되는 상이다. 1901년부터 매년 총 6개 부문(문학, 화학, 물리학, 생리학 또는 의학, 평화, 경제학)에 대한 수상이 이뤄진다. 수상자 선정은 평화상을 노르웨이 노벨위원회가, 나머지 부문은 스웨덴의 3개 기관이 맡고 있다.

PLUS 2023년 노벨상 수상자
  ㉠ 생리의학상 : 커털린 커리코, 드루 와이스먼
  ㉡ 물리학상 : 피에르 아고스티니, 페렌즈 크러우스, 안 륄리에
  ㉢ 화학상 : 문지 바웬디, 루이스 브루스, 알렉세이 예키모프
  ㉣ 문학상 : 욘 포세
  ㉤ 평화상 : 나르게스 모하마디
  ㉥ 경제학상 : 클라우디아 골딘

□ **오페라(Opera)** ***

가극(歌劇)으로 음악적인 요소는 물론 대사를 통한 문학적 요소, 연극적 요소, 무대·의상 등의 미술적 요소들이 종합된 대규모의 종합무대예술이다. 레시터티브·아리아·중창 등으로 구성되어 있다. 관현악은 반주뿐만 아니라 서곡·간주곡·종곡 등을 연주한다. 대표적 작품으로는 모차르트의 피가로의 결혼·돈지오반니, 베르디의 아이다·리골레토·춘희, 푸치니의 토스카·라보엠, 비제의 카르멘 등을 들 수 있다.

PLUS 종류
  ㉠ 오페라 부파(Opera Buffa) : 경쾌한 음악을 주로 하고 중창이 많으며, 익살과 풍자적인 줄거리를 가진 오페라이다.
  ㉡ 오페라 코미크(Opera Comique) : 대사를 넣은 가극으로, 비제의 카르멘과 같이 비극적인 계통도 포함된다.

□ **오페레타(Operetta)** *

형식은 오페라와 비슷하면서 군데군데 대사의 삽입방법과 목적에 다소 차이가 있는 곡으로, 경쾌하고 알기 쉬우면서도 유머가 곁들인 줄거리를 통속적이고 대중적인 음악으로 연출하는 음악극이다. 천국과 지옥, 보카치오, 박쥐 등이 유명하다.

□ **갈라 콘서트(Gala Concert)** *

갈라는 이탈리아 전통 축제의 복장 'Gala'에 어원을 두고 있으며, '축제', '잔치'라는 사전적 의미를 지니고 있다. 클래식 음악에서는 흔히 아리아와 중창 등 약식으로 꾸며진 오페라에 붙이지만, 격식을 갖추지 않은 축하 공연 등을 통칭하는 용어로 사용된다.

□ **퓨전음악(Fusion Music)** **

제3세계의 토속음악과 서구의 팝음악이 접목된 새로운 장르의 음악을 일컫는다. 아프리카 원주민들의 토속음률에 서구의 펑크, 록 등이 한데 어우러진다. 융합을 뜻하는 '퓨전'이란 말처럼 지역이나 관습적인 배경을 달리하는 음악들의 만남으로 국경을 뛰어 넘는 음악의 새 지평을 열었다고 볼 수 있다.

□ **가곡(Lied)** *

예술가요를 뜻하는 것으로, 시(詩)의 내용을 가장 충실하게 표현한 것이다. 반주는 시의 음악적 표현을 뒷받침하는 것으로, 시와 멜로디와 반주의 완전 결합에서 이루어진 예술적 가치가 큰 독창곡을 말한다. 슈베르트의 겨울 나그네가 유명하다.

□ **칸타타(Cantata)** **

독창(아리아·레시터티브)·중창·합창으로 구성되는 형식의 하나이다. 17세기의 모노디(Monodie)에 그 근원을 두고 있는데, 오라토리오와 마찬가지로 종교적인 것과 세속적인 것이 있다. 종교적인 것으로는 바흐의 작품이 대표적이며, 세속적인 것에는 브람스의 운명의 노래, 애도가 등이 유명하다. 또한 칸타타는 극적인 점이 없다는 것이 가극과 구별된다.

□ **오라토리오(Oratorio)** *

독창·합창·관현악을 구사하여 레시터티브와 아리아를 설정하는 등 매우 극적으로 만들어져 있는, 장엄하면서도 대규모인 서사적 악곡으로 성담곡이라고도 불린다. 헨델의 메시아·이집트의 이스라엘, 하이든의 천지창조·사계절 등이 유명하다.

□ **소나타(Sonata)** **

4악장으로 된 기악독주곡으로 제1악장 소나타형식, 제2악장 가요형식 또는 변주곡 형식, 제3악장 미뉴에트 또는 스케르초, 제4악장 론도 또는 소나타형식 등으로 구성된다. 베토벤의 피아노 소나타 월광 등이 유명하다.

□ **푸가(Fuga)** *

소나타형식이 화성적 음악의 가장 완전한 형식이라면, 푸가는 대위법적 음악의 가장 완전한 형식이다. 한 개의 주제를 가진 3부분 형식의 악곡이다. 바흐의 작품이 대표적이다.

□ **교향곡(Symphony)** **

관현악(Orchestra)을 위한 소나타로, 관현악단에 의해 연주되는 대규모의 기악곡이다. 보통 4개의 악장으로 구성된다. 창시자는 하이든, 완성자는 베토벤이다.

□ 협주곡(Concerto) *

피아노 · 바이올린 · 첼로 등 독주악기와 관현악을 위한 악곡이다. 독주자만이 연주하는 카덴차(장식악절) 부분이 있어 독주자의 연주기교를 충분히 발휘할 수 있게 작곡된 곡이다.

□ 칸초네(Canzone) *

이탈리아의 민요로서, 14세기에서 18세기에 걸쳐 이탈리아에서 유명한 세계적인 시에 곡을 붙인 가곡이다. 칸초네는 프랑스의 샹송과 같은 위치를 차지하고 있지만, 이탈리아의 뜨거운 태양이 길러낸 듯한 활달하고 솔직한 밝음이 있다.

□ 빠르기 말 ***

곡 전체 또는 한 부분을 얼마나 빠르게 연주해야 하는지 나타내기 위해 사용하는 문자를 말한다. 이와 구분하여 빠르기를 숫자로 표현한 것을 빠르기표 또는 메트로놈(Metronom) 기호라 한다.

구분	매우 느리게	느리게	조금 느리게	보통 빠르게	조금 빠르게	빠르게	매우 빠르게
용어	largo(라르고) lento(렌토) adagio(아다지오)	andante (안단테)	andantino (안단티노)	moderato (모데라토)	allegretto (알레그레토)	allegro (알레그로)	vivo(비보) vivace(비바체) presto(프레스토)

□ 토카타(Toccata) *

17세기부터 18세기 전반에 걸쳐 전성기를 이룬 건반악기를 위한 곡의 일종이다. 폭넓은 화음과 빠른 음표로 된 악구의 교체, 모방양식으로 된 푸가적 부분, 분명한 주제성격을 가지지 않는 음형의 반복 등이 특징이다. 형식이 자유로우며 즉흥적인 요소가 강하다.

□ 트레몰로(Tremolo) **

이탈리아어의 'Tremare(떨린다)'에서 유래한 말로서, 음을 급속히 반복하는 주법이다. 음표의 기둥에 짧은 사선을 부가해서 지시하는데, 원칙적으로 사선의 수가 많을수록 횟수도 반복되어 많아진다.

□ 근대미술사조 *** 중요

구분	특징
신고전주의 (Neo – Classicism)	• 18세기 중엽 ~ 19세기 중엽에 걸쳐 유럽에서 형성된 미술양식 • 형식의 통일과 조화, 표현의 명확성, 형식과 내용의 균형 • 주요 작품 … 다비드 '나폴레옹 대관식', 앵그르 '목욕하는 여인' 등
낭만주의 (Romanticism)	• 19세기 전반 유럽에서 회화를 비롯하여 조각 등에 나타난 미술양식 • 합리주의에 반대해서 객관보다는 주관을, 지성보다는 감성을 중요시 • 주요 작품 … 들라크루와 '키오스섬의 학살' 등
사실주의 (Realism)	• 19세기 중엽 사물, 자연의 상태를 그대로 표현하고자 한 미술형식 • 프랑스에서 활동한 풍경화가들의 모임인 '바르비종파' • 주요 작품 … 밀레 '이삭줍기', '만종', 쿠르베 '돌 깨는 사람들' 등
인상주의 (Impressionism)	• 19세기 말에 일어난 프랑스 청년화가들의 경향 • 빛의 효과를 강조하고 밝은 색깔로 그림을 그리려는 운동 • 주요 작품 … 마네 '풀밭 위의 점심', '발코니', 모네 '인상 – 해돋이', 드가 '압생트', 르누아르 '뱃놀이 점심' 등
신인상주의 (Neo – Impressionism)	• 19세기 말에 대두한 미술사조로 인상주의에 과학성을 부여하고자 함. • 무수한 색점을 사용하여 색을 분할하는 기법 • 주요 작품 … 쇠라 '아니에르에서의 물놀이', 시냐크 '마르세유항의 풍경' 등
후기인상주의 (Post – Impressionism)	• 19세기 말 ~ 20세기 초 인상파의 색채기법을 계승 • 견고한 형태, 장식적인 구성, 작가의 주관적 표현을 시도한 화풍 • 주요 작품 … 고흐 '해바라기', '감자 먹는 사람들', 고갱 '타히티의 여인', 로댕 '생각하는 사람' 등

□ 현대미술사조 *** 중요

구분	특징
야수파 (Fauvism)	• 20세기 초의 젊은 화가들과 그들의 미술경향 • 원색을 쓴 대담한 그림으로 야수의 그림 같다는 비평을 받음 • 주요 작품 … 마티스 '후식', 루오 '미제레레', 드랭, 블라맹크 등
입체파 (Cubism)	• 1910년경 프랑스를 중심으로 야수파의 뒤를 이어 일어난 유파 • 물체의 모양을 분석하고 그 구조를 점과 선으로 구성·연결 • 주요 작품 … 피카소 '아비뇽의 처녀들', '게르니카', 브라크 '카드가 있는 정물' 등
표현주의 (Expressionism)	• 20세기 전반에 독일을 중심으로 하여 전개된 예술운동 • 자연묘사에 대응하여 감정표현을 중심으로 주관의 표현을 강조 • 주요 작품 … 뭉크 '절규', 샤갈 '바이올린 연주자', 클레 '월출과 일몰' 등
미래파 (Futurism)	• 20세기 초 이탈리아에서 일어난 전위예술운동 • 현대생활의 역동하는 감각을 표현하고자 함 • 주요 작품 … 보초니 '탄생', 세베리니 '물랭루주의 곰춤', 라의 '롯의 딸들' 등
초현실주의 (Surrealisme)	• 다다이즘 이후 1920 ~ 1930년에 걸쳐 유럽에서 일어난 미술운동 • 무의식이나 꿈, 공상 등을 중요시 • 주요 작품 … 달리 '해변에 나타난 얼굴과 과일의 환영', 마그리트 '가짜거울' 등

□ 팝아트(Pop Art) ** 중요

1960년을 전후하여 추상미술에 대한 반동으로 일어난 미술의 한 유형으로, 특히 미국에서 거대 도시 문명을 배경으로 확산되었다. 일명 뉴리얼리즘(신사실주의)라고 불리는 이 파의 화가들은 추상을 거부하고 현대문명의 산물인 공업제품을 작품 속에 그대로 끌어들여 대중적인 이미지를 화면에 재현시켰다.

□ 비구상(Non-Figuratif) *

19세기의 극단적인 자연주의에 대한 반동으로 일어난 미술의 한 경향이다. 현실의 재현을 추구하는 구상을 부정하고 대상의 본질적 특징을 형상화하려는 경향이다. 순수하게 기하학적 형태로 구성하는 양식주의적인 경향과 자유로운 형태로서 정신적 표현을 추구하는 표현주의적 경향으로 크게 나눌 수 있다.

□ 아르누보(Art Nouveau) **

'신(新)미술'이라는 뜻으로, 19세기 말에서 20세기 초에 걸쳐 유럽에서 개화한 예술운동이다. 아르누보의 탄생은 유럽의 전통적 예술에 반발하여 예술을 수립하려는 당시 미술계의 풍조를 배경으로 한다. 전통으로부터의 이탈과 새 양식의 창조를 지향하여 자연주의 · 자발성 · 단순성 · 기술적인 완전을 이상으로 했다.

□ 캐리커처(Caricature) **

사람이나 사물을 과장하되 그 성격을 풍자적이고 희극적으로 표현한 만화 · 풍자화 · 회화 등을 말한다. 고야, 도미에 등이 유명한 화가이다.

> **PLUS** 크로키(Croquis) … 화가가 움직이고 있는 대상의 한 순간의 모습을 짧은 시간에 재빨리 그리는 것을 말한다.

□ 미니어처(Miniature) *

일반적으로 세밀화로 불리는 소형의 기교적인 회화이다. 초상화를 주로 하는 작은 화면의 회화를 뜻한다. 16세기 초에서 19세기 중엽에 이르기까지 주로 유럽에서 많이 제작되었다. 본래는 사본(寫本)에 쓰인 붉은 식자를 뜻했으나, 요즘에는 메달 · 보석 · 시계상자의 뚜껑장식 등에 그리는 장식화를 뜻하게 되었다.

□ 아라베스크(Arabesque) *

아라비아 사람들이 만든 장식무늬의 하나이다. 이슬람교에서는 우상과 비슷한 것은 회화나 조각에 쓰지 않았으므로 기하학적인 모양이나 당초(唐草)모양이 연구되었는데, 그중에도 아라비아 문자의 끝부분을 잎모양으로 도안한 것을 아라베스크라 하였다.

07 스포츠

□ 올림픽경기대회(Olympic Games) ***

국제올림픽위원회(IOC)가 4년마다 개최하는 국제스포츠대회이다. 본래 올림픽 경기는 고대 그리스인들이 제우스신에게 바치는 제전(祭典) 성격의 경기로 종교, 예술, 군사훈련 등이 일체를 이룬 헬레니즘 문화의 결정체다. 고대올림픽은 정확히 언제부터 시작되었는지 알 수 없지만, 문헌상의 기록을 근거로 통상 BC 776년을 원년으로 본다. 이후 1,200여 년 동안 계속되다가 그리스가 로마인의 지배를 받으면서 약 1,500년 동안 중단되었던 고대올림픽 경기는 프랑스의 피에르 쿠베르탱(Pierre de Coubertin)의 노력으로 1894년 6월 23일 파리의 소르본 대학에서 열린 국제스포츠대회에서 근대올림픽으로 시작되었다. 1896년 '인류평화의 제전'이라는 거창한 구호를 걸고 그리스의 아테네에서 개최된 제1회 대회는 참가자가 13개국, 311명으로 매우 작은 규모였으며, 올림픽이 국제대회로서 면모를 갖춘 것은 1908년 제4회 런던대회 때부터라고 볼 수 있다. 런던 올림픽에서 각국이 처음으로 국기를 앞세우고 참가하였으며 경기규칙 제정, 본격적인 여자경기종목 채택, 마라톤 코스의 확정 등의 체계가 갖추어졌다. 오늘날 세계 각국의 스포츠인들은 근대올림픽이 창설된 6월 23일을 '올림픽의 날'로 정하여 기념하고 있다.

□ 프레올림픽(Pre-Olympic) **

올림픽대회가 열리기 1년 전에 그 경기시설이나 운영 등을 시험하는 의미로 개최되는 비공식경기대회이다. 국제올림픽위원회(IOC)에서는 올림픽이 4년마다 열리는 대회라는 이유로 프레올림픽이라는 명칭의 사용을 금하고 있으나, 국제스포츠계에 잘 알려진 관용명칭이 되어 있다.

□ 패럴림픽(Paralympic) **

신체장애자들의 국제경기대회로서 장애자 올림픽이라고도 한다. 'paraplegia'와 'olympic'의 합성어로, 정식으로는 1948년 휠체어 스포츠를 창시한 영국의 신체장애자의료센터 소재지의 이름을 따 국제 스토크 맨데빌 경기대회(International Stoke Mandeville Games for the Paralysed)라 한다. 1952년부터 국제경기대회로 발전하여 4년마다 올림픽 개최국에서 개최된다.

□ 월드컵(World Cup) ***

FIFA(국제축구연맹)에서 주최하는 세계 축구선수권대회이다. 1930년 우루과이의 몬테비데오에서 제1회 대회가 개최된 이래 4년마다 열리는데, 프로와 아마추어의 구별없이 참가할 수 있다. 2년에 걸쳐 6대륙에서 예선을 실시하여 본선대회에는 개최국과 전(前)대회 우승국을 포함한 24개국이 출전한다. 제1회 대회 때 줄리메가 기증한 줄리메컵은 제9회 멕시코대회에서 사상 최초로 3승팀이 된 브라질이 영구보존하게 되어, 1974년 뮌헨에서 열린 제10회 대회부터는 새로 마련된 FIFA컵을 놓고 경기를 벌인다.

□ **FIFA(Federation Internationale de Football Association)** **

국제축구연맹으로 세계 축구경기를 통할하는 국제단체이다. 국제올림픽위원회(IOC), 국제육상경기연맹(IAAF)과 더불어 세계 3대 체육기구로 불리며 각종 국제 축구대회를 주관한다. 즉, 각 대륙별 연맹이 원활하게 국제 경기 등을 운영할 수 있도록 지원·관리하는 세계축구의 중심체인 것이다. 1904년 프랑스의 단체 설립 제창으로 프랑스, 네덜란드, 덴마크, 벨기에, 스위스, 스웨덴, 스페인의 7개국이 프랑스 파리에서 모여 국제 관리기구로서 국제축구연맹(FIFA)을 탄생시켰다.

□ **세계청소년축구선수권대회**

FIFA(국제축구연맹)에서 주관하는 청소년축경기로 만 나이 기준 20세 이하의 선수들만 참가하는 U-20대회와 17세 이하 선수들만 참가하는 U-17대회의 2종류다.

□ **4대 메이저 대회** ***

골프나 테니스 분야에서 세계적으로 권위를 인정받고 있으며 상금액수도 큰 4개의 국제대회를 일컫는 용어이다. 골프의 4대 메이저 대회는 마스터골프대회, US오픈골프선수권대회, 브리티시오픈, 미국PGA선수권대회를 말하며 여자골프 4대 메이저 대회는 크래프트나비스코챔피언십, 맥도날드LPGA챔피언십, US여자오픈, 브리티시여자오픈이 해당한다. 4대 메이저 테니스 대회는 호주오픈, 프랑스오픈, 윔블던, US오픈을 포함한다.

　　 ◉ PLUS 오픈 선수권 … 골프, 테니스 등에서 아마추어와 프로가 함께 겨루어 대표를 뽑는 경기

□ **월드베이스볼클래식(WBC : World Baseball Classic)** *

세계 각국이 참가하는 프로야구 국가대항전으로, 2006년부터 시작하여 올림픽이 열리는 해를 피해 4년마다 개최하되 시기는 메이저리그 정규시즌 일정을 고려해 조정한다. 1회 대회는 2006년 3월 3일 일본 도쿄돔에서 아시아 예선을 시작으로 그 막을 올렸으며 한국, 일본, 중국, 대만, 미국, 캐나다 등 총 16개국이 참가하였다. 메이저리그 구장에서 열린 8강 조별리그를 거쳐 4강에 진출한 국가는 한국, 일본, 쿠바, 도미니카 공화국이었으며, 일본이 우승을 차지했다. 우리나라는 2009년에 열린 2회 대회에서 준우승을 차지했다.

□ **F1 그랑프리** **

월드컵, 올림픽에 이어 전 세계에서 인기를 끌고 있는 3대 국제스포츠행사의 하나인 세계 최고의 자동차경주대회를 의미한다. 매년 3월부터 10월까지 스페인·프랑스·영국·독일·헝가리·호주·일본 등 대륙을 오가며 17차례 경기를 펼쳐 점수를 합산해 종합우승자를 가린다.

□ **보스톤 마라톤대회** *

미국 독립전쟁 당시 보스톤 교외의 콘크드에서 미국 민병이 영국군에게 승리한 것을 기념하기 위하여 1897년 이래 보스톤시에서 매년 4월 19일에 거행하는 대회로, 아메리칸 마라톤이라고도 한다.

□ **메이저리그(MLB : Major League Baseball)** ***

미국 프로야구의 아메리칸리그(American League)와 내셔널리그(National League)를 합쳐서 부르는 말로, '빅 리그'라고도 한다. 아메리칸리그 소속 15개 팀과 내셔널리그 소속 15개 팀이 각각 동부·중부·서부지구로 나뉘어 정규 시즌을 치른다.

□ **세계피겨스케이팅 선수권대회(World Figure Skating Championships)** **

국제빙상경기연맹(ISU : International Skating Union)이 주관하는 피겨스케이팅의 국제대회이다. 이 대회는 피겨스케이팅에서 올림픽과 더불어 ISU가 주최하는 국제대회 중 가장 비중이 높은 대회이며 종목은 남녀 싱글, 페어, 아이스댄싱의 네 가지로 구성되어 있다. 매년 시즌이 마무리되는 3 ~ 4월경에 열리며 2024년 대회는 캐나다 몬트리올에서 개최된다.

□ **윔블던 테니스대회** *

테니스계에서 가장 오랜 역사를 가지고 있는 대회로, 1877년 영국 국내선수권대회로 개최되었으며 1883년부터 국제대회가 되었다. 정식명칭은 전영오픈 테니스선수권대회로 매년 영국 런던 교외의 윔블던에서 열린다. 1968년부터 프로선수의 참가가 허용되었다.

□ **수퍼볼(Super Bowl)대회** *

미국 프로미식축구의 양대 리그인 AFC(아메리칸 풋볼 콘퍼런스)와 NFC(내셔널 풋볼 콘퍼런스)의 우승팀 간에 그 해 최정상을 가리는 대회로, 1966년 창설되었다.

□ **프리에이전트(Free Agent)** **

자신이 속한 팀에서 일정 기간 동안 활동한 뒤 자유롭게 다른 팀과 계약을 맺어 이적할 수 있는 자유계약선수 또는 그 제도를 일컫는 말이다. 자유계약선수 제도하에서는 특정 팀과의 계약이 만료되는 선수는 자신을 원하는 여러 팀 가운데에서 선택하여 아무런 제약조건 없이 팀을 이적할 수 있다. 이와 반대로 선수가 먼저 구단에 계약해지를 신청한 임의탈퇴선수는 다른 구단과 자유롭게 계약할 권한이 없다.

□ **드래프트시스템(Draft System)** **

신인선수를 선발하는 제도로, 일정한 기준아래 입단할 선수들을 모은 뒤 각 팀의 대표가 선발회를 구성하여 일괄적으로 교섭하는 방법이다. 우수선수를 균형있게 선발해 각 팀의 실력평준화와 팀 운영의 합리화를 꾀하는데 목적이 있다.

□ **플레이오프(Play Off)** *

프로야구에서 시즌이 끝난 뒤 승률이 같은 경우 벌이는 우승결정전을 말한다. 골프에서는 경기가 정해진 홀 수에서 동점이 됐을 경우 연장전으로 우승자를 결정하는 것을 가리킨다.

□ 매직넘버(Magic Number) *

프로야구의 종반에 승수를 다투고 있을 때 2위팀이 모두 이기더라도 1위팀의 우승이 거의 확정적일 경우 1위팀의 나머지 승수의 숫자를 말한다.

□ 그랜드슬램(Grand Slam) ***

야구경기에서 1루에서 3루까지 주자가 있을 때 친 홈런으로 만루홈런이라고도 한다. 골프에서는 1930년 미국의 보비 존스가 전미국·전영국의 오픈 아마추어 선수권의 4대 타이틀을 휩쓸었을 때 붙여진 존칭이다. 현재는 영미의 양 오픈과 전미국 프로, 마스터즈의 4대 타이틀 획득자에게 수여된다. 테니스에서는 한 해에 전영국, 전미국, 전호주, 전프랑스의 4대 토너먼트 단식(單式)에서 모두 우승하는 것으로, 남자로는 1938년의 버지, 1962년과 1969년의 레이버가 기록했고, 여자로는 1953년의 코널리, 1970년의 코트, 1988년 그라프가 기록했다.

□ 사이클히트(Cycle Hit) **

야구용어로 올마이티히트라고도 한다. 야구경기에서 타자가 한 게임에서 1루타, 2루타, 3루타, 홈런을 모두 친 것을 말하며 순서는 무관하다.

  PLUS 드래그히트(Drag Hit) … 야구에서 배트를 밀어내 가볍게 공을 맞춤으로써 기습히트를 노리는 공격타법을 말한다.

□ 드래그번트(Drag Bunt) *

야구경기에서 번트는 대부분 이미 나가 있는 주자의 진루를 돕기 위한 희생타인데 비해, 드래그번트는 타자도 살기 위해 왼쪽 타자는 1루 쪽으로, 오른쪽 타자는 3루 쪽으로 공을 끌어서 굴리는 번트이다.

□ 골프타수의 명칭 ***

명칭	내용
보기(Bogey)	그 홀의 파보다 1타 많은 타수로 홀아웃 한 경우
더블 보기(Double Bogey)	파보다 2타 많은 타수로 홀아웃 한 경우
트리플 보기(Triple Bogey)	파보다 3타 많은 타수로 홀아웃 한 경우
파(Par)	한 홀의 표준타수(우리나라의 정규 18홀은 모두 파 72)
버디(Buddy)	파보다 1타 적은 타수로 홀아웃 한 경우
이글(Eagle)	파보다 2타 적은 타수로 홀아웃 한 경우
더블 이글(Double Eagle)	파보다 3타 적은 타수로 홀아웃 한 경우
홀인원(Hole-In-One)	1타로 홀컵에 볼을 넣은 경우

  PLUS 세계 3대 골프국가대항전 … 라이더컵(Ryder Cup), 프레지던츠컵(The Presidents Cup), 월드골프챔피언십(WGC)

출제예상문제

1 근대 철학의 창시자로 생각하는 인간과 이성의 역할을 강조하며 '나는 생각한다. 그러므로 나는 존재한다'의 명제를 밝힌 철학자는 누구인가?

① 플라톤
② 데카르트
③ 칸트
④ 파스칼
⑤ 사르트르

> **해설** ① 플라톤 : 고대 그리스의 철학자, 삶이란 얻기 위해 잃어가는 것이다.
> ③ 칸트 : 비판 철학의 창시자, 인간은 교육을 통하지 않고는 인간이 될 수 없는 유일한 존재다.
> ④ 파스칼 : 현대 실존주의의 선구자, 인간은 생각하는 갈대이다.
> ⑤ 사르트르 : 프랑스의 현대철학자, 실존은 본질에 앞선다.

2 다음 중 송강 정철의 작품이 아닌 것은?

① 관동별곡
② 사미인곡
③ 훈민가
④ 청산별곡
⑤ 성산별곡

> **해설** 송강 정철은 조선 중기 문신 겸 시인으로 당대 가사문학의 대가이다. 시조의 윤선도와 함께 한국 시가 사상 쌍벽으로 일컬어지며 대표작으로는 관동별곡, 성산별곡, 사미인곡, 속미인곡, 훈민가 등이 있다. 청산별곡은 고려가요의 하나로 악장가사에 실려 전하며 작자·연대는 미상이다.

3 1610년에 갈릴레이가 손수 만든 망원경을 사용하여 처음 발견한 것으로 갈릴레이 위성이라 하는 목성의 위성 중 제3위성의 이름은 무엇인가?

① 이오

② 유로파

③ 칼리스토

④ 가니메데

⑤ 메티스

> ✔해설 ① 이오 : 제1위성
> ② 유로파 : 제2위성
> ③ 칼리스토 : 제4위성
> ⑤ 메티스 : 목성과 가장 가까이 있을 때 주로 고리 내부에 있다.

4 김영랑, 박용철이 1930년에 발행한 문학잡지는?

① 문장

② 인문평론

③ 백민

④ 사상계

⑤ 시문학

> ✔해설 ①② 1939년 최재서가 발행하였다.
> ③ 1945년 김송이 발행하였다.
> ④ 1953년 장준하가 발행하였다.

5 기존 유료방송 서비스를 해지하고 OTT를 시청하는 행태는?

① 어스아워

② 스말로그

③ 필터버블

④ 코드커팅

⑤ 키오스크

> ✔해설 코드커팅 … 유료 방송 시청자가 전통적인 방송 서비스 가입을 해지하고 인터넷 TV나 OTT 서비스를 시청하는 것을 말한다.
> ① 어스아워 : 매년 3월 마지막 주 토요일 오후 8시 30분부터 1시간 동안 불필요한 조명을 소등하는 지구촌 전등끄기 캠페인이다.
> ② 스말로그 : 디지털 기반 스마트 교육과 대면 아날로그식 교육의 합성어이다. 팬데믹으로 인해 교육격차가 심화되어 대면 위주의 교육을 하며 첨단 에듀테크를 최대한 활용하는 스말로그를 할 수 있어야 한다는 의견이 제기되고 있다.
> ③ 필터버블 : 이용자의 관심사에 맞춰 필터링된 인터넷 정보로 인해 편향된 정보에 갇히는 현상을 말한다.
> ⑤ 키오스크 : 음성 서비스, 동영상 구현 등 정보 서비스와 업무의 무인·자동화를 통해 쉽게 이용할 수 있도록 공공장소에 설치한 무인단말기를 말한다.

Answer 1.② 2.④ 3.④ 4.⑤ 5.④

6 다음 설명에 해당하는 것은?

> 이것이 선언되면 베이스에 있던 주자 모두가 다음 베이스로 자동 진루할 수 있다.
> 첫째, 투수가 투구와 관련된 동작을 일으킨 다음 그 투구를 중지했을 경우
> 둘째, 투수가 1루에 송구하는 흉내만 내고 실제로 송구하지 않았을 경우
> 셋째, 투수가 베이스에 송구하기 전 베이스가 있는 방향으로 발을 똑바로 내딛지 않았을 경우
> 넷째, 투수가 불필요하게 경기를 지연시켰을 경우 등

① 보크   ② 번트
③ 베이스 온 볼스   ④ 리터치
⑤ 아웃

> ✔해설 ① 보크 : 주자가 루에 있을 때 투수가 규칙에 어긋나는 투구 동작을 하는 것을 말한다.
> ② 번트 : 배트를 휘두르지 않고 공에 갖다 대듯이 가볍게 밀어 내야에 굴리는 타법
> ③ 베이스 온 볼스 : 타자가 볼카운트에서 4개의 볼을 얻어내 1루로 출루하는 것
> ④ 리터치 : 주자가 원래 있던 루로 돌아가는 것

7 다음 중 청록파 시인은?

① 김유정
② 현진건
③ 조지훈
④ 김소월
⑤ 이육사

> ✔해설 청록파는 박목월, 박두진, 조지훈을 함께 일컫는다. 1946년에 공동 시집 「청록집」을 간행한 데서 붙여
> 졌다. 우리말의 특징을 살려 자연을 소재로 작품을 표현하고자 했다.

8 우리나라 최초로 신인추천제를 실시하였으며 많은 현대시조 작가를 배출한 순수문예지는?

① 문장 ② 소년
③ 청춘 ④ 인문평론
⑤ 파한집

> ✔해설 문장 … 1939년 창간되어 1941년 폐간된 시·소설 중심의 순문예지이다.

9 다음에서 설명하고 있는 '이것'은 무엇인가?

> '이것'은 포털 사이트에서 A를 검색하면 언론사 사이트로 넘어가게 되는데, 이는 언론사들은 포털 사이트에 뺏겼던 클릭 수를 되찾을 수 있어서 선호하지만, 소비자들은 플로팅 광고(사이트 전체나 일부를 뒤덮는 광고 기법) 때문에 불편을 겪을 수 있다.

① 사이드링크 ② 하이링크
③ 인링크 ④ 미들링크
⑤ 아웃링크

> ✔해설 아웃링크(Outlink) … 포털사이트가 아닌 뉴스사이트에서 직접 뉴스를 보는 방식을 말한다. 국내의 네이버·다음 같은 포털사이트에서는 인 링크(네이버 화면 안에서 뉴스를 보는 방식)로 뉴스를 제공하고 있다. 반면 외국의 구글이나 페이스북은 아웃링크 방식으로, 이용자가 기사를 선택하면 해당 언론 사이트로 넘어가 기사를 보게 된다.

Answer 6.① 7.③ 8.① 9.⑤

10 수용자들이 매스미디어의 메시지를 선택적으로 노출·지각·기억한다고 설명한 이론은?

① 선별효과

② 피파주효과

③ 향상효과

④ 재핑효과

⑤ 제한효과

✔ 해설 제한효과이론 … 매스미디어는 기존의 태도나 가치·신념을 강화시키는 제한적 효과가 있을 뿐이라는 이론적 관점으로, 매스미디어의 영향력이 그렇게 크지 않으며 한정되어 있다는 이론이다.

11 신문·잡지의 특정한 난을 담당하여 집필하는 사람을 가리키는 말은?

① 데스크

② 칼럼니스트

③ 카피라이터

④ 스폰서

⑤ 아트디렉터

✔ 해설 ① 데스크 : 사건담당 책임기자
③ 카피라이터 : 광고문안 작성자
④ 스폰서 : TV, 라디오, 신문 등의 광고주
⑤ 아트디렉터 : 광고표현 총괄자

12 세계 최초로 발행된 일간신문은?

① 라이프치거 차이퉁겐

② 더 타임즈

③ 르 몽드

④ 뉴욕 타임즈

⑤ 독립신문

✔ 해설 ① 라이프치거 차이퉁겐 : 1660년에 창간된 세계 최초의 일간신문(독일)
② 더 타임즈 : 1785년 창간된 영국의 일간신문
③ 르 몽드 : 1944년 창간된 프랑스의 석간신문
④ 뉴욕 타임즈 : 1851년 창간된 미국의 일간신문
⑤ 독립신문 : 1896년 창간된 우리나라 최초 순 한글신문이자 민간신문

13 다음 중 '매우 여리게'를 나타내는 셈여림표는?

① 피아니시시모   ② 메조 피아노

③ 크레센도   ④ 악센트

⑤ 포르테

> ✔해설 셈여림표를 여린 순서대로 나타내면 p−mp−mf−f이다. '매우 여리게'를 의미하는 셈여림표는 '피아니시시모(ppp)'이다.
>
> ※ 셈여림표
>
> | 표기 | 명칭 | 내용 | 표기 | 명칭 | 내용 |
> |---|---|---|---|---|---|
> | ppp | 피아니시시모 | 매우 여리게 | fff | 포르티시시모 | 매우 세게 |
> | pp | 피아니시모 | 아주 여리게 | sf | 스포르찬도 | 그 음만 특히 세게 |
> | p | 피아노 | 여리게 | fp | 포르테 피아노 | 세게, 그후 바로 여리게 |
> | mp | 메조피아노 | 조금 여리게 | pf | 피아노 포르테 | 여리게, 그후 바로 세게 |
> | mf | 메조포르테 | 조금 세게 | 〉 | 악센트 | 그 음만 세게 |
> | f | 포르테 | 세게 | ＜ | 크레센도 | 점점 세게 |
> | ff | 로르티시모 | 아주 세게 | ＞ | 데크레센도 | 점점 여리게 |

14 "나는 신문 없는 정부보다 정부 없는 신문을 택하겠다."라고 말한 사람은?

① 제퍼슨   ② 케네디

③ 프랭클린   ④ 라이샤워

⑤ 하이든

> ✔해설 제퍼슨(T. Jefferson)은 미국의 제3대 대통령으로서, 언론자유의 중요성을 강조하였다.

15 판소리 여섯마당에 해당하지 않는 것은?

① 춘향가   ② 적벽가

③ 흥부가   ④ 배비장타령

⑤ 가루지기타령

> ✔해설 판소리 여섯마당에는 춘향가, 심청가, 흥부가(박타령), 수궁가, 적벽가, 가루지기타령이 있다.
>
> ※ 판소리 열두마당 … 여섯마당(춘향가, 심청가, 흥부가, 수궁가, 적벽가, 가루지기타령)+배비장타령, 장끼타령, 옹고집타령, 강릉매화타령, 무숙이타령, 숙영낭자타령(가짜신선타령)

Answer 10.④ 11.② 12.① 13.① 14.① 15.④

16 수영장 끝에 다다라서 물속에서 앞으로 반을 돈 뒤에 벽면을 차고 나가는 턴을 일컫는 말은?

① 플립 턴
② 롤오버 턴
③ 오픈 턴
④ 평영 턴
⑤ 노멀 턴

> ✔해설 ② 롤오버 턴 : 수영을 하고 벽면 끝에 다다라서 몸을 돌려 배영자세로 벽을 차고 나가는 턴이다.
> ③ 오픈 턴 : 양손이 벽면에 닿으면 몸을 구부린 후 양 발로 힘차게 몸을 반대편으로 치고 나가는 턴이다.
> ④ 평영 턴 : 평영으로 끝까지 간 후 양 손을 끝까지 같은 높이에 닿으면 몸을 구부리고 다리로 차서 나가는 턴이다.
> ⑤ 노멀 턴 : 벽에 손을 대고 손으로 벽을 미는 반동을 이용하여 벽을 킥하는 턴이다.

17 현지에서 일어난 사실을 녹음을 섞어가며 편집, 구성하는 생생한 방송을 무엇이라 하는가?

① 핫뉴스(Hot News)
② 인포데믹스(Infodemies)
③ 다큐멘터리(Documentary)
④ 애드버토리얼(Advertorial)
⑤ 르포(Reportage)

> ✔해설 ① 핫뉴스 : 현장에서 바로 취재해 온 최신뉴스를 말하며, 방송의 경우 현장에서 직접 보도하는 뉴스를 말한다.
> ② 인포데믹스 : 'Information(정보)'와 'Epidemics(전염병)'의 합성어로 부정확한 정보가 확산되어 발생하는 각종 부작용을 일컫는 말이다.
> ③ 다큐멘터리 : 기록영화나 실록소설 · 사실적인 방송을 말한다.
> ④ 애드버토리얼 : 'advertisement(광고)'와 'editorial(편집기사)'의 합성어로 논설 광고를 말한다.

18 커스컴(Cuscom)이란?

① 법과 같은 강제력을 가지는 언론의 윤리관
② 컴퓨터를 이용해서 주고받는 정보체계
③ 사회의 관습, 풍습, 관례에 따른 개인적 습관
④ 유선방송처럼 특정 소수의 사람들을 상대로 전달되는 통신체계
⑤ 영화의 명장면을 이용해 인지도를 높이는 광고

> ✔해설 커스컴(Cuscom) ⋯ 'Custom(단골)'과 'Communication(전달)'의 조합어로, 특정 소수를 상대로 전달되는 통신체계이다.

19 기존 영화 시리즈물에서 연속성을 버리고 새롭게 처음부터 만드는 것으로, 원작의 전체적인 콘셉트만 가져와 완전히 다른 이야기로 재구성하는 방식은?

① 리부트
② 프리퀄
③ 시퀄
④ 스핀오프
⑤ 리메이크

✔해설 리부트 … 원작의 주요 뼈대나 등장인물을 차용하여 새로운 시리즈로 재구성하는 속편이다.
② 프리퀄 : 원작에 선행하는 사건을 담는다. 주인공의 과거나 원작 에피소드에 선행하는 사건을 담아 원작의 개연성을 제공한다.
③ 시퀄 : 일반적인 속편으로, 원작의 캐릭터, 스토리를 재사용하거나 확장하여 구성한다. 대체로 원작의 제목은 그대로 쓰고 속편 표기를 한다.
④ 스핀오프 : 기존 등장인물이나 에피소드에 기초하여 새로운 이야기로 확장하는 방식이다. 작품의 세계관을 공유하지만 주인공이나 줄거리는 다르다.
⑤ 리메이크 : 전에 있었던 작품을 다른 사람이 새롭게 해석하여 제작하는 것을 말한다.

20 피카소 작품으로 옳은 것은?

㉠ 아비뇽의 처녀들	㉡ 게르니카
㉢ 수련	㉣ 한국에서의 학살
㉤ 어릿광대의 사육제	

① ㉠㉡㉢
② ㉠㉡㉣
③ ㉡㉢㉣
④ ㉢㉣㉤
⑤ ㉡㉣㉤

✔해설 ㉢ 모네의 작품
㉤ 호안미로의 작품

21 4대 프로 축구 리그로 옳지 않은 것은?

① 라리가   ② 세리에 A

③ 리그앙   ④ 분데스리아

⑤ 프리미어 리그

> ✔해설 4대 프로 축구 리그에는 영국의 프리미어 리그, 스페인의 라리가, 독일의 분데스리가, 이탈리아의 세리에 A가 있다. 여기에 프랑스 리그앙까지 더해 5대 리그라고 부른다.

22 대중매체가 강조하는 정도에 따라 수용자가 인식하는 정도가 달라질 수 있다고 보는 이론은?

① 침묵의 나선형이론

② 이용과 충족이론

③ 의제설정이론

④ 2단계 유통이론

⑤ 미디어결정론

> ✔해설 의제설정이론(아젠다 세팅) … 매스미디어가 특정 주제를 선택하고 반복함으로써 이를 강조하여 수용자가 중요한 의제로 인식하게 한다는 개념이다.

23 영상물등급체계에 해당하지 않는 것은?

① 전체관람가

② 12세 이상 관람가

③ 15세 이상 관람가

④ 20세 이상 관람가

⑤ 청소년 관람불가

✔ 해설 영상물등급위원회의 등급체계 … 전체관람가, 12세 이상 관람가, 15세 이상 관람가, 청소년 관람불가, 제한상영가

24 광고와 홍보의 차이를 좁혀 소비자의 신뢰를 높이려는 새로운 광고형태로 소위 '기사형식 광고'라 불리는 것은?

① 인포모셜(Informercial)

② R&D(Research And Development)

③ Ai(Appreciation Index)

④ 애드버토리얼(Advertorial)

⑤ RDS(Radio Date System)

✔ 해설 애드버토리얼 … Advertisement(광고)와 Editorial(편집기사)의 합성어로 신문광고나 잡지광고에서 언뜻 보기에 편집 기사처럼 만들어진 논설 또는 사설 형식의 광고이다.

25 스포츠 용어로 출전자격을 취득하지 못했으나 특별히 출전이 허용되는 선수나 팀을 지칭하는 것은?

① 멤버십카드

② 와일드카드

③ 히든카드

④ 체크카드

⑤ 레드카드

✔ 해설 와일드카드 … 스포츠 용어로는 축구, 테니스, 사격, 체조, 야구 등 일부 종목에서 출전자격을 따지 못했지만 특별히 출전이 허용된 선수나 팀을 의미한다. 이러한 와일드카드는 1994년 232일간의 긴 파업 끝에 개막된 1995년의 포스트시즌부터 시작되었다. 파업 후유증으로 페넌트 레이스 경기 수가 줄어든 대신 1994년 불발에 그친 와일드카드가 관중들의 흥미를 돋우기 위해 처음 도입된 것이다.

26 한국의 세계유산으로 아닌 것은?

① 소수서원   ② 병산서원

③ 낙안읍성   ④ 남한산성

⑤ 불국사

✔ 해설   낙안읍성은 잠정목록이고 아직 세계유산이 아니다.

27 우리 농촌의 민속놀이인 사물놀이에 쓰이는 악기가 아닌 것은?

① 소고   ② 꽹과리

③ 장구   ④ 징

⑤ 북

✔ 해설   사물놀이 … 꽹과리, 장구, 징, 북을 치며 노는 농촌의 민속놀이로 꽹과리는 별, 장구는 인간, 북은 달, 징은 해이다.

28 예술의 창작이나 그 발상면에서 독창성을 잃고 평범한 경향으로 흘러, 표현수단의 고정으로 인하여 예술의 신선미와 생기를 잃는 일을 일컫는 말은?

① 리리시즘(Lyricism)

② 포스트모더니즘(Post Modernism)

③ 모더니즘(Modernism)

④ 다다이즘(Dadaism)

⑤ 매너리즘(Mannerism)

✔ 해설   ① 리리시즘(Lyricism) : 예술적 표현의 서정적·주관적·개성적인 정서를 표현하고 추구하는 정신 또는 문체다.
② 포스트모더니즘(Post Modernism) : 모더니즘으로부터의 단절과 지속적인 성격을 동시에 지닌다.
③ 모더니즘(Modernism) : 제1차 세계대전 후의 근대주의, 현대주의를 의미한다.
④ 다다이즘(Dadaism) : 제1차 세계대전 중 유럽의 여러 도시에서 일어난 반예술운동이다.

29 아이러니한 상황 또는 사건 등을 통해 웃음을 유발하는 코미디는?

① 블랙 코미디

② 블루 코미디

③ 화이트 코미디

④ 그린 코미디

⑤ 옐로 코미디

> ✔️ **해설** 블랙 코미디 … 주로 부조리, 죽음과 같은 어두운 소재나 정치·사회적으로 비난받을 만한 소재를 풍자하며 웃음을 유발한다. 이러한 블랙 코미디는 웃기지만 생각해보면 상황을 지독히 현실적이고 냉정하게 바라보는 것이 특징이다.

30 미국 브로드웨이에서 연극인들과 극장 관계자들에게 수여하는 상(賞)으로 '연극의 아카데미상'이라고도 불리는 상은 무엇인가?

① 골든글로브상

② 토니상

③ 템플턴상

④ 에미상

⑤ 노벨상

> ✔️ **해설** 토니상(Tony Awards) … 미국 브로드웨이에서 앙투아네트 페리를 기리기 위해 1947년 만들어진 상으로 앙투아네트 페리의 애칭인 토니에서 딴 명칭이다.
> ① 골든글로브상(Golden Globe Prize)은 세계 84개국의 신문 및 잡지 기자로 구성된 할리우드 외국인기자협회가 그 해 영화인에게 수여하는 상이다.
> ③ 템플턴상(The Templeton Prize)은 종교계의 노벨상으로 불리며, 매년 종교 분야에서 인류를 위해 크게 이바지한 인물들에게 시상한다.
> ④ 에미상(Emmy Awards)은 텔레비전의 아카데미상이라 평가되는 미국 최대의 프로그램 콩쿠르상으로 텔레비전 작품 관계자의 우수한 업적을 평가하여 미국텔레비전 예술과학 아카데미가 주는 상이다.
> ⑤ 노벨상(Nobel Prizes) : 인류 복지에 힘을 쓴 이에게 주어지는 상으로, 경제학, 평화, 의학 또는 생리학, 물리학, 화학, 문학 총 6개 분야로 나뉘어진다.

Answer 26.③ 27.① 28.⑤ 29.① 30.②

CHAPTER 04 한국사

□ 선사시대의 비교 ***

시대	구석기	신석기	청동기	철기
연대	약 70만 년 전	약 8000년 전	BC 15 ~ 13세기경	BC 4세기경
경제	수렵 · 채집 · 어로	• 농경 시작 • 조 · 피 · 수수 등	• 벼농사 시작 • 사유재산 발생	철제 농기구로 생산력 증대
사회	무리생활	• 씨족 단위의 부족사회 • 계급 없는 평등사회	• 군장사회의 출현 • 계급의 발생	연맹국가
유물	동물뼈, 석기류, 인골	간석기, 토기(이른민무늬토기, 덧무늬토기, 빗살무늬토기)	민무늬토기, 반달돌칼, 비파형동검 등	검은간토기, 덧띠토기, 거푸집, 세형동검, 잔무늬거울
유적	• 웅기 굴포리 • 상원 검은모루 • 공주 석장리 • 연천 전곡리 등	• 웅기 굴포리 • 부산 동삼동 • 서울 암사동 • 봉산 지탑리 등	고인돌, 돌무지무덤, 돌널무덤 등	돌무지무덤, 돌널무덤, 독무덤, 널무덤 등

□ 중석기 *

구석기에서 신석기로 넘어가는 약 2,000년간(1만 년 전 ~ 8,000년 전)의 과도기 단계 구분하여 부르는 시기로, 작고 빠른 동물을 잡기 위한 활, 창, 작살 등과 잔석기 등을 사용하였다.

□ 단군신화(檀君神話) **

우리민족의 시조 신화로 이를 통해 청동기시대를 배경으로 고조선의 성립이라는 역사적 사실과 함께 당시 사회모습을 유추할 수 있다.

구분	내용
천신사상, 선민사상, 농경사회, 계급사회, 사유재산제 사회	천제의 아들 환웅이 천부인 3개와 풍백 · 운사 · 우사 등의 무리를 거느리고 태백산 신시에 세력을 이루었다.
토테미즘, 샤머니즘, 제정일치	곰과 호랑이가 와서 인간이 되게 해달라고 하였으며, 곰만이 인간여자가 되어 후에 환웅과 결합하여 아들 단군왕검을 낳았다.
민본주의, 지배층의 권위(통치이념)	널리 인간을 이롭게 한다(홍익인간).

□ **8조법(八條法)** *

고조선 사회의 기본법으로, 「한서지리지」에 기록되어 있다. 살인·상해·절도죄를 기본으로 하는 이 관습법은 족장들의 사회질서유지 수단이었으며, 동시에 가부장 중심의 계급사회로서 사유재산을 중히 여긴 당시의 사회상을 반영하고 있다. 그 내용 중 전하는 것은 '사람을 죽인 자는 사형에 처한다, 남에게 상해를 입힌 자는 곡물로 배상한다, 남의 물건을 훔친 자는 노비로 삼고 배상하려는 자는 50만 전을 내야 한다' 등 3조이다.

□ **여러 부족의 성장** *

구분	부여	고구려	옥저·동예	삼한
정치	5부족 연맹체(왕·4출도), 1책 12법	5부족 연맹체(왕·대가), 제가회의(군장회의)	읍군·삼로(군장)	제정분리 : 군장(신지·견지·읍차·부례), 제사장(천군)
풍속	우제점법, 형사취수, 순장의 풍습	데릴사위제	• 옥저 : 민며느리제, 가족공동장 • 동예 : 책화, 족외혼	벼농사 발달(저수지 축조), 낙랑·일본 등에 철 수출
경제	반농반목, 말·주옥·모피 등의 특산물	약탈경제 → 부경(창고)	• 농경발달, 해산물 풍부 • 단궁, 과하마, 반어피(동예)	두레조직을 통해 공동작업
제천행사	영고(12월)	동맹(10월)	무천(동예, 10월)	수릿날(5월), 절제(10월)

□ **발해(渤海)** *

698년 고구려의 장군이었던 대조영이 지린성 돈화현 동모산 일대(현재의 만주 및 연해주, 한반도 동북부)에 고구려인과 말갈족을 합하여 세운 나라이다. 정치 조직은 당나라의 영향을 받아 3성(정당성·선조성·중대성) 6부(충·인·의·지·예·신)를 두었고 귀족회의에서 국가 중대사를 결정했다. 발해는 고구려 유민이 지배층을 이루며 고구려 문화를 계승하여 발달시켰으며, 통일신라에 대한 견제로 일본과의 교역을 추진하였다. 926년 거란족에 의해 멸망했다.

□ **진대법(賑貸法)** *

고구려 고국천왕 16년(194) 을파소의 건의로 실시한 빈민구제법이다. 춘궁기에 가난한 백성에게 관곡을 빌려주었다가 추수기인 10월에 관에 환납하게 하는 제도이다. 귀족의 고리대금업으로 인한 폐단을 막고 양민들의 노비화를 막으려는 목적으로 실시한 제도였으며, 고려의 의창제도, 조선의 환곡제도의 선구가 되었다.

□ 광개토대왕비(廣開土大王碑) **

만주 집안현 통구(通溝)에 있는 고구려 19대 광개토대왕의 비석으로, 왕이 죽은 후인 장수왕 2년 (414)에 세워졌다. 비문은 고구려·신라·가야의 3국이 연합하여 왜군과 싸운 일과 왕의 일생사업을 기록한 것으로, 우리나라 최대의 비석이다. 일본은 '왜이신묘년래도해파백잔ㅁ ㅁ신라이위신민(倭以辛卯年來渡海破百殘ㅁ ㅁ新羅以爲臣民)'라는 비문을 확대·왜곡 해석하여 임나일본부설의 근거로 삼고 있다.

> **PLUS** 임나일본부설(任那日本府說) … 일본의 '니혼쇼기(日本書紀)'의 임나일본부, 임나관가라는 기록을 근거로 고대 낙동강유역의 변한지방을 일본의 야마토[大和]정권이 지배하던 관부(官府)라고 주장하는 설이다.

□ 임나일본부설(任那日本附設) *

일본의 '니혼쇼기(日本書紀)'의 임나일본부, 임나관가라는 기록을 근거로 고대 낙동강유역의 변한지방을 일본의 야마토[大和]정권이 지배하던 관부(官府)라고 주장하는 설이다.

□ 태학(太學) *

고구려의 국립교육기관으로, 우리나라 최초의 교육기관이다. 소수림왕 2년(372)에 설립되어 중앙귀족의 자제에게 유학을 가르쳤다.

> **PLUS** 경당(慶堂) …지방의 사립교육기관으로 한학과 무술을 가르쳤다.

□ 다라니경(陀羅尼經) *

국보 제126호로 지정되었다. 불국사 3층 석탑(석가탑)의 보수공사 때(1966) 발견된 것으로, 현존하는 세계 최고(最古)의 목판인쇄물이다. 다라니경의 출간연대는 통일신라 때인 700년대 초에서 751년 사이로 추정되며 정식 명칭은 무구정광 대다라니경이다.

□ 마립간(麻立干) *

신라시대의 왕호이다. 신라 건국초기에는 박·석·김의 3성(姓) 부족이 연맹하여 연맹장을 세 부족이 교대로 선출했으며, 이들이 주체가 되어 신라 6촌이라는 연맹체를 조직하기에 이르렀다. 이것이 내물왕 때부터는 김씨의 왕위세습권이 확립되었고 대수장(大首長)이란 뜻을 가진 마립간을 사용하게 되었다.

□ 골품제도(骨品制度) **

신라의 신분제로, 성골·진골·6두품 등이 있었다. 성골은 양친 모두 왕족인 자로서 28대 진덕여왕까지 왕위를 독점 세습하였으며, 진골은 양친 중 한편이 왕족인 자로서 태종무열왕 때부터 왕위를 세습하였다. 골품은 가계의 존비를 나타내고 골품 등급에 따라 복장·가옥·수레 등에 여러 가지 제한을 두었다.

□ 향(鄕) · 소(巢) · 부곡(部曲) *

통일신라 때 생겨난 특수행정구역으로 양인이지만 천역을 진 신량역천인 거주지를 말한다. 통일과정에서 저항한 지역을 강등시킴으로 생겨났으며 향 · 부곡은 농업, 소는 수공업을 담당하였다. 고려 때까지 있었으나 조선 때 소멸했다.

□ 독서삼품과(讀書三品科) **

신라 때의 관리등용방법으로, 원성왕 4년(788) 시험본위로 인재를 뽑기 위하여 태학감에 설치한 제도이다. 좌전 · 예기 · 문선을 읽어 그 뜻에 능통하고 아울러 논어 · 효경에 밝은 자를 상품(上品), 곡례 · 논어 · 효경을 읽을 줄 아는 자를 중품(中品), 곡례와 논어를 읽을 줄 아는 자를 하품(下品)이라 구별하였으며, 독서출신과(讀書出身科)라고도 하였다. 그러나 골품제도 때문에 제 기능을 발휘하지는 못하였다.

□ 신라장적(新羅帳籍) *

1933년 일본 도오다이사(東大寺) 쇼소인(正倉院)에서 발견된 것으로, 서원경(淸州)지방 4개 촌의 민정문서이다. 남녀별 · 연령별의 정확한 인구와 소 · 말 · 뽕나무 · 호도나무 · 잣나무 등을 집계하여 3년마다 촌주가 작성하였다. 호(戸)는 인정(人丁)수에 의해 9등급, 인구는 연령에 따라 6등급으로 나뉘었고, 여자도 노동력수취의 대상이 되었다. 촌주는 3 ~ 4개의 자연촌락을 다스리고 정부는 촌주에게 촌주위답을, 촌민에게는 연수유답을 지급하였다. 이 문서는 조세수취와 노동력징발의 기준을 정하기 위해 작성되었다.

□ 진흥왕순수비(眞興王巡狩碑) *

신라 제 24 대 진흥왕이 국토를 확장하고 국위를 선양하기 위하여 여러 신하를 이끌고 변경을 순수하면서 기념으로 세운 비로, 현재까지 알려진 것은 창녕비 · 북한산비 · 황초령비 · 마운령비 등이다.

□ 화백제도(和白制度) *

신라 때 진골 출신의 고관인 대등(大等)들이 모여 국가의 중대사를 결정하는 회의이다. 만장일치로 의결하고, 한 사람이라도 반대하면 결렬되는 회의제도였다.

□ 훈요 10조(訓要十條) *

고려 태조 26년(943)에 대광 박술희를 통해 후손에게 훈계한 정치지침서로, 신서와 훈계 10조로 이루어져 있다. 불교 · 풍수지리설 숭상, 적자적손에 의한 왕위계승, 당풍의 흡수와 거란에 대한 강경책 등의 내용으로 고려정치의 기본방향을 제시하였다.

□ **기인제도(其人制度)** **

고려초기 지방향리의 자제를 서울에 인질로 두고 지방사정에 대한 자문을 구했던 제도로, 호족세력의 억제수단이었다. 이 제도는 신라시대 상수리제도에서 유래되어 조선시대의 경저리제도로 발전하였다.

□ **상수리제도(上守吏制度)** *

통일신라시대 지방 세력의 자제를 중앙에 머물게 하는 제도를 말하며, 왕권의 강화를 위해 실시하였다. 삼국을 통일한 신라는 왕권을 강화하기 위해 많은 정책을 실시하였는데, 그 중 상수리 제도는 각 주의 지방 세력의 자제들 중 한 명을 뽑아 중앙의 볼모로 와 있게 함으로써 지방의 세력을 견제하고 왕권을 강화하고자 한 것이다. 이는 고려의 기인, 조선의 경저리 제도와 유사한 제도이다.

□ **사심관제도(事審官制度)** ***

고려 태조의 민족융합정책의 하나로, 귀순한 왕족에게 그 지방정치의 자문관으로서 정치에 참여시킨 제도이다. 신라 경순왕을 경주의 사심관으로 임명한 것이 최초이다. 사심관은 부호장 이하의 향리를 임명할 수 있으며, 그 지방의 치안에 대해 연대책임을 져야 했다. 결국 지방세력가들을 견제하기 위한 제도라고 볼 수 있다.

□ **서경제도** *

고려·조선시대에 관리의 임명이나 법령의 개정·폐지 시 대간(고려 : 어사대·중서문사성 낭사, 조선 : 사헌부·사간원 관리)의 동의를 받도록 하는 제도를 말한다.

□ **장생고(長生庫)** *

고려 때 사원에 설치한 서민금융기관이다. 사원전에서 수확된 대부분을 자본으로 하여 민간경제의 융통을 기하는 동시에 사원 자체의 유지·발전을 꾀하였으나, 점차 고리대금의 성격으로 변하였다. 이로 인하여 불교 자체의 질적 저하를 가져왔으며, 귀족들의 부를 증대시켰다.

□ **음서제도(蔭書制度)** **

고려·조선시대에 공신이나 고위관리의 자제들이 과거에 응하지 않고도 관직에 등용되던 제도를 말한다. 조선시대는 고려시대보다 음서의 범위가 축소되었다.

□ **무신정변(武臣政變)** **

고려시대 무신들에 의해 일어난 정변으로 이는 좁은 뜻으로 볼 때 의종 24년(1170)의 정중부의 난을 말한다. 고려의 지배층을 구성한 것은 문신과 무신이 모두 해당되나, 과거제도와 함께 유교주의가 채택됨으로써 문치를 지향하는 사회가 되어 문신의 지위가 무신에 비해 높아지게 되었다. 그리하여 성종 이후 거란 · 여진 등 북방민족이 침입했을 때도 그 최고지휘관은 문신이 되었고, 무신은 그 아래에서 지휘를 받으며 많은 희생을 감수하였다. 또한 경제적 배경이 되는 전시과체제에 있어서 목종 1년(998)의 문무양반의 전시과체제의 개정 때에는 무관이 문관에 비해 낮은 품계를 받음으로써 무신의 불평은 높아지고 갈등이 깊어지게 되었다. 그 불평과 갈등은 마침내 실력행사로 나타나게 되었고, 그것은 세력의 기반을 다지지 않고서는 성공하기 힘든 것이었다. 현종 5년(1014년) 급증한 백관의 녹봉을 지급하기 위해 당시 경군(京軍)의 영업전을 몰수하자, 이에 격분한 무신 최질 · 김훈 등은 병사들을 충동하여 반란을 일으키고 정치상의 실권을 장악하였다. 그러나 1년도 못되어 정권이 실패하는 바람에 더욱더 문신이 득세하는 결과를 낳았다. 계속된 숭문억무정책은 의종 때까지 이어져 명승지에 이궁과 정자를 지으면서 군졸들을 동원하였고, 급기야 문신 김돈중이 견룡대정(牽龍隊正) 정중부의 수염을 촛불로 태워 희롱하는 사태로까지 발전하였다. 결국 이러한 고려 귀족사회가 지닌 모순들은 마침내 무신정변을 일으키게 하였다. 1170년 의종이 문신들을 거느리고 장단 보현원에 행차할 때 왕을 호종하던 정중부와 이의방 · 이고 등은 반란을 일으켜 왕을 수행하던 문신들을 학살하고, 다시 개성으로 돌아와서 요직에 있던 문신들을 대량 학살하였다. 그들은 곧이어 의종을 폐위시키고 그의 아우 익양공을 왕(명종)으로 옹립하여 실권을 장악, 문신귀족정치를 무너뜨리고 무신정권이 성립되었다.

PLUS 정방(正房) ··· 고려 최씨집권 때 최우가 자기집에 설치하여 문무백관의 인사행정을 담당하던 기관으로, 최씨정권이 몰락한 후에도 오래 존속되었다. 창왕 때 상서사로 개편되었다.

□ **중방정치(重房政治)** *

중방은 2군 6위의 상장군 · 대장군 16명이 모여 군사에 관한 일을 논의하던 무신의 최고회의기관으로, 정중부가 무신의 난 이후 중방에서 국정전반을 통치하던 때의 정치를 의미한다.

□ **도방정치(都房政治)** *

도방은 경대승이 정중부를 제거한 후 정권을 잡고 신변보호를 위해 처음 설치하여 정치를 하던 기구로, 그 뒤 최충헌이 더욱 강화하여 신변보호 및 집권체제 강화를 위한 군사기기로 사용하였다.

□ 도병마사(都兵馬使) **

고려시대 중서문하성의 고관인 재신과 중추원의 고관인 추밀이 합좌하여 국가 중대사를 논의하던 최고기관(도당)이다. 충렬왕 때 도평의사사로 바뀌었다.

□ 교정도감(敎定都監) *

고려시대 최충헌이 무신집권기에 설치한 최고행정집행기관(인사권 · 징세권 · 감찰권)으로, 국왕보다 세도가 강했으며 우두머리인 교정별감은 최씨에 의해 대대로 계승되었다.

□ 별무반(別武班) *

고려 숙종 9년(1104) 윤관의 건의에 따라 여진정벌을 위해 편성된 특수부대이다. 귀족 중심의 신기군(기병부대), 농민을 주축으로 한 신보군(보병부대), 승려들로 조직된 항마군으로 편성되었다.

□ 삼별초(三別抄) **

고려 최씨집권시대의 사병집단이다. 처음에 도둑을 막기 위하여 조직한 야별초가 확장되어 좌별초 · 우별초로 나뉘고, 몽고군의 포로가 되었다가 도망쳐 온 자들로 조직된 신의군을 합하여 삼별초라 한다. 원종의 친몽정책에 반대하여 항쟁을 계속하였으나, 관군과 몽고군에 의해 평정되었다.

□ 묘청의 난 ***

고려 인종 13년(1135)에 묘청이 풍수지리의 이상을 표방하고, 서경으로 천도할 것을 주장하였으나 유학자 김부식 등의 반대로 실패하자 일으킨 난이다. 관군에 토벌되어 1년 만에 평정되었다. 신채호는 '조선역사상 1천 년 내의 제1의 사건'이라 하여 자주성을 높이 평가하였다.

□ 건원중보(乾元重寶) *

고려 성종 15년(996)때 주조된 우리나라 최초의 철전(鐵錢)이다. 그 후 삼한중보 · 삼한통보 · 해동중보 · 해동통보 · 동국중보 · 동국통보 등을 주조하였으나 널리 통용되지는 않았다.

□ 전시과(田柴科) ***

고려의 토지제도로 관직이나 직역을 담당한 사람들에게 직위에 따라 전지(田地)와 시지(柴地)를 차등 있게 분급하는 제도이다. 태조 23년(940)의 역분전(役分田)에 기초를 둔 것이었는데, 역분전은 통일 뒤의 논공행상적인 것이었다. 전시과라는 명칭은 문무관리에게 전지와 연료 채취지인 시지를 준 데에서 비롯된다. 신라의 녹읍제가 토지 자체보다도 인간을 지배하려는데 그 목적이 컸음에 비하여 전시과는 토지를 통한 농민지배의 성격이 강했다.

□ 공음전 *

공음전시(功蔭田柴)라고도 하며 고려시대 관리에게 토지를 지급하는 전시과에 속한 토지 항목 중의 하나이다. 5품 이상의 귀족관료에게 지급되어 세습이 허용되었다.

□ 과전법(科田法) **

고려 말 이성계일파에 의하여 단행된 전제개혁으로 공양왕 3년(1391)에 전국의 토지를 몰수한 후 경기토지에 한하여 전직·현직 문무관에게 사전(私田)을 지급하였다. 이것은 세습할 수 없었고, 나머지는 모두 공전(公田)으로 하였다.

□ 국자감(國子監) **

고려 성종 11년(992)에 세워진 국립대학으로, 국자학·태학·사문학의 3학과 율학·서학·산학 등의 전문학과가 있었다. 평민이 입학하여 기술학을 학습하는 유일한 국립대학이었다. 국학이라고도 불리웠는데, 후에 성균관으로 개칭되어 조선에 계승되었다.

□ 상평창(常平倉)·의창(義倉) *

상평창은 고려 성종 12년(993)에 설치한 물가조절기관으로, 곡식과 포목 등 생활필수품을 값쌀 때 사두었다가 흉년이 들면 파는 기관이다. 이는 개경과 서경을 비롯한 전국 주요 12목에 큰 창고를 두었으며, 사회구제책과 권농책으로 오래 활용되었다. 의창은 고려 성종 5년(986)에 태조가 만든 흑창을 개칭한 빈민구제기관으로, 전국 각 주에 설치하였다. 춘궁기에 관곡에 빌려주고 추수 후에 받아들이는 제도로, 고구려 진대법과 조선의 사창·환곡과 성격이 같다.

□ 노비안검법(奴婢按檢法) **

고려 광종 7년(956) 원래 양인이었다가 노비가 된 자들을 조사하여 해방시켜 주고자 했던 법으로, 귀족세력을 꺾고 왕권을 강화하기 위한 정책적 목적으로 실시되었다. 그러나 후에 귀족들의 불평이 많아지고 혼란이 가중되어 노비환천법이 실시되었다.

○ PLUS 노비환천법(奴婢還賤法) ··· 노비안검법의 실시로 해방된 노비 중 본주인에게 불손한 자를 다시 노비로 환원시키기 위해 고려 성종 때 취해진 정책이다.

□ 상정고금예문(詳定古今禮文) *

고려 인종 때 최윤의가 지은 것으로, 고금의 예문을 모아 편찬한 책이나 현존하지 않는다. 이규보의 동국이상국집에 이 책을 고종 21년(1234)에 활자로 찍었다고 한 것으로 보아 우리나라 최초의 금속활자본으로 추정된다.

□ 직지심경(直指心經) **

고려 우왕 3년(1377)에 백운이라는 승려가 만든 불서로 직지심체요절(直指心體要節)이라고도 한다. 1972년 파리의 국립도서관에서 유네스코 주최로 개최된 '책의 역사' 전시회에서 발견되어 현존하는 세계 최고(最古)의 금속활자본으로 판명되었다.

□ 조선경국전(朝鮮經國典) *

조선왕조의 건국이념과 정치·경제·사회·문화에 대한 기본방향을 설정한 헌장법전으로, 정도전·하윤 등에 의해 편찬되었다. 경국대전을 비롯한 조선왕조 법전편찬의 기초가 되었다.

□ 도첩제(度牒制) *

조선 태조 때 실시된 억불책의 하나로, 승려에게 신분증명서에 해당하는 도첩을 지니게 한 제도이다. 승려가 되려는 자에게 국가에 대해 일정한 의무를 지게 한 다음 도첩을 주어 함부로 승려가 되는 것을 억제한 제도인데, 이로 말미암아 승려들의 세력이 크게 약화되고 불교도 쇠퇴하였다.

□ 대동법(大同法) **

17세기 초 이원익, 한백겸의 주장으로 현물로 바치던 공물을 토지의 결수에 따라 쌀로 바치게 한 세법이다. 1결당 12두로 선조 때부터 경기지방에 실시되다가 숙종 때 함경·평안도를 제외하고 전국적으로 실시되었다. 이로써 방납의 폐해 근절, 국가재정의 증대, 농민부담의 감소, 지주부담의 증가, 공인의 등장, 상공업·화폐·교통의 발달 등의 결과를 가져왔다.

⊙ PLUS 선혜청 … 선조 때 이원익의 주창으로 설치되어 대동미와 베·돈의 출납 등을 맡아보던 관청이다.

□ 균역법(均役法) ***

영조 26년(1750) 백성의 부담을 덜기 위하여 실시한 납세제도로, 종래 1년에 2필씩 내던 포를 1필로 반감하여 주고 그 재정상의 부족액을 어업세·염세·선박세와 결작의 징수로 보충하였다. 역을 균등히 하기 위해 제정하고 균역청을 설치하여 이를 관할하였으나, 관리의 부패로 농촌생활이 피폐해졌으며 19세기에는 삼정문란의 하나가 되었다.

□ 삼정(三政) **

조선시대 국가재정의 근원인 전정(田政)·군정(軍政)·환곡(還穀)을 말한다. 전정이란 토지에 따라 세를 받는 것이고, 군정은 균역 대신 베 한필씩을 받는 것이며, 환곡은 빈민의 구제책으로 봄에 곡식을 빌려 주었다가 가을에 10분의 1의 이자를 합쳐 받는 것이다.

□ **삼포왜란(三浦倭亂)** *

왜인들이 중종 5년(1510)에 3포(부산포, 제포, 염포)에서 일으킨 난을 말한다. 이로 인해 임신약조를 맺게 되어 세견선과 세사미두를 반감하였고, 제포를 개항하는 동시에 중종 39년(1544)에는 왜관을 부산포로 옮겼다. 삼포왜란을 계기로 군국의 사무를 맡는 새로운 기관이 필요해짐에 따라 비변사가 설치되었다.

□ **4군 6진(四郡六鎭)** *

세종 때 영토수복정책의 일환으로 최윤덕이 압록강 일대의 여진족을 정벌하고 여연·자성·무창·우예의 4군을, 김종서가 두만강 일대의 여진족을 몰아내고 종성·온성·회령·부령·경원·경흥의 6진을 설치하였다. 4군 6진의 개척결과 오늘날 우리나라의 국토경계선이 두만강에까지 이르게 되었다.

□ **병자호란(丙子胡亂)** *

조선 인조 14년(1636) 청이 명을 정벌하기 위해서 군량과 병선의 징발을 요구하고 형제관계를 군신관계로 바꾸도록 강요하자, 이에 격분한 조선정부가 임전태세를 강화함으로써 일어난 전쟁이다. 청 태종이 용골대와 마부대를 선봉으로 10만대군을 이끌고 침입, 결국은 주화파 최명길을 통하여 삼전도에서 굴욕적인 항복을 하였다. 이 결과 청과 조선은 군신관계를 맺고 명과의 관계를 끊으며, 소현세자와 봉림대군의 두 왕자와 척화파인 홍익한, 윤집, 오달제 등 3학사를 인질로 보냈다.

□ **비변사(備邊司)** **

조선시대 정일품아문(正一品衙門)으로 중앙과 지방의 군국기무(軍國機務)를 총괄하던 관청이다. 중종 5년인 1510년에 처음으로 설치했을 때는 왜인 및 야인과의 충돌을 대비한 임시기구였지만, 명종 10년인 1555년부터 상설 기관화 하였다. 임진왜란 이후 정치의 중추기관 역할을 하며 의정부를 대신하여 최고아문(最高衙門)이 되었다가, 고종 대에 와서는 외교·국방·치안 관계만을 맡아보다가 1865년 폐지되었다.

□ **소수서원(紹修書院)** *

우리나라 최초의 사액서원이다. 중종 38년(1543) 풍기 군수인 주세붕이 최초의 서원인 백운동서원을 설립하였고, 명종 때 이황이 군수로 부임한 후 국왕으로부터 사액을 하사받아 소수서원이라고 개칭했다.

□ **규장각(奎章閣)** *

정조 원년(1776)에 궁중에 설치된 왕립도서관 및 학문연구소로, 역대 국왕의 시문·친필·서화·유교 등을 관리하던 곳이다. 이는 학문을 연구하고 정사를 토론케 하여 정치의 득실을 살피는 한편, 외척·환관의 세력을 눌러 왕권을 신장시키고 문예·풍속을 진흥시키기 위한 것이었다.

□ 집현전(集賢殿) *

세종 2년(1420) 설치된 왕립학문연구소이다. 그 구성은 재주있는 연소학자로 되어 있어 각각 경연(왕의 학문지도)과 서연(세자의 학문지도), 각종 학술의 연구, 유교·지리·의학 등 국왕에 대한 학문상 고문과 정치적 자문, 각종 서적의 편찬과 저술 등을 수행하였다. 세조 때 폐지되었다가 성종 때 홍문관으로, 다시 정조 때 규장각으로 변천되었다.

□ 탕평책(蕩平策) ***

영조가 당쟁의 뿌리를 뽑아 일당전제의 폐단을 없애고, 양반의 세력균형을 취하여 왕권의 신장과 탕탕평평을 꾀한 정책이다. 이 정책은 정조 때까지 계승되어 당쟁의 피해를 막는데 큰 성과를 거두었으나, 당쟁을 근절시키지는 못하였다.

□ 4색당파(四色黨派) *

조선시대 약 340년간 정권쟁탈과 사리사욕을 일삼던 북인·남인·노론·소론의 당파를 말한다. 당쟁은 선조 8년(1575) 김효원 중심의 동인과 심의겸 중심의 서인과의 대립에서 시작되었다. 4색은 선조 24년에 동인이 북인과 남인으로, 숙종 9년에 서인이 노론과 소론으로 분당되어 이루어졌다.

□ 4대 사화(四大士禍) ***

조선시대 중앙관료들 간의 알력과 권력쟁탈로 인하여 많은 선비들이 화를 입었던 사건을 말한다. 4대 사화는 연산군 4년(1498)의 무오사화, 연산군 10년(1504)의 갑자사화, 중종 14년(1519)의 기묘사화, 명종 원년(1545)의 을사사화를 말한다.

4대 사화	내용
무오사화	사초(史草)가 발단이 되어 일어나 사화(史禍)라고도 하며, 김일손 등 신진사류가 유자광 중심의 훈구파에게 화를 입은 사건이다.
갑자사화	연산군의 어머니 윤씨(尹氏)의 복위문제에 얽혀서 일어난 사화로 윤씨 복위에 반대한 선비들을 처형한 사건이다.
기묘사화	남곤, 홍경주 등의 훈구파에 의해 조광조 등의 신진사류들이 숙청된 사건이다.
을사사화	왕실의 외척인 대윤(大尹)과 소윤(小尹)의 반목을 계기로 일어난 사화이다.

PLUS 조의제문(弔義帝文) ⋯ 조선 김종직이 초나라의 항우가 의제(義帝)를 죽여 폐위시킨 것을 조위하여 쓴 글이다. 이는 세조가 어린 단종을 죽이고 즉위한 것을 풍자한 글로서, 후에 무오사화(戊午士禍)의 원인이 되었다.

□ **만인소(萬人疏)** *

정치의 잘못을 시정할 것을 내용으로 하는 유생들의 집단적인 상소를 말한다. 그 대표적인 것으로는 순조 23년(1823)에 서자손 차별반대 상소, 철종 6년(1845)에 사도세자 추존의 상소, 그리고 고종 18년(1881)에 김홍집이 소개한 황쭌셴의 조선책략에 의한 정치개혁반대 상소를 들 수 있다.

□ **사육신(死六臣) · 생육신(生六臣)** **

조선시대 수양대군의 왕위찬탈에 의분을 느낀 집현전 학자들은 정인지 · 신숙주 등을 제외하고 단종 복위운동을 꾀하였다. 이때 실패하여 처형당한 성삼문 · 박팽년 · 하위지 · 유응부 · 유성원 · 이개 등을 사육신이라 부른다. 생육신은 불사이군(不事二君)이란 명분을 내세워 벼슬을 거부하고 절개를 지킨 김시습 · 원호 · 이맹전 · 조여 · 성담수 · 권절(또는 남효온) 등을 말한다.

□ **실학(實學)** ***

조선 후기 17 ~ 19세기에 걸쳐 나타난 근대 지향적이고 실증적인 학문이다. 전근대적인 성향의 전통 유학인 성리학의 한계에서 벗어나 부국강병과 민생안정을 도모할 수 있는 실천적인 학문을 모색한 개신적(改新的)사상이다.

□ **중농학파(重農學派) · 중상학파(重商學派)** *

구분	특징
중농학파	경세치용(經世致用)학파라고도 하며, 실리적이고 체계적인 개혁을 지향하여 농촌 문제에 관심을 쏟아 토지 · 조세 · 교육 · 관리 선발 등의 폐단을 시정하고자 하였다. 유형원, 이익, 정약용 등이 이 학파에 속하며, 중농학파는 구한말의 애국계몽 사상가들과 일제 강점기 국학자들에게 큰 영향을 주었다.
중상학파	북학파(北學派), 이용후생학파(利用厚生學派)라고도 하며, 청나라 문화의 영향을 받아 등장하였다. 농업뿐 아니라 상공업 진흥과 기술 혁신 등 물질문화 발달에 관심을 보였으며, 중심 학자로 유수원, 홍대용, 박지원, 박제가 등이 있다. 중상학파의 개혁사상은 농업에만 치우친 유교적 이상국가론에서 탈피하여 부국강병을 위한 적극적인 방안을 강구하였다는 점에서 의의가 있으며, 박규수, 김옥균 등 개화사상가에게 영향을 주었다.

□ **동의보감(東醫寶鑑)** **

광해군 때 허준이 중국과 한국의 의서를 더욱 발전시켜 펴낸 의서로, 뒤에 일본과 중국에서도 간행되는 등 동양의학 발달에 크게 기여하였다. 이 책은 내과 · 외과 · 소아과 · 침구 등 각 방면의 처방을 우리 실정에 맞게 풀이하고 있다.

□ 동사강목(東史綱目) *

조선 1778년(정조 2년) 순암(順菴) 안정복(安鼎福)이 저술한 역사서로 고조선부터 고려 말 공양왕까지의 역사를 기록하였다. 중국 송나라 주자(朱子)의 「통감강목(通鑑綱目)」의 체제에 따라 편찬한 강목체 · 편년체 사서로 본편 17권에 부록 3권이 덧붙여져 있다.

□ 경국대전(經國大典) *

조선 세조의 명에 의해 최항, 노사신 등이 편찬을 시작하여 성종 2년에 완성한 조선 왕조의 기본법전이다. 조선 초기 「경제육전(經濟六典)」과 그 후에 반포된 법령, 교지, 조례 등을 종합해 호전(戶典), 형전(刑典) 등의 6조(曹)로 완성된 전 6권은 책이다.

□ 향약(鄕約) ***

조선 중종 때 조광조(여씨향약)에 의하여 처음 실시되었으며, 이황(예안향약)과 이이(해주향약)에 의해 전국적으로 보급되었다. 지방 사족이 향촌사회를 운영하는 지배수단이 되었다. 향약의 4대 덕목은 좋은 일은 서로 권한다는 의미의 '덕업상권(德業相勸)', 잘못한 일은 서로 규제한다는 의미의 '과실상규(過失相規)', 올바른 예속으로 교류한다는 의미의 '예속상교(禮俗相交)', 재난과 어려움을 서로 돕는다는 의미의 '환난상률(患難相恤)'이다.

□ 양안(量案) *

농민층의 토지대장을 말한다. 논밭의 소재 · 위치 · 등급 · 형상 · 면적 · 자호를 적어둔 책으로, 조선시대에는 20년마다 양전(토지조사)을 하여 양안(토지대장)을 작성하였다. 경지면적과 등급을 재조사함으로써 국가재정수입을 늘리고 조세부담을 고르게 하는데 목적이 있었다.

□ 육의전(六矣廛) *

조선 때 운종가(종로)에 설치되어 왕실 · 국가의식의 수요를 도맡아 공급하던 어용상점을 말한다. 비단 · 무명 · 명주 · 모시 · 종이 · 어물 등 여섯 종류였고, 이들은 고율의 세금과 국역을 물고 납품을 독점하였으며, 금난전권을 행사하며 자유로운 거래를 제한하였다.

⊙ PLUS 금난전권 … 난전을 금압하는 시전상인들의 독점판매권이다. 18세기 말 정조 때 신해통공정책으로 육의전을 제외한 모든 시전상인들의 금난전권이 철폐되었다.

□ 상평통보(常平通寶) *

인조 11년(1663) 이덕형의 건의로 만들어진 화폐이다. 만들어진 후 곧 폐지되었으나, 효종 2년 김육에 의하여 새로 만들어져 서울과 서북지방에서 잠시 사용되다가 다시 폐지되었다. 그후 숙종 4년(1678)에 허적에 의하여 새로이 주조되어 전국적으로 통용되었다.

□ 도고(都賈) *

조선 후기 대규모의 자본으로 상품을 매점매석하여 이윤의 극대화를 노리던 상행위 또는 그러한 상행위를 하던 상인이나 상인조직을 일컫는다. 도고의 성장은 상인의 계층 분화를 촉진시키는 요인으로 작용하였다.

□ 병인양요(丙寅洋擾) *

고종 3년(1866) 대원군이 천주교도를 탄압하자 리델(Ridel)신부가 탈출하여 천진에 와 있던 프랑스함대에 보고함으로써 일어난 사건이다. 그해에 프랑스 로즈(Rose)제독은 함선을 이끌고 강화도를 공격·점령했는데, 대원군이 이경하 등으로 하여금 싸우게 하여 40여일만에 프랑스군을 격퇴시켰다.

□ 강화도조약 ***

운요호사건을 빌미로 고종 13년(1876) 일본과 맺은 최초의 근대적 조약으로, 일명 병자수호조약이라고도 한다. 부산·인천·원산 등 3항의 개항과 치외법권의 인정 등을 내용으로 하는 불평등한 조약이나, 이를 계기로 개국과 개화가 비롯되었다는데 큰 의의가 있다.

□ 조사시찰단(紳士遊覽團) *

고종 18년(1881) 일본에 파견하여 새로운 문물제도를 시찰케 한 사절단을 말한다. 강화도조약이 체결된 뒤 수신사 김기수와 김홍집은 일본에 다녀와서 서양의 근대문명과 일본의 문물제도를 배워야 한다고 주장하였다. 이에 조선정부는 박정양·조준영·어윤중·홍영식 등과 이들을 보조하는 수원·통사·종인으로 조사시찰단을 편성하여 일본에 체류하면서 문교·내무·농상·의무·군부 등 각 성(省)의 시설과 세관·조례 등의 주요 부분 및 제사(製絲)·잠업 등에 이르기까지 고루 시찰하고 돌아왔다.

□ 별기군(別技軍) *

고종 18년(1881)에 설치한 신식군대로, 강화도 조약 체결 이후 노골화 되는 제국주의세력에 대한 부국강병책의 일환으로 설립되었다. 일본의 육군공병 소위 호리모도를 초빙하여 교관으로 삼고 100명으로 편성된 별기군을 훈련시켰다. 별기군은 임오군란 때 폐지되었다.

□ 임오군란(壬午軍亂) **

고종 19년(1882) 개화파와 보수파의 대립으로 일어난 사건으로, 신·구식 군대차별이 발단이 되었다. 이 결과 대원군이 재집권하게 되었으나, 민씨일파의 책동으로 청의 내정간섭이 시작되고 이로 인해 제물포조약이 체결되어 일본의 조선침략의 발판이 되었다.

□ 갑신정변(甲申政變) ***

고종 21년(1884) 개화당의 김옥균, 박영효 등이 중심이 되어 우정국 낙성식에서 민씨일파를 제거하고 개화정부를 세우려 했던 정변이다. 갑신정변은 청의 지나친 내정간섭과 민씨세력의 사대적 경향을 저지하고 자주독립국가를 세우려는 의도에서 일어났으나, 청의 개입과 일본의 배신으로 3일천하로 끝났다. 근대적 정치개혁에 대한 최초의 시도였다는 점에 큰 의의가 있다.

□ 거문도사건 *

고종 22년(1885) 영국이 전라남도에 있는 거문도를 불법 점거한 사건이다. 당시 영국은 러시아의 남하를 막는다는 이유로 러시아함대의 길목인 대한해협을 차단하고자 거문도를 점령하였다. 그리하여 조선정부는 청국정부를 통해서 영국에 항의를 하게 되고 청국정부도 중간 알선에 나서게 되었다. 그 후 러시아도 조선의 영토를 점거할 의사가 없다고 약속함으로써 영국함대는 고종 24년(1887) 거문도에서 철수했다.

□ 동학농민운동 **

고종 31년(1894) 전라도 고부에서 동학교도 전봉준 등이 일으킨 민란에서 비롯된 농민운동을 말한다. 교조신원운동의 묵살, 전라도 고부군수 조병갑의 착취와 동학교도 탄압에 대한 불만이 도화선이 된 이 운동은 조선 봉건사회의 억압적인 구조에 대한 농민운동으로 확대되어 전라도·충청도 일대의 농민이 참가하였으나, 청·일 양군의 간섭으로 실패했다. 이 운동의 결과 대외적으로는 청일전쟁이 일어났고, 대내적으로는 갑오개혁이 추진되었다. 또한 유교적 전통사회가 붕괴되고 근대사회로 전진하는 중요한 계기가 되었다.

□ 갑오개혁(甲午改革) ***

고종 31년(1894) 일본의 강압에 의해 김홍집을 총재관으로 하는 군국기무처를 설치하여 실시한 근대적 개혁이다. 내용은 청의 종주권 부인, 개국연호 사용, 관제개혁, 사법권 독립, 재정의 일원화, 은 본위제 채택, 사민평등, 과부개가 허용, 과거제 폐지, 조혼금지 등이다. 이 개혁은 근대화의 출발점이 되었으나, 보수적인 봉건잔재가 사회 하층부에 남아 있어 근대화의 기형적인 발달을 보게 되었다.

□ **단발령(斷髮令)** *

고종 32년(1895) 친일 김홍집내각이 백성들에게 머리를 깎게 한 명령이다. 그러나 을미사변으로 인하여 일본에 대한 감정이 좋지 않았던 차에 단발령이 내리자, 이에 반대한 전국의 유생들이 각지에서 의병을 일으키게 되었다.

□ **을미사변(乙未事變)** *

조선 고종 32년(1895) 일본공사 미우라가 친러세력을 제거하기 위하여 명성황후를 시해한 사건이다. 을미사변은 민족감정을 크게 자극하여 의병을 일으키는 계기가 되었다.

□ **독립협회(獨立協會)** **

조선 고종 33년(1896)에 서재필·안창호·이승만·윤치호 등이 정부의 외세의존, 외국의 침략, 이권의 박탈 등을 계기로 독립정신을 고취시키기 위하여 만든 정치적 색채를 띤 사회단체이다. 종래의 인습타파 및 독립정신 고취 등 국민계몽에 힘썼으며, 독립문을 건립하고 독립신문을 발간하였으나 황국협회의 방해 등으로 1898년에 해산되었다.

○ **PLUS** 황국협회 … 광무 2년(1898)에 홍종우·길영수·이기동·박유진 등이 조직한 정치·사회단체로, 보부상과 연결되어 독립협회의 활동을 견제하였다.

□ **방곡령(防穀令)** *

고종 26년(1889) 함경감사 조병식이 식량난을 막기 위해 곡물의 일본수출을 금지한 것이다. 함경도와 황해도지방에 방곡령을 선포하였으나 조일통상장정에 위배된다는 일본의 항의로 배상금만 물고 실효를 거두지 못하였다.

□ **관민공동회(官民共同會)** *

열강의 이권침탈에 대항하여 자주독립의 수호와 자유민권의 신장을 위하여 독립협회 주최로 열린 민중대회이다. 1898년 3월 서울 종로 네거리에서 러시아인 탁지부 고문과 군부 교련사관의 해고를 요구하고 이승만·홍정하 등 청년 연사가 열렬한 연설을 하여 대중의 여론을 일으켰다. 이 대회는 계속 개최되어 그 해 10월에는 윤치호를 회장으로 선출, 정부의 매국적 행위를 공격하고 시국에 대한 개혁안인 헌의 6조를 결의하였다. 이 개혁안은 국왕에게 제출되어 왕도 처음에는 그 정당성을 인정하고 그 실시를 확약하였으나 보수적 관료들의 반대로 이에 관계한 대신들만 파면되고 실현을 보지 못하였다. 독립협회의 해산 후 얼마 동안은 만민공동회라는 이름으로 활약하였다.

○ **PLUS** 헌의 6조의 내용
- 외국인에게 의지하지 말 것
- 외국과의 이권에 관한 계약과 조약은 각 대신과 중추원 의장이 합동 날인하여 시행할 것
- 국가재정은 탁지부에서 전관하고, 예산과 결산을 국민에게 공포할 것
- 중대 범죄를 공판하되, 피고의 인권을 존중할 것
- 칙임관을 임명할 때에는 정부에 그 뜻을 물어서 중의에 따를 것

- 정해진 규정을 실천할 것

□ 아관파천(俄館播遷) **

명성황후가 살해된 을미사변(乙未事變) 이후 신변에 위협을 느낀 고종과 왕세자가 1896년 2월부터 약 1년간 왕궁을 버리고 러시아 공관으로 옮겨 거처한 사건을 말한다. 조선의 보호국을 자처하게 된 러시아는 아관파천을 계기로 조선정부에 압력을 가하여 압록강 연안과 울릉도의 산림채벌권을 비롯하여 광산채굴권, 경원전신선(京元電信線)을 시베리아 전선에 연결하는 권리 등의 이권을 차지했다.

□ 을사조약(乙巳條約) ***

광무 9년(1905) 일본이 한국을 보호한다는 명목 아래 강제로 체결한 조약으로 제2차 한일협약이라고도 한다. 러일전쟁의 승리와 영일동맹조약 개정 등으로 한국에 대한 우월한 권익과 지위를 국제적으로 인정받은 일본은 이토 히로부미를 파견하여 강압적으로 조약을 체결하였다. 이 결과 우리나라는 주권을 상실하고 외교권을 박탈당했으며, 일본은 서울에 통감부를 두고 보호정치를 실시하였다.

PLUS 을사 5적(乙巳五賊) … 을사조약을 체결할 때 찬성 또는 묵인한 5인의 매국노로, 박제순·이완용·이근택·이지용·권중현을 말한다.

□ 국권수호운동(國權守護運動) **

1905년 체결된 한일협약에 반대하여 일어난 국민적 운동이다. 고종은 만국평화회의에 밀사를 파견하여 을사조약이 무효임을 호소하였으나 결국 일제에 의해 고종이 강제 퇴위당하고 정미7조약이 맺어지면서 일본이 내정을 장악하게 되었다. 이에 일본의 식민지화를 반대하고 주권회복과 자주독립을 위해 근대문물을 받아들여 실력을 양성하자는 애국계몽운동과 무력으로 일제를 물리치자는 항일의병운동이 일어났다. 이와 같은 국권회복운동은 관원·양반·상인·농민·천민에 이르기까지 전 계층의 호응을 얻어 전국적으로 전개되었다. 이러한 운동들은 일제강점기 동안 점차 실력양성론과 무장투쟁론으로 자리잡아갔다.

□ 정미7조약(丁未七條約) *

정식명칭은 한일신협약이다. 1907년 일본이 대한제국을 병합하기 위한 예비조처로 헤이그밀사사건을 구실삼아 고종을 퇴위시키고 강제적으로 맺은 조약이다. 이로 인해 통감의 권한이 확대되고 일본인 차관이 행정실무를 담당하는 차관정치가 실시되었다.

PLUS 정미칠적 … 1907년 7월 한일신협약 체결에 찬성한 매국노 7인으로 이완용, 송병준, 이병무, 고영희, 조중응, 이재곤, 임선준을 말한다.

□ 국채보상운동(國債報償運動) *

1907년 일본에 대한 외채가 너무 많아 일본에의 예속을 면치 못하자, 서상돈·김광제 등이 국채보상기성회를 조직하여 금연·금주운동을 전개했던 운동이다. 국민들로 하여금 많은 호응을 받았으나 통감부의 탄압으로 얼마 못가 중지되고 말았다.

□ 헤이그 밀사사건 *

을사조약에 의하여 일본에게 모든 실권을 **빼앗**기고 백성들이 극심한 착취와 탄압에 시달리게 되자, 고종은 1907년 6월에 네덜란드 헤이그에서 열리는 만국평화회의에 밀사를 파견하였다. 이준·이상설·이위종 세 사람의 밀사는 국제정의 앞에 당시 우리나라의 상황을 호소하고자 하였으나, 일본의 방해로 뜻을 이루지 못하였다.

□ 신민회(新民會) *

1907년 안창호·양기탁·이동녕·이동휘·신채호 등이 조직한 비밀결사단체로, 정치·교육·문화 등 계몽운동과 항일운동을 고취시켰다. 민족산업의 육성을 위해 평양에 자기회사를 설립·운영하는 한편, 대구에 태극서관 창설·해외에 독립운동기지 건설 등 구국운동의 인재를 양성하였으나, 1910년 105인 사건으로 해체되었다.

□ 대한민국 임시정부(大韓民國臨時政府) **

3·1운동이 일어난 후 일본통치에 조직적으로 항거하는 기관의 필요성을 느낀 애국지사들이 1919년 4월 13일 조국의 광복을 위해 임시로 중국 상하이에서 조직하여 선포한 정부이다. 임시정부는 외교위원부를 두어 다각적인 외교활동을 전개하였고 독립신문을 발행하고 한일관계자료집을 간행하는 등의 많은 업적을 남겼다. 1940년대에는 '한국광복군'도 창설하여 연합국과 연합작전을 벌이고 국내진공작전도 시행하려 하였다. 임시정부는 1948년 정부수립까지 독립운동의 대표기관이었다.

□ 물산장려운동(物産奬勵運動) *

1922년 평양에 설립된 조선물산장려회가 계기가 되어 조만식을 중심으로 일어난 민족운동이다. 서울의 조선청년연합회가 주동이 되어 전국적 규모의 조선물산장려회를 조직, 국산품 애용·민족기업의 육성 등의 구호를 내걸고 강연회와 시위선전을 벌였으나, 일제의 탄압으로 유명무실해지고 1940년에는 총독부 명령으로 조선물산장려회가 강제 해산되었다.

□ 신간회(新幹會) *

1927년 민족주의자와 사회주의자가 통합하여 조직한 최대 항일민족운동단체이다. 주요 활동으로는 아동의 수업료 면제·조선어교육 요구·착취기관 철폐·이민정책 반대 등을 제창하였고, 광주학생운동을 지원하기도 했다. 자매단체로는 여성단체인 근우회가 있었다.

□ 건국준비위원회 *

1945년 8·15해방 이후 여운형을 중심으로 국내인사들이 조직한 최초의 정치단체를 말한다. 민족총역량을 일원화하여 일시적 과도기에서의 국내질서를 자주적으로 유지할 것을 목표로 삼았다. 전국에 지부를 설치하고 치안대를 동원하여 국내 유일의 정치세력을 형성, 국호를 조선인민공화국이라 정하고 형식상

□ 우리나라의 해방과 국제회담 **

연대	회합	대표국	내용
1943	카이로선언	미·영·중	한국 해방·독립을 결의한 최초의 회담
	테헤란회담	미·영·소	연합국 상륙작전
1945	얄타회담	미·영·소	소련의 대일참전 및 38선 설정
	포츠담선언	미·영·소	카이로선언의 재확인
1945	모스크바 3국외상회의	미·영·소	5년간의 신탁통치 결정
1946	미·소 공동위원회	미·소	통일문제 토의

민족자주정권의 수립을 기도했으나, 상해임시정부의 귀국과 미군정의 실시 등으로 해체되었다.

□ 3·15의거(마산의거) *

이승만 자유당 정부는 1960년 3·15 정·부통령선거에서 장기집권을 위해 선거준비과정에서부터 노골적인 부정행위를 했는데, 이에 대구에서 학생들의 첫 시위인 2·28시위가 터지게 된다. 그러다가 3월 15일 선거날 공공연한 부정행위가 목격되었다. 이에 마산시민들은 '협잡선거 물리치라'는 구호를 외치며 항의하기 시작했고 항의하는 시민에게 경찰들이 최루탄 및 총기를 무차별 난사하여 많은 인명이 살상되었다. 또한 28일 동안 실종되었던 김주열의 시체가 4월 11일 마산 중앙부두에서 떠오르자 이에 분노한 마산시민의 2차 시위와 함께 전국민의 분노가 확산되어 4·19혁명의 기폭제가 되었다. 현재 3·15의거를 기념하기 위해 3월 15일 전후하여 기념마라톤대회, 전국웅변대회, 백일장 등 문화체육행사를 지속적으로 실시하고 있으며 2003년 3월에는 3·15 국립묘지가 준공되었다.

□ 인혁당사건 *

사건구분	내용
1차 인혁당사건 (1964.08.)	중앙정보부장이 기자회견을 통해 '북괴의 지령을 받은 대규모 지하조직인 인민혁명당이 국가변란을 획책하여 이를 적발, 일당 57명중 41명을 구속하고 16명을 수배 중에 있다.'고 발표한 사건
2차 인혁당사건 (1974.04.)	인민혁명당 재건위원회 사건이라고도 하며 유신반대 투쟁을 벌였던 민청학련(전국민주청년학생연맹)의 배후를 '인혁당재건위'로 지목, 이를 북한의 지령을 받은 남한 내 지하조직이라고 규정한 사건

⊙ PLUS 인혁당사건의 재심 판결 … 1975년 대법원은 인혁당 관련자 재판에서 8명에게 사형, 17명에게 무기징역 등을 선고했다. 유족들은 27년 만인 2002년 재심 개시를 청구했고 법원은 2005년 재심 개시를 결정했다. 이어 2007년 서울중앙지법에서 무죄가 선고됐으며 검찰이 항소하지 않아 무죄가 확정됐다.

□ 9·19 군사합의 **

2018년 9월 19일 평양정상회담을 통해 채택한 9월 평양공동선업의 부속 합의서이다. 정식 명칭은 '역사적인 판문점선언 이행을 위한 군사 분야 합의서'로 판문점선언(4·27 남북정상회담 합의) 이행을 위한 군사 분야 합의서이다. 해당 합의서에는 비무장지대(DMZ)의 비무장화, 서해 평화수역 조성, 군사당국자회담 정례화 등을 구체적으로 이행하기 위한 후속 조치가 명시되었다.

□ **이한열 열사** ***

이한열 열사는 연세대학교 재학 중이던 1987년 6월 9일 1,000여 명 학생들과 연세대학교 정문 앞에서 전두환 정권 독재 타도와 5·18 진상 규명을 외치는 시위에 참여했다. 경찰은 시위 진압을 위해 학생들에게 최루탄을 쐈고, 이 과정에서 최루탄을 맞고 쓰러진 이한열 열사를 학우들이 부축하는 장면이 로이터 통신 기자에 의해 보도되며 전국적으로 알려졌다. 소식을 접한 100만 명이 넘는 학생과 시민들이 분노하여 거리로 나와 민주화를 외치자 전두환 군사정권은 6·29 선언을 통해 대통령 직선제 개헌을 수용했다. 의식이 돌아오지 못하던 그는 1987년 7월 5일 세상을 떠났다.

□ **동북공정(東北工程)** ***

'동북변강역사여현상계열연구공정(東北邊疆歷史與現狀系列研究工程)'의 줄임말로 중국 국경 안에서 전개된 모든 역사를 중국 역사로 만들기 위해 2002년부터 중국이 추진하고 있는 동북쪽 변경지역의 역사와 현상에 관한 연구 프로젝트이다. 연구는 중국 최고의 학술기관인 사회과학원과 지린성(吉林省)·랴오닝성(遼寧省)·헤이룽장성(黑龍江省) 등 동북3성 위원회가 연합하여 추진한다. 궁극적 목적은 중국의 전략지역인 동북지역, 특히 고구려·발해 등 한반도와 관련된 역사를 중국의 역사로 만들어 한반도가 통일되었을 때 일어날 가능성이 있는 영토분쟁을 미연에 방지하는 데 있다.

□ **조선왕조실록** ***

조선 태조에서 철종까지 472년간의 역사적 사실을 각 왕 별로 기록한 편년체 사서다. 조선 왕조의 역사를 백과사전 형식으로 기록한 편년체 사서로 사초, 시정기 등을 바탕으로 실록청에서 편찬하였다. 실록에는 「고종태황제실록(高宗太皇帝實錄)」과 「순종황제실록(純宗皇帝實錄)」이 포함되어 있지 않다. 두 실록은 1927부터 1932년까지 조선총독부의 주도로 조선사편수회가 편찬한 것으로 일본의 대한제국 국권 침탈과 황제·황실의 동정에 관한 기록들에서 왜곡이 많기 때문이다. 또한 조선시대의 엄격한 실록 편찬 규례에도 맞지 않는 점이 많다. 따라서 고종·순종실록의 역사는 참고하거나 인용하는 데에 주의가 필요하다. 한편 「조선왕조실록」은 모두 국보로 지정되어 있으며, 1997년 「훈민정음」과 함께 유네스코 세계기록유산으로 등재되었다.

□ **홍범도 장군** ***

조선 말기 의병장으로, 일제강점기 독립운동가다. 봉오동 전투와 청산리대첩에서 대승을 이끌며 이후 대한독립군단을 조직하고 고려혁명군관학교를 설립했다. 조국 해방을 2년 앞두고 1943년 카자흐스탄에서 숨을 거두었다. 1962년에 대한민국 정부에서 건국훈장 대통령장을 추서하였다. 2019년에 유해 봉환 요청, 2021년 8월 15일 카자흐스탄으로부터 유해가 봉환되었다. 이후 대한민국 건국훈장 중 최고등급인 대한민국장을 추서하였고 유해는 대전 현충원에 안장되었다.

출제예상문제

1 다음은 고려의 대외 관계를 대표하는 주요 사건을 나열한 것이다. 일어난 순서는 어떻게 되는가?

> ㉠ 귀주대첩   ㉡ 별무반 편성
> ㉢ 동북 9성 축조   ㉣ 강화도 천도
> ㉤ 삼별초 항쟁

① ㉠ - ㉡ - ㉢ - ㉣ - ㉤   ② ㉠ - ㉡ - ㉣ - ㉢ - ㉤

③ ㉡ - ㉠ - ㉢ - ㉣ - ㉤   ④ ㉡ - ㉠ - ㉢ - ㉤ - ㉣

⑤ ㉢ - ㉡ - ㉠ - ㉣ - ㉤

✔해설 고려의 대외관계 주요 사건 순서 : 서희의 외교담판→귀주대첩→천리장성 축조→별무반 편성→동북 9성 축조→몽골 침입→강화도 천도→삼별초 항쟁→쌍성총관부 수복

2 신라 원성왕은 '이것'을 마련하여 유교 경전의 이해 수준을 시험하고 이에 따라 관리를 채용하고자 하였다. 유학을 보급하는 데 기여한 '이것'은 무엇인가?

① 국학   ② 주자감

③ 독서삼품과   ④ 탕평비

⑤ 규장각

✔해설 ① 국학 : 신라 신문왕이 설치한 교육기관이다.
② 주자감 : 발해 문왕 때 설치된 교육기관이다.
④ 탕평비 : 조선 영조가 성균관 유생들에게 탕평책을 알리기 위해 성균관 입구에 건립한 비다.
⑤ 규장각 : 조선 정조 때 정책 자문 기구로 국왕의 권력과 정책을 뒷받침했다.

3 다음에서 설명하는 개혁을 한 왕은 누구인가?

• 전제 왕권 강화	• 김흠돌의 난 이후 개혁 실시
• 국학 설립	• 관료전 지급
• 녹읍 폐지	

① 문무왕　　　　　　　　　　　② 무열왕

③ 고국천왕　　　　　　　　　　④ 경덕왕

⑤ 신문왕

✔해설 신문왕의 개혁 내용이다. 신문왕은 전제 왕권 강화를 위해 국학 설립, 관료전 지급, 9주 5소경 체제 등을 추진하였다. 그리고 귀족이 조세를 수취하고 노동력을 징발할 수 있는 녹읍을 폐지함으로써 귀족 세력의 경제적 기반을 약화시켰다.

4 다음에서 설명하는 이 나라는 어디인가?

이 나라 사람들은 12월이 되면 하늘에 제사를 드리는데, 온 나라 백성이 크게 모여서 며칠을 두고 음식을 먹고 노래하며 춤추니, 그것을 곧 영고라 한다. 이때에는 형옥(刑獄)을 중단하고 죄수를 풀어 준다. 전쟁을 하게 되면 그 때에도 하늘에 제사를 지내고, 소를 잡아서 그 발굽을 가지고 길흉을 점친다.

① 부여　　　　　　　　　　　　② 고구려

③ 동예　　　　　　　　　　　　④ 옥저

⑤ 백제

✔해설 부여의 사회 모습을 보여주는 사료이다. 부여는 왕 아래에 가축의 이름을 딴 마가, 우가, 저가, 구가라는 부족장이 존재하였으며 이들은 사출도를 다스렸다. 이들은 왕을 선출하기도 하고 흉년이 들면 왕에게 책임을 묻기도 하였다.

Answer 1.① 2.③ 3.⑤ 4.①

5 다음은 지눌의 업적을 정리한 것이다. 빈 칸에 들어갈 내용으로 적절한 것은?

> • 보조국사
> • (   )
> • 선종 입장에서 교종 통합
> • 돈오점수
>
> • 정혜쌍수
> • 수선사 조직
> • 권수정혜결사문 선포

① 천태종 개창
② 조계종 확립
③ 왕오천축국전 집필
④ 화엄사상
⑤ 진대법 실시

✔해설 주어진 내용은 지눌의 업적을 정리한 것이다. 무신 정권 성립 이후 불교계가 타락하자 지눌은 정혜결사 (수선사)를 조직하여 신앙 결사 운동을 전개하였다. 이러한 결사 운동은 이후 조계종으로 발전하였다. 교종의 입장에서 선종을 통합한 의천과 달리, 지눌은 선종을 중심으로 교종을 포용하는 선·교 일치의 사상 체계를 정립하였다.

6 다음의 내용과 관련이 있는 나라는 어디인가?

> • 상가, 고추가
> • 제가회의
>
> • 데릴사위제(서옥제)
> • 추수감사제(동맹)

① 옥저
② 백제
③ 신라
④ 삼한
⑤ 고구려

✔해설 고구려는 5부족 연맹체를 토대로 발전하였다. 왕 아래 상가, 고추가 등의 대가가 존재하였으며, 이들은 독자적인 세력을 유지하였다. 국가의 중대사는 제가회의를 통해 결정하였으며, 10월에는 추수감사제인 동맹이 열렸고 데릴사위제가 행해졌다.

7 다음의 역사적 사건이 일어난 순서는 어떻게 되는가?

> ㉠ 무신정변 ㉡ 위화도회군
> ㉢ 이자겸의 난 ㉣ 귀주대첩
> ㉤ 개경환도

① ㉣ - ㉢ - ㉤ - ㉠ - ㉡ ② ㉣ - ㉢ - ㉠ - ㉤ - ㉡
③ ㉤ - ㉣ - ㉢ - ㉠ - ㉡ ④ ㉤ - ㉢ - ㉣ - ㉡ - ㉠
⑤ ㉤ - ㉡ - ㉢ - ㉠ - ㉣

✔해설 귀주대첩(1018) → 이자겸의 난(1126) → 무신정변(1170) → 개경환도(1270) → 위화도회군(1388)

8 이곳은 고려시대에 송과 아라비아 상인 등이 드나들며 교역이 이루어진 국제 무역항으로 수도 개경과 가까운 예성강 하구에 위치해 있었다. 이곳은 어디인가?

① 의주 ② 서경
③ 합포 ④ 벽란도
⑤ 청해진

✔해설 벽란도 … 고려 때의 국제 무역항이다. 개경에 가까운 예성강은 물이 비교적 깊어 강어귀에서 약 20리 되는 벽란도까지 큰 배가 올라갈 수 있었으며, 송(宋)·왜(倭)·사라센(sarasen) 등의 상인들이 그칠 사이 없이 드나들었다.

9 다음의 내용과 관계있는 인물은 누구인기?

> 금강삼매경론, 대승기신론소 등을 저술하여 불교를 이해하는 기준을 확립하였으며, 불교의 대중화에 공헌하였다.

① 원효
② 의상
③ 의천
④ 지눌
⑤ 고종

✔해설 제시된 내용은 원효에 대한 내용으로 원효는 정토신앙을 널리 전파시켜 불교의 대중화에 기여하였다.

10 다음에서 설명하는 고려 말기의 세력은 누구인가?

> • 지방의 중소지주층이나 향리 출신이 많았다.
> • 성리학을 공부하여 과거를 통해 중앙관리로 진출하였다.
> • 불교의 폐단을 지적하여 사회개혁을 적극적으로 주장하였다.

① 문벌귀족
② 권문세족
③ 신진사대부
④ 무인세력
⑤ 별무반

✔해설 신진사대부 … 권문세족에 도전하는 고려 후기의 새로운 사회세력으로 유교적 소양이 높고, 행정실무에도 밝은 학자 출신의 관료이다.

11 다음 조선 중기 사화를 발생한 순서대로 나열하면?

㉠ 갑자사화	㉡ 기묘사화
㉢ 무오사화	㉣ 을사사화

① ㉠ - ㉡ - ㉢ - ㉣   ② ㉡ - ㉠ - ㉣ - ㉢

③ ㉢ - ㉠ - ㉡ - ㉣   ④ ㉣ - ㉠ - ㉡ - ㉢

⑤ ㉣ - ㉡ - ㉢ - ㉠

✔해설 무오사화(1498) → 갑자사화(1504) → 기묘사화(1519) → 을사사화(1545)

12 다음의 설명과 관련이 깊은 조선 후기 화가는 누구인가?

• 서민들의 일상 생활을 소박하고 익살스럽게 묘사
• 서당도, 씨름도 등

① 신윤복   ② 강세황

③ 장승업   ④ 김홍도

⑤ 박제가

✔해설 김홍도 … 서민을 주인공으로 하여 밭갈이, 추수, 집짓기, 대장간 등 주로 농촌의 생활상을 그리면서 땀 흘려 일하는 사람들의 일상생활을 소박하고 익살맞게 묘사하였다.

13 다음의 내용과 관련이 깊은 사건은 무엇인가?

> • 고종이 러시아 공사관으로 거처를 옮겼다.
> • 열강에 의한 각종 이권침탈이 심화되었다.
> • 독립협회가 조직되어 환궁을 요구하였다.

① 갑오개혁   ② 아관파천
③ 갑신정변   ④ 임오군란
⑤ 무신정변

✔**해설** 아관파천 … 을미사변 이후 고종과 왕세자가 1896년부터 1년간 러시아 공사관에서 거처한 사건으로 친러파 정부가 구성되었다. 이로 인해 러시아는 압록강과 울릉도의 삼림채벌권 및 여러 경제적 이권을 요구하였고 다른 서구 열강들도 최혜국 조항을 들어 이권을 요구하였다. 이후 고종은 러시아의 영향에서 벗어날 것을 요구하는 내외의 주장에 따라 환궁하고 광무개혁을 추진하였다.

14 다음 설명의 밑줄 친 '그'가 집권하여 개혁을 펼치던 시기에 발생한 역사적 사실을 모두 고른 것은?

> 그는 "백성을 해치는 자는 공자가 다시 살아난다 해도 내가 용서하지 않을 것이다."는 단호한 결의로 47개소만 남기고 대부분의 서원을 철폐하였다.

> ⊙ 갑신정변   ⓛ 신미양요
> ⓒ 임술농민봉기   ⓔ 제너럴셔먼호 사건
> ⓜ 오페르트 도굴 사건

① ⊙ⓛⓜ   ② ⊙ⓒⓔ
③ ⊙ⓛⓒ   ④ ⓒⓔⓜ
⑤ ⓛⓔⓜ

✔**해설** 제시문은 서원 철폐를 단행한 흥선대원군의 개혁조치이다. 흥선대원군이 개혁을 펼치던 시기에 미국 상선 제너럴셔먼호가 평양에서 소각되는 사건을 계기로 신미양요(1871)가 벌어졌다. 또한 두 차례에 걸쳐 통상요구를 거부당한 독일 상인 오페르트가 남연군의 묘를 도굴하려다 실패한 오페르트 도굴사건(1868)이 있었다.
⊙ 갑신정변(1884) : 우정국 개국 축하연을 이용하여 김옥균, 박영효, 서재필 등의 급진 개화파들이 거사를 일으킨 것으로 삼일 만에 실패로 끝나게 되었다.
ⓒ 임술농민봉기(1862) : 경상도 단성에서 시작된 진주 민란(백건당의 난)을 계기로 북쪽의 함흥으로부터 남쪽의 제주까지 전국적으로 확대된 것이다.

15 다음 중 정미칠적에 해당하지 않는 사람은?

① 이재곤

② 임선준

③ 이완용

④ 권중헌

⑤ 이병무

> ✔ 해설　정미칠적은 1907년 7월 한일신협약 체결에 찬성한 매국노 7인으로 이완용, 송병준, 이병무, 고영희, 조중응, 이재곤, 임선준을 말한다. 권중현은 1905년 을사늑약에 찬성한 매국노로 을사오적에 해당한다.

16 이순신 장군이 승리한 해전이 아닌 것은?

① 옥포해전

② 한산대첩

③ 명량해전

④ 행주대첩

⑤ 사천해전

> ✔ 해설　이순신 장군의 해전 순서
> ㉠ 옥포해전(1592. 5. 7.) : 이순신장군이 지휘하는 조선수군이 임진왜란이 일어난 후 거둔 첫 승리, 왜선 42척 격파(옥포, 합포, 적진포)
> ㉡ 사천해전(1592. 5. 29.) : 거북선이 처음으로 실전 투입 활약한 해전, 왜선 13척 격파
> ㉢ 당포해전(1592. 6. 2.) : 사천해전에 이어 두 번째로 거북선을 앞세운 전투, 왜선 21척 격파
> ㉣ 한산대첩(1592. 7. 8.) : 이순신 장군이 출전한 해전 중 가장 유명한 해전으로 학날개전법을 사용해 왜선을 모두 소탕
> ㉤ 부산포해전(1592. 9. 1.) : 부산포에서 왜선 430여척과 싸운 해전, 왜선 100여척 격파
> ㉥ 명량해전(1597. 9. 16.) : 백의종군에서 풀려나 통제사로 돌아온 이순신장군이 단 13척이 배를 이끌고 왜선 330척과 맞서 싸운 해전, 왜선 133척을 격파
> ㉦ 노량해전(1598. 11. 19.) : 조선수군과 일본함대가 벌인 마지막 해전, 전투는 승리하였으나 이순신 장군은 왜군의 총탄에 전사하였으며 "나의 죽음을 알리지 말라"며 아군의 사기를 떨어뜨리지 않음

17 몽골이 고려를 침입하자, 부처의 힘으로 몽골군을 물리치기 위해 만든 것은?

① 팔만대장경 ② 직지심경
③ 고려사절요 ④ 동사강목
⑤ 신라장적

✔ 해설 팔만대장경 … 고려 고종 23년(1236)부터 38년(1251)까지 16년에 걸쳐 완성한 대장경으로 부처의 힘으로 외적을 물리치기 위해 만들었으며, 경판의 수가 8만 1,258판에 이르며, 현재 합천 해인사에서 보관하고 있다.

18 1372년 백운화상이선의 참뜻을 깨닫게 하려고 엮은 책으로 금속활자로 만든 세계 최초의 책은 무엇인가?

① 삼국유사 ② 팔만대장경
③ 삼국사기 ④ 직지심체요절
⑤ 상정고금예문

✔ 해설 직지심체요절 … 고려 승려 경한이 선의 요체를 깨닫는 데 필요한 내용을 뽑아 엮은 책으로 상하 2권으로 되어 있다. 정식 서명은 백운화상초록불조직지심체요절이고, 간략하게 직지심체요절이라고 한다. 내용은 경덕전등록·선문염송 등의 사전 관계 문헌을 섭렵하여 역대의 여러 부처를 비롯한 조사와 고승들의 게·송·찬·명·서·시·법어·설법 등에서 선의 요체를 깨닫는 데 긴요한 것을 초록하여 편찬한 것이다.

19 최씨 무신정권이 고용한 군인으로서 좌별초, 우별초, 신의군으로 구성된 것은 무엇인가?

① 별무반　　　　　　　　　② 삼별초
③ 어영청　　　　　　　　　④ 별기군
⑤ 신간회

✔해설 최씨 무신정권의 사병으로 좌별초(左別抄)·우별초(右別抄)·신의군(神義軍)을 말한다. 삼별초는 경찰·
전투 등 공적 임무를 수행했으므로 공적인 군대에 준한다.

20 조선시대 수령의 임무가 아닌 것은?

① 향리의 부정방지　　　　　② 농업장려
③ 교육진흥　　　　　　　　　④ 풍속교화
⑤ 호구확보

✔해설 사림(= 재지사족, 향촌지주)은 지방 사회의 풍속교화에 많은 역할을 맡았다.
※ 조선시대 수령의 7사
　ㄱ 성농상(成膿桑) : 농업을 장려할 것
　ㄴ 식간활(息奸猾) : 향리의 부정을 방지할 것
　ㄷ 증호구(增戶口) : 호구를 확보할 것
　ㄹ 균부역(均賦役) : 부역을 균등히 할 것
　ㅁ 간사송(簡詞訟) : 소송을 간결히 할 것
　ㅂ 흥학교(興學校) : 교육을 진흥시킬 것
　ㅅ 수군정(修軍政) : 군정의 만전을 기할 것

Answer 17.① 18.④ 19.② 20.④

21 조선시대의 나라를 다스리는 기준이 된 최고의 법전은 무엇인가?

① 경국대전   ② 대전통편
③ 속대전   ④ 대전회통
⑤ 상평통보

✔해설 경국대전 … 조선시대에 나라를 다스리는 기준이 된 최고의 법전으로, 세조 때 최항, 노사신, 강희맹 등
이 집필을 시작하여 성종 7년(1476)에 완성하고, 16년(1485)에 펴냈다.

22 다음의 제도에 대한 설명으로 옳지 않은 것은?

> 공복에 있어서 진골은 자색, 6두품은 비색, 5두품은 청색, 4두품은 황색으로 구분되었다. 집의
> 각 방 길이와 넓이도 진골은 24척을 넘지 못하고, 6두품은 21척, 5두품은 18척, 4두품은 15척을
> 넘지 못하게 하였다. 느릅나무를 쓰지 못하고, 우물천장을 만들지 못하며, 당 기와를 덮지 못한
> 다. … (중략) … 담장은 6척을 넘지 못하고, 또 보를 가설하지 않으며, 석희를 칠하지 못한다. 대
> 문과 사방문을 만들지 못하고, 마구간에는 말 2마리를 둘 수 있다.
>
> －삼국사기－

① 개인의 사회 활동과 정치 활동 범위를 엄격히 제한한다.
② 가옥의 규모와 복색 등 일상생활까지 규제한다.
③ 출신 성분에 따라 등급이 나누어진다.
④ 계층 간 대립과 갈등을 조절하기 위한 제도다.
⑤ 성골과 평민이 혼인을 하면 그들의 자식은 진골이 된다.

✔해설 제시문은 신라의 골품제도에 대한 설명이다. 골품제도는 출신 성분에 따라 골(骨)과 품(品)으로 등급을
나누는 신분 제도로, 관직 진출 상한선, 일상생활 규제 등의 역할을 했다. 한편, 화랑도는 진흥왕 때 국
가적 조직으로 정비하여 화랑(귀조)과 낭도(귀족과 평민)으로 구성했는데, 이는 계층 간 대립 및 갈등을
조절하기 위함이었다.

23 다음 역사적 사건을 순서대로 나열하면?

> ⊙ 5 · 18 민주화 운동　　　　　　　ⓒ 6월 민주 항쟁
> ⓒ 유신헌법 공포　　　　　　　　　ⓔ 4 · 19 혁명

① ⓔ － ⊙ － ⓒ － ⓒ　　　　　　② ⓔ － ⓒ － ⊙ － ⓒ
③ ⓔ － ⓒ － ⓒ － ⊙　　　　　　④ ⓔ － ⓒ － ⊙ － ⓒ
⑤ ⓔ － ⓒ － ⓒ － ⊙

✔해설　ⓔ 4 · 19 혁명(1960) : 3 · 15 부정선거를 원인으로 이승만 독재 정치 타도를 위해 일어난 민주혁명이다.
　　　　ⓒ 유신헌법 공포(1972) : 박정희 정부 때 대통령에게 초법적 권한을 부여한 권위주의적 체제이다.
　　　　⊙ 5 · 18 민주화 운동(1980) : 10 · 26 사태 이후 등장한 신군부에 저항한 운동이다.
　　　　ⓒ 6월 민주 항쟁(1987) : 전두환 정권 때 대통령 직선제 개헌을 요구하며 일어난 민주화 운동이다.

24 조선시대 궁궐로 1868년 경복궁이 다시 지어질 때까지 경복궁의 역할을 대체하여 임금이 거처하며 나라를 다스리는 정궁이 된 곳은 어디인가?

① 경복궁　　　　　　　　　　　　② 창덕궁
③ 창경궁　　　　　　　　　　　　④ 덕수궁
⑤ 운현궁

✔해설　창덕궁 … 정궁인 경복궁보다 오히려 더 많이 쓰인 궁궐이다. 임진왜란 때 소실된 이후 다시 지어졌고, 1868년 경복궁이 다시 지어질 때까지 경복궁의 역할을 대체하여 임금이 거처하며 나라를 다스리는 정궁 역할을 하였다. 건축사에 있어 조선시대 궁궐의 한 전형을 보여 주며, 후원의 조경은 우리나라의 대표적인 왕실 정원으로서 가치가 높다.

25 다음 중 세도정치의 폐단으로 보기 가장 어려운 것은?

① 금난전권의 폐지　　　　　　　　② 세도 가문의 주요 관직의 독점
③ 과거제도의 문란　　　　　　　　④ 매관매직의 성행
⑤ 삼정의 문란

✔해설　세도정치의 폐단 … 세도 가문의 주요 관직의 독점, 과거제도의 문란, 매관매직의 성행, 각종 부정부패의 만연 및 삼정의 문란 등이 있다.

Answer　21.① 22.④ 23.④ 24.② 25.①

26 기원전 18년 고구려에서 내려온 유이민들이 한강 근처의 위례성에 자리 잡고 세운 나라는 어디인가?

① 고구려   ② 가야

③ 백제   ④ 신라

⑤ 발해

✔해설 백제 … 기원전 18년 고구려에서 내려온 유이민들이 한강 근처의 위례성에 자리 잡고 세운 나라로, 마한의 한 나라인 '백제국'으로부터 시작하였다.

27 신라 제27대 왕으로 진평왕의 뒤를 이은 신라 최초의 여왕은 누구인가?

① 선화공주   ② 진덕여왕

③ 선덕여왕   ④ 진성여왕

⑤ 고국천왕

✔해설 선덕여왕 … 신라 최초의 여왕이자 신라 27대 임금으로, 성은 김, 이름은 덕만이다. 호는 성조황고이며 26대 진평왕의 맏딸이다. 634년 연호를 인평이라 고치고, 여러 차례에 걸쳐 백제·고구려와의 분쟁을 겪었으나 내정에 힘써 선정을 베풀고, 사상 법사를 당에 보내어 불법을 들여왔으며 황룡사 구층탑·첨성대 등의 문화적 업적을 이룩하였다. 재위기간은 632 ~ 647년이다.

28 태조의 셋째 아들로 노비안검법을 제정하고, 958년 쌍기의 건의에 따라 과거 제도를 실시한 고려 제4대 왕은 누구인가?

① 목종   ② 성종

③ 경종   ④ 광종

⑤ 숙종

✔해설 광종 … 고려 제4대 왕(재위 949 ~ 975)으로, 태조의 넷째 아들이며 정종의 친동생이다. 노비안검법과 과거제를 실시하는 등 개혁정책을 통해 많은 치적을 쌓았다.

29 삼국시대에 낙동강 하류의 변한 땅에서 여러 작은 나라들이 모여 연맹체를 이룬 나라는 어디인가?

① 고구려   ② 신라

③ 옥저   ④ 백제

⑤ 가야

✔해설 가야 … 기원 전후부터 562년까지 낙동강 하류지역에 있던 여러 국가들의 연맹 왕국 또는 그 지역에 위치한 각 국가들의 명칭이다. 가야는 낙동강 하류의 변한 땅에서 여러 작은 나라들이 가야 연맹 왕국을 성립한 것이며, 연맹 왕국이란 여러 마을로 이루어진 작은 국가들이 하나의 우두머리 국가를 중심으로 연맹체를 이룬 국가를 말한다.

30 우리 역사상 가장 넓은 영토를 개척했으며, 해동성국이라 불렸던 나라는 어디인가?

① 고구려   ② 발해

③ 고려   ④ 조선

⑤ 삼한

✔해설 발해 … 698년에 고구려의 장수였던 대조영이 고구려의 유민과 말갈족을 거느리고 동모산에 도읍하여 세운 나라이다. 수도는 건국 초기를 제외하고 상경 용천부에 두고 '해동성국'이라 불릴 만큼 국세를 떨쳤으나 926년 요나라에 의해 멸망하였다.

31 다음이 설명하는 항일 무장 독립 투쟁은?

> 1920년 10월 김좌진이 지휘하는 북로 군정서군과 홍범도가 이끄는 대한 독립군, 안무의 국민회군 등의 독립군 연합 부대가 백운평 전투를 시작으로 천수평, 어랑촌 전투 등을 치르며 독립 투쟁 사상 최대 규모로 승리를 거두었다.

① 봉오동 전투   ② 쌍성보 전투

③ 청산리 대첩   ④ 영릉가 전투

⑤ 한산도 대첩

✔해설 제시글이 설명하는 것은 청산리 대첩이다. 봉오동 전투에서 패배한 일제가 독립군 토벌을 위해 만주 지역에 대규모 군대를 파견하였고 이에 김좌진의 북로 군정서군, 홍범도의 대한 독립군, 안무의 국민회군 등이 연합하여 청산리 일대(백운평, 천수평, 완루구, 어랑촌 등)에서 큰 승리를 거두었다.

32 다음과 같이 주장한 학자는 누구인가?

> 재물이란 우물의 물과 같다. 퍼내면 차게 마련이고 이용하지 않으면 말라 버린다. 그렇듯이 비단을 입지 않기 때문에 나라 안에 비단 짜는 사람이 없고, 그릇이 찌그러져도 개의치 않으며 정교한 기구를 애써 만들려 하지 않으니, 기술자나 질그릇 굽는 사람들이 없어져 각종 기술이 전해지지 않는다. 심지어 농업도 황폐해져 농사짓는 방법을 잊어버렸고, 장사를 해도 이익이 없어 생업을 포기하기에 이르렀다. 이렇듯 사민(四民)이 모두 가난하니 서로가 도울 길이 없다. 나라 안에 있는 보물도 이용하지 않아서 외국으로 흘러 들어가 버리는 실정이다. 그러니 남들이 부강해질수록 우리는 점점 가난해지는 것이다.

① 박제가　　　　　　　　　② 유형원
③ 홍대용　　　　　　　　　④ 박지원
⑤ 이자겸

✔해설 박제가 … 18세기 후기의 대표적인 조선 실학자로, 북학의를 저술하여 청나라 문물의 적극적 수용을 주장하였다. 또한 절약보다 소비를 권장하여 생산의 자극을 유도하였으며 수레와 선박의 이용, 상공업의 발달을 주장하였다.

33 불교를 도입하고, 태학을 설립하였으며 율령을 반포하는 등 국가체제를 정비하여 5세기 고구려 전성기의 기틀을 마련한 고구려의 제17대 왕은 누구인가?

① 광개토대왕　　　　　　　② 장수왕
③ 소수림왕　　　　　　　　④ 고국천왕
⑤ 선덕여왕

✔해설 소수림왕 … 고구려의 제17대 왕으로, 재위 기간은 371 ~ 384년이다. 불교를 도입하고, 태학을 설립하였으며 율령을 반포하는 등 국가 체제를 정비하여 5세기 고구려 전성기의 기틀을 마련하였다.

34 백제가 왜왕에게 하사한 철제 칼로 일본 국보로 지정되어 있는 이 칼의 이름은 무엇인가?

① 첨자도   ② 은장도

③ 단도   ④ 칠지도

⑤ 장도

> ✔ 해설 칠지도 … 백제 왕세자가 왜왕에게 하사한 철제 칼로, 길이 75cm 정도의 곧은 칼에 몸체 좌우로 3개씩
> 가지 모양이 엇갈린 배열로 나와 있다. 때문에 모두 7개의 칼날을 이루고 있어 칠지도라 이름 붙여졌
> 다. 일본 나라현의 이소노카미 신궁에 소장되어 있으며 1953년에 일본 국보로 지정되었다. 우리나라에
> 는 칠지도에 관한 특별한 기록이 없으나, 일본에서 만든 일본서기에 '백제가 일본에 하사하였다.'라고 기
> 록되어 있다. 4세기 후반 근초고왕 때 일본으로 전해진 것으로 보이며 뛰어난 백제의 제철 기술을 알
> 수 있다.

35 꽃처럼 아름다운 청년이라는 뜻의 신라시대의 청소년 수련단체는 무엇인가?

① 향도   ② 백화도

③ 화랑도   ④ 수호대

⑤ 별무반

> ✔ 해설 화랑도 … 신라 때에 있었던 화랑의 무리를 일컫는 말로, 꽃처럼 아름다운 남성의 무리라는 의미를 갖는다.

36 백제의 장군으로 5,000명의 결사대를 이끌고 죽을 각오로 황산벌에서 전투를 한 사람은 누구인가?

① 을지문덕   ② 관창

③ 연개소문   ④ 계백

⑤ 장보고

> ✔ 해설 계백 … 백제 말기의 장군으로, 나당연합군이 백제를 공격하자 군사 5,000명을 이끌고 출전하여 황산벌
> 에서 신라 김유신의 군대와 맞서 네 차례나 격파하였다.

Answer 32.① 33.③ 34.④ 35.③ 36.④

37 수나라의 대군을 상대로 살수에서 수나라군 30만을 수장시키며 고구려와 수나라의 전투를 승리로 이끈 장군의 이름은 무엇인가?

① 을지문덕　　　　　　　　　　② 연개소문
③ 김유신　　　　　　　　　　　④ 강감찬
⑤ 대조영

> ✔해설 을지문덕 … 고구려 26대 영양왕 때의 장수로, 계루부 출신의 귀족이다. 지략과 무용에 뛰어났고 시문에도 능했다. 영양왕 23년(612)에 수양제가 거느린 수나라 군사 200만을 살수에서 전멸시켰다.

38 돌로 구불구불한 도랑을 타원형으로 만들고, 그 도랑을 따라 물이 흐르게 만든 정원으로, 신라귀족들은 이 물줄기의 둘레에 둘러앉아 흐르는 물에 잔을 띄우고 시를 읊으며 화려한 연회를 벌였다고 한다. 이곳은 어디인가?

① 안압지　　　　　　　　　　　② 포석정
③ 경회루　　　　　　　　　　　④ 팔각정
⑤ 만인소

> ✔해설 포석정 … 경상북도 경주시 배동에 있는 통일신라시대의 정원 시설물이다. 돌로 구불구불한 도랑을 타원형으로 만들고 그 도랑을 따라 물이 흐르게 만든 것으로서, 신라귀족들은 이 물줄기의 둘레에 둘러앉아 흐르는 물에 잔을 띄우고 시를 읊으며 화려한 연회를 벌였다. 기록상으로는 880년대에 신라 헌강왕이 이곳에서 놀았다는 것이 처음 나타나나, 7세기 이전부터 만들어졌던 것으로 추측된다.

39 통일신라시대 서원경 근처 4개 촌락의 여러 가지 경제생활을 기록한 토지문서로 남녀별, 연령별 인구와 노비의 수 등이 기록되어 있는 것은 무엇인가?

① 토지대장　　　　　　　　　　② 노비문서
③ 을사조약　　　　　　　　　　④ 촌주일지
⑤ 민정문서

> ✔해설 민정문서 … 통일신라시대의 경제생활을 알 수 있는 중요한 토지 문서로 1933년 일본 동대사 정창원에서 발견되어 현재 일본에 소장되어 있다. 755년경 서원경 인근 네 개 마을에 대한 인구·토지·마전·과실나무의 수·가축의 수를 조사한 문서로, 촌주가 3년마다 촌의 노동력 징발과 조세, 공납 징수를 잘 하기 위해 작성한 것이다. 노동력 징발을 위해 나이·남녀별로 인구를 조사하였고, 조세와 공납을 징수하기 위해 토지·가축의 수, 과실나무의 수 등 개인의 재산 정도를 기록하였다.

40 다음 지문으로 알 수 있는 사건을 순서대로 나열한 것을 고르시오.

(가) 평안 감사 박규수(朴珪壽)의 장계(狀啓)에, "평양부에 와서 정박한 이양선(異樣船)에서 더욱 미쳐 날뛰면서 포를 쏘고 총을 쏘아대어 우리 쪽 사람들을 살해하였습니다. 그들을 제압하고 이기는 방책으로는 화공 전술보다 더 좋은 것이 없으므로 일제히 불을 질러서 그 불길이 저들의 배에 번져가게 하였습니다."

(나) "남의 무덤을 파는 것은 예의가 없는 행동에 가깝지만 무력을 동원하여 백성들을 도탄 속에 빠뜨리는 것보다 낫기 때문에 하는 수 없이 그렇게 하였습니다. 본래는 여기까지 관을 가져 오려고 하였으나 과도한 것 같아서 그만두고 말았습니다. 이것이 어찌 예의를 중하게 여기는 도리가 아니겠습니까? … (중략) … 귀국의 안위(安危)가 오히려 귀하의 처리에 달려 있으니 만약 나라를 위하는 마음이 있거든 대관(大官) 1원(員)을 차송(差送)하여 좋은 대책을 강구하는 것이 어떻겠습니까? 후회하는 일이 없도록 하면 천만 다행이겠습니다."

(다) "지난 3월 중에 조선을 복음화하고 있던 2명의 프랑스인 주교, 9명의 선교사, 7명의 조선인 신부, 그리고 남녀노소를 불문한 다수의 천주교인들이 이 나라 군주의 명령에 의해 학살당했습니다. … (중략) … 며칠 후 우리 군대는 조선을 정복하러 갈 것입니다."

(라) 의정부(議政府)에서 아뢰기를, "일전에 양이(洋夷)들이 광성(廣城)을 침범할 때 진무 중군(鎭撫 中軍) 어재연(魚在淵)의 생사에 대해서는 비록 자세히 알 수는 없었지만, 수신(守臣)이 이미 중군을 대신 임명하여 줄 것을 청한 것을 놓고 보면, 절개를 지켜 싸우다 죽은 것 같습니다."

---

① (가) - (나) - (다) - (라)   ② (가) - (다) - (나) - (라)

③ (나) - (다) - (라) - (가)   ④ (다) - (라) - (가) - (나)

⑤ (다) - (나) - (라) - (가)

✔ **해설** (가) 제너럴셔먼호(1866. 7.) → (다) 병인양요(1866. 9.) → (나) 오페르트도굴사건(1868. 5.) → (라) 신미양요 (1871. 4.)

PART

NCS
직업기초능력

CHAPTER 01

의사소통능력

1 다음 중 원활한 의사표현을 위한 지침으로 옳은 것은?

① 상대방에 대한 칭찬은 되도록 아낀다.

② 자신의 주장을 강하게 내세운다.

③ 자신을 공개하지 않는다.

④ 뒷말을 숨기지 않는다.

⑤ 문장은 필요한 말을 한 후 중간에 끊는다.

> ✔해설 원활한 의사표현을 위한 지침
> ㉠ 올바른 화법을 위해 독서를 한다.
> ㉡ 좋은 청중이 된다.
> ㉢ 칭찬을 아끼지 않는다.
> ㉣ 공감하고, 긍정적으로 보이도록 노력한다.
> ㉤ 항상 겸손하게 행동한다.
> ㉥ 과감하게 공개한다.
> ㉦ 뒷말을 숨기지 않는다.
> ㉧ 첫마디 말을 준비한다.
> ㉨ 이성과 감성의 조화를 이루도록 노력한다.
> ㉩ 대화의 룰을 지킨다.
> ㉪ 문장을 끝까지 말한다.

2 다음 중 바람직한 의사소통의 요소로 옳지 않은 것은?

① 경청하기   ② 무뚝뚝한 반응

③ 공감하기   ④ 시선공유

⑤ 대화 순서 지키기

> ✔해설 ② 무뚝뚝한 반응은 오히려 원만한 의사소통을 방해하는 요소가 된다.
> ※ 바람직한 의사소통의 요소
> ㉠ 적절한 반응
> ㉡ 시선공유(eye contact)
> ㉢ 공감하기
> ㉣ 경청하기
> ㉤ (대화)순서 지키기

3 다음 글에서 형식이가 의사소통능력을 향상시키기 위해 노력한 것으로 옳지 않은 것은?

○○기업에 다니는 형식이는 평소 자기주장이 강하고 남의 말을 잘 듣지 않는다. 오늘도 그는 같은 팀 동료들과 새로운 프로젝트를 위한 회의에서 자신의 의견만을 고집하다가 결국 일부 팀 동료들이 자리를 박차고 나가 마무리를 짓지 못했다. 이로 인해 형식은 팀 내에서 은근히 따돌림을 당했고 자신의 행동에 잘못이 있음을 깨달았다. 그 후 그는 서점에서 다양한 의사소통과 관련된 책을 읽으면서 조금씩 자신의 단점을 고쳐나가기로 했다. 먼저 그는 자신이 너무 자기주장만을 내세운다고 생각하고 이를 절제하기 위해 꼭 하고 싶은 말만 간단명료하게 하기로 마음먹었다. 그리고 말을 할 때에도 상대방의 입장에서 먼저 생각하고 상대방을 배려하는 마음을 가지려고 노력하였다. 또한 남의 말을 잘 듣기 위해 중요한 내용은 메모하는 습관을 들이고 상대방이 말할 때 적절하게 반응을 보였다. 이렇게 6개월을 꾸준히 노력하자 등을 돌렸던 팀 동료들도 그의 노력에 감탄하며 다시 마음을 열기 시작했고 이후 그의 팀은 중요한 프로젝트를 성공적으로 해내 팀 전원이 한 직급씩 승진을 하게 되었다.

① 메모하기 ② 배려하기
③ 시선공유 ④ 반응하기
⑤ 생각하기

✔️해설 시선공유도 바람직한 의사소통을 위한 중요한 요소이지만 위 글에 나오는 형식이의 노력에서는 찾아볼 수 없다.

4   다음 밑줄 친 단어 중 바꾸어 사용할 수 없는 것은?

- 하는 말마다 ㉠<u>당착</u>이 심해서 귀담아 듣지 않는다.
- 돈으로 심판을 ㉡<u>매수</u>하려는 것을 목격했다.
- 이번 건은 서약서로 계약서를 ㉢<u>갈음</u>하려고 한다.
- ㉣<u>훗날</u> 만나게 된다면 반갑게 인사합니다.
- 동아리 활동을 통해 조직 역량을 ㉤<u>함양</u>할 수 있었다.

---

① 모순
② 매여
③ 갈음
④ 일후
⑤ 배양

> ✔ 해설 매수(買收)는 물건을 사들임, 또는 금품이나 그 밖의 수단으로 남의 마음을 사서 자기편으로 만드는 일을 이르는 말이며, 매여(賣與)는 값을 받고 물건의 소유권을 다른 사람에게 넘기는 것을 이른다.

5 다음은 토론과 토의를 비교한 표이다. 옳지 않은 것은?

	구분	토론	토의
①	정의	특정 주제에 대한 찬성과 반대의 주장을 논하는 과정	특정 문제를 해결하기 위한 다양한 해결방안을 모색하는 과정
②	목적	각자가 가지고 있는 다양한 의견을 개진하고 교환하며 검토함	각각 찬성과 반대 입장에서 자신의 주장을 받아들이도록 제3자인 청중을 설득함
③	특성	상호 대립적 · 공격적 · 경쟁적 · 논쟁적	상호 협동적 · 협조적 · 협력적
④	형식	일정한 형식과 규칙에 따라 발언함	비교적 자유롭게 발언함
⑤	효과	문제의 본질에 대한 이래를 높여줌	문제해결책을 도출함

✔ 해설

구분	토론	토의
정의	특정 주제에 대한 찬성과 반대의 주장을 논하는 과정	특정 문제를 해결하기 위한 다양한 해결방안을 모색하는 과정
목적	각각 찬성과 반대 입장에서 자신의 주장을 받아들이도록 제3자인 청중을 설득함	각자가 가지고 있는 다양한 의견을 개진하고 교환하며 검토함
특성	상호 대립적 · 공격적 · 경쟁적 · 논쟁적	상호 협동적 · 협조적 · 협력적
형식	일정한 형식과 규칙에 따라 발언함	비교적 자유롭게 발언함
효과	문제의 본질에 대한 이해를 높여줌	문제 해결책을 도출함
결과	승패	타협

┃6∼8┃ 다음 글을 읽고 물음에 답하시오.

우리나라 옛 문헌에 따르면 거북 또는 남생이는 '귀'라 하고 자라는 '별'이라 칭하였다. 또한 문학작품이나 문헌에서 현의독우·현령성모·원서·청강사자·강사·동현선생·녹의여자·옥령부자·현부·현갑·장륙 등과 같은 표현이 나오는데 이는 모두 거북 또는 남생이를 일컫는다.

거북은 세계적으로 12과 240종이 알려져 있고 우리나라에서는 바다거북, 장수거북, 남생이, 자라 등 총 4종이 알려져 있는데 앞의 2종은 해산대형종이고 뒤의 2종은 담수산소형종이다. 거북목(目)의 동물들은 모두 몸이 짧고 등껍질과 배 껍질로 싸여 있으며 양턱은 부리 모양을 이루고 각질의 집으로 싸여 있다. 또한 이빨은 없고 눈꺼풀이 있으며 목은 8개의 목등뼈를 가지고 있어 보통 껍질 속을 드나들 수 있다. 다리는 기본적으로는 오지형으로 되어 있다. 서식지로는 온대·열대의 육상·민물·바다 등에서 사는데 산란은 물에서 사는 것도 육상으로 올라와 한다.

「규합총서」에서 "자라찜을 왕비탕이라 하는데 매우 맛이 좋다. 벽적(뱃속에 뭉치 같은 것이 생기는 병)에 성약이나 그 배에 왕자가 있어 그냥 고기와 같지 않고 또 예전에 자라를 살려주고 보은을 받았다는 말이 전하니 먹을 것이 아니다. 비록 「맹자」에 물고기와 자라가 하도 많아 이루 다 먹을 수가 없었다는 말이 있으나 역시 먹지 않는 것이 좋다."라고 한 것으로 보아 식용되고는 있었으나 약이성 식품으로 사용된 듯하다.

거북은 오래 산다는 의미에서 <u>십장생</u> 중 하나에 들어갔으며 민화의 소재로도 많이 사용되었고 용이나 봉황과 함께 상서로운 동물로도 인식되었다. 십장생은 민간신앙 및 도교에서 불로장생을 상징하는 열 가지의 사물을 뜻하며 보통 '해·달·산·내·대나무·소나무·거북·학·사슴·불로초' 또는 '해·돌·물·구름·대나무·소나무·불로초·거북·학·산'을 말한다. 이러한 이유로 집을 짓고 상량할 때 대들보에 '하룡', '해귀'라는 문자를 써 넣기도 했고 귀뉴라 하여 손잡이 부분에 거북 모양을 새긴 인장을 사용하기도 했으며 귀부라 하여 거북 모양으로 만든 비석의 받침돌로도 이용되었다. 또한 동작이 느린 동물로서 많은 이야기의 소재가 되기도 하였다.

대표적인 예로 「삼국유사」 가락국기에는 <구지가>라는 노래가 한역되어 수록되어 있는데 여기서 거북은 가락국의 시조인 수로왕을 드러내게 하는 동물로 등장하고 같은 책의 수로부인조(條)에도 〈해가〉라는 노래가 들어 있다. 이 노래에서도 역시 거북은 바다로 납치된 수로부인을 나오도록 하는 동물로 나타난다.

그리고 옛날 중국에서는 하나라의 우임금이 치수를 할 때 낙수에서 나온 거북의 등에 마흔다섯 점의 글씨가 있었다고 하는데 이를 '낙서'라 하여 '하도'와 함께 「주역」의 근본이 되었다는 기록도 있다. 이 외에도 중국의 초기문자인 갑골문 또한 거북의 등에 기록된 것으로 점을 칠 때 쓰였는데 오늘날에도 '거북점'이라는 것이 있어 귀갑을 불에 태워 그 갈라지는 금을 보고 길흉을 판단한다. 이처럼 거북은 신령스러운 동물로서 우리나라뿐 아니라 동양 일대에서 신성시하던 동물이었다.

6 다음 중 옳지 않은 것은?

① 우리나라에서는 예부터 거북목(目)의 한 종류인 자라를 식용 및 약용으로 사용하기도 하였다.

② 옛 문헌의 기록으로 말미암아 거북은 고대 우리 민족에게 수신이나 주술매체의 동물로서 인식되었다.

③ 거북은 세계적으로 많은 종이 있는데 바다거북·장수거북·남생이·자라 등 4종은 우리나라에서만 서식하는 고유종이다.

④ 거북은 동양 일대에서 용이나 봉황과 함께 상서로운 동물로 인식되었으며 특히 중국에서는 거북의 등을 이용하여 점을 치기도 하였다.

⑤ 오늘날에도 거북점을 통해 길흉을 판단한다.

> ✔해설 우리나라에서는 바다거북·장수거북·남생이·자라 등 4종이 알려져 있지만 이들이 우리나라에만 서식하는 고유종으로 보기는 어렵다.

7 다음 문학작품 중 거북과 관련이 없는 것은?

① 귀토지설   ② 청강사자현부전

③ 죽부인전   ④ 별주부전

⑤ 토생원전

> ✔해설 ③ 대나무를 의인화하여 절개 있는 부인을 비유한 작품이다.
> ① 판소리계 소설인 토끼전의 근원설화가 되는 작품으로 거북과 토끼가 지혜를 겨루는 내용이다.
> ② 거북을 의인화하여 어진 사람의 행적을 기린 작품이다.
> ④ 판소리계 소설로 「토끼전」이라고도 한다.
> ⑤ 별주부전의 다른 이름이다.

8 다음 중 밑줄 친 '십장생'에 속하지 않는 것은?

① 불로초   ② 별

③ 소나무   ④ 학

⑤ 거북

> ✔해설 십장생은 민간신앙 및 도교에서 불로장생을 상징하는 열 가지의 사물로 보통 '해·달·산·내·대나무·소나무·거북·학·사슴·불로초' 또는 '해·돌·물·구름·대나무·소나무·불로초·거북·학·산'을 이른다.

Answer   6.③   7.③   8.②

┃9~11┃ 다음 글을 읽고 물음에 답하시오.

봉수는 횃불과 연기로써 급한 소식을 전하던 전통시대의 통신제도로 높은 산에 올라가 불을 피워 낮에는 연기로, 밤에는 불빛으로 신호하는 방식이었다. 봉수제도는 우역제와 더불어 신식우편과 전기통신이 창시되기 이전의 전근대국가에서는 가장 중요하고 보편적인 통신방법이었는데 역마나 인편보다 시간적으로 단축되었고, 신속한 효용성을 발휘하여 지방의 급변하는 민정상황이나 국경지방의 적의 동태를 상급기관인 중앙의 병조에 쉽게 연락할 수 있었기 때문이다. 보통 봉수제는 국가의 정치·군사적인 전보기능을 목적으로 설치되었는데 우리나라에서 군사적인 목적으로 설치된 봉수제가 처음 문헌기록에 나타난 시기는 고려 중기 무렵이다. 이후 조선이 건국되면서 조선의 지배층들은 고려시대 봉수제를 이어받았는데 특히 세종 때에는 종래에 계승되어 온 고려의 봉수제를 바탕으로 하고 중국의 제도를 크게 참고하여 그 면모를 새롭게 하였다. 하지만 이러한 봉수제는 시간이 지날수록 점점 유명무실하게 되었고 결국 임진왜란이 일어나자 이에 대한 대비책으로 파발제가 등장하게 되었다. 봉수는 경비가 덜 들고 신속하게 전달할 수 있는 장점이 있으나 적정을 오직 5거의 방법으로만 전하여, 그 내용을 자세히 전달할 수 없어 군령의 시달이 어렵고 또한 비와 구름·안개로 인한 판단곤란과 중도단절 등의 결점이 있었다. 반면에 파발은 경비가 많이 소모되고 봉수보다는 전달속도가 늦은 결점이 있으나 문서로써 전달되기 때문에 보안유지는 물론 적의 병력 수·장비·이동상황 그리고 아군의 피해상황 등을 상세하게 전달할 수 있는 장점이 있었다.

9 다음 중 옳지 않은 것은?

① 봉수는 전통시대의 통신제도로 높은 산에 올라가 낮에는 연기로, 밤에는 불빛으로 신호를 보냈다.
② 보통 봉수제는 국가의 정치·군사적인 전보기능을 목적으로 설치되었는데 우리나라에서는 고려 중기 무렵에 처음으로 문헌기록으로 나타난다.
③ 봉수는 역마나 인편보다 시간적으로 단축되었고, 신속한 효용성을 발휘하여 지방의 급박한 상황을 중앙에 쉽게 연락할 수 있었다.
④ 봉수제도는 조선시대 들어서 그 기틀이 확고히 자리 잡아 임진왜란 당시에는 큰 역할을 하였다.
⑤ 봉수제도는 경비가 덜 들고 신속하게 전달할 수 있다.

✔해설 봉수제도는 조선 초기에 여러 제도를 참고하여 그 면모를 새롭게 하였지만 시간이 지날수록 점점 유명무실하게 되었고 결국 임진왜란이 일어나자 이에 대한 대비책으로 파발제가 등장하게 되었다.

10 위 글에서 봉수는 적정을 5거의 방법으로 전한다고 한다. 다음은 조선시대 봉수제도의 5거의 각 단계와 오늘날 정규전에 대비해 발령하는 전투준비태세인 데프콘의 각 단계를 설명한 것이다. 오늘날의 데프콘 4는 봉수의 5거제 중 어디에 가장 가까운가?

- 봉수제 : 봉수대에서는 거수를 달리하여 정세의 완급을 나타냈는데 평상시에는 1거, 왜적이 해상에 나타나거나 적이 국경에 나타나면 2거, 왜적이 해안에 가까이 오거나 적이 변경에 가까이 오면 3거, 우리 병선과 접전하거나 국경을 침범하면 4거, 왜적이 상륙하거나 국경에 침범한 적과 접전하면 5거씩 올리도록 하였다.
- 데프콘 : 데프콘은 정보감시태세인 워치콘 상태의 분석 결과에 따라 전군에 내려지는데 데프콘 5는 적의 위협이 없는 안전한 상태일 때, 데프콘 4는 적과 대립하고 있으나 군사개입 가능성이 없는 상태일 때, 데프콘 3은 중대하고 불리한 영향을 초래할 수 있는 긴장상태가 전개되거나 군사개입 가능성이 있을 때, 데프콘 2는 적이 공격 준비태세를 강화하려는 움직임이 있을 때, 데프콘 1은 중요 전략이나 전술적 적대행위 징후가 있고 전쟁이 임박해 전쟁계획 시행을 위한 준비가 요구되는 최고준비태세일 때 발령된다.

---

① 5거　　　　　　　　　　　② 4거

③ 3거　　　　　　　　　　　④ 2거

⑤ 1거

✔해설　오늘날 데프콘 4는 조선시대 봉수의 5거제 중 2거에 가장 가깝다고 볼 수 있다.

11 다음 중 위 글의 '봉수'에 해당하는 한자로 옳은 것은?

① 烽燧　　　　　　　　　　② 逢受

③ 鳳首　　　　　　　　　　④ 封手

⑤ 峯岫

✔해설　② 남의 돈이나 재물을 맡음
③ 봉황의 머리
④ 바둑이나 장기에서 대국이 하루 만에 끝나지 아니할 경우 그 날의 마지막 수를 종이에 써서 봉하여 놓음. 또는 그 마지막 수
⑤ 산봉우리

　　⊙ 빗살무늬토기를 사용하던 당시, 즉 신석기시대의 간돌도끼는 편평하고 길쭉한 자갈돌을 다듬은 뒤 인부(날 부분)만을 갈아서 사용하였다. 빗살무늬토기문화인들에 뒤이어 한반도의 새로운 주민으로 등장한 민무늬토기문화인들은 간석기를 더욱 발전시켜 사용했는데, 이 시기에는 간돌도끼도 인부만이 아닌 돌 전체를 갈아 정교하게 만들어서 사용하였다.

　　또한 ⓒ 빗살무늬토기시대의 간돌도끼는 '도끼'(현대 도끼와 같이 날이 좌우 대칭인 것)와 '자귀'(현대의 자귀 또는 끌처럼 날이 비대칭인 것)의 구분 없이 혼용되었으나 민무늬토기시대에는 '도끼'와 '자귀'를 따로 만들어서 사용하였다.

　　도끼는 주로 요즈음의 도끼와 마찬가지로 벌목 · 절단 · 절개의 용도로 사용된 반면, 자귀는 요즈음의 끌이나 자귀처럼 나무껍질을 벗기거나 재목을 다듬는 가공구로 사용되었다. ⓒ 민무늬토기시대의 간돌도끼는 용도별로 재료 · 크기 · 무게 · 형태를 달리하여 제작되었으며, 전투용보다는 공구용이 압도적이었다.

　　종류는 크게 양인석부(양날도끼)와 단인석부(외날도끼)로 구분된다. 양인석부는 부신의 형태에 따라 편평 · 원통 · 사각석부 등으로 나뉘고, 단인석부는 길쭉한 주상석부와 납작하고 네모난 '대팻날'로 나뉜다.

　　ⓔ 우리나라의 대표적인 주먹도끼문화는 전곡리의 구석기문화에서 발견되는데 1979년부터 발굴이 시작된 전곡리 유적은 경기도 연천군 전곡리의 한탄강변에 위치하고 있으며 이 유적은 야외유적으로 이곳에서 구석기인들이 석기도 제작한 흔적이 발견되었다.

　　충청도 · 전라도 지역과 같은 평야지대에서는 소형의 석부가 많이 나타나고, 도끼용보다는 자귀용의 목공구가 우세한 반면, 강원도에서는 대형의 석부가 많이 나타나고 도끼류가 우세하다. ⓜ 간돌도끼는 청동도끼가 들어온 뒤에도 줄지 않고 상용되었으며, 서기 전 2세기 말 무렵에 중국에서 한나라 식 철제도끼가 보급되면서 급격히 소멸되었다.

12　다음 중 옳지 않은 것은?

① 간돌도끼는 빗살무늬토기시대 때는 도끼와 자귀 구분 없이 사용되었다가 민무늬토기시대로 오면서 따로 만들어 사용하게 되었다.

② 간돌도끼는 돌을 갈아서 사용한 것으로 흔히 타제석부라고도 부른다.

③ 민무늬토기시대의 간돌도끼는 용도별로 다양하게 제작되었는데 그 중에서도 특히 공구용으로 많이 제작되었다.

④ 충청도나 전라도 지역에서 발굴된 간돌도끼 유물들은 소형으로 도끼보다 자귀용과 같은 목공구가 대부분을 차지한다.

⑤ 간돌도끼는 청동도끼가 들어온 후에도 사용되었다.

> ✔해설　간돌도끼는 돌을 갈아서 사용한 것으로 흔히 마제석부라고 부른다. 타제석부는 돌을 깨트려 사용한 것으로 뗀돌도끼가 이에 해당한다.

13 위 글의 밑줄 친 ㉠~㉣ 중 내용상 흐름과 관련 없는 문장은?

① ㉠   ② ㉡

③ ㉢   ④ ㉣

⑤ ㉤

✔해설 구석기시대 주먹도끼에 대한 설명이다.

14 다음 중 김 씨에게 해 줄 수 있는 조언으로 적절하지 않은 것은 무엇인가?

> 기획팀 사원 김 씨는 좋은 아이디어를 가지고 있지만, 이를 제대로 표현하지 못한다. 평상시 성격도 소심하고 내성적이라 남들 앞에서 프레젠테이션을 하는 상황만 되면 당황하여 목소리가 떨리고 말이 잘 나오지 않는다. 머릿속엔 아무런 생각도 나지 않고 어떻게 하면 빨리 이 자리를 벗어날 수 있을까 궁리하게 된다. 아무리 발표 준비를 철저하게 하더라도 윗사람이 많은 자리나 낯선 상황에 가면 김 씨는 자신도 모르게 목소리가 작아지고 중얼거리며, 시선은 아래로 떨어져 한 곳을 응시하게 된다. 이뿐만 아니라 발표 내용은 산으로 흘러가고, 간투사를 많이 사용하여 상대와의 원활한 의사소통이 이루어지지 않는다.

① 프레젠테이션 전에 심호흡 등을 통해 마음의 평정을 유지해 보세요.

② 청중을 너무 의식하지 말고, 리허설을 통해 상황에 익숙해지도록 하세요.

③ 프레젠테이션을 할 때는 긴장이 되더라도 밝고 자신감 넘치는 표정과 박력 있는 목소리로 준비한 내용을 표현하세요.

④ 목소리 톤은 좋은데 몸동작이 부자연스러워 주의가 분산되고 있으니 상황에 따른 적절한 비언어적 표현을 사용하세요.

⑤ 청중을 바라볼 때는 한 곳을 응시하거나 아래를 보기보다는 Z자를 그리며 규칙성을 가지고 골고루 시선을 분배하세요.

✔해설 김 씨는 연단에서 발표를 할 때 말하기 불안 증세를 보이고 있다. 이를 극복하기 위해서는 완벽한 준비, 상황에 익숙해지기, 청자 분석 등이 필요하다. 다른 내용과 달리 해당 글에서 신체 비언어적 표현에 관해 언급하는 내용은 확인할 수 없다. 따라서 '몸동작이 부자연스럽다'는 것은 알 수 없다. 또한 발표 시에 목소리가 '작아진다'고 하였으므로 '목소리 톤이 좋다'는 내용도 적절하지 않다.

주로 군사목적이나 외교통신 수단으로 사용된 ㉠<u>암호</u>는 최근 들어 사업용으로도 많이 이용되고 있다. 이러한 암호는 그 작성방식에 따라 문자암호(문자암호는 전자방식과 환자방식으로 다시 나뉜다)와 어구암호로 나뉘고 사용기구에 따라 기계암호와 서식암호, 스트립식 암호 등으로 나뉜다.

인류 역사상 가장 처음 사용된 암호는 스파르타 시대 때 사용된 스키탈레 암호로 이것은 일정한 너비의 종이테이프를 원통에 서로 겹치지 않도록 감아서 그 테이프 위에 세로쓰기로 통신문을 기입하는 방식이다. 그리하여 그 테이프를 그냥 풀어 보아서는 기록내용을 전혀 판독할 수 없으나 통신문을 기록할 때 사용했던 것과 같은 지름을 가진 원통에 감아보면 내용을 읽을 수 있게 고안된 일종의 전자방식의 암호이다.

또한 ㉡<u>환자방식으로 사용된 암호</u>는 로마 시대의 카이사르에 의해서 고안되었는데 이것은 전달받고자 하는 통신문의 글자를 그대로 사용하지 않고 그 글자보다 알파벳 순서로 몇 번째 뒤, 또는 앞의 글자로 바꾸어 기록하는 방식이다. 예를 들면 암호를 주고받는 사람끼리 어떤 글자를 그보다 네 번째 뒤의 글자로 환자한다는 약속이 되어 있다면, A는 E로 표시되고, B는 F로 표시하는 등이다. 이와 같은 암호는 로마 시대뿐만 아니라 영국의 알프레드 1세나 칼 대제 시대 때도 다양한 방식으로 사용되었다.

근대적인 암호는 14 ～ 15세기의 이탈리아에서 발달하여, 최초의 완전암호라고 할 수 있는 베네치아 암호가 고안되었으며 16세기의 프랑스에서는 근대적 암호의 시조(始祖)라고 불리는 비지넬이 나타나 이른바 비지넬 암호표가 고안되었다. 이 암호는 아주 교묘하게 만들어져서 해독 불능 암호라고까지 평가를 받았으며, 현재에도 환자암호의 기본형식의 하나로 쓰이고 있다.

15 다음 중 옳지 않은 것은?

① 암호는 통신문의 내용을 다른 사람이 읽을 수 없도록 하기 위해 글자나 숫자 또는 부호 등을 변경하여 작성한 것이다.

② 암호는 작성방식이나 사용기구에 따라 다양한 종류로 분류된다.

③ 베네치아 암호는 최초의 완전암호라 할 수 있으며 아주 교묘하게 만들어져 해독 불능 암호로 평가받았다.

④ 암호는 보내는 사람과 받는 사람의 일종의 약속에 의해 이루어진다.

⑤ 16세기의 프랑스에서는 비지넬 암호표가 고안되었다.

> ✔ **해설** 해독 불능 암호로 평가받은 것은 16세기 프랑스의 비지넬이 고안한 비지넬 암호이다.

16 위 글의 밑줄 친 ㉠과 바꿔 쓸 수 없는 단어는?

① 암구호

② 사인

③ 패스워드

④ 심상

⑤ 애너그램

> ✔해설 ④ 감각에 의하여 획득한 현상이 마음 속에서 재생된 것.
> ① 적군과 아군을 분간할 수 없는 야간에 아군 여부를 확인하기 위하여 정하여 놓은 말
> ② 몸짓이나 눈짓 따위로 어떤 의사를 전달하는 일. 또는 그런 동작.
> ③ 특정한 시스템에 로그인을 할 때에 사용자의 신원을 확인하기 위하여 입력하는 문자열
> ⑤ 한 단어나 어구에 있는 단어 철자들의 순서를 바꾸어 원래의 의미와 논리적으로 연관이 있는 다른 단어 또는 어구를 만드는 일

17 다음 보기는 밑줄 친 ㉡의 방식으로 구성한 암호문이다. 전달하고자 하는 본래 의미는 무엇인가?

> • 약속 : 모든 암호문은 전달하고자 하는 본래 문자의 두 번째 뒤의 문자로 바꿔 기록한다.
>   예시) '러랄 저벗챠머' → '나는 사람이다.'
> • 암호문 : '컍차부 더두 쟉머'

① 집으로 가고 싶다.

② 음악을 듣고 있다.

③ 당신이 너무 좋다.

④ 과자를 많이 먹다.

⑤ 잠을 자고 싶다.

> ✔해설 보기의 약속을 보면 모든 암호문은 전달하고자 하는 본래 문자의 두 번째 뒤의 문자로 바꿔 기록한다고 되어 있으므로 이를 표로 나타내면 다음과 같다.
>
> | 본래 문자 | ㄱ | ㄴ | ㄷ | ㄹ | ㅁ | ㅂ | ㅅ | ㅇ | ㅈ | ㅊ | ㅋ | ㅌ | ㅍ | ㅎ | ㅏ | ㅑ | ㅓ | ㅕ | ㅗ | ㅛ | ㅜ | ㅠ | ㅡ | ㅣ |
> | --- | --- | --- | --- | --- | --- | --- | --- | --- | --- | --- | --- | --- | --- | --- | --- | --- | --- | --- | --- | --- | --- | --- | --- | --- |
> | ↓ | ↓ | ↓ | ↓ | ↓ | ↓ | ↓ | ↓ | ↓ | ↓ | ↓ | ↓ | ↓ | ↓ | ↓ | ↓ | ↓ | ↓ | ↓ | ↓ | ↓ | ↓ | ↓ | ↓ | ↓ |
> | 기록 문자 | ㄷ | ㄹ | ㅁ | ㅂ | ㅅ | ㅇ | ㅈ | ㅊ | ㅋ | ㅌ | ㅍ | ㅎ | ㄱ | ㄴ | ㅓ | ㅕ | ㅗ | ㅛ | ㅜ | ㅠ | ㅡ | ㅣ | ㅏ | ㅑ |
>
> 따라서 암호문의 본래 의미는 '집으로 가고 싶다.'로 ①이 정답이다.

Answer 15.③ 16.④ 17.①

┃18～20 ┃ 다음 글을 읽고 물음에 답하시오.

일명 ㉠광견병이라고도 하는 공수병은 오래 전부터 전 세계적으로 발생되어 온 인수공통감염병으로 우리나라에서는 제3군 ㉡감염병으로 지정되어 있다. 반려동물인 개에게 물리거나 공수병에 걸린 야생동물에 물려서 발생되며 미친개에게 물린 사람의 약 10～20%가 발병하고 연중 어느 시기에나 발생한다. 이러한 공수병은 개·여우·이리·고양이 같은 동물이 그 감염원이 되며 14일 내지 수개월의 잠복기를 거친 뒤 발생한다.

증세는 목 주변의 근육에 수축 경련이 일어나서 심한 갈증에 빠지지만 물 마시는 것을 피할 수밖에 없다는 뜻에서 ㉢공수병이라고 불러 왔다. 공수병에 대한 증상이나 ㉣치료법에 대한 기록은 고려·조선시대의 대표적인 ㉤의학서인「향약구급방」,「향약집성방」,「동의보감」등에도 나온다. 하지만 공수병의 잠복기간이 비교적 길고 물리고 난 뒤에도 예방접종을 실시하면 대개는 그 무서운 공수병을 예방할 수 있어 1970년대 이후 거의 발생되지 않고 있다. 또한 지금은 모든 개에게 공수병 예방접종을 실시하고 만약 물리더라도 7～10일 동안 가두어 관찰한 뒤에 공수병이 발생하면 곧 예방주사를 놓아 치료를 받도록 하고 있다. 특히 오늘날 우리나라에서도 사람들이 개나 고양이 같은 반려동물을 많이 기르고 야외활동을 많이 하여 뜻하지 않은 공수병에 걸릴 위험성이 있으므로 관심을 기울여야한다. 개에게 물려 공수병이 발병하면 거의 회생하기가 어려우므로 평소 반려동물의 단속과 공수병 예방수칙에 따라 문 개를 보호·관찰하며 필요할 경우 재빨리 면역 혈청을 주사하고 예방접종을 실시해야 한다.

18 다음 중 옳지 않은 것은?

① 공수병은 광견병이라고도 하며 개·여우·이리·고양이 같은 동물들에게서 전염되는 인수공통전염병이다.
② 대표적인 증상으로는 심한 갈증과 함께 목 주변의 근육에 수축 경련이 일어난다.
③ 공수병은 고려·조선시대에도 발생했던 병으로 우리 선조들은 이 병에 대한 증상이나 처방법을 책으로 기록하기도 하였다.
④ 오늘날 공수병은 의학이 발달하여 그 치료제가 존재하고 모든 개에게 공수병 예방접종을 실시하고 있기 때문에 우리나라에서는 1970년대 이후 완전히 사라졌다.
⑤ 공수병이 발생하면 거의 회생하기가 어렵다.

> **✔해설** ④ 의학이 발달하여 미친개에게 물리고 난 뒤에도 예방접종을 실시하면 대개는 공수병을 예방할 수 있지만 그렇다고 병이 완전히 사라진 것은 아니다.

19 다음 중 밑줄 친 ㉠～㉤의 한자 표기로 옳지 않은 것은?

① ㉠ 狂犬病　　　　　② ㉡ 感染病
③ ㉢ 公需病　　　　　④ ㉣ 治療法
⑤ ㉤ 醫學書

20 다음 글을 읽고 ( ) 안에 들어갈 접속사를 고르시오.

> 도넛 현상은 도시 중심지의 상주 인구가 감소하는 반면, 주변 교외 지역은 성장과 확장을 겪는 도시 개발 패턴이다. 즉, 낮에는 상업 및 업무 기능이 있는 도시 중심지로 모이나, 저녁에는 교외 지역으로 빠져나가는 현상이다. 도넛의 중심에는 버려진 건물, 쇠퇴하는 인프라, 인구 감소 등이 특징인 구멍이 있다. 이러한 감소에 기여하는 요인으로는 사람들이 더 큰 집, 더 좋은 학교, 더 안전한 동네를 찾아 도심에서 벗어나는 교외화 등이 있는데, 도시 지역의 제조업 쇠퇴와 같은 경제적 변화도 도시 중심의 공동화에 기여하여 실업과 빈곤을 초래한다.
>
> 한편, 도넛의 바깥쪽 고리인 고리는 급속한 성장과 발전을 겪는다. 교외 지역은 넓은 주택, 녹지 공간, 현대적인 편의시설로 새로운 거주자들을 끌어들이고 있으며, 고속도로 등을 포함한 교통망으로 사람들이 출퇴근하면서 도심에서 더 멀리 떨어진 곳에서도 살기가 더 쉬워졌다. ( ) 교외는 무분별한 개발로 인해 교통 혼잡이 증가하고 대기 오염이 발생하며 자연 서식지가 손실되고 있다. 교외 지역은 도시 중심지에서 발견되는 공동체 의식과 문화적 다양성이 결여되어 사회적 고립을 초래하고 교통수단으로 자동차에 의존하는 경우가 많다. 자동차 중심 접근 방식은 교통 혼잡, 대기 오염, 화석 연료 의존도를 악화시켜 환경 파괴와 공중 보건 문제를 야기할 수밖에 없다. 이와 같은 도넛 현상을 해결하기 위해 도시 계획가와 정책 입안자들은 지속 가능한 교외 성장을 촉진하면서 도심을 활성화하는 전략을 모색하고 있다. 전반적으로, 도넛 현상을 이해하고 해결하는 것은 변화하는 인구통계 및 경제 추세에 맞서 공평하고 지속 가능하며 회복력이 있는 도시와 교외 지역을 만드는 데 필수적이다.

① 즉
② 또는
③ 그러나
④ 게다가
⑤ 왜냐하면

✔해설 앞의 내용과 뒤의 내용이 상반될 때 쓰는 접속 부사 '그러나'가 적절하다.

21 다음은 근로장려금 신청자격 요건에 대한 정부제출안과 국회통과안의 내용이다. 이에 근거하여 옳은 내용은?

요건	정부제출안	국회통과안
총소득	부부의 연간 총소득이 1,700만 원 미만일 것(총소득은 근로소득과 사업소득 등 다른 소득을 합산한 소득)	좌동
부양자녀	다음 항목을 모두 갖춘 자녀를 2인 이상 부양할 것 (1) 거주자의 자녀이거나 동거하는 입양자일 것 (2) 18세 미만일 것(단, 중증장애인은 연령제한을 받지 않음) (3) 연간 소득금액의 합계액이 100만 원 이하일 것	다음 항목을 모두 갖춘 자녀를 1인 이상 부양할 것 (1)~(3) 좌동
주택	세대원 전원이 무주택자일 것	세대원 전원이 무주택자이거나 기준시가 5천만 원 이하의 주택을 한 채 소유할 것
재산	세대원 전원이 소유하고 있는 재산 합계액이 1억 원 미만일 것	좌동
신청 제외자	(1) 3개월 이상 국민기초생활보장급여 수급자 (2) 외국인(단, 내국인과 혼인한 외국인은 신청 가능)	좌동

① 정부제출안보다 국회통과안에 의할 때 근로장려금 신청자격을 갖춘 대상자의 수가 더 줄어들 것이다.

② 두 안의 총소득요건과 부양자녀요건을 충족하고, 소유 재산이 주택(5천만 원), 토지(3천만 원), 자동차(2천만 원)인 A는 정부제출안에 따르면 근로장려금을 신청할 수 없지만 국회통과안에 따르면 신청할 수 있다.

③ 소득이 없는 20세 중증장애인 자녀 한 명만을 부양하는 B가 국회통과안에서의 다른 요건들을 모두 충족하고 있다면 B는 국회통과안에 의해 근로장려금을 신청할 수 있다.

④ 총소득, 부양자녀, 주택, 재산 요건을 모두 갖춘 한국인과 혼인한 외국인은 정부제출안에 따르면 근로장려금을 신청할 수 없지만 국회통과안에 따르면 신청할 수 있다.

⑤ 총소득, 부양자녀, 주택, 재산 요건을 모두 갖추었다면, 국민기초생활보장급여 수급 여부와 관계없이 근로장려금을 신청할 수 있다.

✔해설 ③ 중증장애인은 연령제한을 받지 않고, 국회통과안의 경우 부양자녀가 1인 이상이면 근로장려금을 신청할 수 있으므로, 다른 요건들을 모두 충족하고 있다면 B는 근로장려금을 신청할 수 있다.

① 정부제출안보다 국회통과안에 의할 때 근로장려금 신청자격을 갖춘 대상자의 수가 더 늘어날 것이다.
② 정부제출안과 국회통과안 모두 세대원 전원이 소유하고 있는 재산 합계액이 1억 원 미만이어야 한다. A는 소유 재산이 1억 원으로 두 안에 따라 근로장려금을 신청할 수 없다.
④ 정부제출안과 국회통과안 모두 내국인과 혼인한 외국인은 근로장려금 신청이 가능하다.
⑤ 3개월 이상 국민기초생활보장급여 수급자는 근로장려금 신청이 제외된다.

22 A기업 대표이사 비서인 甲은 거래처 대표이사가 새로 취임하여 축하장 초안을 작성하고 있다. 다음 축하장에서 밑줄 친 부분의 맞춤법이 바르지 않은 것끼리 묶인 것은?

　　귀사의 무궁한 번영과 발전을 기원합니다.
　　이번에 대표이사로 새로 취임하심을 진심으로 기쁘게 생각하며 ⓐ축하드립니다. 이는 탁월한 식견과 그동안의 부단한 노력에 따른 결과라 생각합니다. 앞으로도 저희 한국ㅇㅇ ㈜와 ⓑ원할한 협력 관계를 ⓒ공고이 해 나가게 되기를 기대하며, 우선 서면으로 축하 인사를 대신합니다.
　　ⓓ아무쪼록 건강하시기 바랍니다.

---

① ⓐ, ⓑ
② ⓐ, ⓒ
③ ⓑ, ⓒ
④ ⓑ, ⓓ
⑤ ⓒ, ⓓ

✔해설 ⓑ 원할한 → 원활한
　　　　ⓒ 공고이 → 공고히

23 다음은 A공사에 근무하는 김 대리가 작성한 '보금자리주택 특별공급 사전예약 안내문'이다. 자료에 대한 내용으로 옳은 것은?

보금자리주택 특별공급 사전예약이 진행된다. 신청자격은 사전예약 입주자 모집 공고일 현재 미성년(만 20세 미만)인 자녀를 3명 이상 둔 서울, 인천, 경기도 등 수도권 지역에 거주하는 무주택 가구주에게 있다. 청약저축통장이 필요 없고, 당첨자는 배점기준표에 의한 점수 순에 따라 선정된다. 특히 자녀가 만 6세 미만 영유아일 경우, 2명 이상은 10점, 1명은 5점을 추가로 받게 된다.

총점은 가산점을 포함하여 90점 만점이며 배점기준은 다음 〈표〉와 같다.

배점요소	배점기준	점수
미성년 자녀수	4명 이상	40
	3명	35
가구주 연령, 무주택 기간	가구주 연령이 만 40세 이상이고, 무주택 기간 5년 이상	20
	가구주 연령이 만 40세 미만이고, 무주택 기간 5년 이상	15
	무주택 기간 5년 미만	10
당해 시·도 거주기간	10년 이상	20
	5년 이상~10년 미만	15
	1년 이상~5년 미만	10
	1년 미만	5

※ 다만 동점자인 경우 ① 미성년 자녀수가 많은 자, ② 미성년 자녀수가 같을 경우, 가구주의 연령이 많은 자 순으로 선정한다.

---

① 가장 높은 점수를 받을 수 있는 배점요소는 '가구주 연령, 무주택 기간'이다.

② 사전예약 입주자 모집 공고일 현재 22세, 19세, 16세, 5세의 자녀를 둔 서울 거주 무주택 가구주 甲은 신청자격이 있다.

③ 보금자리주택 특별공급 사전예약에는 청약저축통장이 필요하다.

④ 배점기준에 따른 총점이 동일하고 미성년 자녀수가 같다면, 미성년 자녀의 평균 연령이 더 많은 자 순으로 선정한다.

⑤ 사전예약 입주자 모집 공고일 현재 9세 자녀 1명과 5세 자녀 쌍둥이를 둔 乙은 추가로 5점을 받을 수 있다.

> ✔해설 ② 미성년인 자녀가 3명 이상이므로 신청자격이 있다.
> ① 가장 높은 점수를 받을 수 있는 배점요소는 '미성년 자녀수'이다.
> ③ 보금자리주택 특별공급 사전예약에는 청약저축통장이 필요 없다.
> ④ 배점기준에 따른 총점이 동일하고 미성년 자녀수가 같다면, 가구주의 연령이 많은 자 순으로 선정한다.
> ⑤ 만 6세 미만 영유아가 2명 이상이므로 추가로 10점을 받을 수 있다.

24 다음은 광고회사에 다니는 甲이 '광고의 표현 요소에 따른 전달 효과'라는 주제로 발표한 발표문이다. 甲이 활용한 매체 자료에 대한 설명으로 적절하지 않은 것은?

저는 오늘 광고의 표현 요소에 따른 전달 효과에 대해 말씀드리겠습니다. 발표에 앞서 제가 텔레비전 광고 한 편을 보여 드리겠습니다. (광고를 보여 준 후) 의미가 강렬하게 다가오지 않나요? 어떻게 이렇게 짧은 광고에서 의미가 잘 전달되는 것일까요?

광고는 여러 가지 표현 요소를 활용하여 효과적으로 의미를 전달합니다.

이러한 요소에는 음향, 문구, 사진 등이 있습니다. 이 중 우리 반 학생들은 어떤 요소가 가장 전달 효과가 높다고 생각하는지 설문 조사를 해 보았는데요, 그 결과를 그래프로 보여 드리겠습니다. 3위는 음향이나 음악 같은 청각적 요소, 2위는 광고 문구, 1위는 사진이나 그림 같은 시각적 요소였습니다. 그래프로 보니 1위의 응답자 수가 3위보다 두 배가량 많다는 것을 한눈에 볼 수 있네요. 그러면 각 요소의 전달 효과에 대해 살펴볼까요?

먼저 청각적 요소의 효과를 알아보기 위해 음향을 들려 드리겠습니다. (자동차 엔진 소리와 급정거 소음, 자동차 부딪치는 소리) 어떠세요? 무엇을 전달하려는지 의미는 정확하게 알 수 없지만 상황은 생생하게 느껴지시지요?

이번에는 광고 문구의 효과에 대해 설명드리겠습니다. 화면에 '안전띠를 매는 습관, 생명을 지키는 길입니다.'라고 쓰여 있네요. 이렇게 광고 문구는 우리에게 광고의 내용과 의도를 직접적으로 전달해 줍니다.

끝으로 시각적 요소의 효과에 대해 설명드리겠습니다. 이 광고의 마지막 장면은 포스터로도 제작되었는데요. 이 포스터를 함께 보시지요. 포스터를 꽉 채운 큰 한자는 '몸 신' 자네요. 마지막 획을 안전띠 모양으로 만들어서 오른쪽 위에서 왼쪽 아래까지 '몸 신' 자 전체를 묶어 주고 있는 것이 보이시죠? 이 포스터는 안전띠가 몸을 보호해 준다는 의미를 참신하고 기발하게 표현한 것입니다. 이렇게 광고를 통해 전달하려는 의도가 시각적 이미지로 표현될 때 더 인상적으로 전달됨을 알 수 있습니다.

여러분도 인터넷에서 다른 광고들을 찾아 전달 효과를 분석해 보시기 바랍니다. 이상 발표를 마치겠습니다.

① 동영상을 활용하여 청중의 흥미를 유발하고 있다.
② 그래프를 활용하여 설문 조사 결과를 효과적으로 제시하고 있다.
③ 음향을 활용하여 광고 속 상황을 실감이 나도록 전달하고 있다.
④ 포스터를 활용하여 시각적 요소의 효과에 대해 설명하고 있다.
⑤ 인터넷을 활용하여 다양한 자료 검색 방법을 알려 주고 있다.

✅ 해설 인터넷을 활용하여 다양한 자료 검색 방법을 알려 주는 것은 발표문에 나타나지 않았다.

Answer 23.② 24.⑤

25 다음은 □□社에 근무하는 Mr. M. Lee의 출장일정표이다. 옳은 것은?

Monday, January 10 (Seoul to New York)

9:00a.m Leave Incheon Airport on OZ902 for JFK Airport.

9:25a.m Arrive at JFK Airport.

1:00p.m Meeting with Roger Harpers, President, ACF Corporation at Garden Grill.

7:00p.m Dinner Meeting with Joyce Pitt, Consultant, American Business System at Stewart's Restaurant.

Tuesday, January 11 (New York)

9:30a.m Presentation "The Office Environment-Networking" at the National Office Systems Conference, City Conference Center

12:00p.m Luncheon with Raymond Bernard, Vice President, Wilson Automation, Inc., at the Oakdale City Club.

---

① Mr. M. Lee is going to fly to USA on OZ902.

② Mr. M. Lee will make a presentation at the City Conference Center after lunch.

③ Mr. M. Lee will have a luncheon meeting at Garden Grill on January 11th.

④ Mr. M. Lee will meet Roger Harpers, the day after he arrives in New York.

⑤ Mr. M. Lee will arrive at JFK airport at 9:25a.m. on January 11th Seoul time.

✔ 해설

1월 10일 월요일 (서울에서 뉴욕)

오전 9:00 JFK 공항행 OZ902편으로 인천 공항에서 출발
오전 9:25 JFK 공항 도착
오후 1:00 Garden Grill에서 ACF Corporation 사장 Roger Harpers와 미팅
오후 7:00 Stewart's Restaurant에서 American Business System 고문 Joyce Pitt와 저녁식사 미팅

1월 11일 화요일 (뉴욕)

오전 9:30 City Conference Center에서 열리는 National Office Systems Conference에서 프레젠테이션 "사무환경-네트워킹"
오후 12:00 Oakdale City Club에서 Wilson Automation, Inc. 부사장 Raymond Bernard와 오찬

26 다음 밑줄 친 ㈀~㈁ 중 문맥상 의미가 나머지 넷과 다른 것은?

> 코페르니쿠스 이론은 그가 죽은 지 거의 1세기가 지나도록 소수의 ㈀전향자밖에 얻지 못했다. 뉴턴의 연구는 '프린키피아(principia)'의 출간 이후 반세기가 넘도록, 특히 대륙에서는 일반적으로 ㈁수용되지 못했다. 프리스틀리는 산소이론을 전혀 받아들이지 않았고, 켈빈 경 역시 전자기 이론을 ㈂인정하지 않았으며, 이 밖에도 그런 예는 계속된다. 다윈은 그의 '종의 기원' 마지막 부분의 유난히 깊은 통찰력이 드러나는 구절에서 이렇게 적었다. "나는 이 책에서 제시된 견해들이 진리임을 확신하지만……. 오랜 세월 동안 나의 견해와 정반대의 관점에서 보아 왔던 다수의 사실들로 머릿속이 꽉 채워진 노련한 자연사 학자들이 이것을 믿어주리 라고는 전혀 ㈃기대하지 않는다. 그러나 나는 확신을 갖고 미래를 바라본다. 편견 없이 이 문제의 양면을 모두 볼 수 있는 젊은 신진 자연사 학자들에게 기대를 건다." 그리고 플랑크는 그의 '과학적 자서전'에서 자신의 생애를 돌아보면서, 서글프게 다음과 같이 술회하고 있다. "새로운 과학적 진리는 그 반대자들을 납득시키고 그들을 이해시킴으로써 ㈄승리를 거두기보다는, 오히려 그 반대자들이 결국에 가서 죽고 그것에 익숙한 세대가 성장하기 때문에 승리하게 되는 것이다."

① ㈀

② ㈁

③ ㈂

④ ㈃

⑤ ㈄

✔ 해설 ㈀㈁㈂㈄은 새로운 자연과학 이론을 받아들이는 것이고, ㈃은 새로운 이론을 받아들이기를 바라는 마음이다.

27 다음 글에서 ⓐ : ⓑ의 의미 관계와 가장 유사한 것은?

> 역사적으로 볼 때 시민 혁명이나 민중 봉기 등의 배경에는 정부의 과다한 세금 징수도 하나의 요인으로 자리 잡고 있다. 현대에도 정부가 세금을 인상하여 어떤 재정 사업을 하려고 할 때, 국민들은 자신들에게 별로 혜택이 없거나 부당하다고 생각될 경우 ⓐ납세 거부 운동을 펼치거나 정치적 선택으로 조세 저항을 표출하기도 한다. 그래서 세계 대부분의 국가는 원활한 재정 활동을 위한 조세 정책에 골몰하고 있다.
> 경제학의 시조인 아담 스미스를 비롯한 많은 경제학자들이 제시하는 바람직한 조세 원칙 중 가장 대표적인 것이 공평과 효율의 원칙이라 할 수 있다. 공평의 원칙이란 특권 계급을 인정하지 않고 국민은 누구나 자신의 능력에 따라 세금을 부담해야 한다는 의미이고, 효율의 원칙이란 정부가 효율적인 제도로 세금을 과세해야 하며 납세자들로부터 불만을 최소화할 수 있는 방안으로 ⓑ징세해야 한다는 의미이다.

① 컴퓨터를 사용한 후에 반드시 전원을 꺼야 한다.
② 관객이 늘어남에 따라 극장이 점차 대형화되었다.
③ 자전거 타이어는 여름에 팽창하고 겨울에 수축한다.
④ 먼 바다에 나가기 위해서는 배를 먼저 수리해야 한다.
⑤ 얇게 뜬 김은 부드럽고 맛이 좋아서 높은 값에 팔린다.

✔ 해설 ⓐ와 ⓑ는 반의어 관계이다. 따라서 정답은 ③이다.

28 다음의 내용을 근거로 할 때, 단어의 쓰임이 적절하지 않은 것은?

> ○ 동조(同調)「명사」
> 　남의 주장에 자기의 의견을 일치시키거나 보조를 맞춤.
> ○ 방조(幇助/幫助)「명사」「법률」
> 　형법에서, 남의 범죄 수행에 편의를 주는 모든 행위.
> ○ 협조(協調)「명사」
> 　「1」힘을 합하여 서로 조화를 이룸.
> 　「2」생각이나 이해가 대립되는 쌍방이 평온하게 상호 간의 문제를 협력하여 해결하려 함.

① 마을 사람들은 이장의 의견에 동조했다.
② 회사 발전을 위해 노사가 서로 방조해야 한다.
③ 고개를 끄덕여 그에게 동조하는 태도를 보였다.

④ 그는 그 사건을 <u>방조</u>한 혐의로 전국에 수배되었다.
⑤ 업무 추진을 위해 관계 부처와 긴밀하게 <u>협조</u>해야 한다.

> **✔ 해설** 문맥으로 보아 '방조'는 '협조'로 바꿔야 한다. 따라서 정답은 ②이다.

29 다음의 글을 고치기 위한 의견으로 적절하지 않은 것은?

> 사막 지방 사람들은 여름에 ㉠<u>햇빛 흡수가 용이한</u> 검은 색 계열의 옷을 입는다. 일반적으로 검은 색 옷을 입으면 ㉡<u>흰색 옷보다</u> 옷 안의 온도가 6℃가량 더 올라간다. 따뜻해진 옷 안의 공기는 대류 현상에 의해 옷의 윗부분으로 올라와 목으로 빠져나간다. ㉢<u>그런데</u> 바깥의 공기가 다시 옷 안으로 스며든다. 이처럼 ㉣<u>공기의 순환은</u> 옷의 안과 밖을 돌기 때문에 옷 안에는 항상 바람이 불어 시원하게 된다. 그러므로 사막에서는 여름에 검은 색 계열의 옷을 입는 것이 ㉤<u>오히려</u> 생활의 지혜가 된다.

① ㉠은 '햇빛이 잘 흡수되는'으로 고치면 더 쉬워지겠어.
② ㉡은 비교 대상을 분명히 하기 위해 '흰색 옷을 입을 때보다'로 고쳐야겠어.
③ ㉢은 문맥의 흐름상 자연스럽지 않으므로 '그리고'로 바꿔야겠어.
④ ㉣은 뒤에 오는 '돌기 때문에'와의 호응을 고려하여 '공기가'로 고쳐야겠어.
⑤ ㉤은 뜻을 강조하기 위해 '가급적'으로 바꾸어야겠어.

> **✔ 해설** ⑤의 '가급적'은 '할 수 있는 대로'의 뜻으로 문맥에 맞지 않기 때문에 '오히려'가 더 적절한 표현이다.
> ② '검은 색 옷을 입는다'와 '흰색 옷'을 비교할 수 없으므로 '흰색 옷을 입는다'와 비교하여야 한다.
> ③ '그런데'는 문맥의 흐름상 '그리고'로 수정해야 한다.
> ④ '공기의 순환은'이 주어이고 '돌다'가 서술어인데, 둘 사이의 호응이 자연스럽지 못하므로 주어를 '공기가'로 고쳐야 한다.

30 다음 밑줄 친 단어와 바꿔 쓰기에 적절한 한자어가 아닌 것은?

과거는 지나가 버렸기 때문에 역사가가 과거의 사실과 직접 만나는 것은 불가능하다. 역사가는 사료를 매개로 과거와 만난다. 사료는 과거를 그대로 재현하는 것은 아니기 때문에 불완전하다. 사료의 불완전성은 역사 연구의 범위를 제한하지만, 그 불완전성 때문에 역사학이 학문이 될 수 있으며 역사는 끝없이 다시 서술된다. 매개를 거치지 않은 채 손실되지 않은 과거와 ㉠만날 수 있다면 역사학이 설 자리가 없을 것이다. 역사학은 전통적으로 문헌 사료를 주로 활용해 왔다. 그러나 유물, 그림, 구전 등 과거가 남긴 흔적은 모두 사료로 활용될 수 있다. 역사가들은 새로운 사료를 발굴하기 위해 노력한다. 알려지지 않았던 사료를 찾아내기도 하지만, 중요하지 않게 ㉡여겨졌던 자료를 새롭게 사료로 활용하거나 기존의 사료를 새로운 방향에서 파악하기도 한다. 평범한 사람들의 삶의 모습을 중점적인 주제로 다루었던 미시사 연구에서 재판 기록, 일기, 편지, 탄원서, 설화집 등의 이른바 '서사적' 자료에 주목한 것도 사료 발굴을 위한 노력의 결과이다.

시각 매체의 확장은 사료의 유형을 더욱 다양하게 했다. 이에 따라 역사학에서 영화를 통한 역사 서술에 대한 관심이 일고, 영화를 사료로 파악하는 경향도 ㉢나타났다. 역사가들이 주로 사용하는 문헌 사료의 언어는 대개 지시 대상과 물리적·논리적 연관이 없는 추상화된 상징적 기호이다. 반면 영화는 카메라 앞에 놓인 물리적 현실을 이미지화하기 때문에 그 자체로 물질성을 띤다. 즉, 영화의 이미지는 닮은꼴로 사물을 지시하는 도상적 기호가 된다. 광학적 메커니즘에 따라 피사체로부터 비롯된 영화의 이미지는 그 피사체가 있었음을 지시하는 지표적 기호이기도 하다. 예를 들어 다큐멘터리 영화는 피사체와 밀접한 연관성을 갖기 때문에 피사체의 진정성에 대한 믿음을 고양하여 언어적 서술에 비해 호소력 있는 서술로 비춰지게 된다.

그렇다면 영화는 역사와 어떻게 관계를 맺고 있을까? 역사에 대한 영화적 독해와 영화에 대한 역사적 독해는 영화와 역사의 관계에 대한 두 축을 ㉣이룬다. 역사에 대한 영화적 독해는 영화라는 매체로 자기 나름의 시선을 서사와 표현 기법으로 녹여내어 역사를 비평할 수 있다. 역사를 소재로 한 역사 영화는 역사적 고증에 충실한 개연적 역사 서술 방식을 취할 수 있다. 혹은 역사적 사실을 자원으로 삼되 상상력에 의존하여 가공의 인물과 사건을 덧대는 상상적 역사 서술 방식을 취할 수도 있다. 그러나 비단 역사 영화만이 역사를 재현하는 것은 아니다. 모든 영화는 명시적이거나 우회적인 방법으로 역사를 증언한다. 영화에 대한 역사적 독해는 영화에 담겨 있는 역사적 흔적과 맥락을 검토하는 것과 연관된다. 역사가는 영화 속에 나타난 풍속, 생활상 등을 통해 역사의 외연을 확장할 수 있다. 나아가 제작 당시 대중이 공유하던 욕망, 강박, 믿음, 좌절 등의 집단적 무의식과 더불어 이상, 지배적 이데올로기 같은 미처 파악하지 못했던 가려진 역사를 끌어내기도 한다. 영화는 주로 허구를 다루기 때문에 역사 서술과는 거리가 있다고 보는 사람도 있다. 왜냐하면 역사가들은 일차적으로 사실을 기록한 자료에 기반해서 연구를 ㉤펼치기 때문이다.

① 대면(對面)

② 간주(看做)

③ 대두(擡頭)

④ 결합(結合)

⑤ 전개(展開)

> ✔해설 ① 대면(對面) : 서로 얼굴을 마주 보고 대함
> ② 간주(看做) : 그러한 것으로 여김 또는 그렇다고 침
> ③ 대두(擡頭) : (어떤 현상이) 일어남. 고개를 듦
> ④ 결합(結合) : 둘 이상(以上)이 서로 관계(關係)를 맺고 합치어 하나가 됨
> ⑤ 전개(展開) : 열리어 벌어짐 또는 늘여서 폄

31 다음 (   )에 공통으로 들어갈 가장 적절한 단어의 기본형은?

㉠ 그들의 만남은 삼사 년 전부터 (   ) 시작했다.

㉡ 공원에서 길이 (   ) 바람에 하루 종일 만나지 못했다.

㉢ 형제는 부모님의 기대에 (   ) 않도록 열심히 노력했다.

---

① 어긋나다

② 어울리다

③ 스러지다

④ 나아가다

⑤ 부응하다

> ✔해설 공통으로 들어갈 단어의 기본형은 '어긋나다'이다. ㉠에서는 '서로 마음에 간극이 생기다', ㉡은 '오고가는 길이 서로 달라 만나지 못하다', ㉢은 '약속, 기대 따위에 틀리거나 어그러지다'라는 의미로 쓰였다.

┃32 ~ 33┃ 다음 글을 읽고 이어지는 질문에 답하시오.

국내외 사정으로 경기가 불안정할 때에 정부와 중앙은행은 경기 안정 정책을 펼친다. 정부는 정부 지출과 조세 등을 조절하는 재정정책을, 중앙은행은 통화량과 이자율을 조정하는 통화정책을 활용한다. 이 정책들은 경기 상황에 따라 달리 활용된다. 경기가 좋지 않을 때에는 총수요를 증가시키기 위해 정부 지출을 늘리거나 조세를 감면하는 확장적 재정정책이나 통화량을 늘리고 이자율을 낮추는 확장적 통화정책이 활용된다. 또 경기 과열이 우려될 때에는 정부 지출을 줄이거나 세금을 올리는 긴축적 재정정책이나 통화량을 줄이고 이자율을 올리는 긴축적 통화정책이 활용된다. 이러한 정책들의 효과 여부에 대해서는 이견들이 존재하는데 대표적으로 '통화주의'와 '케인즈주의'를 들 수 있다. 두 학파의 입장 차이를 확장적 정책을 중심으로 살펴보자.

먼저 정부의 시장 개입을 최소화해야 한다고 보는 통화주의는 화폐 수요가 소득 증가에 민감하게 반응한다고 주장했다. 여기서 화폐란 물건을 교환하기 위한 수단을 말하고, 화폐 수요는 특정한 시점에 사람들이 보유하고 싶어 하는 화폐의 총액을 의미한다. 통화주의에서는 화폐 수요의 변화에 따라 이자율 변화가 크게 나타나고 이자율이 투자 수요에 미치는 영향도 크다고 보았다. 따라서 불경기에 정부 지출을 증가시키는 재정정책을 펼치면 국민 소득이 증가함에 따라 화폐 수요가 크게 증가하고 이에 영향을 받아 이자율이 매우 높게 상승한다고 보았다. 더불어 이자율에 크게 영향을 받는 투자 수요는 높아진 이자율로 인해 예상된 투자 수요보다 급격히 감소하면서 경기를 호전시키지 못한다고 보았다. 이 때문에 확장적 재정정책의 효과가 기대보다 낮을 것이라 주장했다. 결국 불황기에는 정부 주도의 재정정책보다는 중앙은행의 통화정책을 통해 통화량을 늘리고 이자율을 낮추는 방식을 택하면 재정정책과 달리 투자 수요가 증가하여 경기를 부양시킬 수 있다고 본 것이다.

반면에 경기 안정을 위해 정부의 적극적인 개입이 필요하다고 보는 케인즈주의는 화폐를 교환 수단으로만 보지 않고 이자율과 역의 관계를 가지는 투기적 화폐 수요가 존재한다고 보았다. 투기적 화폐 수요는 통화량이 늘어나도 소비하지 않고 더 높은 이익을 얻기 위해 화폐를 소유하고자 하는 수요이다. 따라서 통화정책을 통해 통화량을 늘리고 이자율을 낮추면 투기적 화폐 수요가 늘어나 화폐가 시중에 돌지 않기 때문에 투자 수요가 거의 증가하지 않는다고 본 것이다. 즉 케인스주의는 실제로 사람들이 화폐를 거래 등에 얼마나 자주 사용하였는지 소득의 변화보다 화폐 수요에 크게 영향을 미친다고 본 것이다. 그래서 케인즈주의는 확장적 재정정책을 시행하여 정부 지출이 증가하면 국민 소득은 증가하지만, 소득의 변화가 화폐 수요에 미치는 영향이 작기 때문에 화폐 수요도 작게 증가할 것이라 보았다. 이에 따라 이자율도 낮게 상승하기 때문에 투자 수요가 예상된 것보다 작게 감소할 것이라 보았던 것이다.

또한 확장적 재정정책의 효과는 ㉠승수 효과와 ㉡구축 효과가 나타나는 정도에 따라 달리 볼 수 있다. 승수 효과란 정부의 재정 지출이 그것의 몇 배나 되는 국민 소득의 증가로 이어지면서 소비와 투자가 촉진되는 것을 의미한다. 케인즈주의는 이러한 승수 효과를 통해 경기 부양이 가능하다고 보았다. 한편 승수 효과가 발생하기 위해서는 케인즈주의가 주장한 바와 같이 정부 지출을 늘렸을 때 이자율의 변화가 거의 없어 투자 수요가 예상 투자 수요보다 크게 감소하지 않아야 한다. 그런데 정부가 재정정책을 펼치기 위해 재정 적자를 감수하고 국가가 일종의 차용 증서인 국채를 발행해 시중의 돈을 빌리게 되는 경우가 많다. 국채 발행으로 시중의 돈이 정부로 흘러 들어가면 이자율이 오르고 이에 대한 부담으로 가계나 기업들의 소비나

투자 수요가 감소되는 상황이 발생하게 된다. 결국 세금으로 충당하기 어려운 재정정책을 펼치기 위해 국채를 활용하는 과정에서 이자율이 올라가고 이로 인해 민간의 소비나 투자를 줄어들게 하는 구축 효과가 발생하게 된다는 것이다. 통화주의에서는 구축 효과에 의해 승수 효과가 감쇄되어 확장적 재정정책의 효과가 기대보다 줄어들 것이라고 본 것이다.

이처럼 경기를 안정화시키기 위해 특정한 정책의 긍정적 효과만을 고려하여 정책을 시행하게 될 경우 예상치 못한 문제들이 발생하여 기대했던 경기 안정을 가져오지 못할 수 있다. 경제학자들은 재정정책과 통화정책의 의의를 인정하면서, 이 정책들을 적절하게 활용한다면 경기 안정이라는 목적을 달성하는 데에 중요한 열쇠가 될 수 있을 것이라 보았다.

32 다음 글을 통해 해결할 수 있는 질문으로 적절하지 못한 것은?

① 정부의 재정 적자를 해소하는 방법은 무엇인가?

② 확장적 정책과 긴축적 정책의 시행 시기는 언제인가?

③ 투기적 화폐 수요가 투자 수요에 미치는 영향은 무엇인가?

④ 정부의 지출 증가가 국민 소득에 미치는 영향은 무엇인가?

⑤ 정부와 중앙은행이 각각 활용하는 경기 안정 정책은 무엇인가?

> ✔해설 정부의 재정 적자를 해소하는 방법은 윗글에 제시되어 있지 않다.
> ② 확장적 정책은 경기가 좋지 않을 때, 긴축적 정책은 경기 과열이 우려될 때라고 설명하고 있다.
> ③ 투기적 화폐 수요가 늘어나면 투자 수요가 거의 증가하지 않음을 알 수 있다.
> ④ 정부 지출이 증가하면 국민 소득이 증가함을 알 수 있다.
> ⑤ 정부는 재정정책을, 중앙은행은 통화정책을 활용함을 알 수 있다.

Answer 32.①

33 ㉠과 ㉡에 대한 설명으로 적절하지 않은 것은?

① ㉠은 정부의 재정 지출에 비해 더 큰 소득의 증가가 나타나는 현상에 대한 설명이다.

② ㉡은 세금으로 충당하기 어려운 정부 지출을 위해 시중의 돈이 줄어드는 상황에서 나타나는 것이다.

③ ㉠과 달리 ㉡은 정부 지출이 정부의 의도만큼 효과를 거두지 못할 것이라는 주장의 근거가 된다.

④ ㉡과 달리 ㉠은 정부가 재정 지출을 늘릴 경우 투자 수요가 줄어들 것이라는 주장의 근거가 된다.

⑤ ㉠과 ㉡은 모두 정부 지출을 확대했을 때 발생할 수 있는 결과들에 대해 분석한 것이다.

> **✔해설** ㉠은 정부의 재정 지출이 지출의 몇 배나 되는 소득의 증가로 이어지면서 소비와 투자가 촉진되는 것을 의미한다고 하였으므로, 투자 수요가 줄어들 것이라는 주장의 근거가 된다는 설명은 적절하지 않다.
> ㉡은 정부가 재정정책을 펼치기 위해 국채를 발행하여 시중의 돈이 줄어드는 상황에서 나타나는 것임을 알 수 있다.

┃34 ~ 35┃ 다음 글을 읽고 이어지는 물음에 답하시오.

식물의 생장에는 물이 필수적이다. 동물과 달리 식물은 잎에서 광합성을 통해 생장에 필요한 양분을 만들어 내는데, 물은 바로 그 원료가 된다. 물은 지구 중심으로부터 중력을 받기 때문에 높은 곳에서 낮은 곳으로 흐르지만, 식물은 지구 중심과는 반대 방향으로 자란다. 따라서 식물이 줄기 끝에 달려 있는 잎에 물을 공급하려면 중력의 반대 방향으로 물을 끌어 올려야 한다. 미국의 캘리포니아 레드우드 국립공원에는 세계에서 키가 가장 큰 세쿼이아가 있다. 이 나무는 키가 무려 112m에 이르며, 뿌리는 땅속으로 약 15m까지 뻗어 있다고 한다. 따라서 물이 뿌리에서 나무의 꼭대기에 있는 잎까지 도달하려면 127m나 끌어 올려져야 한다. 펌프 같은 장치도 보이지 않는데 대체 물이 어떻게 그 높은 곳까지 올라갈 수 있는 것일까? 식물은 어떤 힘을 이용하여 뿌리에서부터 잎까지 물을 끌어 올릴까? 식물이 물을 뿌리에서 흡수하여 잎까지 보내는 데는 뿌리압, 모세관 현상, 증산 작용으로 생긴 힘이 복합적으로 작용한다.

호박이나 수세미의 잎을 모두 떼어 내고 뿌리와 줄기만 남기고 자른 후 뿌리 끝을 물에 넣어 보면, 잘린 줄기 끝에서는 물이 힘차게 솟아오르지는 않지만 계속해서 올라온다. 뿌리털을 둘러싼 세포막을 경계로 안쪽은 땅에 비해 여러 가지 유기물과 무기물들이 더 많이 섞여 있어서 뿌리 바깥보다 용액의 농도가 높다. 다시 말해 뿌리털 안은 농도가 높은 반면, 흙 속에 포함되어 있는 물은 농도가 낮다. 이때 농도의 균형을 맞추기 위해 흙 속에 있는 물 분자는 뿌리털의 세포막을 거쳐 물 분자가 상대적으로 적은 뿌리 내부로 들어온다. 이처럼 농도가 낮은 흙 속의 물을 농도가 높은 뿌리 쪽으로 이동시키는 힘이 생기는데, 이를 뿌리압이라고 한다. 즉 뿌리압이란 뿌리에서 물이 흡수될 때 밀고 들어오는 압력으로, 물을 위로 밀어 올리는 힘이다.

물이 담긴 그릇에 가는 유리관을 꽂아 보면 유리관을 따라 물이 올라가는 것을 관찰할 수 있다. 이처럼 가는 관과 같은 통로를 따라 액체가 올라가거나 내려가는 것을 모세관 현상이라고 한다. 모세관 현상은 물 분자와 모세관 벽이 결합하려는 힘이 물 분자끼리 결합하려는 힘보다 더 크기 때문에 일어난다. 따라서 관이 가늘어질수록 물이 올라가는 높이가 높아진다. 식물체 안에는 뿌리에서 줄기를 거쳐 잎까지 연결된 물관이 있다. 물관은 말 그대로 물이 지나가는 통로인데, 지름이 $75\mu m$(마이크로미터, $1\mu m$=0.001mm)로 너무 가늘어 눈으로는 볼 수 없다. 이처럼 식물은 물관의 지름이 매우 작기 때문에 ㉠ <u>모세관 현상</u>으로 물을 밀어 올리는 힘이 생긴다.

뜨거운 햇볕이 내리쬐는 더운 여름철에는 큰 나무가 만들어 주는 그늘이 그렇게 고마울 수가 없다. 나무가 만들어 주는 그늘이 건물이 만들어 주는 그늘보다 더 시원한 이유는 무엇일까? 나무의 잎은 물을 수증기 상태로 공기 중으로 내보내는데, 이때 물이 주위의 열을 흡수하기 때문에 나무의 그늘 아래가 건물이 만드는 그늘보다 훨씬 시원한 것이다. 식물의 잎에는 기공이라는 작은 구멍이 있다. 기공을 통해 공기가 들락날락하거나 잎의 물이 공기 중으로 증발하기도 한다. 이처럼 식물체 내의 수분이 잎의 기공을 통하여 수증기 상태로 증발하는 현상을 ㉡ <u>증산 작용</u>이라고 한다. 가로 세로가 $10 \times 10cm$인 잔디밭에서 1년 동안 증산하는 물의 양을 조사한 결과, 놀랍게도 55톤이나 되었다. 이는 1리터짜리 페트병 5만 5천 개 분량에 해당하는 물의 양이다. 상수리나무는 6~11월 사이에 약 9,000kg의 물을 증산하며, 키가 큰 해바라기는 맑은 여름날 하루 동안 약 1kg의 물을 증산한다.

기공의 크기는 식물의 종류에 따라 다른데 보통 폭이 $8\mu m$, 길이가 $16\mu m$ 정도밖에 되지 않는다. 크기가 $1cm^2$인 잎에는 약 5만 개나 되는 기공이 있으며, 그 대부분은 잎의 뒤쪽에 있다. 이 기공을 통해 그렇게 엄청난 양의 물이 공기 중으로 증발해 버린다. 증산 작용은 물을 식물체 밖으로 내보내는 작용으로, 뿌리에서 흡수된 물이 줄기를 거쳐 잎까지 올라가는 원동력이다. 잎의 세포에서는 물이 공기 중으로 증발하면서 아래쪽의 물 분자를 끌어 올리는 현상이 일어난다. 즉, 물 분자들은 서로 잡아당기는 힘으로써 연결되는데, 이는 물 기둥을 형성하는 것과 같다. 사슬처럼 연결된 물 기둥의 한쪽 끝을 이루는 물 분자가 잎의 기공을 통해 빠져 나가면 아래쪽 물 분자가 끌어 올려지는 것이다. 증산 작용에 의한 힘은 잡아당기는 힘으로 식물이 물을 끌어 올리는 요인 중 가장 큰 힘이다.

34 윗글의 내용과 일치하지 않는 것은?

① 식물의 종류에 따라 기공의 크기가 다르다.

② 식물의 뿌리압은 중력과 동일한 방향으로 작용한다.

③ 식물이 광합성 작용을 하기 위해서는 반드시 물이 필요하다.

④ 뿌리에서 잎까지 물 분자들은 사슬처럼 서로 연결되어 있다.

⑤ 물관 내에서 물 분자와 모세관 벽이 결합하려는 힘으로 물이 위로 이동한다.

> **✔해설** 뿌리압은 물을 위로 밀어 올리는 힘이라는 것을 확인할 수 있다. 이를 통해 중력의 반대 방향으로 작용하는 것을 알 수 있다.
> ① 식물의 종류에 따라 기공의 크기가 다르다는 것을 확인할 수 있다.
> ③ 식물의 광합성에 물이 원료가 된다는 것을 확인할 수 있다.
> ④ 물 분자들이 사슬처럼 서로 연결되어 있다는 것을 확인할 수 있다.
> ⑤ 물관 안에서 모세관 현상이 일어난다는 것을 확인할 수 있다.

35 ㉠과 ㉡에 대한 설명으로 적절하지 않은 것은?

① ㉠은 관의 지름에 따라 물이 올라가는 높이가 달라진다.

② ㉡이 일어나면 물이 식물체 내에서 빠져 나와 주변의 온도를 낮춘다.

③ ㉠에 의해서는 물의 상태가 바뀌지 않고, ㉡에 의해서는 물의 상태가 바뀐다.

④ ㉠으로 물을 위로 밀어 올리는 힘이, ㉡으로 물을 위에서 잡아당기는 힘이 생긴다.

⑤ ㉠에 의해 식물이 물을 밀어 올리는 힘보다 ㉡에 의해 식물이 물을 끌어 올리는 힘이 더 작다.

> **✔해설** 증산 작용이 식물이 물을 끌어 올리는 원동력이며 가장 큰 힘이라는 것을 알 수 있다.
> ① 모세관 현상은 관이 가늘어질수록 물이 올라가는 높이가 높아진다.
> ② 증산 작용을 통해 수분이 수증기로 증발하면서 주위의 열을 흡수하기 때문에 주변의 온도가 떨어진다.
> ③ 증산 작용은 식물의 수분이 기공을 통해 빠져 나가며 수증기로 증발하는 것이므로 물의 상태가 바뀐다.
> ④ 모세관 현상은 물을 위로 밀어 올리며, 증산 작용은 위에서 잡아당기는 힘으로 결합된 물 분자를 위로 끌어 올리고 있다.

36 중의적 표현에 대한 다음 설명을 참고할 때, 구조적 중의성의 사례가 아닌 것은?

> 중의적 표현(중의성)이란 하나의 표현이 두 가지 이상의 의미로 해석되는 표현을 일컫는다. 그 특징은 해학이나 풍자 등에 활용되며, 의미의 다양성으로 문학 작품의 예술성을 높이는 데 기여한다. 하지만 의미해석의 혼동으로 인해 원활한 의사소통에 방해를 줄 수도 있다.
>
> 이러한 중의성은 어휘적 중의성과 구조적 중의성으로 크게 구분할 수 있다. 어휘적 중의성은 다시 세 가지 부류로 나누는 데 첫째, 다의어에 의한 중의성이다. 다의어는 의미를 복합적으로 가지고 있는데, 기본 의미를 가지고 있는 동시에 파생적 의미도 가지고 있어서 그 어휘의 기본적 의미가 내포되어 있는 상태에서 다른 의미로도 쓸 수 있다. 둘째, 어휘적 중의성으로 동음어에 의한 중의적 표현이 있다. 동음어에 의한 중의적 표현은 순수한 동음어에 의한 중의적 표현과 연음으로 인한 동음이의어 현상이 있다. 셋째, 동사의 상적 속성에 의한 중의성이 있다.
>
> 구조적 중의성은 문장의 구조 특성으로 인해 중의성이 일어나는 것을 말하는데, 이러한 중의성은 수식 관계, 주어의 범위, 서술어와 호응하는 논항의 범위, 수량사의 지배범위, 부정문의 지배 범주 등에 의해 일어난다.

① 나이 많은 길동이와 을순이가 결혼을 한다.
② 그 녀석은 나와 아버지를 만났다.
③ 영희는 친구들을 기다리며 장갑을 끼고 있었다.
④ 그녀가 보고 싶은 친구들이 참 많다.
⑤ 그건 오래 전부터 아끼던 그녀의 선물이다.

> ✔해설 ③ 영희가 장갑을 이미 낀 상태인지, 장갑을 끼는 동작을 진행 중인지 의미가 확실치 않은 동사의 상적 속성에 의한 중의성의 사례가 된다.
> ① 수식어에 의한 중의성의 사례로, 길동이가 나이가 많은 것인지, 길동이와 을순이 모두가 나이가 많은 것인지가 확실치 않은 중의성을 포함하고 있다.
> ② 접속어에 의한 중의성의 사례로, '그 녀석'이 나와 함께 가서 아버지를 만난 건지, 나와 아버지를 각각 만난 건지, 나와 아버지 둘을 같이 만난 건지가 확실치 않은 중의성을 포함하고 있다.
> ④ 명사구 사이 동사에 의한 중의성의 사례로, 그녀가 친구들을 보고 싶어 하는 것인지 친구들이 그녀를 보고 싶어 하는 것인지가 확실치 않은 중의성을 포함하고 있다.
> ⑤ 수식어에 의한 중의성의 사례로, '아끼던'의 수식을 받는 말이 그녀인지 선물인지가 확실치 않은 중의성을 포함하고 있다.

Answer 34.② 35.⑤ 36.③

37 다음 A, B 두 사람의 논쟁에 대한 분석으로 가장 적절한 것은?

> A : 최근 인터넷으로 대표되는 정보통신기술 혁명은 과거 유례를 찾을 수 없을 정도로 세상이 돌아가는 방식을 근본적으로 바꿔놓았다. 정보통신기술 혁명은 물리적 거리의 파괴로 이어졌고, 그에 따라 국경 없는 세계가 출현하면서 국경을 넘나드는 자본, 노동, 상품에 대한 규제가 철폐될 수밖에 없는 사회가 되었다. 이제 개인이나 기업 혹은 국가는 과거보다 훨씬 더 유연한 자세를 견지해야 하고, 이를 위해서는 강력한 시장 자유화가 필요하다.
>
> B : 변화를 인식할 때 우리는 가장 최근의 것을 가장 혁신적인 것으로 생각하는 경향이 있다. 인터넷 혁명의 경제적, 사회적 영향은 최소한 지금까지는 세탁기를 비롯한 가전제품만큼 크지 않았다. 가전제품은 집안일에 들이는 노동시간을 대폭 줄여줌으로써 여성들의 경제활동을 촉진했고, 가족 내의 전통적인 역학관계를 바꾸었다. 옛 것을 과소평가해서도 안 되고 새것을 과대평가해서도 안 된다. 그렇게 할 경우 국가의 경제정책이나 기업의 정책은 물론이고 우리 자신의 직업과 관련해서도 여러 가지 잘못된 결정을 내리게 된다.
>
> A : 인터넷이 가져온 변화는 가전제품이 초래한 변화에 비하면 전 지구적인 규모이고 동시적이라는 점에 주목해야 한다. 정보통신기술이 초래한 국경 없는 세계의 모습을 보라. 국경을 넘어 자본, 노동, 상품이 넘나들게 됨으로써 각 국가의 행정 시스템은 물론 세계 경제 시스템에도 변화가 불가피하게 되었다. 그럼 점에서 정보통신기술의 영향력은 가전제품의 영향력과 비교될 수 없다.
>
> B : 최근의 기술 변화는 100년 전에 있었던 변화만큼 혁명적이라고 할 수 없다. 100년 전의 세계는 1960 ~ 1980년에 비해 통신과 운송 부문에서의 기술은 훨씬 뒤떨어졌으나 세계화는 오히려 월등히 진전된 상태였다. 사실 1960 ~ 1980년 사이에 강대국 정부가 자본, 노동, 상품이 국경을 넘어 들어오는 것을 엄격하게 규제했기에 세계화의 정보는 그리 높지 않았다. 이처럼 세계화의 정도를 결정하는 것은 정치이지 기술력이 아니다.

① 이 논쟁의 핵심 쟁점은 정보통신기술 혁명과 가전제품을 비롯한 제조분야 혁명의 영향력 비교이다.

② A는 최근의 정보통신 혁명으로 말미암아 자본, 노동, 상품이 국경을 넘나드는 것이 현실이 되었다는 점을 근거로 삼고 있다.

③ B는 A가 제시한 근거가 다 옳다고 하더라도 A의 주장을 받아들일 수 없다고 주장하고 있다.

④ B와 A는 인터넷의 영향력에 대한 평가에는 의견을 달리 하지만 가전제품의 영향력에 대한 평가에는 의견이 일치한다.

⑤ B는 A가 원인과 결과를 뒤바꾸어 해석함으로써 현상에 대한 잘못된 진단을 한다고 비판하고 있다.

✔해설 ① 이 논쟁의 핵심 쟁점은 정보통신기술 혁명은 맞지만 가전제품을 비롯한 제조분야혁명의 영향력 비교는 쟁점 사안이 아니다.
③ B는 옛것을 과소평가해서도 안 되고 새것을 과대평가해서도 안 된다는 주장으로 볼 때 전면 부정하는 것이 아니라 부분 수용으로 볼 수 있다.
④ A의 통신기술의 영향력은 가전제품의 영향력과 비교될 수 없다는 주장을 보면 올바르지 않음을 알 수 있다.
⑤ B의 세계화의 정도를 결정하는 것은 정치이지 기술력이 아니다는 주장에서 알 수 있듯이 인과의 오류가 아니라 A가 결과에 대한 원인을 잘못 찾고 있다는 논점 일탈을 지적하고 있다.

Answer 37.②

38 다음 글의 내용과 일치하지 않는 것은?

정치 철학자로 알려진 아렌트 여사는 우리가 보통 '일'이라 부르는 활동을 '작업'과 '고역'으로 구분한다. 이 두 가지 모두 인간의 노력, 땀과 인내를 수반하는 활동이며, 어떤 결과를 목적으로 하는 활동이다. 그러나 전자가 자의적인 활동인 데 반해서 후자는 타의에 의해 강요된 활동이다. 전자의 활동을 창조적이라 한다면 후자의 활동은 기계적이다. 창조적 활동의 목적이 작품 창작에 있다면, 후자의 활동 목적은 상품 생산에만 있다.

전자, 즉 '작업'이 인간적으로 수용될 수 있는 물리적 혹은 정신적 조건하에서 이루어지는 '일'이라면 '고역'은 그 정반대의 조건에서 행해진 '일'이라는 것이다. 인간은 언제 어느 곳에서든지 '일'이라고 불리는 활동에 땀을 흘리며 노력해 왔고, 현재도 그렇고, 아마도 앞으로도 영원히 그럴 것이다. 구체적으로 어떤 종류의 일이 '작업'으로 불릴 수 있고 어떤 일이 '고역'으로 분류될 수 있느냐는 그리 쉬운 문제가 아니다. 그러나 일을 작업과 고역으로 구별하고 그것들을 위와 같이 정의할 때 고역으로서 일의 가치는 부정되어야 하지만 작업으로서 일은 오히려 찬미되고, 격려되며 인간으로부터 빼앗아 가서는 안 될 귀중한 가치라고 봐야 한다.

'작업'으로서의 일의 내재적 가치와 존엄성은 이런 뜻으로서 일과 인간의 인간됨과 뗄 수 없는 필연적 관계를 갖고 있다는 사실에서 생긴다. 분명히 일은 노력과 아픔을 필요로 하고, 생존을 위해 물질적으로는 물론 정신적으로도 풍요한 생활을 위한 도구적 기능을 담당한다.

---

① 인간은 생존을 위해서 일을 한다.

② 일은 노력, 땀과 인내를 필요로 한다.

③ 일은 어떤 결과를 목적으로 하는 활동이다.

④ 일은 물질적인 것보다 정신적 풍요를 위한 도구이다.

⑤ 작업으로서의 일은 빼앗아 가서는 안 될 귀중한 가치이다.

> ✔ 해설 마지막 문장에서 '일은 ~ 물질적으로는 물론 정신적으로도 풍요한 생활을 위한 도구'라고 언급하고 있다. 따라서 물질적인 것보다 정신적 풍요를 위한 도구라고 볼 수는 없다.

39 다음 글에 대한 내용으로 가장 적절하지 않은 것은?

지속되는 불황 속에서도 남 몰래 웃음 짓는 주식들이 있다. 판매단가는 저렴하지만 시장점유율을 늘려 돈을 버는 이른바 '박리다매', '저가 실속형' 전략을 구사하는 종목들이다. 대표적인 종목은 중저가 스마트폰 제조업체에 부품을 납품하는 업체이다. A증권에 따르면 전 세계적으로 200달러 이하 중저가 스마트폰이 전체 스마트폰 시장에서 차지하는 비중은 지난달 35%에서 46%로 급증했다. 세계 스마트폰 시장 1등인 B전자도 최근 스마트폰 판매량 가운데 40%가량이 중저가폰으로 분류된다. 중저가용에 집중한 중국 C사와 D사의 2분기 세계 스마트폰 시장점유율은 전 분기 대비 각각 43%, 23%나 증가해 B전자나 E전자 10%대 초반 증가율보다 월등히 앞섰다. 이에 따라 국내외 스마트폰 업체에 중저가용 부품을 많이 납품하는 F사, G사, H사, I사 등이 조명 받고 있다.

주가가 바닥을 모르고 내려간 대형 항공주와는 대조적으로 저가항공주 주가는 최근 가파른 상승세를 보였다. J항공을 보유한 K사는 최근 두 달 새 56% 상승세를 보였다. 같은 기간 L항공을 소유한 M사 주가도 25%가량 올랐다. 저가항공사 점유율 상승이 주가 상승으로 이어지는 것으로 보인다. 국내선에서 저가항공사 점유율은 지난달 23.5%에서 31.4%까지 계속 상승하고 있다. 홍길동 ○○증권 리서치센터장은 "글로벌 복합위기로 주요국에서 저성장·저투자 기조가 계속되는데다 개인들은 부채 축소와 고령화에 대비해야 하기 때문에 소비를 늘릴 여력이 줄었다."며 "값싸면서도 멋지고 질도 좋은 제품이 계속 주목받을 것"이라고 말했다.

---

① '박리다매'주식은 F사, G사, H사, I사의 주식이다.
② 저가항공사 점유율은 계속 상승세를 보이고 있는 반면 대형 항공주는 주가 하락세를 보였다.
③ 글로벌 복합위기와 개인들의 부채 축소, 고령화 대비에 따라 값싸고 질 좋은 제품이 주목받을 것이다.
④ B전자가 주력으로 판매하는 스마트폰이 중저가 폰에 해당한다.
⑤ J항공과 L항공은 저가항공주이다.

> ✔해설 B전자는 세계 스마트폰 시장 1등이며, 최근 중저가폰의 판매량이 40%로 나타났지만 B전자의 주력으로 판매하는 폰이 저가폰인지는 알 수 없다.

40 다음은 '저영향 개발(Low Impact Development, LID)'에 대하여 설명하고 있는 글이다. 글의 내용이 자연스럽게 이어지도록 ㈎~㈐ 단락의 순서를 적절히 나열한 것은?

㈎ 국내에서는 신도시 건설과 기존 도시의 재생 및 비점오염 저감 등의 목적으로 LID기법이 활발하게 적용되고 있다. LH공사의 아산탕정지구 분산형 빗물관리 도시, 환경부의 강릉 저탄소 녹색 시범도시 등이 대표적이다. 또한, 수원시는 물 자급률 향상을 위해 빗물 관리 사업인 레인시티 사업을 시행하고 있고, 서울시에서도 빗물관리 기본 계획을 수립하는 등 지방자치단체에서도 저영향 개발에 대한 관심이 매우 높아지고 있다. K-water에서는 송산 그린시티사업, 에코델타시티 사업 등 다양한 수변도시 및 친수구역 조성 사업에 LID 기술을 적용하여 진행하고 있다. 송산 그린시티 조성 사업은 시화호 주변 지역의 생태환경을 보전하는 동시에 시화 방조제 건설로 생성된 대규모 간석지를 효율적으로 활용, 자연과 환경, 인간 모두를 고려한 합리적인 도시를 조성하는 사업이다. 사업 지역 내 동측지구에 계획된 장치형 비점오염 저감시설을 식생수로, 빗물 정원 등 자연형 LID시설로 전환하는 것을 시작으로 강우발생 시 자체 발생원에서 관리가 가능한 분산식 우수배제 방식으로 설계하는 등 저영향 개발 기술을 적극적으로 활용하고 있다. 또한, 그린인프라 시설에 대한 효과를 극대화하는 시범지구를 설정, 저영향 개발 설계를 진행하고 있다.

㈏ 기후변화 대응 및 국가정책 기조에 따라 수자원 관리 및 이용의 중요성이 확대되면서, 저영향개발(Low Impact Development, LID)기반의 물순환 도시 조성 계획·설계 기술의 확보가 요구되고 있다. 국가별로 사용하는 용어는 상이하나 접근하는 방식은 유사한데, 공통적으로 발생한 강우를 그 지역 내에서 관리하는 분산형 빗물관리 기술을 적용하고 있고, 저영향 개발(LID, 미국), 자연 순응형 개발(sound water cycle on national planning, 일본), 분산식 도시계획(decentralized urban design, 독일), 지속가능한 도시계획(water sensitive urban design, 호주) 등 발생원의 빗물관리를 목표로 한다. 미국 내 많은 연방기관과 주 정부 및 지자체에서는 저영향 개발을 이용한 우수관리 기법에 관한 지침서와 매뉴얼을 제공하고, 유역의 신규 개발 또는 재개발 시 LID 기술을 활용하도록 제도화되어 있다.

㈐ 한국 그린인프라·저영향 개발 센터는 그린 인프라(Green Infrastructure, GI)·LID기술에 대한 검인증 역할 수행 및 연구를 위한 세계 최초의 다목적 실내·외 종합검증시설이며, 다양한 형태의 LID 실증시설을 실제로 구축·운영함으로써 수리·수문, 토질, 재료, 환경 분야의 실험 및 분석을 수행하고 있다. 또한, 분산형 테스트베드의 성격뿐만 아니라 설계-시공-운영-모니터링-유지관리 기술의 흐름을 통한 기술 통합적 실증단지로서의 역할을 목표로 GI·LID 실증검증사업, 교육 및 정책 지원사업, 국가 연구개발 사업, 기업체 기술개발 지원사업으로 구분하여 GI·LID 관련 정책제안, 기술개발 등의 연구, 홍보 및 교육을 수행할 계획이다.

㈜ 한편, LID기술의 국내 현장 적용 및 파급 확대를 위해서는 선진국 수준의 설계 및 요소기술의 검증 및 인증을 위한 방안 마련과 사업 후 적용평가를 위한 지침의 개발이 시급하다. 이에 국토교통부 '물관리연구사업'의 일환인 「건전한 도시물순환인프라의 저영향개발(LID) 및 구축·운영 기술」연구단 프로젝트를 2012년 12월부터 2018년까지 부산대학교, K-water, LH, 한국건설기술연구원 등 10여개의 전문기관이 컨소시엄으로 참여하여 연구수행 중이다. 「건전한 도시물순환인프라의 저영향 개발(LID) 및 구축운영기술 연구단」은 본 연구사업을 통하여 부산대학교 양산캠퍼스에 한국 그린인프라·저영향 개발 센터를 설립하였다.

① ㈎ - ㈏ - ㈝ - ㈐
② ㈏ - ㈎ - ㈝ - ㈐
③ ㈏ - ㈎ - ㈐ - ㈝
④ ㈏ - ㈝ - ㈎ - ㈐
⑤ ㈐ - ㈎ - ㈝ - ㈏

✔해설 LID에 대한 설명을 주 내용으로 하는 글이므로 용어의 소개와 주요 국가별 기술 적용 방식을 언급하고 있는 ㈏ 단락이 가장 먼저 놓여야 할 것이다. 국가별 간략한 소개에 이어 ㈎에서와 같이 우리나라의 LID 기법 적용 사례를 소개하는 것이 자연스러운 소개의 방식으로 볼 수 있다. ㈐와 ㈝에서는 논지가 전환되며 앞서 제시된 LID 기법에 대한 활용 방안에 대하여 소개하고 있는 바, ㈝에서 시급히 보완해야 할 문제점이 제시되며 한국 그린인프라·저영향 개발 센터를 소개하였고, 이곳에서의 활동 내역과 계획을 ㈐에서 구체적으로 제시하고 있다. 따라서 ㈏ - ㈎ - ㈝ - ㈐의 순서가 가장 자연스러운 문맥의 흐름으로 볼 수 있다.

CHAPTER 02

문제해결능력

【1~2】 다음은 비상 시 대처요령이다. 물음에 답하시오.

상황	대처요령
1. 호흡과 맥박이 정지했어요.	4분 후부터 뇌가 직접 손상되므로 4분 이내에 심폐소생술을 실시한다.
2. 숨은 쉬는데 심장이 뛰지 않아요.	가슴압박(심장마사지)을 실시한다. 가슴압박은 양쪽 젖꼭지 정중앙, 분당 100회 속도, 4~5㎝ 깊이로 압박한다.
3. 숨도 안 쉬고 심장도 뛰지 않아요.	가슴압박과 인공호흡을 동시에 실시한다. 인공호흡은 입 속 이물질 제거, 턱과 귓불이 수직이 되도록 기도 확보, 코 막기, 가슴압박 30회 → 인공호흡 2회(이후 계속 반복, 10초 이내 가슴압박 재개)
4. 응급처치자가 2명이에요.	가슴압박과 인공호흡으로 분담하여 동시에 실시한다.
5. 평소에 심폐소생술을 알아 두고 싶어요.	소방방재청 홈페이지에서 심폐소생술 동영상을 다운받아 핸드폰에 저장한다.

1 당신은 신입사원으로 아침 일찍 회사에 출근하기 위해 지하철을 기다리고 있다가 갑자기 한쪽에서 한 남자가 쓰러져 있는 것을 발견하였다. 그 남자는 현재 호흡과 맥박이 정지된 상황이다. 당신은 어떻게 하겠는가?

① 양쪽 젖꼭지 정중앙에 손을 얹고 분당 100회의 속도와 4~5㎝ 깊이로 가슴압박을 실시한다.
② 다른 사람이 올 때까지 기다렸다가 가슴압박과 인공호흡으로 분담하여 동시에 심폐소생술을 실시한다.
③ 소방방재청 홈페이지에 들어가 심폐소생술 동영상을 다운받아 핸드폰에 저장시킨다.
④ 4분이 지나면 뇌에 직접적으로 손상이 오므로 4분 이내에 심폐소생술을 실시한다.
⑤ 4분 이내에 응급처치를 한 다른 사람을 데려온다.

✔해설 현재 남자는 호흡과 맥박이 정지된 상황이므로 ④가 가장 적절한 대처요령이다.

2 핸드폰을 제조하고 있는 P기업에서는 기존에 있던 핸드폰 갑, 을 외에 이번에 새로이 핸드폰 병을 만들었다. 핸드폰 각각의 가격이나 기능, 모양은 아래에 있는 표와 같으며 P기업에서는 이번에 만든 병을 이용해 기존에 만들었던 갑을 팔려고 한다. 이때 필요한 핸드폰 병의 기준으로 알맞은 조건을 고르시오.

〈핸드폰 갑·을·병의 비교〉

	갑	을	병
가격	A	B	C
기능	D	E	F
디자인	G	H	I
서비스 기간	J	K	L
사은품	M	N	O

〈조건〉

- 가격 : A가 B보다 값이 싸다.
- 기능 : D와 E의 기능은 같다.
- 디자인 : G는 H보다 모양이 좋다.
- 서비스 기간 : J는 K와 같다.

① C는 A보다 값이 싸야 한다.

② F는 E보다 기능이 좋아야 한다.

③ I는 G보다 디자인이 나빠야 한다.

④ L은 K보다 서비스 기간이 길어야 한다.

⑤ O는 N보다 사은품이 많아야 한다.

> ✔ **해설** 새로 만든 병을 이용하여 기존의 있던 갑을 팔려면 병은 모든 면에서 갑보다 좋아서는 안 된다. 따라서 가격 면에서 C는 A보다 비싸야 하고 기능 면에서 F는 E보다 기능이 나빠야 한다. 그리고 디자인 면에서 I는 G보다 디자인이 나빠야 한다. 또한 L은 K보다 서비스 기간이 짧아야 한다.

Answer 1.④ 2.③

|3 ~ 4| 다음 지문과 자료를 읽고 물음에 답하시오.

신입사원 P 씨는 중요한 회의의 자료를 출력하여 인원수에 맞춰 복사를 해두라는 팀장님의 지시를 받았는데 아무리 인쇄를 눌러봐도 프린터에서는 서류가 나오지 않았다. 이때 서랍 속에서 프린터기의 사용설명서를 찾았다.

프린터 인쇄 문제 해결사

항목	문제	점검사항	조치
A	인쇄 출력 품질이 떨어집니다.	올바른 용지를 사용하고 있습니까?	• 프린터 권장 용지를 사용하면 인쇄 출력 품질이 향상됩니다. • 본 프린터는 ○○용지 또는 △△용지의 사용을 권장합니다.
		프린터기의 상태메뉴에 빨간 불이 들어와 있습니까?	• 프린터기의 잉크 노즐이 오염된 신호입니다. • 잉크 노즐을 청소하십시오.
B	문서가 인쇄되지 않습니다.	인쇄 대기열에 오류 문서가 있습니까?	인쇄 대기열의 오류 문서를 취소하십시오.
		네트워크가 제대로 연결되어 있습니까?	컴퓨터와 프린터의 네트워크 연결을 확인하고 연결하십시오.
		프린터기에 용지 또는 토너가 공급되어 있습니까?	프린터기에 용지 또는 토너를 공급하십시오.
C	프린터의 기능이 일부 작동하지 않습니다.	본사에서 제공하는 드라이버를 사용하고 있습니까?	본사의 홈페이지에서 제공하는 프린터 드라이버를 받아 설치하십시오.
D	인쇄 속도가 느립니다.	인쇄 대기열에 오류 문서가 있습니까?	인쇄 대기열의 오류 문서를 취소하십시오.
		인쇄하려는 파일에 많은 메모리가 필요합니까?	하드 디스크의 사용 가능한 공간의 양을 늘려보십시오.

3 신입사원 P 씨가 확인해야 할 항목은 무엇인가?

① A   ② B

③ C   ④ D

⑤ 없다.

> ✔해설 현재 인쇄가 전혀 되지 않으므로 B항목 "문서가 인쇄되지 않습니다."를 확인해야 한다.

4 다음 중 신입사원 P 씨가 확인하지 않아도 되는 것은?

① 인쇄 대기열에 오류 문서가 있는지 확인한다.

② 네트워크가 제대로 연결되어 있는지 확인한다.

③ 프린터기에 토너가 공급되어 있는지 확인한다.

④ 올바른 용지를 사용하고 있는지 확인한다.

⑤ 프린터기에 용지가 공급되어 있는지 확인한다.

> ✔해설 B항목의 점검사항만 확인하면 되므로 용지의 종류는 확인하지 않아도 된다.

5 다음 중 문제해결을 위한 장애요소가 아닌 것은?

① 쉽게 떠오르는 단순한 정보

② 개인적인 편견이나 고정관념

③ 많은 자료를 수집하려는 노력

④ 문제의식

⑤ 즉흥적으로 일을 하는 습관

> ✔해설 문제의식은 현재에 만족하지 않고 전향적인 자세로 상황을 개선하거나 바꾸고자하는 마음가짐으로 문제해결을 위한 장애요소가 아닌 꼭 갖추어야 할 자세이다.

6 다음을 읽고 공장이 (나)의 전략을 선택하기 위한 조건을 〈보기〉에서 모두 고른 것은?

공장이 자사 상품의 재고량을 어느 수준으로 유지해야 하는가는 각 공장이 처한 상황에 따라 달라질 수 있다. 우선 그림 (가)에서는 공장이 생산량 수준을 일정하게 유지하면서 재고를 보유하는 경우를 나타낸다. 수요량에 맞추어 생산량을 변동하려면 노동자와 기계가 쉬거나 초과 근무를 하는 경우가 발생할 수 있으며, 이 경우 생산 비용이 상승할 수 있다. 따라서 공장은 생산량을 일정하게 유지하는 것을 선호하며, 이때 생산량과 수요량의 차이가 재고량을 결정한다. 즉 판매가 저조할 때에는 재고량이 늘고 판매가 활발할 때에는 재고량이 줄게 되는 것이다.

그런데 공장에 따라 그림 (나)와 같은 경우도 발견된다. 이러한 공장 등의 생산량과 수요량의 관계를 분석해 보면, 수요량이 증가할 때 생산량이 증가하고 수요량이 감소할 때 생산량도 감소하는 경향을 보이며, 생산량의 변동이 수요량의 변동에 비해 오히려 더 크다.

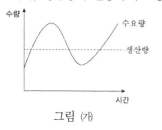

그림 (가)

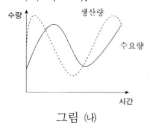

그림 (나)

〈보기〉

㉠ (가)의 전략을 택하는 공장에 비해서 공장의 제품 생산 비용이 생산량에 의해 크게 영향을 받지 않는다.
㉡ (가)의 전략을 택하는 공장에 비해서 수요가 상승하는 추세에서 생산량 및 재고량이 수요량을 충족시키지 못하는 경우 시장 점유 측면에서 상대적으로 불리하다.
㉢ 가격과 품질 등 다른 조건이 동일한 상품에 대하여, 수요가 줄어드는 추세에서 발생한 재고에 따르는 추가적인 재고 관리 비용이 (가)의 전략을 선택하는 공장에 비해 더 크다.

① ㉠

② ㉠㉢

③ ㉡㉢

④ ㉠㉡

⑤ ㉠㉡㉢

 해설 ㉠ 그림 (나)의 경우는 수요량에 맞추어 생산량을 결정하고 있다. 이러한 전략을 사용할 경우 지문의 내용처럼 '수요량에 맞추어 생산량을 변동하려면 노동자와 기계가 쉬거나 초과 근무를 하는 경우가 발생할 수 있으며, 이 경우 생산 비용이 상승할 수 있다. 만약 이러한 문제만 발생하지 않는다면 (나)와 같은 방법을 선택할 수 있다.
㉡ (나)의 전략은 수요량에 따라 생산량을 조정하는 것이기 때문에 만약 수요량을 재고량이나 생산량이 정상적으로 따라가지 못하는 경우에는 (나)는 제대로 된 전략이 될 수 없다.
㉢ (나)의 전략은 매번 수요에 따른 생산량을 결정하는 것이기 때문에 수요가 줄어드는 추세에서 가격과 품질 등 다른 조건이 동일한 상품에 대해서 재고관리가 (가)보다 어렵게 된다.

7 다음 제시문을 읽고 바르게 추론한 것을 〈보기〉에서 모두 고른 것은?

A회사에서는 1,500명의 소속직원들이 마실 생수를 구입하기로 하였다. 모든 조건이 동일한 두 개의 생수회사가 최종 경쟁을 하게 되었다. 구입 담당자는 직원들에게 시음하게 하여 직원들이 가장 좋아하는 생수를 선정하고자 하였다. 다음과 같은 절차를 통하여 구이 담당자가 시음회를 주관하였다.

- 직원들로부터 더 많이 선택 받은 생수회사를 최종적으로 선정한다.
- 생수 시음회 참여를 원하는 직원을 대상으로 신청자를 접수하고 그 중 남자 15명과 여자 15명을 무작위로 선정하였다.
- 두 개의 컵을 마련하여 하나는 1로 표기하고 다른 하나는 2로 표기하여 회사이름을 가렸다.
- 참가직원들은 1번 컵의 생수를 마신 후 2번 컵의 생수를 마시고 둘 중 어느 쪽을 선호하는지 표시하였다.

〈보기〉

ⓐ 참가자들이 특정 번호를 선호할 가능성을 고려하지 못하였다.
ⓑ 참가자가 무작위로 선정되었으므로 전체 직원에 대한 대표성이 확보되었다.
ⓒ 참가자의 절반은 2번 컵을 먼저 마시고 1번 컵을 나중에 마시도록 했어야 한다.
ⓓ 우리나라의 남녀 비율이 50대 50이므로 남자직원과 여자직원을 동수로 뽑은 것은 적절하였다.

---

① ⓐⓑ
② ⓐⓒ
③ ⓑⓒ
④ ⓑⓓ
⑤ ⓒⓓ

✔해설 ⓑ 참가자는 무작위로 선정한 것이 아니라 시음회의 참여를 원하는 직원을 대상으로 선정하였기 때문에 전체 직원에 대한 대표성이 확보되었다고 보기는 어렵다.
ⓓ 대표성을 확보하기 위해서는 우리나라의 남녀 비율이 아닌 A회사의 남녀 비율을 고려하여 선정하는 것이 더 적절하다.

8 빨간색, 파란색, 노란색 구슬이 각각 한 개씩 있다. 이 세 개의 구슬을 A, B, C 세 사람에게 하나씩 나누어 주고, 세 사람 중 한 사람만 진실을 말하도록 하였더니 구슬을 받고 난 세 사람이 다음과 같이 말하였다.

> A : 나는 파란색 구슬을 가지고 있다.
> B : 나는 파란색 구슬을 가지고 있지 않다.
> C : 나는 노란색 구슬을 가지고 있지 않다.

빨간색, 파란색, 노란색의 구슬을 받은 사람을 차례대로 나열한 것은?

① A, B, C

② A, C, B

③ B, A, C

④ C, B, A

⑤ C, A, B

✔해설 1) A가 진실을 말할 때,
    A : 파란색 구슬, B : 파란색 구슬, C : 노란색 구슬
    이 경우, 빨간색 구슬을 가진 사람이 없어서 모순이다.
2) B가 진실을 말할 때,
    A : 빨간색 또는 노란색 구슬, B : 빨간색 또는 노란색 구슬, C : 노란색 구슬
    이 경우, 파란색 구슬을 가진 사람이 없어서 모순이다.
3) C가 진실을 말할 때,
    A : 빨간색 또는 노란색 구슬, B : 파란색 구슬, C : 빨간색 또는 파란색 구슬
    이로부터, A는 노란색 구슬, B는 파란색 구슬, C는 빨간색 구슬을 가지고 있다.
1), 2), 3)에 의하여 빨간색, 파란색, 노란색 구슬을 받은 사람을 차례로 나열하면 C, B, A이다.

9 언어영역 3문항, 수리영역 4문항, 외국어영역 3문항, 사회탐구영역 2문항이 있다. A, B, C, D 네 사람에게 3문항씩 각각 다른 영역의 문항을 서로 중복되지 않게 나누어 풀게 하였다. 다음은 네 사람이 푼 문항을 조사한 결과 일부이다. 항상 옳은 것은?

- A는 언어영역 1문항을 풀었다.
- B는 외국어영역 1문항을 풀었다.
- C는 사회탐구영역 1문항을 풀었다.
- D는 외국어영역 1문항을 풀었다.

---

① A가 외국어영역 문항을 풀었다면 D는 언어영역 문항을 풀었다.
② A가 외국어영역 문항을 풀었다면 C는 언어영역 문항을 풀었다.
③ A가 외국어영역 문항을 풀었다면 B는 언어영역 문항을 풀었다.
④ A가 사회탐구영역 문항을 풀었다면 D는 언어영역 문항을 풀지 않았다.
⑤ 알 수 없다.

✔해설 각각 경우의 표를 만들면

	언어	수리	외국어	사회탐구
A	○	○		
B		○	○	
C		○		○
D		○	○	
계	3	4	3	2

이중 A가 외국어 문제를 풀었다면 B, 또는 D가 사회탐구 문제를 풀었으므로 C는 반드시 언어영역 문제를 풀어야 한다.
만약 A가 사회탐구 문제를 풀었다면 B와 D는 사회탐구 문제를 풀 수 없으므로 반드시 언어영역 문제를 풀어야 하고 C 외국어영역 문제를 풀어야 한다.

10 우리 학교 교내 마라톤 코스에 대한 다음 명제 중 세 개는 참이고 나머지 하나는 거짓이다. 이때 항상 옳은 것은?

> Ⅰ. 우리 학교 교내 마라톤 코스는 5km이다.
> Ⅱ. 우리 학교 교내 마라톤 코스는 6km이다.
> Ⅲ. 우리 학교 교내 마라톤 코스는 7km가 아니다.
> Ⅳ. 우리 학교 교내 마라톤 코스는 8km가 아니다.

① Ⅰ은 참이다.　　　　　　　　　② Ⅰ은 거짓이다.

③ Ⅱ은 참이다.　　　　　　　　　④ Ⅲ은 참이다.

⑤ Ⅳ은 거짓이다.

> **✔해설** 네 문장 중 하나만 거짓이므로
> Ⅲ이 거짓이면 교내 마라톤 코스는 7km이고 Ⅰ, Ⅱ는 거짓이다.
> Ⅳ이 거짓이면 교내 마라톤 코스는 8km이고 Ⅰ, Ⅱ는 거짓이다.
> 따라서 Ⅲ, Ⅳ는 항상 참이다.
> 또 Ⅰ 또는 Ⅱ가 참이면 둘 중 하나는 거짓이므로 Ⅲ, Ⅳ는 참이다.
> 따라서 항상 옳은 것은 ④이다.

11 서초고 체육 대회에서 찬수, 민경, 석진, 린 네 명이 달리기를 하였는데 네 사람의 성은 가나다라 순으로 "강", "김", "박", "이"이다. 다음을 보고 성과 이름이 맞게 연결된 것을 고르면?

> • 강 양은 "내가 넘어지지만 않았어도…"라며 아쉬워했다.
> • 석진이는 성이 "이"인 사람보다 빠르지만, 민경이 보다는 늦다.
> • 자기 딸이 1등을 했다고 아버지 "김"씨는 매우 기뻐했다.
> • 찬수는 꼴찌가 아니다.
> • 민경이와 린이만 여자이다.

① 이찬수, 김민경, 박석진, 강린　　　② 김찬수, 이민경, 강석진, 박린

③ 박찬수, 강민경, 이석진, 김린　　　④ 김찬수, 박민경, 강석진, 이린

⑤ 강찬수, 김민경, 이석진, 박린

> **✔해설** 민경이와 린이만 여자이고 김 씨와 강 씨는 여자이다.
> 또 석진이는 박 씨 또는 이 씨 인데, 두 번째 문장에 의해 석진이 성은 박 씨이다. 따라서 찬수의 성은 이 씨이고, 찬수는 꼴찌가 아니다. 석진이는 찬수보다 빠르고 민경이보다 늦었다고 했으므로 1등이 민경이, 2등이 석진이, 3등이 찬수이다. 따라서 1등을 한 민경이의 성이 김 씨이고 린이는 강 씨이다.

12 다음은 ○○기업 리스크관리부의 당직자 연락망을 나타낸 자료다. 이어지는 물음에 답하시오.

근무자	연락 가능한 당직자
A	C, E, F
B	A, C, D
C	B, D, H
D	E, F, H
E	B, C
F	A, E, G
G	A, B, C
H	B, C, G

근무자 B를 통해 G에게 연락하려고 할 때 다음 중 연락이 불가능한 경로는?

① B→A→C→D→F→G

② B→C→D→H→G

③ B→D→E→C→H→G

④ B→D→F→A→C→H→G

⑤ B→C→H→E→B→G

✔해설 H→E로 연락할 수 없으므로 B→C→H→E→B→G는 불가능하다.

13 다음 제시된 조건을 보고, 만일 영호와 옥숙을 같은 날 보낼 수 없다면, 목요일에 보내야 하는 남녀사원은 누구인가?

> 영업부의 박 부장은 월요일부터 목요일까지 매일 남녀 각 한 명씩 두 사람을 회사 홍보 행사 담당자로 보내야 한다. 영업부에는 현재 남자 사원 4명(길호, 철호, 영호, 치호)과 여자 사원 4명(영숙, 옥숙, 지숙, 미숙)이 근무하고 있으며, 다음과 같은 제약 사항이 있다.
>
> ㉠ 매일 다른 사람을 보내야 한다.
> ㉡ 치호는 철호 이전에 보내야 한다.
> ㉢ 옥숙은 수요일에 보낼 수 없다.
> ㉣ 철호와 영숙은 같이 보낼 수 없다.
> ㉤ 영숙은 지숙과 미숙 이후에 보내야 한다.
> ㉥ 치호는 영호보다 앞서 보내야 한다.
> ㉦ 옥숙은 지숙 이후에 보내야 한다.
> ㉧ 길호는 철호를 보낸 바로 다음 날 보내야 한다.

① 길호와 영숙   ② 영호와 치호
③ 치호와 옥숙   ④ 길호와 옥숙
⑤ 영호와 영숙

✔ 해설 남자사원의 경우 ㉡, ㉥, ㉧에 의해 다음과 같은 두 가지 경우가 가능하다.

	월요일	화요일	수요일	목요일
경우 1	치호	영호	철호	길호
경우 2	치호	철호	길호	영호

[경우 1]
옥숙은 수요일에 보낼 수 없고, 철호와 영숙은 같이 보낼 수 없으므로 옥숙과 영숙은 수요일에 보낼 수 없다. 또한 영숙은 지숙과 미숙 이후에 보내야 하고, 옥숙은 지숙 이후에 보내야 하므로 조건에 따르면 다음과 같다.

	월요일	화요일	수요일	목요일
남	치호	영호	철호	길호
여	지숙	옥숙	미숙	영숙

[경우 2]

		월요일	화요일	수요일	목요일
	남	치호	철호	길호	영호
경우 2-1	여	미숙	지숙	영숙	옥숙
경우 2-2	여	지숙	미숙	영숙	옥숙
경우 2-3	여	지숙	옥숙	미숙	영숙

문제에서 영호와 옥숙을 같이 보낼 수 없다고 했으므로, [경우 1], [경우 2-1], [경우 2-2]는 해당하지 않는다. 따라서 [경우 2-3]에 의해 목요일에 보내야 하는 남녀사원은 영호와 영숙이다.

14 '가, 나, 다, 라, 마'가 일렬로 서 있다. 아래와 같은 조건을 만족할 때, '가'가 맨 왼쪽에 서 있을 경우, '나'는 몇 번째에 서 있는가?

> • '가'는 '다' 바로 옆에 서있다.
> • '나'는 '라'와 '마' 사이에 서있다.

① 첫 번째   ② 두 번째

③ 세 번째   ④ 네 번째

⑤ 다섯 번째

✔해설 문제 지문과 조건으로 보아 가, 다의 자리는 정해져 있다.

가	다			

나는 라와 마 사이에 있으므로 다음과 같이 두 가지 경우가 있을 수 있다.

라	나	마

마	나	라

따라서 가가 맨 왼쪽에 서 있을 때, 나는 네 번째에 서 있게 된다.

15 지하철 10호선은 총 6개의 주요 정거장을 경유한다. 주어진 조건이 다음과 같을 경우, C가 4번째 정거장일 때, E 바로 전의 정거장이 될 수 있는 것은?

> • 지하철 10호선은 순환한다.
> • 주요 정거장을 각각 A, B, C, D, E, F라고 한다.
> • E는 3번째 정거장이다.
> • B는 6번째 정거장이다.
> • D는 F의 바로 전 정거장이다.
> • C는 A의 바로 전 정거장이다.

① A   ② C

③ D   ④ E

⑤ F

✔해설 C가 4번째 정거장이므로 표를 완성하면 다음과 같다.

순서	1	2	3	4	5	6
정거장	D	F	E	C	A	B

따라서 E 바로 전의 정거장은 F이다.

16 다음은 유진이가 학교에 가는 요일에 대한 설명이다. 이들 명제가 모두 참이라고 가정할 때, 유진이가 학교에 가는 요일은?

> ㉠ 목요일에 학교에 가면 월요일엔 학교에 가지 않는다.
> ㉡ 금요일에 학교에 가면 수요일에 학교에 간다.
> ㉢ 화요일에 학교에 가면 수요일에 학교에 가지 않는다.
> ㉣ 금요일에 학교에 가지 않으면 월요일에 학교에 간다.
> ㉤ 유진이는 화요일에 학교에 가지 않는다.

① 월, 수   ② 월, 수, 금
③ 수, 목, 금   ④ 수, 금
⑤ 목, 금

✔해설 ㉤에서 유진이는 화요일에 학교에 가지 않으므로 ㉢에 의해 수요일에는 학교에 간다.
수요일에는 학교에 가므로 ㉡에 의해 금요일에는 학교에 간다.
금요일에는 학교에 가므로 ㉣에 의해 월요일에는 학교를 가지 않는다.
월요일에는 학교에 가지 않으므로 ㉠에 의해 목요일에는 학교에 간다.
따라서 유진이가 학교에 가는 요일은 수, 목, 금이다.

17 민수, 영희, 인영, 경수 네 명이 원탁에 둘러앉았다. 민수는 영희의 오른쪽에 있고, 영희와 인영은 마주보고 있다. 경수의 오른쪽과 왼쪽에 앉은 사람을 차례로 짝지은 것은?

① 영희 – 민수
② 영희 – 인영
③ 인영 – 영희
④ 민수 – 인영
⑤ 민수 – 영희

✔해설 조건에 따라 4명을 원탁에 앉히면 시계방향으로 경수, 인영, 민수, 영희의 순으로 되므로 경수의 오른쪽과 왼쪽에 앉은 사람은 영희 – 인영이 된다.

18 다음 조건이 참이라고 할 때 항상 참인 것을 고르면?

> • 민수는 A기업에 다닌다.
> • 영어를 잘하면 업무능력이 뛰어난 것이다.
> • 영어를 잘하지 못하면 A기업에 다닐 수 없다.
> • A기업은 우리나라 대표 기업이다.

① 민수는 업무능력이 뛰어나다.
② A기업에 다니는 사람들은 업무능력이 뛰어나지 못하다.
③ 민수는 영어를 잘하지 못한다.
④ 민수는 수학을 매우 잘한다.
⑤ 업무능력이 뛰어난 사람은 A기업에 다니는 사람이 아니다.

✔해설 주어진 조건을 잘 풀어보면 민수는 A기업에 다닌다, 영어를 잘하면 업무능력이 뛰어나다, 업무능력이 뛰어나지 못하면 영어를 못한다, 영어를 못하는 사람은 A기업에 다니지 않는다, A기업 사람은 영어를 잘한다. 전체적으로 연결시켜 보면 '민수→A기업에 다닌다. →영어를 잘한다. →업무능력이 뛰어나다.' 이므로 '민수는 업무능력이 뛰어나다.'는 결론을 도출할 수 있다.

19 다음은 세계 최대 규모의 종합·패션·의류기업인 I사의 대표 의류 브랜드의 SWOT분석이다. 다음 보기의 설명 중 옳지 않은 것은?

강점(STRENGH)	약점(WEAKNESS)
• 디자인과 생산과정의 수직 계열화 • 제품의 빠른 회전율 • 세련된 디자인과 저렴한 생산 비용	• 디자인에 대비되는 다소 낮은 품질 • 광고를 하지 않는 전략으로 인한 낮은 인지도
기회(OPPORTUNITY)	위협(THREAT)
• SPA 브랜드 의류 시장 성장 • 진출 가능한 다수의 국가	• 후발 경쟁 브랜드의 등장 • 목표 세그먼트에 위협이 되는 경제 침체

① SO 전략 – 경쟁이 치열한 지역보다는 빠른 생산력을 이용하여 신흥시장을 개척하여 점유율을 높인다.

② ST 전략 – 시장에서 높은 점유율을 유지하기 위하여 광고비에 투자한다.

③ WO 전략 – 신흥 시장에서의 광고비 지출을 늘린다.

④ WT 전략 – 경제침체로 인한 소비가 줄어들기 때문에 디자인 비용을 낮춘다.

⑤ ST 전략 – 가격 경쟁력을 통하여 후발 경쟁회사들이 진입하지 못하도록 한다.

✔ 해설 이 의류 브랜드의 강점은 세련된 디자인으로 디자인 자체가 강점인 브랜드에서 경기침체를 이유로 디자인 비용을 낮추게 된다면 브랜드의 강점이 사라지므로 올바른 전략은 아니다.

① 디자인과 생산과정이 수직화되어 있으므로 빠른 생산력을 가지고 있다. 따라서 신흥시장 즉 진출 가능한 국가에서 빠른 생산력을 가지고 점유율을 높일 수 있다.

② 후발 주자에게 자리를 내주지 않기 위해서는 저렴한 생산비용인 대신 광고를 늘려 점유율을 유지하여야 한다.

③ 신흥시장에서 점유율을 높이기 위해 광고를 하여 낮은 인지도를 탈피하여야 한다.

⑤ 저렴한 생산비용을 통해 가격 경쟁력에서 우위를 점할 수 있기 때문에 후발 경쟁 브랜드를 따돌릴 수 있다.

20 다음은 대한민국의 대표 커피 브랜드 중 하나인 C 브랜드의 SWOT분석이다. 다음 보기의 설명 중 옳은 것은?

강점(STRENGH)	약점(WEAKNESS)
• 세련된 유럽풍 인테리어, 고급스러운 느낌 • 공격적인 매장 확장 • 성공적인 스타마케팅	• 스타이미지에 치중 • 명확한 BI 부재 • 품질에 대한 만족도가 낮음
기회(OPPORTUNITY)	위협(THREAT)
• 고급 커피시장의 확대 • 소득 수준의 향상 • 커뮤니케이션 매체의 다각화	• 경쟁 업체의 증가 • 원두가격의 불안정성

① SO 전략 – 커피의 가격이 조금 올라가더라도 최고의 스타로 마케팅을 하여 브랜드 가치를 높인다.
② ST 전략 – 매장 수를 더욱 늘려 시장 점유율을 높인다.
③ WO 전략 – 「C 커피는 맛있다.」 공모전을 열어 소비자 인식을 긍정적으로 바꾼다.
④ WT 전략 – 원두가격이 변할 때마다 능동적으로 커피가격에 변화를 주어 C 커피는 능동적이다라는 이미지를 소비자에게 심어준다.
⑤ SO 전략 – 소득수준이 향상되었기 때문에 커피가격을 올려 더 유명한 스타를 영입한다.

> ✔해설 품질에 대한 만족도가 낮기 때문에 다양한 커뮤니케이션 매체를 동원하여 만족도를 높일 수 있는 방법을 찾아야 한다.
> ① C 커피는 성공적인 스타마케팅이 강점이기는 하지만 그만큼 스타이미지에 치중된 약점도 가지고 있으므로 스타이미지에 더욱 치중하는 것은 올바르지 않다.
> ② 매장 확장이 경쟁업체가 늘어나는 것을 막을 수 있는 것은 아니다.
> ④ 매번 가격이 달라진다면 소비자의 혼란만 가중시키는 결과를 초래할 것이다.
> ⑤ 소득수준의 향상과 커피가격의 상승 간에는 연관성이 결여되어 있다.

21 다음은 폐기물관리법의 일부이다. 제시된 내용을 참고할 때 옳은 것은?

제00조 이 법에서 말하는 폐기물이란 쓰레기, 연소재, 폐유, 폐알칼리 및 동물의 사체 등으로 사람의 생활이나 사업활동에 필요하지 않게 된 물질을 말한다.

제00조

① 도지사는 관할 구역의 폐기물을 적정하게 처리하기 위하여 환경부장관이 정하는 지침에 따라 10년마다 '폐기물 처리에 관한 기본계획'(이하 '기본계획'이라 한다)을 세워 환경부장관의 승인을 받아야 한다. 승인사항을 변경하려 할 때에도 또한 같다. 이 경우 환경부장관은 기본계획을 승인하거나 변경승인하려면 관계 중앙행정기관의 장과 협의하여야 한다.

② 시장·군수·구청장은 10년마다 관할 구역의 기본계획을 세워 도지사에게 제출하여야 한다.

③ 제1항과 제2항에 따른 기본계획에는 다음 각 호의 사항이 포함되어야 한다.

　　1. 관할 구역의 지리적 환경 등에 관한 개황

　　2. 폐기물의 종류별 발생량과 장래의 발생 예상량

　　3. 폐기물의 처리 현황과 향후 처리 계획

　　4. 폐기물의 감량화와 재활용 등 자원화에 관한 사항

　　5. 폐기물처리시설의 설치 현황과 향후 설치 계획

　　6. 폐기물 처리의 개선에 관한 사항

　　7. 재원의 확보계획

제00조

① 환경부장관은 국가 폐기물을 적정하게 관리하기 위하여 전조 제1항에 따른 기본계획을 기초로 '국가 폐기물관리 종합계획'(이하 '종합계획'이라 한다)을 10년마다 세워야 한다.

② 환경부장관은 종합계획을 세운 날부터 5년이 지나면 그 타당성을 재검토하여 변경할 수 있다.

---

① 재원의 확보계획은 기본계획에 포함되지 않아도 된다.

② A도 도지사가 제출한 기본계획을 승인하려면, 환경부장관은 관계 중앙행정기관의 장과 협의를 거쳐야 한다.

③ 환경부장관은 국가 폐기물을 적정하게 관리하기 위하여 10년마다 기본계획을 수립하여야 한다.

④ B군 군수는 5년마다 종합계획을 세워 환경부장관에게 제출하여야 한다.

⑤ 기본계획 수립 이후 5년이 경과하였다면, 환경부장관은 계획의 타당성을 재검토하여 계획을 변경하여야 한다.

✔ 해설　① 재원의 확보계획은 기본계획에 포함되어야 한다.
　　　　③ 환경부장관은 국가 폐기물을 적정하게 관리하기 위하여 10년마다 종합계획을 수립하여야 한다.
　　　　④ 시장·군수·구청장은 10년마다 관할 구역의 기본계획을 세워 도지사에게 제출하여야 한다.
　　　　⑤ 환경부장관은 종합계획을 세운 날부터 5년이 지나면 그 타당성을 재검토하여 변경할 수 있다.

22 다음은 □□전자의 스마트폰 사용에 관한 조사 설계의 일부분이다. 본 설문조사의 목적으로 가장 적합하지 않은 것은?

---

1. 조사 목적

[   ]

2. 과업 범위
① 조사 대상 : 서울과 수도권에 거주하고 있으며 최근 5년 이내에 스마트폰 변경 이력이 있고, 향후 1년 이내에 스마트폰 변경 의향이 있는 만 20~30세의 성인 남녀
② 조사 방법 : 구조화된 질문지를 이용한 온라인 조사
③ 표본 규모 : 총 1,000명

3. 조사 내용
① 시장 환경 파악 : 스마트폰 시장 동향 (사용기기 브랜드 및 가격, 기기사용 기간 등)
② 과거 스마트폰 변경 현황 파악 : 변경 횟수, 변경 사유 등
③ 향후 스마트폰 변경 잠재 수요 파악 : 변경 사유, 선호 브랜드, 변경 예산 등
④ 스마트폰 구매자를 위한 개선 사항 파악 : 스마트폰 구매자를 위한 요금할인, 사은품 제공 등 개선 사항 적용 시 스마트폰 변경 의향
⑤ 배경정보 파악 : 인구사회학적 특성 (연령, 성별, 거주 지역 등)

4. 결론 및 기대효과

---

① 스마트폰 구매자를 위한 요금할인 프로모션 시행의 근거 마련
② 평균 스마트폰 기기사용 기간 및 주요 변경 사유 파악
③ 광고 매체 선정에 참고할 자료 구축
④ 스마트폰 구매 시 사은품 제공 유무가 구입 결정에 미치는 영향 파악
⑤ 향후 출시할 스마트폰 가격 책정에 활용할 자료 구축

✔해설 제시된 설문조사에는 광고 매체 선정에 참고할 만한 조사 내용이 포함되어 있지 않다. 따라서 ③은 이 설문조사의 목적으로 적합하지 않다.

23 다음은 법령 등 공포에 관한 법률의 일부이다. 제시된 자료를 참고할 때, 옳게 판단한 사람은? (단, 법령은 법률, 조약, 대통령령, 총리령, 부령을 의미한다)

제00조 이 법은 법령의 공포절차 등에 관하여 규정함을 목적으로 한다.

제00조

① 법률 공포문의 전문에는 국회의 의결을 받은 사실을 적고, 대통령이 서명한 후 대통령인을 찍고 그 공포일을 명기하여 국무총리와 관계 국무위원이 서명한다.

② 확정된 법률을 대통령이 공포하지 아니할 때에는 국회의장이 이를 공포한다. 국회의장이 공포하는 법률의 공포문 전문에는 국회의 의결을 받은 사실을 적고, 국회의장이 서명한 후 국회의장인을 찍고 그 공포일을 명기하여야 한다.

제00조 조약 공포문의 전문에는 국회의 동의 또는 국무회의의 심의를 거친 사실을 적고, 대통령이 서명한 후 대통령인을 찍고 그 공포일을 명기하여 국무총리와 관계 국무위원이 서명한다.

제00조 대통령령 공포문의 전문에는 국무회의의 심의를 거친 사실을 적고, 대통령이 서명한 후 대통령인을 찍고 그 공포일을 명기하여 국무총리와 관계 국무위원이 서명한다.

제00조

① 총리령을 공포할 때에는 그 일자를 명기하고, 국무총리가 서명한 후 총리인을 찍는다.

② 부령을 공포할 때에는 그 일자를 명기하고, 해당 부의 장관이 서명한 후 그 장관인을 찍는다.

제00조

① 법령의 공포는 관보에 게재함으로써 한다.

② 관보의 내용 및 적용 시기 등은 종이관보를 우선으로 하며, 전자관보는 부차적인 효력을 가진다.

---

① 모든 법률의 공포문 전문에는 국회의장인이 찍혀 있다.

② 핵무기비확산조약의 공포문 전문에는 총리인이 찍혀 있다.

③ 지역문화발전기본법의 공포문 전문에는 대법원장인이 찍혀 있다.

④ 대통령인이 찍혀 있는 법령의 공포문 전문에는 국무총리의 서명이 들어 있다.

⑤ 종이관보에 기재된 법인세법의 세율과 전자관보에 기재된 그 세율이 다른 경우 전자관보를 기준으로 판단하여야 한다.

> ✔ **해설** ①③ 법률의 공포문 전문에는 대통령인이 찍혀 있다. 확정된 법률을 대통령이 공포하지 아니할 때에는 국회의장이 공포하며, 이 경우 국회의장인이 찍혀 있다.
> ② 조약 공포문의 전문에는 대통령인이 찍혀 있다.
> ⑤ 종이관보를 우선으로 하며, 전자관보는 부차적인 효력을 가진다.

24 다음 글과 표를 근거로 판단할 때 세 사람 사이의 관계가 모호한 경우는?

- 조직 내에서 두 사람 사이의 관계는 '동갑'과 '위아래' 두 가지 경우로 나뉜다.
  - 두 사람이 태어난 연도가 같은 경우 입사 연도에 상관없이 '동갑' 관계가 된다.
  - 두 사람이 태어난 연도가 다른 경우 '위아래' 관계가 된다. 이때 생년이 더 빠른 사람이 '윗사람', 더 늦은 사람이 '아랫사람'이 된다.
  - 두 사람이 태어난 연도가 다르더라도 입사 연도가 같고 생년월일의 차이가 1년 미만이라면 '동갑' 관계가 된다.
- 두 사람 사이의 관계를 바탕으로 임의의 세 사람(A ~ C) 사이의 관계는 '명확'과 '모호' 두 가지 경우로 나뉜다.
  - A와 B, A와 C가 '동갑' 관계이고 B와 C 또한 '동갑' 관계인 경우 세 사람 사이의 관계는 '명확'하다.
  - A와 B가 '동갑' 관계이고 A가 C의 '윗사람', B가 C의 '윗사람'인 경우 세 사람 사이의 관계는 '명확'하다.
  - A와 B, A와 C가 '동갑' 관계이고 B와 C가 '위아래' 관계인 경우 세 사람 사이의 관계는 '모호'하다.

이름	생년월일	입사 연도
甲	1992. 4. 11.	2017
乙	1991. 10. 3.	2017
丙	1991. 3. 1.	2017
丁	1992. 2. 14.	2017
戊	1993. 1 7.	2018

① 甲, 乙, 丙

② 甲, 乙, 丁

③ 甲, 丁, 戊

④ 乙, 丁, 戊

⑤ 丙, 丁, 戊

✔해설 乙과 甲, 乙과 丙이 '동갑' 관계이고 甲과 丙이 '위아래' 관계이므로 甲, 乙, 丙의 관계는 '모호'하다.

25 사내 체육대회에서 8개의 종목을 구성해 각 종목에서 우승 시 얻는 승점을 합하여 각 팀의 최종 순위를 매기고자 한다. 각 종목은 순서대로 진행하고, 3번째 종목부터는 각 종목 우승 시 받는 승점이 그 이전 종목들의 승점을 모두 합한 점수보다 10점 더 많도록 구성하였다. 다음 중 옳은 것을 모두 고르면? (단, 승점은 각 종목의 우승 시에만 얻을 수 있으며, 모든 종목의 승점은 자연수이다.)

> ㉠ 1번째 종목과 2번째 종목의 승점이 각각 10점, 20점이라면 8번째 종목의 승점은 1,000점을 넘게 된다.
> ㉡ 1번째 종목과 2번째 종목의 승점이 각각 100점, 200점이라면 8번째 종목의 승점은 10,000점을 넘게 된다.
> ㉢ 1번째 종목과 2번째 종목의 승점에 상관없이 8번째 종목의 승점은 6번째 종목 승점의 네 배이다.
> ㉣ 만약 3번째 종목부터 각 종목 우승 시 받는 승점이 그 이전 종목들의 승점을 모두 합한 점수보다 10점 더 적도록 구성한다면, 1번째 종목과 2번째 종목의 승점에 상관없이 8번째 종목의 승점은 6번째 종목 승점의 네 배보다 적다.

① ㉠㉢
② ㉠㉣
③ ㉡㉢
④ ㉠㉡㉣
⑤ ㉡㉢㉣

✔ 해설 ㉠ 1번째 종목과 2번째 종목의 승점이 각각 10점, 20점이라면 8번째 종목까지의 승점은 다음과 같다.

종목	1	2	3	4	5	6	7	8
승점	10	20	40	80	160	320	640	1,280

㉡ 1번째 종목과 2번째 종목의 승점이 각각 100점, 200점이라면 8번째 종목의 승점은 다음과 같다.

종목	1	2	3	4	5	6	7	8
승점	100	200	310	620	1,240	2,480	4,960	9,920

㉢ ㉠㉡을 참고하면 1번째 종목과 2번째 종목의 승점에 상관없이 8번째 종목의 승점은 6번째 종목 승점의 네 배이다.

㉣ 만약 3번째 종목부터 각 종목 우승 시 받는 승점이 그 이전 종목들의 승점을 모두 합한 점수보다 10점 더 적도록 구성한다면, 8번째 종목까지의 승점은 다음과 같다.

종목	1	2	3	4	5	6	7	8
승점	10	20	20	40	80	160	320	640

종목	1	2	3	4	5	6	7	8
승점	100	200	290	580	1,160	2,320	4,640	9,280

26 반지 상자 A, B, C 안에는 각각 금반지와 은반지 하나씩 들어있고, 나머지 상자는 비어있다. 각각의 상자 앞에는 다음과 같은 말이 씌어있다. 그런데 이 말들 중 하나의 말만이 참이며, 은반지를 담은 상자 앞 말은 거짓이다. 다음 중 항상 맞는 것은?

A 상자 앞 : 상자 B에는 은반지가 있다.
B 상자 앞 : 이 상자는 비어있다.
C 상자 앞 : 이 상자에는 금반지가 있다.

---

① 상자 A에는 은반지가 있다.
② 상자 A에는 금반지가 있다.
③ 상자 B에는 은반지가 있다.
④ 상자 B에는 금반지가 있다.
⑤ 상자 B는 비어있다.

> ✔ 해설 A가 참이면 A=금, B=은, C=X
> B가 참이면 A=금, B=X, C=은
> C가 참이면 모순이 된다.
> 그러므로 항상 옳은 것은 '상자 A에는 금반지가 있다'가 된다.

27 A, B, C, D, E는 형제들이다. 다음의 〈보기〉를 보고 첫째부터 막내까지 올바르게 추론한 것은?

〈보기〉

㉠ A는 B보다 나이가 적다.　　　㉡ D는 C보다 나이가 적다.
㉢ E는 B보다 나이가 많다.　　　㉣ A는 C보다 나이가 많다.

---

① E > B > D > A > C　　　② E > B > A > C > D
③ E > B > C > D > A　　　④ D > C > A > B > E
⑤ D > C > A > E > B

> ✔ 해설 ㉠과 ㉢, ㉣에 의해 E > B > A > C이다.
> ㉡에서 D는 C보다 나이가 적으므로 E > B > A > C > D이다.

28 다음의 사전 정보를 활용하여 제품 A, B, C 중 하나를 사려고 한다. 다음 중 생각할 수 없는 상황은?

> • 성능이 좋을수록 가격이 비싸다.
> • 성능이 떨어지는 두 종류의 제품 가격의 합은 성능이 가장 좋은 다른 하나의 제품 가격보다 낮다.
> • B는 성능이 떨어지는 제품이다.

① A제품이 가장 저렴하다.
② A제품과 B제품의 가격이 같다.
③ A제품과 C제품은 성능이 같다.
④ A제품보다 성능이 좋은 제품도 있다.
⑤ A제품이 가장 비싸다.

✔해설 B가 성능이 떨어지는 제품이므로, 다음과 같은 네 가지 경우가 가능하다.
㉠ $A > B \geq C$
㉡ $A > C \geq B$
㉢ $C > A \geq B$
㉣ $C > B \geq A$
성능이 가장 좋은 제품은 성능이 떨어지는 두 종류의 제품 가격의 합보다 높으므로, 가격이 같을 수가 없지만, 성능이 떨어지는 두 종류의 제품 가격은 서로 같을 수 있다.
① ㉣의 경우 가능하다.
② ㉢의 경우 가능하다.
④ ㉢, ㉣의 경우 가능하다.
⑤ ㉠, ㉡의 경우 가능하다.

29 다음을 읽고 네 사람의 직업이 중복되지 않을 때 C의 직업은 무엇인지 고르면?

> ㉠ A가 국회의원이라면 D는 영화배우이다.
> ㉡ B가 승무원이라면 D는 치과의사이다.
> ㉢ C가 영화배우면 B는 승무원이다.
> ㉣ C가 치과의사가 아니라면 D는 국회의원이다.
> ㉤ D가 치과의사가 아니라면 B는 영화배우가 아니다.
> ㉥ B는 국회의원이 아니다.

① 국회의원

② 영화배우

③ 승무원

④ 치과의사

⑤ 알 수 없다.

✔해설 D가 치과의사라면 ㉣에 의해 C는 치과의사가 되지만 그렇게 될 경우 C와 D 둘 다 치과의사가 되기 때문에 모순이 된다. 이를 통해 D는 치과의사가 아님을 알 수 있다. ㉡과 ㉤때문에 B는 승무원, 영화배우가 될 수 없다. ㉥을 통해서는 B가 국회의원이 아니라 치과의사라는 사실을 알 수 있다. ㉣에 의해 C는 치과의사가 아니므로 D는 국회의원이라는 결론을 내릴 수 있다. 또한 ㉢에 의해 C는 영화배우가 아님을 알 수 있다. C는 치과의사도, 국회의원도, 영화배우도 아니므로 승무원이란 사실을 추론할 수 있다. 나머지 A는 영화배우가 될 수밖에 없다.

30 다음은 2021 ~ 2023년 A국 10대 수출품목의 수출액에 관한 예시내용이다. 제시된 표에 대한 〈보기〉의 설명 중 옳은 것만 모두 고른 것은?

〈표 1〉 A국 10대 수출품목의 수출액 비중과 품목별 세계수출시장 점유율(금액기준)

(단위 : %)

구분 / 연도 / 품목	A국의 전체 수출액에서 차지하는 비중			품목별 세계수출시장에서 A국의 점유율		
	2021	2022	2023	2021	2022	2023
백색가전	13.0	12.0	11.0	2.0	2.5	3.0
TV	14.0	14.0	13.0	10.0	20.0	25.0
반도체	10.0	10.0	15.0	30.0	33.0	34.0
휴대폰	16.0	15.0	13.0	17.0	16.0	13.0
2,000cc 이하 승용차	8.0	7.0	8.0	2.0	2.0	2.3
2,000cc 초과 승용차	6.0	6.0	5.0	0.8	0.7	0.8
자동차용 배터리	3.0	4.0	6.0	5.0	6.0	7.0
선박	5.0	4.0	3.0	1.0	1.0	1.0
항공기	1.0	2.0	3.0	0.1	0.1	0.1
전자부품	7.0	8.0	9.0	2.0	1.8	1.7
계	83.0	82.0	86.0	–	–	–

※ A국의 전체 수출액은 매년 변동 없음

〈표 2〉 A국 백색가전의 세부 품목별 수출액 비중

(단위 : %)

연도 / 세부품목	2021	2022	2023
일반세탁기	13.0	10.0	8.0
드럼세탁기	18.0	18.0	18.0
일반냉장고	17.0	12.0	11.0
양문형 냉장고	22.0	26.0	28.0
에어컨	23.0	25.0	26.0
공기청정기	7.0	9.0	9.0
계	100.0	100.0	100.0

⊙ 2021년과 2023년 선박이 세계수출시장 규모는 같다.

ⓛ 2022년과 2023년 A국의 전체 수출액에서 드럼세탁기가 차지하는 비중은 전년대비 매년 감소한다.

ⓒ 2022년과 2023년 A국의 10대 수출품목 모두 품목별 세계수출시장에서 A국의 점유율은 전년대비 매년 증가한다.

ⓔ 2023년 항공기 세계수출시장 규모는 A국 전체 수출액의 15배 이상이다.

① ㉠㉡
② ㉠㉢
③ ㉡㉢
④ ㉡㉣
⑤ ㉡㉢㉣

✔ 해설 ㉠ 선박을 보면 A국 전체 수출액에서 차지하는 비중은 5.0 → 4.0 → 3.0 으로 매년 줄어드는 데 세계수출시장에서 A국의 점유율은 매번 1.0으로 동일하다. 이는 세계수출시장 규모가 A국 선박비중의 감소율만큼 매년 감소한다는 것을 나타낸다.

㉡ 백색가전의 세부 품목별 수출액 비중에서 드럼세탁기의 비중은 매년 18.0으로 동일하나, 전체 수출액에서 차지하는 백색가전의 비중은 13.0 → 12.0 → 11.0로 점점 감소한다.

㉢ 점유율이 전년대비 매년 증가하지 않고 변화가 없거나 감소하는 품목도 있다.

㉣ A국의 전체 수출액을 100으로 보면 항공기의 경우 2023년에는 3이다. 3이 세계수출시장에서 차지하는 비중은 0.1%이므로 A국 항공기 수출액의 1,000배라 볼 수 있다. 항공기 세계수출시장의 규모는 $3 \times 1,000 = 3,000$이므로 A국 전체 수출액의 30배가 된다.

Answer 30.④

31~32 다음 〈표〉는 동일한 산업에 속한 기업 중 A, B, C, D, E의 경영현황과 소유구조에 관한 자료이고, 〈정보〉는 기업 A, B, C, D, E의 경영현황에 대한 설명이다. 이를 보고 이어지는 질문에 답하시오.

〈표 1〉 경영현황

(단위 : 억 원)

기업	자기자본	자산	매출액	순이익
ⓐ	500	1,200	1,200	48
ⓑ	400	600	800	80
ⓒ	1,200	2,400	1,800	72
ⓓ	600	1,200	1,000	36
ⓔ	200	800	1,400	28
산업 평균	650	1,500	1,100	60

〈표 2〉 소유구조

(단위 : %, 명, 천주, 억 원)

구분 기업	대주주		소액주주		기타주주		총발행 주식수	시가 총액
	지분율	주주수	지분율	주주수	지분율	주주수		
ⓐ	40	3	40	2,000	20	20	3,000	900
ⓑ	20	1	50	2,500	30	30	2,000	500
ⓒ	50	2	20	4,000	30	10	10,000	500
ⓓ	30	2	30	3,000	40	10	1,000	600
ⓔ	15	5	40	8,000	45	90	5,000	600

※ 해당 주주의 지분율(%)= $\dfrac{\text{해당 주주의 보유주식수}}{\text{총발행주식수}} \times 100$

시가총액＝1주당 가격×총발행주식수

해당 주주의 주식시가평가액＝1주당 가격×해당 주주의 보유주식수

전체 주주는 대주주, 소액주주, 기타주주로 구성함

〈정보〉

• C의 매출액은 산업 평균 매출액보다 크다.

• A의 자산은 E의 자산의 70% 미만이다.

• D는 매출액 순위와 순이익 순위가 동일하다.

• 자기자본과 산업 평균 자기자본의 차이가 가장 작은 기업은 B이다.

31 위의 〈표〉와 〈정보〉의 내용을 근거로 자산대비 매출액 비율이 가장 작은 기업과 가장 큰 기업은 바르게 나열한 것은?

	가장 작은 기업	가장 큰 기업
①	B	C
②	D	A
③	D	C
④	E	B
⑤	E	C

✔ **해설** 〈표〉와 〈정보〉를 통해 ⓐ, ⓑ, ⓒ, ⓓ, ⓔ기업이 A, B, C, D, E기업 중 어느 기업에 해당하는지를 파악해야 한다.

- 자기자본과 산업 평균 자기자본의 차이가 가장 작은 기업이 'B'라고 되어 있으므로, 〈표 1〉을 통해 ⓓ가 'B'임을 알 수 있다.
- 'D'는 매출액 순위와 순이익 순위가 동일하다고 했는데, 매출액 순위와 순이익 순위가 동일한 것은 ⓐ와 ⓓ이므로 ⓐ가 'D'임을 알 수 있다.
- 'A'의 자산은 'E'의 자산의 70% 미만이라고 하고 있으므로, 자산이 제일 작은 ⓑ는 'E'가 될 수 없으며, ⓔ의 자산의 70%보다 ⓑ의 자산이 더 크므로, ⓔ도 'E'가 될 수 없다. 따라서 ⓒ가 'E'가 된다.
- 'C'의 매출액은 산업 평균 매출액보다 크다고 하고 있으므로 산업 평균 매출액보다 매출액이 큰 ⓐ, ⓒ, ⓔ 중 하나가 'C'가 되는데, ⓐ가 'D'이고, ⓒ가 'E'이므로 ⓔ가 'C'가 되며, ⓑ는 자동적으로 'A'가 된다.

∴ A-ⓑ, B-ⓓ, C-ⓔ, D-ⓐ, E-ⓒ

이에 따라 A~E기업의 자산 대비 매출액 비율을 구하면 다음과 같다.

$$A-ⓑ = \frac{800}{600} \times 100 = 133.33\%$$

$$B-ⓓ = \frac{1,000}{1,200} \times 100 = 83.33\%$$

$$C-ⓔ = \frac{1,400}{800} \times 100 = 175\%$$

$$D-ⓐ = \frac{1,200}{1,200} \times 100 = 100\%$$

$$E-ⓒ = \frac{1,800}{2,400} \times 100 = 75\%$$

∴ 자산 대비 매출액 비율이 가장 작은 기업은 'E'이고, 자산 대비 매출액 비율이 가장 큰 기업은 'C'이 된다.

32 위 〈표〉의 내용을 근거로 〈보기〉의 설명 중 옳은 것만을 모두 고른 것은?

───────────── 〈보기〉 ─────────────

ⓐ ㉠ 소액주주수가 가장 작은 기업에서 기타주주의 1인당 보유주식수는 30,000주이다.

㉡ 전체 주주수는 ⓔ가 ⓒ보다 적다.

㉢ ⓑ의 대주주의 보유주식수는 400,000주이다.

㉣ 기타주주 주식시가평가액의 합은 ⓐ가 ⓓ보다 크다.

① ㉠㉡

② ㉠㉢

③ ㉠㉣

④ ㉡㉣

⑤ ㉢㉣

✓ 해설 ㉠ 소액주주수가 가장 적은 기업은 ⓐ로, 기타주주의 지분율이 20%이므로 총발행주식수 3,000,000주 중 600,000주를 보유하며, 1인당 보유주식수는 주주수가 20명이므로 30,000주가 된다.

㉢ ⓑ의 대주주의 수는 1명으로 20%의 지분율을 보유하고 있으므로, 총발행주식수 2,000,000주 중 20%인 400,000주가 된다.

㉡ ⓔ의 전체 주주수는 대주주 5명, 소액주주 8,000명, 기타주주 90명으로 8,095명이고,
ⓒ의 전체 주주수는 대주주 2명, 소액주주 4,000명, 기타주주 10명으로 4,012명이다.
따라서 전체 주주수는 ⓔ가 ⓒ보다 많다.

㉣ 1주당 가격을 구하면 다음과 같다.

- ⓐ의 1주당 가격 $= \dfrac{\text{시가총액}}{\text{총발행주식수}} = \dfrac{90,000,000,000}{3,000,000} = 30,000$

- ⓓ의 1주당 가격 $= \dfrac{60,000,000,000}{1,000,000} = 60,000$

- ⓐ의 기타주주 주식시가평가액 = 1주당 가격 × 총발행주식수 × 해당 주주의 지분율
  $= 30,000 \times 3,000,000 \times 0.2 = 180$억 원

- ⓓ의 기타주주 주식시가평가액 = 1주당 가격 × 총발행주식수 × 해당 주주의 지분율
  $= 60,000 \times 1,000,000 \times 0.4 = 240$억 원

33 다음에 제시된 명제들이 모두 참일 경우, 이 조건들에 따라 내릴 수 있는 결론으로 적절한 것은?

> a. 인사팀을 좋아하지 않는 사람은 생산팀을 좋아한다.
> b. 기술팀을 좋아하지 않는 사람은 홍보팀을 좋아하지 않는다.
> c. 인사팀을 좋아하는 사람은 비서실을 좋아하지 않는다.
> d. 비서실을 좋아하지 않는 사람은 홍보팀을 좋아한다.

① 홍보팀을 싫어하는 사람은 인사팀을 좋아한다.
② 비서실을 싫어하는 사람은 생산팀도 싫어한다.
③ 기술팀을 싫어하는 사람은 생산팀도 싫어한다.
④ 생산팀을 좋아하는 사람은 기술팀을 싫어한다.
⑤ 생산팀을 좋아하지 않는 사람은 기술팀을 좋아한다.

✔ **해설** 보기의 명제를 대우 명제로 바꾸어 정리하면 다음과 같다.
a. ~인사팀 → 생산팀(~생산팀 → 인사팀)
b. ~기술팀 → ~홍보팀(홍보팀 → 기술팀)
c. 인사팀 → ~비서실(비서실 → ~인사팀)
d. ~비서실 → 홍보팀(~홍보팀 → 비서실)
이를 정리하면 '~생산팀 → 인사팀 → ~비서실 → 홍보팀 → 기술팀'이 성립하고 이것의 대우 명제인 '~기술팀 → ~홍보팀 → 비서실 → ~인사팀 → 생산팀'도 성립하게 된다. 따라서 이에 맞는 결론은 보기 ⑤의 '생산팀을 좋아하지 않는 사람은 기술팀을 좋아한다.' 뿐이다.

34 M사의 총무팀에서는 A 부장, B 차장, C 과장, D 대리, E 대리, F 사원이 각각 매 주말마다 한 명씩 사회봉사활동에 참여하기로 하였다. 이들이 다음에 따라 사회봉사활동에 참여할 경우, 두 번째 주말에 참여할 수 있는 사람으로 짝지어진 것은?

---

1. B 차장은 A 부장보다 먼저 봉사활동에 참여한다.
2. C 과장은 D 대리보다 먼저 봉사활동에 참여한다.
3. B 차장은 첫 번째 주 또는 세 번째 주에 봉사활동에 참여한다.
4. E 대리는 C 과장보다 먼저 봉사활동에 참여하며, E 대리와 C 과장이 참여하는 주말 사이에는 두 번의 주말이 있다.

---

① A 부장, B 차장

② D 대리, E 대리

③ E 대리, F 사원

④ B 차장, C 과장, D 대리

⑤ E 대리

✔ 해설 조건대로 고정된 순서를 정리하면 다음과 같다.
- B 차장→A 부장
- C 과장 → D 대리
- E 대리→?→?→C 과장

따라서 E 대리→?→?→C 과장→D 대리의 순서가 성립되며, 이 상태에서 경우의 수를 따져보면 다음과 같다.

㉠ B 차장이 첫 번째인 경우라면, 세 번째와 네 번째는 A 부장과 F 사원(또는 F 사원과 A 부장)가 된다.

㉡ B 차장이 세 번째인 경우는 E 대리의 바로 다음인 경우와 C 과장의 바로 앞인 두 가지의 경우가 있을 수 있다.

– E 대리의 바로 다음인 경우 : A 부장 – E 대리 – B 차장 – F 사원 – C 과장 – D 대리의 순이 된다.

– C 과장의 바로 앞인 경우 : E 대리 – F 사원 – B 차장 – C 과장 – D 대리 – A 부장의 순이 된다.

따라서 위에서 정리된 바와 같이 가능한 세 가지의 경우에서 두 번째로 사회봉사활동을 갈 수 있는 사람은 E 대리와 F 사원 밖에 없다.

35 다음 자료를 참고할 때 올바르지 않은 설명은?

<국가별 물 사용량 계산구조>

(단위 : 억m^3/년)

국가명	일반적 물 사용량	Internal water footprint	External water footprint	water footprint
쿠웨이트	3	3	19	22
일본	544	519	942	1,461
한국	231	210	342	552
프랑스	1,165	691	411	1,102
미국	7,495	5,658	1,302	6,960
중국	8,932	8,259	574	8,834
인도	10,127	9,714	160	9,874

*Water footprint=Internal water footprint+External water footprint

*물 자급률=Internal water footprint÷Water footprint×100

*물 수입률=External water footprint÷Water footprint×100

*국내 자급기준 물 증가량=Water footprint-일반적 물 사용량

① 물 자급률은 쿠웨이트가 일본보다 낮다.

② 인도는 물 사용량이 가장 많아 물 수입률이 가장 높다.

③ 물 자급률은 인도가 미국보다 높다.

④ 국내 자급기준 물 증가량은 일본이 가장 높다.

⑤ 국내 자급기준 물 증가량이 마이너스인 국가는 네 개다.

✔해설   인도는 물 사용량이 가장 많으나 water footprint 대비 internal water footprint의 비율이 매우 높아
물 수입률이 2%로 가장 낮은 국가임을 알 수 있다.
　① 물 자급률은 쿠웨이트가 3÷22×100＝약 13.6%, 일본이 519÷1,461×100＝약 35.5%로 쿠웨이트가
　　일본보다 낮다.
　③ 물 자급률은 인도가 9,714÷9,874×100＝약 98.4%, 미국이 5,658÷6,960×100＝약 81.3%로 인도가 미
　　국보다 높다.
　④ 국내 자급기준 물 증가량은 1,461-544=917로 일본이 가장 높음을 어림값으로도 확인할 수 있다.
　⑤ 국내 자급기준 물 증가량이 마이너스인 국가는 프랑스, 미국, 인도, 중국으로 모두 네 개다.

Answer   34.③   35.②

36 다음에서 설명하고 있는 실업크레딧 제도를 올바르게 이해한 설명은?

실업크레딧 제도

〈지원대상〉

구직급여 수급자가 연금보험료 납부를 희망하는 경우 보험료의 75%를 지원하고 그 기간을 가입기간으로 추가 산입하는 제도

* 구직급여 수급자 – 고용보험에 가입되었던 사람이 이직 후 일정수급요건을 갖춘 경우 재취업 활동을 하는 기간에 지급하는 급여

* 실업기간에 대하여 일정요건을 갖춘 사람이 신청하는 경우에 가입기간으로 추가 산입하는 제도이므로 국민연금 제도의 가입은 별도로 확인 처리해야 함

〈제도안내〉

(1) (지원대상) 국민연금 가입자 또는 가입자였던 사람 중 18세 이상 60세 미만의 구직급여 수급자
 • 다만 재산세 과세금액이 6억 원을 초과하거나 종합소득(사업 · 근로소득 제외)이 1,680만 원을 초과하는 자는 지원 제외

(2) (지원방법) 인정소득 기준으로 산정한 연금보험료의 25%를 본인이 납부하는 경우에 나머지 보험료인 75%를 지원
 • 인정소득은 실직 전 3개월 평균소득의 50%로 하되 최대 70만 원을 넘지 않음

(3) (지원기간) 구직급여 수급기간으로 하되, 최대 1년(12개월)까지 지원
 • 구직급여를 지급받을 수 있는 기간은 90~240일(월로 환산 시 3~8개월)

(4) (신청 장소 및 신청기한) 전국 국민연금공단 지사 또는 고용센터
 • 고용센터에 실업신고 하는 경우 또는 실업인정신청 시 실업크레딧도 함께 신청 가능하며, 구직급여 수급인정을 받은 사람은 국민연금공단 지사에 구직급여를 지급받을 수 있는 날이 속한 달의 다음달 15일까지 신청할 수 있음

---

① 실직 중이라도 실업크레딧 제도의 혜택을 받은 사람은 자동적으로 국민연금에 가입된 것이 된다.

② 국민연금을 한 번도 거르지 않고 납부해 온 62세의 구직급여 수급자는 실업크레딧의 지원 대상이 된다.

③ 실업 중이며 조그만 자동차와 별도의 사업소득으로 약 1,800만 원의 구직급여 수급자인 A씨는 실업크레딧 지원 대상이다.

④ 인정소득 70만 원, 연금보험료는 63,000원인 구직급여 수급자가 15,750원을 납부하면 나머지 47,250원을 지원해 주는 제도이다.

⑤ 회사 사정으로 급여의 변동이 심하여 실직 전 3개월 간 각각 300만 원, 80만 원, 60만 원의 급여를 받았고 재산세와 종합소득 기준이 부합되는 자는 실업크레딧 지원 대상이다.

63,000원의 25%인 15,750원을 납부하면 나머지 75%인 47,250원을 지원해 주는 제도이다.

① 국민연금 제도의 가입은 별도로 확인 처리해야 한다고 언급되어 있다.

② 18세 이상 60세 미만의 구직급여 수급자로 제한되어 있다.

③ 종합소득(사업·근로소득 제외)이 1,680만 원을 초과하는 자는 지원 제외 대상이다.

⑤ 300＋80＋60＝440만 원이므로 평균소득이 약 147만 원이며, 이의 50%는 70만 원을 넘게 되므로 인정소득 한도를 넘게 된다.

37 다음은 신용 상태가 좋지 않은 일반인들을 상대로 운용되고 있는 국민행복기금의 일종인 '바꿔드림론'의 지원대상자에 관한 내용이다. 다음 내용을 참고할 때, 바꿔드림론의 대상이 되지 않는 사람은 누구인가? (단, 보기에서 언급되지 않은 사항은 자격요건을 충족하는 것으로 가정한다)

구분		자격요건	비고
신용등급		6 ~ 10등급	연소득 3.5천만 원 이하인 분 또는 특수채무자는 신용등급 제한 없음
연소득	급여소득자 등	4천만 원 이하	부양가족 2인 이상인 경우에는 5천만 원 이하
	자영업자	4.5천만 원 이하	사업자등록 된 자영업자
지원대상 고금리 채무 (연 20% 이상 금융채무)	채무총액 1천만 원↑	6개월 이상 정상상환	보증채무, 담보대출, 할부금융, 신용카드 사용액(신용구매, 현금서비스, 리볼빙 등)은 제외
	채무총액 1천만 원↓	3개월 이상 정상상환	*상환기간은 신용보증신청일 기준으로 산정됩니다.

※ 제외대상

• 연 20% 이상 금융채무 총액이 3천만 원을 초과하는 분

• 소득에 비해 채무액이 과다한 분(연소득 대비 채무상환액 비율이 40%를 초과하는 분)

• 현재 연체중이거나 과거 연체기록 보유자, 금융채무 불이행 자 등

① 법정 최고 이자를 내고 있으며 금융채무액이 2.5천만 원인 A 씨

② 2명의 자녀와 아내를 부양가족으로 두고 연 근로소득이 4.3천만 원인 B 씨

③ 신용등급이 4등급으로 연체 이력이 없는 C 씨

④ 저축은행으로부터 받은 신용대출금에 대해 연 18%의 이자를 내며 8개월 째 매달 원리금을 상환하고 있는 D 씨

⑤ 연 급여소득 3.8천만 원이며 채무액이 1천만 원인 E 씨

✅ 해설 바꿔드림론은 신용 상태가 좋지 않은 채무자를 대상으로 하기 때문에 신용 등급이 6 ~ 10등급 이내이어야 한다.
① 법정 최고 이자는 20%를 넘어가므로 금융채무 총액이 3천만 원을 초과하지 않는 지원 대상이 된다.
② 부양가족이 3명이며 급여소득이 4.5천만 원 이하이므로 지원 대상이 된다.
④ 신용대출금에 대한 연 18%는 고금리 채무이자이며 6개월 이상 상환 중이므로 지원 대상이 된다.
⑤ 연 급여소득 3.8천만 원이며 채무 총액이 40%를 넘지 않으므로 지원 대상이 된다.

▌38 ~ 39 ▌ 다음은 N지역의 도시 열 요금표이다. 이를 보고 이어지는 물음에 답하시오.

구분	계약종별	용도	기본요금	사용요금	
온수	주택용	난방용	계약면적 m²당 52.40원	단일요금 : Mcal당 64.35원 계절별 차등요금 • 춘추절기 : Mcal당 63.05원 • 하절기 : Mcal당 56.74원 • 동절기 : Mcal당 66.23원	
		냉방용		5 ~ 9월	Mcal당 25.11원
				1 ~ 4월 10 ~ 12월	난방용 사용요금 적용
	업무용	난방용	계약용량 Mcal/h당 396.79원	단일요금 : Mcal당 64.35원 계절별 차등요금 • 수요관리 시간대 : Mcal당 96.10원 • 수요관리 이외의 시간대 : Mcal당 79.38원	
		냉방용		5~9월	• 1단 냉동기 Mcal당 34.20원 • 2단 냉동기 Mcal당 25.11원
				1~4월 10~12월	난방용 사용요금 적용
냉수	냉방용		계약용량 Mcal/h당 • 0부터 1,000Mcal/h까지 3,822원 • 다음 2,000Mcal/h까지 2,124원 • 다음 3,000Mcal/h까지 1,754원 • 3,000Mcal/h 초과 1,550원	Mcal당 • 첨두부하시간 : 135.41원 • 중간부하시간 : 104.16원 • 경부하시간 : 62.49원	

*계약면적 산정

  건축물관리대장 등 공부상의 세대별 전용면적의 합계와 세대별 발코니 확장면적의 합계 및 공용면적 중 해당 지역의 난방열을 사용하는 관리사무소, 노인정, 경비실 등의 건축연면적 합계로 함.

*춘추절기 : 3 ~ 5월, 9 ~ 11월, 하절기 : 6 ~ 8월, 동절기 : 12 ~ 익년 2월

*수요관리 시간대 : 07 : 00 ~ 10 : 00

*냉수의 부하시간대 구분

 • 첨두부하시간 : 7월 1일부터 8월 31일까지의 오후 2시 정각부터 오후 4시 정각까지
 • 중간부하시간 : 7월 1일부터 8월 31일까지의 오후 2시 정각부터 오후 4시 정각 이외의 시간
 • 경부하시간 : 7월 1일부터 8월 31일까지를 제외한 1월 1일부터 12월 31일까지의 시간

*기본요금 : 감가상각비, 수선유지비 등 고정적으로 발생하는 경비를 사용량에 관계없이 (계약면적 또는 계약 용량에 따라) 매월정액을 부과하는 것

*사용요금 : 각 세대별 사용 난방 및 온수 사용량을 난방(온수) 계량기를 검침하여 부과하는 금액

*공동난방비 : 관리사무소, 노인정, 경비실 등 공동열사용량을 세대별 실사용량 비례 배분 등으로 각 세대에 배분(아파트 자체 결정사항) 합니다.

38 다음 중 위의 도시 열 요금표를 올바르게 이해하지 못한 것은?

① 주택별 난방 사용요금은 계절마다 적용 단위요금이 다르다.

② 업무 난방 기본요금은 계약용량을 기준으로 책정된다.

③ 냉수의 냉방용 기본요금은 1,000Mcal/h 마다 책정 요금이 다르다.

④ 관리사무소, 노인정, 경비실 등의 열사용량은 세대별로 배분하여 청구한다.

⑤ 냉수의 부하시간대는 춘추절기, 동절기, 하절기로 구분되어 차등 요금을 적용한다.

> ✔ 해설 냉수의 부하시간대는 7월 1일부터 8월 31일까지에 속한 기간과 속하지 않은 기간으로 구분되며 속한 기간은 다시 정해진 시간대로 양분되어 차등 요금이 적용된다. 따라서 사계절로 구분되는 것은 아니다.

Answer 38.⑤

39 다음에 제시된 A 씨와 B 씨에게 적용되는 월별 열 요금의 합은 얼마인가? (단, 공동난방비는 고려하지 않는다.)

〈계약면적 100m²인 A 씨〉

−12월 주택용 난방 계량기 사용량 500Mcal

〈계약용량 900Mcal/h인 B 씨〉

−7월 : 냉수를 이용한 냉방 계량기 사용량 오후 3 ~ 4시 200Mcal, 오후 7 ~ 8시 200Mcal

---

① 90,091원

② 90,000원

③ 89,850원

④ 89,342원

⑤ 89,107원

✔해설 공동난방비를 고려하지 않으므로 기본요금과 사용요금을 계산하면 다음과 같다.
A 씨
기본요금 : $52.40 \times 100 = 5,240$원
사용요금 : 66.23(동절기)$\times 500 = 33,115$원
합계 : 38,355원
B 씨
기본요금 : 3,822원(0 ~ 1,000Mcal/h)
사용요금 : 135.41×200(첨두부하시간)$+ 104.16 \times 200$(중간부하시간)$= 47,914$원
합계 : 51,736원
따라서 A씨 요금 합계와 B씨의 요금 합계를 합하면 90,091원이 된다.

40 다음 조건을 바탕으로 할 때 정 대리가 이번 달 중국 출장 출발일로 정하기에 가장 적절한 날은 언제인가? (단, 전체 일정은 모두 이번 달 안에 속해 있다)

- 이번 달은 1일이 월요일인 달이다.
- 3박 4일 일정이며 출발일과 도착일이 모두 휴일이 아니어야 한다.
- 현지에서 복귀하는 비행편은 매주 화, 목요일에만 있다.
- 이번 달 셋째 주 화요일에 있을 부서의 중요한 회의에 반드시 참석해야 하며, 회의 후에 출장을 가려 한다.

① 12일   ② 15일
③ 17일   ④ 22일
⑤ 23일

✔해설 날짜를 따져 보아야 하는 유형의 문제는 아래와 같이 달력을 그려서 살펴보면 어렵지 않게 정답을 구할 수 있다.

일	월	화	수	목	금	토
	1	2	3	4	5	6
7	8	9	10	11	12	13
14	15	16	17	18	19	20
21	22	23	24	25	26	27
28	29	30	31			

1일이 월요일이므로 정 대리는 위와 같은 달력에 해당하는 기간 중에 출장을 가려고 한다. 3박 4일 일정 중 출발과 도착일 모두 휴일이 아니어야 한다면 월~목요일, 화~금요일, 금~월요일 세 가지의 경우의 수가 생기는데, 현지에서 복귀하는 비행편이 화요일과 목요일이므로 월~목요일의 일정을 선택해야 한다. 회의가 셋째 주 화요일이라면 16일이므로 그 이후 가능한 월~목요일은 두 번이 있으나, 마지막 주의 경우 도착일이 다음 달로 넘어가게 되므로 조건에 부합되지 않는다. 따라서 출장 출발일로 적절한 날은 22일이며 일정은 22 ~ 25일이 된다.

정보능력

1 한컴오피스 흔글 프로그램에서 단축키 Alt + O는 어떤 작업을 실행하는가?

① 불러오기

② 모두 선택

③ 저장하기

④ 다른 이름으로 저장하기

⑤ 붙이기

> ✔ 해설 단축키 Alt + O는 불러오기를 실행한다.
> ② 모두 선택 : Ctrl + A
> ③ 저장하기 : Alt + S
> ④ 다른 이름으로 저장하기 : Alt + V
> ⑤ 붙이기 : Ctrl + V

2 다음 설명에 해당하는 엑셀 기능은?

> 입력한 데이터 정보를 기반으로 하여 데이터를 미니 그래프 형태의 시각적 표시로 나타내 주는 기능

① 클립아트

② 스파크라인

③ 하이퍼링크

④ 워드아트

⑤ 필터

> ✔ 해설 제시된 내용은 엑셀에서 제공하는 스파크라인 기능에 대한 설명이다.

3 전체 제품 중 1월 현재 판매 중인 제품의 수를 구하려고 할 때, [C4] 셀에 들어갈 수식은?

	A	B	C	D
1		**20xx년도 1월 제품 매출 자료**		
2				
3		전체 제품수	14	
4		판매 중인 제품 수	10	
5				
6		제품 코드	정가	판매 수량
7		A6513	78,000	60
8		A3749	200,000	78
9		D1345	124,900	20
10		F4952	141,200	-
11		B6074	130,000	-
12		B7793	88,000	45
13		B1279	276,000	-
14		L1965	429,000	73
15		L1984	121,200	41
16		N0704	212,900	9
17		G7346	85,600	-
18		T9205	268,750	16
19		O0412	144,900	80
20		K8852	92,630	112

① =COUNTA(C7:C20)

② =COUNTA(D7:D20)

③ =COUNT(C7:C20)

④ =COUNT(D7:D20)

⑤ =AVERAGE(C7:C20)

✔해설 COUNT 함수는 선택된 범위에서 숫자를 포함하고 있는 셀의 개수를 산출하는 함수이다.

4 다음 중 컴퓨터 보안 위협의 형태와 그 내용에 대한 설명이 올바르게 연결되지 않은 것은 어느 것인가?

① 피싱(Phishing) – 유명 기업이나 금융기관을 사칭한 가짜 웹 사이트나 이메일 등으로 개인의 금융정보와 비밀번호를 입력하도록 유도하여 예금 인출 및 다른 범죄에 이용하는 수법

② 스푸핑(Spoofing) – 악의적인 목적으로 임의로 웹 사이트를 구축해 일반 사용자의 방문을 유도한 후 시스템 권한을 획득하여 정보를 빼가거나 암호와 기타 정보를 입력하도록 속이는 해킹 수법

③ 디도스(DDoS) – 시스템에 불법적인 행위를 수행하기 위하여 다른 프로그램으로 위장하여 특정 프로그램을 침투시키는 행위

④ 스니핑(Sniffing) – 네트워크 주변을 지나다니는 패킷을 엿보면서 아이디와 패스워드를 알아내는 행위

⑤ 백 도어(Back Door) – 시스템의 보안 예방책을 침입하여 무단 접근하기 위해 사용되는 일종의 비상구

> ✔해설 디도스(DDoS)는 분산 서비스 거부 공격으로, 특정 사이트에 오버플로우를 일으켜서 시스템이 서비스를 거부하도록 만드는 것이다.
> 한편, 보기에 제시된 설명은 '트로이 목마'를 의미하는 내용이다.

5 S회사에서 근무하고 있는 김 대리는 최근 업무 때문에 HTML을 배우고 있다. 아직 초보라서 신입사원 H씨로부터 도움을 많이 받고 있지만, H씨가 자리를 비운 사이 김 대리가 HTML에서 사용할 수 있는 tag를 써보았다. 잘못된 것은 무엇인가?

① 김 대리는 줄을 바꾸기 위해 〈br〉를 사용하였다.

② 김 대리는 글자의 크기, 모양, 색상을 설정하기 위해 〈font〉를 사용하였다.

③ 김 대리는 표를 만들기 위해 〈table〉을 사용하였다.

④ 김 대리는 이미지를 삽입하기 위해 〈form〉을 사용하였다.

⑤ 김 대리는 연락처 정보를 넣기 위해 〈address〉를 사용하였다.

> ✔해설 ④ HTML에서 이미지를 삽입하기 위해서는 〈img〉 태그를 사용한다.

6 U회사의 보안과에서 근무하는 J 과장은 회사 내 컴퓨터 바이러스 예방 교육을 담당하고 있으며 한 달에 한 번 직원들을 교육시키고 있다. J 과장의 교육 내용으로 옳지 않은 것은?

① 중요한 자료나 프로그램은 항상 백업을 해두셔야 합니다.

② 램에 상주하는 바이러스 예방 프로그램을 설치하셔야 합니다.

③ 최신 백신프로그램을 사용하여 디스크검사를 수행하셔야 합니다.

④ 의심 가는 메일은 반드시 열어서 확인한 후 삭제하셔야 합니다.

⑤ 실시간 보호를 통해 맬웨어를 찾고 디바이스에서 설치되거나 실행하는 것을 방지해야 합니다.

> ✔해설 의심가는 메일은 열어보지 않고 삭제해야 한다.

7 다음 중 아래 시트에서 야근일수를 구하기 위해 [B9] 셀에 입력할 함수로 옳은 것은?

	A	B	C	D	E
1	4월 야근 현황				
2	날짜	도준영	전아롱	이진주	강석현
3	4월15일		V		V
4	4월16일	V		V	
5	4월17일	V	V	V	
6	4월18일		V	V	V
7	4월19일	V		V	
8	4월20일	V			
9	야근일수				
10					

① =COUNTBLANK(B3:B8)

② =COUNT(B3:B8)

③ =COUNTA(B3:B8)

④ =SUM(B3:B8)

⑤ =SUMIF(B3:B8)

> ✔해설 COUNTBLANK 함수는 비어있는 셀의 개수를 세어준다. COUNT 함수는 숫자가 입력된 셀의 개수를 세어주는 반면 COUNTA 함수는 숫자는 물론 문자가 입력된 셀의 개수를 세어준다. 즉, 비어있지 않은 셀의 개수를 세어주기 때문에 이 문제에서는 COUNTA 함수를 사용해야 한다.

Answer 4.③ 5.④ 6.④ 7.③

8 다음 자료는 '발전량' 필드를 기준으로 발전량과 발전량이 많은 순위를 엑셀로 나타낸 표이다. 태양광의 발전량 순위를 구하기 위한 함수식으로 'C3'셀에 들어가야 할 알맞은 것은 어느 것인가

	A	B	C
1	<에너지원별 발전량(단위: Mwh)>		
2	에너지원	발전량	순위
3	태양광	88	2
4	풍력	100	1
5	수력	70	4
6	바이오	75	3
7	양수	65	5

① =ROUND(B3,$B$3:$B$7,0)

② =ROUND(B3,$B$3:$B$7,1)

③ =RANK(B3,$B$3:$B$7,1)

④ =RANK(B3,$B$2:$B$7,0)

⑤ =RANK(B3,$B$3:$B$7,0)

✔ **해설** 지정 범위에서 인수의 순위를 구하는 경우 'RANK' 함수를 사용한다. 이 경우, 수식은 '=RANK(인수, 범위, 결정 방법)'이 된다. 결정 방법은 0 또는 생략하면 내림차순, 0 이외의 값은 오름차순으로 표시하게 된다.

9 ~ 10 ┃ 다음 사례를 읽고 물음에 답하시오.

> NS그룹의 오 대리는 상사로부터 스마트폰 신상품에 대한 기획안을 제출하라는 업무를 받았다. 이에 오 대리는 먼저 기획안을 작성하기 위해 필요한 정보가 무엇인지 생각을 하였는데 이번에 개발하고자 하는 신상품이 노년층을 주 고객층으로 한 실용적이면서도 조작이 간편한 제품이기 때문에 우선 50~60대의 취향을 파악할 필요가 있었다. 따라서 오 대리는 50 ~ 60대 고객들이 현재 사용하고 있는 스마트폰의 모델과 좋아하는 디자인, 사용하면서 불편해 하는 사항, 지불 가능한 액수 등에 대한 정보가 필요함을 깨달았고 이러한 정보는 사내에 저장된 고객정보를 통해 얻을 수 있음을 인식하였다. 오 대리는 다음 주까지 기획안을 작성하여 제출해야 하기 때문에 이번 주에 모든 정보를 수집하기로 마음먹었고 기획안 작성을 위해서는 방대한 고객정보 중에서도 특히 노년층에 대한 정보만 선별할 필요가 있었다. 이렇게 사내에 저장된 고객정보를 이용할 경우 따로 정보수집으로 인한 비용이 들지 않는다는 사실도 오 대리에게는 장점으로 작용하였다. 여기까지 생각이 미치자 오 대리는 고객정보를 얻기 위해 고객센터에 근무하는 조 대리에게 관련 자료를 요청하였고 가급적 연령에 따라 분류해 줄 것을 당부하였다.

9 다음 중 오 대리가 수집하고자 하는 고객정보 중에서 반드시 포함되어야 할 사항으로 옳지 않은 것은?

① 연령
② 사용하고 있는 모델
③ 거주지
④ 사용 시 불편사항
⑤ 좋아하는 디자인

> ✔해설 오 대리가 수집하고자 하는 고객정보에는 고객의 연령과 현재 사용하고 있는 스마트폰의 모델, 좋아하는 디자인, 사용하면서 불편해 하는 사항, 지불 가능한 액수 등에 대한 정보가 반드시 필요하다.

10 다음 〈보기〉의 사항들 중 위 사례에 포함된 사항은 모두 몇 개인가?

─────────── 〈보기〉 ───────────

- WHAT(무엇을?)
- WHERE(어디에서?)
- WHEN(언제까지?)
- WHY(왜?)
- WHO(누가?)
- HOW(어떻게?)
- HOW MUCH(얼마나?)

① 3개　　　　　　　　　　　　　② 4개

③ 5개　　　　　　　　　　　　　④ 6개

⑤ 7개

✔해설　정보활용의 전략적 기획(5W2H)

　　ⓐ WHAT(무엇을?) : 50 ~ 60대 고객들이 현재 사용하고 있는 스마트폰의 모델과 좋아하는 디자인, 사용
　　　　하면서 불편해 하는 사항, 지불 가능한 액수 등에 대한 정보

　　ⓑ WHERE(어디에서?) : 사내에 저장된 고객정보

　　ⓒ WHEN(언제까지?) : 이번 주

　　ⓓ WHY(왜?) : 스마트폰 신상품에 대한 기획안을 작성하기 위해

　　ⓔ WHO(누가?) : 오 대리

　　ⓕ HOW(어떻게?) : 고객센터에 근무하는 조 대리에게 관련 자료를 요청

　　ⓖ HOW MUCH(얼마나?) : 따로 정보수집으로 인한 비용이 들지 않는다.

11 검색엔진을 사용하여 인터넷에서 유학자 정약용이 저술한 책이 무엇인지 알아보려고 한다. 정보검색
연산자를 사용할 때 가장 적절한 검색식은 무엇인가? (단, 사용하려는 검색엔진은 AND 연산자로 '&',
OR 연산자로 '+', NOT 연산자로 '!', 인접검색 연산자로 '~'을 사용한다.)

① 정약용 + 책　　　　　　　　　② 유학자 & 정약용

③ 책 ! 유학자　　　　　　　　　④ 정약용 & 책

⑤ 유학자 ~ 정약용

✔해설　유학자 정약용이 저술한 책을 검색하는 것이므로 많은 책들 중에서 정약용과 책이 동시에 들어있는 웹
　　문서를 검색해야 한다. 따라서 AND 연산자를 사용하면 된다.

12 다음은 K쇼핑몰의 날짜별 판매상품 정보 중 일부이다. 다음의 파일에 표시된 대분류 옆의 ▼를 누르면 많은 종류의 상품 중 보고 싶은 대분류(예를 들어, 셔츠)만을 한 눈에 볼 수 있다. 이 기능은 무엇인가?

	A	B	C	D	E	F	G
1	날짜 ▼	상품코드 ▼	대분류 ▼	상품명 ▼	사이즈 ▼	원가 ▼	판매가 ▼
2	2013-01-01	9E2S_NB4819	셔츠	플라워 슬리브리스 롱 셔츠	55	16,000	49,000
3	2013-01-01	9E2S_PT4845	팬츠	내추럴 스트링 배기 팬츠	44	20,000	57,800
4	2013-01-01	9E2S_OPS5089	원피스	뉴클래식컬러지퍼원피스	44	23,000	65,500
5	2013-01-01	9E2S_SK5085	스커트	더블플라운스밴딩스커트	44	12,000	41,500
6	2013-01-01	9E2S_VT4980	베스트	드로잉 포켓 베스트	44	19,000	55,500
7	2013-01-01	9E2S_PT5053	팬츠	라이트모드롤업9부팬츠	44	10,000	38,200
8	2013-01-02	9E2S_CD4943	가디건	라인 패턴 니트 볼레로	55	9,000	36,000
9	2013-01-02	9E2S_OPS4801	원피스	러블리 레이스 롱 체크 원피스	55	29,000	79,800
10	2013-01-02	9E2S_BL4906	블라우스	러블리 리본 플라워 블라우스	44	15,000	46,800
11	2013-01-02	9E2S_OPS4807	원피스	러블리 벌룬 쉬폰 원피스	55	25,000	70,000
12	2013-01-02	9E2S_OPS4789	원피스	러블리브이넥 레이스 원피스	55	25,000	70,000
13	2013-01-03	9E2S_OPS5088	원피스	레오파드사틴포켓원피스	44	21,000	60,500
14	2013-01-04	9E2S_OPS4805	원피스	로맨틱 언밸런스 티어드 원피스	55	19,000	55,500
15	2013-01-04	9E2S_BL4803	블라우스	로맨틱 셔링 베스트 블라우스	44	14,000	43,500
16	2013-01-04	9E2S_TS4808	티셔츠	루즈핏스트라이프슬리브리스	44	8,000	33,000

① 조건부 서식 　　　　② 찾기
③ 필터 　　　　　　　　④ 정렬
⑤ 가상 분석

> ✔해설 특정한 데이터만을 골라내는 기능을 필터라고 하며 이 작업을 필터링이라 부른다.
> ① 원하는 기준에 따라 서식을 변경하는 기능으로 특정 셀을 강조할 수 있다.
> ② 원하는 단어를 찾는 기능이다.
> ④ 무작위로 섞여있는 열을 기준에 맞춰 정렬하는 기능으로 오름차순 정렬, 내림차순 정렬 등이 있다.
> ⑤ 시트에서 수식에 대한 여러 값을 적용해 본다.

13 엑셀 사용 시 발견할 수 있는 다음과 같은 오류 메시지 중 설명이 올바르지 않은 것은 어느 것인가?

① #DIV/0! – 수식에서 어떤 값을 0으로 나누었을 때 표시되는 오류 메시지
② #N/A – 함수나 수식에 사용할 수 없는 데이터를 사용했을 경우 발생하는 오류 메시지
③ #NULL! – 잘못된 인수나 피연산자를 사용했을 경우 발생하는 오류 메시지
④ #NUM! – 수식이나 함수에 잘못된 숫자 값이 포함되어 있을 경우 발생하는 오류 메시지
⑤ #REF! – 셀 참조가 유효하지 않을 경우 발생하는 오류 메시지

> ✔해설 '#NULL!'은 교차하지 않은 두 영역의 교차점을 참조 영역으로 지정하였을 경우 발생하는 오류 메시지이며, 잘못된 인수나 피연산자를 사용했을 경우 발생하는 오류 메시지는 #VALUE! 이다.

Answer 　10.⑤　11.④　12.③　13.③

▎14 ~ 15 ▎ 다음의 알고리즘을 보고 물음에 답하시오.

14 다음의 알고리즘에서 인쇄되는 S는?

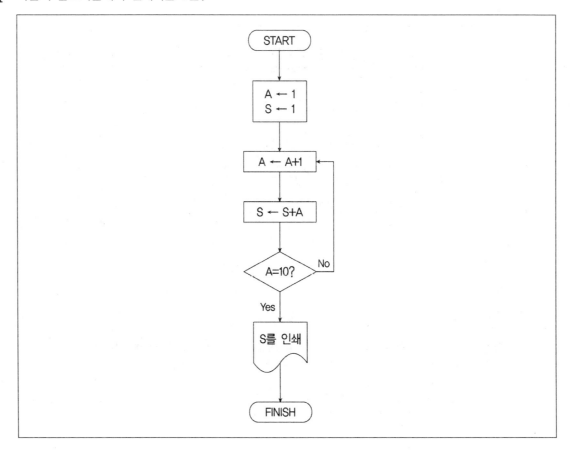

① 36　　　　　　　　　　　　② 45

③ 55　　　　　　　　　　　　④ 66

⑤ 75

✔ 해설　A = 1, S = 1

A = 2, S = 1 + 2

A = 3, S = 1 + 2 + 3

...

A = 10, S = 1 + 2 + 3 + ⋯ + 10

∴ 출력되는 S의 값은 55이다.

15 다음의 알고리즘에서 인쇄되는 S는?

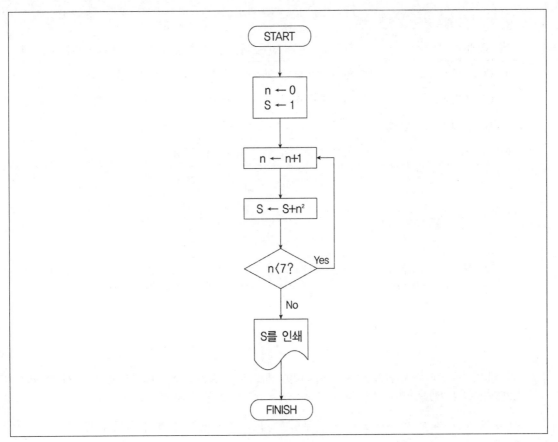

① 137   ② 139
③ 141   ④ 143
⑤ 145

> ✔ 해설 $n = 0,\ S = 1$
> $n = 1,\ S = 1 + 1^2$
> $n = 2,\ S = 1 + 1^2 + 2^2$
> …
> $n = 7,\ S = 1 + 1^2 + 2^2 + \cdots + 7^2$
> ∴ 출력되는 S의 값은 141이다.

Answer   14.③ 15.③

16 다음 표에 제시된 통계함수와 함수의 기능이 서로 잘못 짝지어진 것은 어느 것인가?

함수명	기능
㉠ AVERAGEA	텍스트로 나타낸 숫자, 논리 값 등을 포함, 인수의 평균을 구함
㉡ COUNT	인수 목록에서 공백이 아닌 셀과 값의 개수를 구함
㉢ COUNTIFS	범위에서 여러 조건을 만족하는 셀의 개수를 구함
㉣ LARGE(범위, k번째)	범위에서 k번째로 큰 값을 구함
㉤ RANK	지정 범위에서 인수의 순위를 구함

① ㉠

② ㉡

③ ㉢

④ ㉣

⑤ ㉤

> ✔해설 'COUNT' 함수는 인수 목록에서 숫자가 들어 있는 셀의 개수를 구할 때 사용되는 함수이며, 인수 목록에서 공백이 아닌 셀과 값의 개수를 구할 때 사용되는 함수는 'COUNTA' 함수이다.

17 박 대리는 보고서를 작성하던 도중 모니터에 '하드웨어 충돌'이라는 메시지 창이 뜨자 혼란에 빠지고 말았다. 이 문제점을 해결하기 위해 할 수 있는 행동으로 옳은 것은?

① [F8]을 누른 후 메뉴가 표시되면 '부팅 로깅'을 선택한 후 문제의 원인을 찾는다.

② 사용하지 않는 Windows 구성 요소를 제거한다.

③ [Ctrl] + [Alt] + [Delete] 또는 [Ctrl] + [Shift] + [Esc]를 누른 후 [Windows 작업 관리자]의 '응용 프로그램'탭에서 응답하지 않는 프로그램을 종료한다.

④ [시스템] → [하드웨어]에서 〈장치 관리자〉를 클릭한 후 '장치 관리자'창에서 확인하여 중복 설치된 장치를 제거 후 재설치한다.

⑤ 드라이브 조각모음 및 최적화를 실행한다.

> ✔해설 ① 부팅이 안 될 때 문제해결을 위한 방법이다.
> ② 디스크 용량 부족 시 대처하는 방법이다.
> ③ 응답하지 않는 프로그램 발생 시 대처방법이다.
> ⑤ 컴퓨터를 더 효율적으로 실행하고자 할 때 사용하는 방법이다.

18 다음 중 컴퓨터의 기능에 관한 설명으로 옳지 않은 것은?

① 제어기능 : 주기억장치에 저장되어 있는 명령을 해독하여 필요한 장치에 신호를 보내어 자료 처리가 이루어지도록 하는 기능이다.

② 기억기능 : 처리 대상으로 입력된 자료와 처리결과로 출력된 정보를 기억하는 기능이다.

③ 연산기능 : 주기억장치에 저장되어 있는 자료들에 대하여 산술 및 논리연산을 행하는 기능이다.

④ 입력기능 : 자료를 처리하기 위해서 필요한 논리연산을 행하는 기능이다.

⑤ 출력기능 : 정보를 활용할 수 있도록 나타내 주는 기능이다.

> ✔해설 입력기능은 자료를 처리하기 위해서 필요한 자료를 받아들이는 기능이다.

19 다음에서 설명하고 있는 문자 자료 표현은 무엇인가?

> • BCD코드의 확장코드이다.
> • 8비트로 28(256)가지의 문자 표현이 가능하다.(zone : 4bit, digit : 4bit)
> • 주로 대형 컴퓨터에서 사용되는 범용코드이다.
> • EBCDIC 코드는 바이트 단위 코드의 기본으로 하나의 문자를 표현한다.

① BCD 코드

② ASCII 코드

③ 가중치 코드

④ EBCDIC 코드

⑤ 오류검출 코드

> ✔해설 ① 기본코드로 6비트를 사용하고 6비트로 26(64)가지의 문자 표현이 가능하다.
> ② BCD코드와 EBCDIC코드의 중간 형태로 미국표준협회(ISO)가 제안한 코드이다.
> ③ 비트의 위치에 따라 고유한 값을 갖는 코드이다.
> ⑤ 데이터의 오류발생 유무를 검사하기 위한 코드

20 다음에서 설명하고 있는 것은 무엇인가?

> 1945년 폰노이만(Von Neumann, J)에 의해 개발되었다. 프로그램 데이터를 기억장치 안에 기억시켜 놓은 후 기억된 프로그램에 명령을 순서대로 해독하면서 실행하는 방식으로, 오늘날의 컴퓨터 모두에 적용되고 있는 방식이다.

① IC칩 내장방식
② 송팩 방식
③ 적외선 방식
④ 프로그램 내장방식
⑤ 네트워크 방식

✔해설 제시된 내용은 폰 노이만에 의해 소개된 '프로그램 내장방식'이다. 이 개념은 데이터뿐만 아니라 컴퓨터의 명령을 컴퓨터의 내부 기억 장치 내에 기억하는 것으로, 이 명령은 더 빠르게 접근되고, 더 쉽게 변경된다.

21 T회사에서 근무하고 있는 N씨는 엑셀을 이용하여 작업을 하고자 한다. 엑셀에서 바로가기 키에 대한 설명이 다음과 같을 때 괄호 안에 들어갈 내용으로 알맞은 것은?

> 통합 문서 내에서 (㉠) 키는 다음 워크시트로 이동하고 (㉡) 키는 이전 워크시트로 이동한다.

	㉠	㉡
①	〈Ctrl〉+〈Page Down〉	〈Ctrl〉+〈Page Up〉
②	〈Shift〉+〈Page Down〉	〈Shift〉+〈Page Up〉
③	〈Tab〉+←	〈Tab〉+→
④	〈Alt〉+〈Shift〉+↑	〈Alt〉+〈Shift〉+↓
⑤	〈Ctrl〉+〈Shift〉+〈Page Down〉	〈Ctrl〉+〈Shift〉+〈Page Up〉

✔해설 엑셀 통합 문서 내에서 다음 워크시트로 이동하려면 〈Ctrl〉+〈Page Down〉을 눌러야 하며, 이전 워크시트로 이동하려면 〈Ctrl〉+〈Page Up〉을 눌러야 한다.

22 다음 워크시트에서 [A1] 셀에 '111'를 입력하고 마우스로 채우기 핸들을 아래로 드래그하여 숫자가 증가하도록 입력하려고 한다. 이 때 같이 눌러야 하는 키는 무엇인가?

	A
1	111
2	112
3	113
4	114
5	115
6	116
7	117
8	118
9	119
10	120

① F1   ② Ctrl
③ Alt   ④ Shift
⑤ Tab

> ✔해설 마우스로 채우기 핸들을 아래로 드래그하여 숫자가 증가되도록 하려면 〈Ctrl〉을 같이 눌러줘야 한다.

생산연월	생산지역			상품종류				순서
	지역코드		고유번호	분류코드		고유번호		
	1	유럽	A 프랑스	01	가공 식품류	001	소시지	
			B 영국			002	맥주	
			C 이탈리아			003	치즈	
			D 독일	02	육류	004	돼지고기	
	2	남미	E 칠레			005	소고기	
• 2102			F 볼리비아			006	닭고기	00001부터
2021년 2월	3	동아시아	G 일본	03	농수산 식품류	007	파프리카	시작하여
• 2108			H 중국			008	바나나	수입된 물
2021년 8월	4	동남 아시아	I 말레이시아			009	양파	품 순서대
• 2202			J 필리핀			010	할라피뇨	로 5자리의
2022년 2월			K 태국			011	후추	번호가 매
			L 캄보디아			012	파슬리	겨짐
	5	아프리카	M 이집트	04	공산품류	013	의류	
			N 남아공			014	장갑	
	6	오세 아니아	O 뉴질랜드			015	목도리	
			P 오스트레일 리아			016	가방	
						017	모자	
	7	중동 아시아	Q 이란			018	신발	
			H 터키					

〈예시〉

2021년 3월 남미 칠레에서 생산되어 31번째로 수입된 농수산식품류 파프리카 코드

<u>2103</u>   −   <u>2E</u>   −   <u>03007</u>   −   <u>00031</u>

23 다음 중 2021년 5월 유럽 독일에서 생산되어 64번째로 수입된 가공식품류 소시지의 코드로 맞는 것은?

① 21051A0100100034

② 21051D0200500064

③ 21054K0100200064

④ 21051D0100100064

⑤ 21051D0100200064

> ✔해설 코드 2105(2021년 5월), 1D(유럽 독일), 01001(가공식품류 소시지) 00064(64번째로 수입)가 들어가야 한다.

24 다음 중 아시아 대륙에서 생산되지 않은 상품의 코드를 고르면?

① 21017Q0401800078

② 21054J0300800023

③ 20053G0401300041

④ 22035M0401400097

⑤ 22043H0100200001

> ✔해설 ④ 아프리카 이집트에서 생산된 장갑의 코드번호이다.
> ① 중동 이란에서 생산된 신발의 코드번호
> ② 동남아시아 필리핀에서 생산된 바나나의 코드번호
> ③ 일본에서 생산된 의류의 코드번호
> ⑤ 중국에서 생산된 맥주의 코드번호

25 상품코드 22034L0301100001에 대한 설명으로 옳지 않은 것은 무엇인가?

① 첫 번째로 수입된 상품이다.

② 동남아시아 캄보디아에서 수입되었다.

③ 2022년 6월 수입되었다.

④ 농수산식품류에 속한다.

⑤ 후추이다.

> ✔해설 2203(2022년 3월), 4L(동남아시아 캄보디아), 03011(농수산식품류 후추), 00001(첫 번째로 수입)

Answer 23.④ 24.④ 25.③

| 26 ~ 27 | 다음 워크시트를 참조하여 물음에 답하시오.

	A B	C	D	E	F
1					
2	no.	성명	입사 연도	부서	연봉
3	1	김성찬	2022	인사팀	36,000,000
4	2	이아영	2019	총무팀	38,000,000
5	3	정희연	2013	총무팀	44,000,000
6	4	윤정훈	2023	재무심사팀	33,000,000
7	5	강미나	2023	인사팀	32,000,000
8	6	유석훈	2022	홍보팀	31,000,000
9	7	박미진	2018	재무심사팀	37,000,000
10	8	김정균	2014	재무심사팀	44,000,000
11	9	정하랑	2021	홍보팀	33,000,000
12	10	오현영	2021	총무팀	34,000,000
13	11	주진영	2014	인사팀	44,000,000
14	12	김지현	2011	인사팀	48,000,000
15	13	이정률	2011	홍보팀	44,000,000
16	14	강희진	2020	인사팀	33,000,000
17					

26 경영기획부문에서는 예산관리를 위한 부서별 인건비를 파악하려고 한다. 경영지원국 인사팀 직원들의 연봉 합계액을 구하려고 할 때 사용할 수식으로 옳은 것은?

① =SUM(E3:E16,"인사팀", F3:F16)

② =SUMIF(E3:E16,"인사팀", F3:F16)

③ =SEARCH(E3:E16,"인사팀", F3:F16)

④ =REPLACE(E3:E16,"인사팀", F3:F16)

⑤ =HLOOKUP(E3:E16,"인사팀", F3:F16)

✔ 해설 지정한 범위의 셀값 중 조건에 만족하는 셀의 합을 구할 때는 SUMIF 함수가 적절하다. 따라서 =SUMIF(지정한 범위, "조건식", 합을 구할 범위)를 적용해야 한다.

27 C열을 기준으로 오름차순 정렬했을 때 [C9] 셀의 값은?

① 정하랑

② 윤정훈

③ 박미진

④ 오현영

⑤ 이아영

✔해설 오름차순은 낮은 단계에서 높은 단계로 올라가는 순서로 데이터를 정렬하는 것으로, 과거에서 현재, A, B, C 또는 가, 나, 다 순으로 정렬한다. 그러므로 C열을 기준으로 오름차순 정렬했을 때 다음과 같다.

	A	B	C	D	E	F
1						
2		no.	성명	입사 연도	부서	연봉
3		5	강미나	2023	인사팀	32,000,000
4		14	강희진	2020	인사팀	33,000,000
5		1	김성찬	2022	인사팀	36,000,000
6		8	김정균	2014	재무심사팀	44,000,000
7		12	김지현	2011	인사팀	48,000,000
8		7	박미진	2018	재무심사팀	37,000,000
9		10	오현영	2021	총무팀	34,000,000
10		6	유석훈	2022	홍보팀	31,000,000
11		4	윤정훈	2023	재무심사팀	33,000,000
12		2	이아영	2019	총무팀	38,000,000
13		13	이정률	2011	홍보팀	44,000,000
14		9	정하랑	2021	홍보팀	33,000,000
15		3	정희연	2013	총무팀	44,000,000
16		11	주진영	2014	인사팀	44,000,000
17						

28 다음 중 컴퓨터에서 사용되는 자료의 물리적 단위가 큰 것부터 순서대로 올바르게 나열된 것은 어느 것인가?

① Word – Byte – Nibble – Bit

② Byte – Word – Nibble – Bit

③ Word – Byte – Bit – Nibble

④ Word – Nibble – Byte – Bit

⑤ Bit – Byte – Nibble – Word

> ✔해설 데이터의 구성단위는 큰 단위부터 'Database → File → Record → Field → Word → Byte(8Bit) → Nibble(4Bit) → Bit'의 순이다. Bit는 자료를 나타내는 최소의 단위이며, Byte는 문자 표현의 최소 단위로 '1Byte = 8Bit'이다.

29 다음에서 ㉠에 해당하는 설명으로 옳지 않은 것은?

> 클라우드 컴퓨팅이란 중앙의 데이터 센터에서 모든 컴퓨팅을 수행하고, 그 결과 값을 네트워크를 통해 사용자에게 전달하는 방식의 기술이다. 디바이스들에 대한 모든 통제가 데이터센터에서 중앙 집중형으로 진행된다. 그러나 5G시대에 (특히 IoT 장치가 확산되고 실용화되면서) 데이터 트래픽이 폭발적으로 증가할 경우 클라우드 컴퓨팅 기술로 대응하기 어려울 것에 대비하여 그 대체기술로서 _____㉠_____ 이 주목받기 시작하였다.

① ㉠은 프로세서와 데이터를 중앙 데이터센터 컴퓨팅 플랫폼에 보내지 않고 네트워크 말단의 장치 및 기기 근처에 배치하는 것을 의미한다.

② ㉠은 IoT 사물 등 로컬 영역에서 직접 AI, 빅데이터 등의 컴퓨팅을 수행하므로 네트워크에 대한 의존도가 높을 수밖에 없다.

③ 클라우드 컴퓨팅이 주로 이메일, 동영상, 검색, 저장 등의 기능을 소화했다면, ㉠은 그를 넘어 자율주행, 증강현실, IoT, 스마트팩토리 등 차세대 기술을 지원할 수 있다.

④ 클라우드 컴퓨팅에 비해 연산능력이 떨어지더라도 응답속도가 빠르고, 현장에서 데이터를 분석·적용하기 때문에 즉시성이 높다는 장점이 있다.

⑤ 클라우드 컴퓨팅보다 해킹 가능성이 낮고, 안정성이 보장되는 기술로 평가받고 있다.

> ✔해설 ㉠에 해당하는 용어는 '엣지컴퓨팅'이다. 엣지컴퓨팅은 네트워크가 없어도 기기 자체에서 컴퓨팅을 구현할 수 있는 기술이다. 따라서 네트워크에 대한 의존도를 크게 낮출 수 있는 기술로 평가된다.

30 다음과 같이 매장별 판매금액을 정리하여 A매장의 판매 합계금액을 별도로 계산하고자 한다. 'B11' 셀에 들어가야 할 수식으로 알맞은 것은 어느 것인가?

	A	B	C
1	매장명	판매 금액(원)	
2	A매장	180,000	
3	B매장	190,000	
4	B매장	200,000	
5	C매장	150,000	
6	A매장	100,000	
7	A매장	220,000	
8	C매장	140,000	
9			
10	**매장명**	**합계 금액**	
11	A매장		
12			

① =SUMIF(A2:A8, A11, B2:B8)

② =SUMIF(A2:B8, A11, B2:B8)

③ =SUMIF(A1:B8, A11, B1:B8)

④ =SUMIF(A2:A8, A11, B1:B8)

⑤ =SUMIF(A1:A8, A11, B2:B8)

✔해설 SUMIF 함수는 주어진 조건에 의해 지정된 셀들의 합을 구할 때 사용하는 함수이다. '=SUMIF(범위, 함수조건, 합계범위)'로 표시하게 된다. 따라서 찾고자 하는 이름의 범위인 A2:A8, 찾고자 하는 이름(조건)인 A11, 합계를 구해야 할 범위인 B2:B8을 순서대로 기재한 '=SUMIF(A2:A8, A11, B2:B8)'가 올바른 수식이 된다.

예시) 2022년 12월에 생산된 미국 Hickory 사의 킹 사이즈 침대 104번째 입고 제품
 → 2212 - 1C - 02003 - 00104

생산 연월	공급자			입고 분류			입고품 수량
	원산지 코드		생산자 코드	제품 코드		용도별 코드	
2021년 3월 – 2103 2022년 10월 – 2210	1	미국	A LADD	01	의자	001 거실	00001부터 다섯 자리 시리얼 넘버가 부여됨.
			B Drexel			002 침실	
			C Hickory	02	침대	003 킹	
	2	독일	D Heritage			004 퀸	
			E Easy wood			005 더블	
	3	영국	F LA-Z-BOY			006 트윈	
			G Joal	03	장	007 옷장	
	4	스웨덴	H Larkswood			008 장식장	
			I Pinetree			009 코너장	
			J Road-7	04	소품	010 조명	
	5	이태리	K QinQin			011 촛대	
			L Furniland			012 서랍장	
			M Omphatic				
	6	프랑스	N Nine-bed				
			O Furni Fran				

31 R사는 입고 제품 중 원산지 마크 표기상의 문제를 발견하여 스웨덴에서 수입한 제품과 침대류 제품을 모두 재처리하고자 한다. 다음 중 재처리 대상 제품의 제품 코드가 아닌 것은 어느 것인가?

① 21054J03008100010
② 22012D0200600029
③ 21116N0401100603
④ 22054H0100202037
⑤ 21113G0200400035

> ✔해설 스웨덴에서 수입한 제품은 제품 코드 다섯 번째 자리로 4를 갖게 되며, 침대류는 일곱 번째와 여덟 번째 자리로 02를 갖게 된다. 따라서 이 두 가지 코드에 모두 해당되지 않는 21116N0401100603은 재처리 대상 제품이 아니다.

32 제품 코드가 22103F0401200115인 제품에 대한 설명으로 올바르지 않은 것은 어느 것인가?

① 해당 제품보다 먼저 입고된 제품은 100개 이상이다.

② 유럽에서 생산된 제품이다.

③ 봄에 생산된 제품이다.

④ 침대와 의자류 제품이 아니다.

⑤ 소품 중 서랍장 제품이다.

> ✔ 해설 생산 코드가 2210이므로 2022년 10월에 생산된 것이므로 봄에 생산된 것이 아니다.
> ① 115번째 입고 제품이므로 먼저 입고된 제품은 114개가 있다.
> ② 3F이므로 영국의 LA-Z-BOY사에서 생산된 제품이다.
> ④⑤ 소품(04)의 서랍장(012) 제품에 해당한다.

33 다음과 같은 자료를 참고할 때, F3 셀에 들어갈 수식으로 알맞은 것은 어느 것인가?

	A	B	C	D	E	F	G
1	이름	소속	수당(원)		구분	인원 수	
2	김○○	C팀	160,000		총 인원	12	
3	이○○	A팀	200,000		평균 미만	6	
4	홍○○	D팀	175,000		평균 이상	6	
5	강○○	B팀	155,000				
6	남○○	D팀	170,000				
7	서○○	B팀	195,000				
8	조○○	A팀	190,000				
9	염○○	C팀	145,000				
10	신○○	A팀	200,000				
11	권○○	B팀	190,000				
12	강○○	C팀	160,000				
13	노○○	A팀	220,000				
14							

① =COUNTIF(C2:C13,"<"&AVERAGE(C2:C13))

② =COUNT(C2:C13,"<"&AVERAGE(C2:C13))

③ =COUNTIF(C2:C13,"<","&"AVERAGE(C2:C13))

④ =COUNT(C2:C13,">"&AVERAGE(C2:C13))

⑤ =COUNTIF(C2:C13,">"AVERAGE&(C2:C13))

> ✔ 해설 COUNTIF 함수는 통계함수로서 범위에서 조건에 맞는 셀의 개수를 구할 때 사용된다.
> =COUNTIF(C2:C13,"<"&AVERAGE(C2:C13))의 수식은 AVERAGE 함수로 평균 금액을 구한 후, 그 금액보다 적은 개수를 세게 된다.
> COUNT 함수는 범위 내에서 숫자가 포함된 셀의 개수를 구하는 함수이다.

▎35 ~ 36 ▎ H 회사에 입사하여 시스템 모니터링 업무를 담당하게 되었다. 다음 시스템 매뉴얼을 확인한 후 각 물음에 답하시오.

〈입력 방법〉

항목	세부사항
Index ## of File @@	• 오류 문자: 'Index' 뒤에 오는 문자 '##' • 오류 발생 위치 : File 뒤에 오는 문자 '@@'
Error Value	• 오류 문자와 오류 발생 위치를 의미하는 문자에 사용된 단어의 처음과 끝 알파벳을 아라비아 숫자(1, 2, 3 ~)에 대입한 합을 서로 비교하여 그 차이를 확인
Final Code	• Error Value를 통하여 시스템 상태 판단

* 'APPLE'의 Error Value 값은 A(1)+E(5)=6이다.

〈시스템 상태 판단 기준〉

판단 기준	Final Code
숫자에 대입한 두 합의 차이 = 0	raffle
0 < 숫자에 대입한 두 합의 차이 ≤ 5	acejin
5 < 숫자에 대입한 두 합의 차이 ≤ 10	macquin
10 < 숫자에 대입한 두 합의 차이 ≤ 15	phantus
15 < 숫자에 대입한 두 합의 차이	vuritam

34

System is processing requests...

System Code is S.

Run...

Error Found!

Index RWDRIVE of File ACROBAT.

Final Code? _____

① raffle   ② acejin

③ macquin   ④ phantus

⑤ vuritam

> ✅해설 Error Value에 따라, RWDRIVE에서 18(R) + 5(E) = 23, ACROBAT에서 1(A) + 20(T) = 21이므로 그 차이는 2이다. 따라서 시스템 판단 기준에 따라 Final Code 값은 acejin이 된다.

35

System is processing requests...

System Code is S.

Run...

Error Found!

Index STEDONAV of File QNTKSRYRHD.

Final Code? _____

① raffle   ② acejin

③ macquin   ④ phantus

⑤ vuritam

> ✅해설 Error Value에 따라, STEDONAV에서 19(S) + 22(V) = 41, QNTKSRYRHD에서 17(Q) + 4(D) = 21이므로 그 차이는 20이다. 따라서 시스템 판단 기준에 따라 Final Code는 vuritam이 된다.

Answer 34.② 35.⑤

36 길동이는 이번 달 사용한 카드 사용금액을 시기별, 항목별로 다음과 같이 정리하였다. 항목별 단가를 확인한 후 D2 셀에 함수식을 넣어 D5까지 드래그를 하여 결과값을 알아보고자 한다. 길동이가 D2 셀에 입력해야 할 함수식으로 적절한 것은 어느 것인가?

	A	B	C	D	E
1	시기	항목	횟수	사용금액(원)	
2	1주	식비	10		
3	2주	의류 구입	3		
4	3주	교통비	12		
5	4주	식비	8		
6					
7	항목	단가			
8	식비	6,500			
9	의류 구입	43,000			
10	교통비	3,500			
11					

① =C2*HLOOKUP(B2,$A$8:$B$10,2,0)

② =B2*HLOOKUP(C2,$A$8:$B$10,2,0)

③ =B2*VLOOKUP(B2,$A$8:$B$10,2,0)

④ =C2*VLOOKUP(B2,$A$8:$B$10,2,0)

⑤ =C2*HLOOKUP($A$8:$B$10,2,0)

✔ **해설** VLOOKUP은 범위의 첫 열에서 찾을 값에 해당하는 데이터를 찾은 후 찾을 값이 있는 행에서 열 번호 위치에 해당하는 데이터를 구하는 함수이다. 단가를 찾아 연결하기 위해서는 열에 대하여 '항목'을 찾아 단가를 구하게 되므로 VLOOKUP 함수를 사용해야 한다.

VLOOKUP(B2,$A$8:$B$10,2,0)은 'A8:B10' 영역의 첫 열에서 '식비'에 해당하는 데이터를 찾아 2열에 있는 단가 값인 6500을 선택하게 된다(TRUE(1) 또는 생략할 경우, 찾을 값의 아래로 근삿값, FALSE(0)이면 정확한 값을 표시한다).

따라서 '=C2*VLOOKUP(B2,$A$8:$B$10,2,0)'은 10×6500이 되어 결과 값은 65,000이 되며, 이를 D5까지 드래그하면, 각각 129,000, 42,000, 52,000의 사용금액을 결과 값으로 나타내게 된다.

37 다음과 같은 네 명의 카드 사용실적에 관한 자료를 토대로 한 함수식의 결과값이 동일한 것을 〈보기〉에서 모두 고른 것은 어느 것인가?

	A	B	C	D	E	F
1		갑	을	병	정	
2	1일 카드사용 횟수	6	7	3	5	
3	평균 사용금액	8,500	7,000	12,000	10,000	
4						

〈보기〉

㉠ =COUNTIF(B2:E2,"◇"&E2)

㉡ =COUNTIF(B2:E2,">3")

㉢ =INDEX(A1:E3,2,4)

㉣ =TRUNC(SQRT(C2),2)

① ㉠㉡㉢
② ㉠㉡㉣
③ ㉠㉢㉣
④ ㉡㉢㉣
⑤ ㉠㉡㉢㉣

✔해설 ㉠ COUNTIF는 범위에서 해당 조건을 만족하는 셀의 개수를 구하는 함수이다. 따라서 'B2:E2' 영역에서 E2의 값인 5와 같지 않은 셀의 개수를 구하면 3이 된다.

㉡ 'B2:E2' 영역에서 3을 초과하는 셀의 개수를 구하면 3이 된다.

㉢ INDEX는 표나 범위에서 지정된 행 번호와 열 번호에 해당하는 데이터를 구하는 함수이다. 따라서 'A1:E3' 영역에서 2행 4열에 있는 데이터를 구하면 3이 된다.

㉣ TRUNC는 지정한 자릿수 미만을 버리는 함수이며, SQRT(인수)는 인수의 양의 제곱근을 구하는 함수이다. 따라서 'C2' 셀의 값 7의 제곱근을 구하면 2.645751이 되고, 2.645751에서 소수점 2자리만 남기고 나머지는 버리게 되어 결과 값은 2.64가 된다.

따라서 ㉠㉡㉢은 모두 3의 결과 값을 갖는 것을 알 수 있다.

38 다음 그림에서 A6 셀에 수식 '=$A$1+$A2'를 입력한 후 다시 A6 셀을 복사하여 C6와 C8에 각각 붙여넣기를 하였을 경우, (A)와 (B)에 나타나게 되는 숫자의 합은 얼마인가?

	A	B	C	D
1	7	2	8	
2	3	3	8	
3	1	5	7	
4	2	5	2	
5				
6			(A)	
7				
8			(B)	
9				

① 10 　　　　　　　　　　　② 12

③ 14 　　　　　　　　　　　④ 16

⑤ 19

✔ 해설 '$'는 다음에 오는 셀 기호를 고정값으로 묶어 두는 기능을 하게 된다. A6 셀을 복사하여 C6 셀에 붙이게 되면, 'A'셀이 고정값으로 묶여 있어 (A)에는 A6 셀과 같은 '$A$1+$A2'의 값 10이 입력된다. (B)에는 '$'로 묶여 있지 않은 2행의 값 대신에 4행의 값이 대응될 것이다. 따라서 '$A$1+$A4'의 값인 9가 입력된다. 따라서 (A)와 (B)의 합은 19가 된다.

39 다음 자료를 참고할 때, B7 셀에 '=SUM(B2:CHOOSE(2,B3,B4,B5))'의 수식을 입력했을 때 표시되는 결과값으로 올바른 것은 어느 것인가?

	A	B	C
1	이름	성과 점수	
2	오○○	85	
3	민○○	90	
4	백○○	92	
5	최○○	88	
6			
7	부분 합계		
8			

① 175 　　　　　　　　　　② 355

③ 267 　　　　　　　　　　④ 177

⑤ 265

CHOOSE 함수는 'CHOOSE(인수,값1,값2,….)'과 같이 표시하며, 인수의 번호에 해당하는 값을 구하게 된다. 다시 말해, 인수가 1이면 값1을, 인수가 2이면 값2를 선택하게 된다. 따라서 두 번째 인수인 B4가 해당되어 B2:B4의 합계를 구하게 되므로 정답은 267이 된다.

40 다음 중 'D10'셀에 '셔츠' 판매금액의 평균을 계산하는 수식으로 적절한 것은 어느 것인가?

	A	B	C	D	E
1	제품명	단가	수량	판매 금액	
2	셔츠	26,000	10	260,000	
3	바지	32,000	15	480,000	
4	셔츠	28,000	12	336,000	
5	신발	52,000	20	1,040,000	
6	신발	58,000	18	1,044,000	
7	바지	35,000	20	700,000	
8	셔츠	33,000	24	792,000	
9					
10	셔츠 판매금액의 평균				
11					

① =DCOUNT(A1:D8,D1,A1:A2) ② =DAVERAGE(A1:D8,D1,A1:A2)

③ =AVERAGE(A1:D8,D1,A1:A2) ④ =DCOUNT(A1:D8,A1:A2)

⑤ =DAVERAGE(A1:D8,A1:A2,D1)

DAVERAGE 함수는 범위에서 조건에 맞는 레코드 필드 열에 있는 값의 평균을 계산할 때 사용한다. 사용되는 수식은 '=DAVERAGE(범위, 열 번호, 조건)'이다.
따라서 '=DAVERAGE(A1:D8,D1,A1:A2)'와 같은 수식을 입력해야 한다.

대인관계능력

1 다음 글에서 나타난 갈등을 해결한 방법은?

> 갑과 을은 일 처리 방법으로 자주 얼굴을 붉힌다. 갑은 처음부터 끝까지 계획을 따라 일을 진행하려고 하고, 을은 일이 생기면 즉흥적으로 해결하는 성격이다. 같은 회사 동료인 병은 이 둘에게 서로의 성향 차이를 인정할 줄 알아야 한다고 중재를 했고, 이 둘은 어쩔 수 없이 포기하는 것이 아닌 서로 간에 차이가 있다는 점을 비로소 인정하게 되었다.

① 사람들이 당황하는 모습을 자세하게 살핀다.

② 마음을 열어놓고 적극적으로 경청한다.

③ 어느 한쪽으로 치우치지 않는다.

④ 타협하려 애쓴다.

⑤ 다른 사람들의 입장을 이해한다.

✔ 해설 갈등해결 방법
   ㉠ 다른 사람들의 입장을 이해한다.
   ㉡ 사람들이 당황하는 모습을 자세하게 살핀다.
   ㉢ 어려운 문제는 피하지 말고 맞선다.
   ㉣ 자신의 의견을 명확하게 밝히고 지속적으로 강화한다.
   ㉤ 사람들과 눈을 자주 마주친다.
   ㉥ 마음을 열어놓고 적극적으로 경청한다.
   ㉦ 타협하려 애쓴다.
   ㉧ 어느 한쪽으로 치우치지 않는다.
   ㉨ 논쟁하고 싶은 유혹을 떨쳐낸다.
   ㉩ 존중하는 자세로 사람들을 대한다.

2 다음에서 나타난 신교수의 동기부여 방법으로 가장 적절한 것은?

> 신교수는 매 학기마다 새로운 수업을 들어가면 첫 번째로 내주는 과제가 있다. 한국사에 대한 본인의 생각을 A4용지 한 장에 적어오라는 것이다. 이 과제는 정답이 없고 옳고 그름이 기준이 아니라는 것을 명시해준다. 그리고 다음시간에 학생 각자가 적어온 글들을 읽어보도록 하는데, 개개인에게 꼼꼼히 인상깊었던 점을 알려주고 구체적인 부분을 언급하며 칭찬한다.

① 변화를 두려워하지 않는다. ② 창의적인 문제해결법을 찾는다.
③ 책임감으로 철저히 무장한다. ④ 긍정적 강화법을 활용한다.
⑤ 지속적으로 교육한다.

> ✔해설 동기부여 방법
> ㉠ 긍정적 강화법을 활용한다.
> ㉡ 새로운 도전의 기회를 부여한다.
> ㉢ 창의적인 문제해결법을 찾는다.
> ㉣ 책임감으로 철저히 무장한다.
> ㉤ 몇 가지 코칭을 한다.
> ㉥ 변화를 두려워하지 않는다.
> ㉦ 지속적으로 교육한다.

3 다음 설명에 해당하는 협상 과정은?

> • 협상 당사자들 사이에 상호 친근감을 쌓음
> • 간접적인 방법으로 협상의사를 전달함
> • 상대방의 협상의지를 확인함
> • 협상진행을 위한 체제를 짬

① 협상 시작 ② 상호 이해
③ 실질 이해 ④ 해결 대안
⑤ 합의 문서

> ✔해설 협상과정 : 협상 시작→상호 이해→실질 이해→해결 대안→합의 문서

4 다음에서 설명하고 있는 개념의 특징으로 옳지 않은 것은?

> 조직성원들을 신뢰하고 그들의 잠재력을 믿으며 그 잠재력의 개발을 통해 High Performance 조직이 되도록 하는 일련의 행위이다.

① 도전적이고 흥미 있는 일
② 학습과 성장의 기회
③ 성과에 대한 지식
④ 상부로부터의 지원
⑤ 부정적인 인간관계

> ✔ 해설 높은 성과를 내는 임파워먼트 환경의 특징
> ㉠ 도전적이고 흥미 있는 일
> ㉡ 학습과 성장의 기회
> ㉢ 높은 성과와 지속적인 개선을 가져오는 요인들에 대한 통제
> ㉣ 성과에 대한 지식
> ㉤ 긍정적인 인간관계
> ㉥ 개인들이 공헌하며 만족한다는 느낌
> ㉦ 상부로부터의 지원

5 모바일 중견회사 감사 부서에서 생산 팀에서 생산성 10% 하락, 팀원들 간의 적대감이나 잦은 갈등, 비효율적인 회의 등의 문제점을 발견하였다, 이를 해결하기 위한 방안으로 가장 적절한 것을 고르시오.

① 아이디어가 넘치는 환경 조성을 위해 많은 양의 아이디어를 요구한다.
② 어느 정도 시간이 필요하므로 갈등을 방치한다.
③ 동료의 행동과 수행에 대한 피드백을 감소시킨다.
④ 의견 불일치가 발생할 경우 생산팀장은 제3자로 개입하여 중재한다.
⑤ 리더가 팀을 통제하고 발언의 기회를 줄인다.

> ✔ 해설 성공적으로 운영되는 팀은 의견의 불일치를 바로바로 해소하고 방해요소를 미리 없애 혼란의 내분을 방지한다.

6 다음 중 거만형 불만고객에 대한 대응방안으로 옳은 것은?

① 때로는 책임자로 하여금 응대하게 하는 것도 좋다.

② 의외로 단순한 면이 있으므로 일단 호감을 얻게 되면 득이 될 경우도 있다.

③ 잠자코 고객의 의견을 경청하고 사과를 하는 응대가 바람직하다.

④ 분명한 증거나 근거를 제시하여 스스로 확신을 갖도록 유도한다.

⑤ 이야기를 맞장구치며 추켜세운다.

> ✔해설 ①④ 의심형 불만고객에 대한 대응방안
> ③⑤ 트집형 불만고객에 대한 대응방안

7 다음 중 고객만족을 측정하는 데 있어 많은 사람들이 범하는 오류의 유형으로 옳지 않은 것은?

① 적절한 측정 프로세스 없이 조사를 시작한다.

② 고객이 원하는 것을 알고 있다고 생각한다.

③ 모든 고객들이 동일한 수준의 서비스를 원하고 필요로 한다고 가정한다.

④ 전문가로부터 도움을 얻는다.

⑤ 포괄적인 가치만을 질문한다.

> ✔해설 ④ 비전문가로부터 도움을 얻는다.
> ※ 고객만족을 측정하는 데 있어 많은 사람들이 범하는 오류의 유형
>   ㉠ 고객이 원하는 것을 알고 있다고 생각한다.
>   ㉡ 적절한 측정 프로세스 없이 조사를 시작한다.
>   ㉢ 비전문가로부터 도움을 얻는다.
>   ㉣ 포괄적인 가치만을 질문한다.
>   ㉤ 중요도 척도를 오용한다.
>   ㉥ 모든 고객들이 동일한 수준의 서비스를 원하고 필요로 한다고 가정한다.

8 협상을 위하여 취하여야 할 태도로, ㉠~㉣의 순서를 바르게 나열한 것은?

> ㉠ 합의를 통한 결과물을 도출하여 최종 서명을 이끌어낸다.
> ㉡ 자신의 의견을 적극적으로 개진하여 상대방이 수용할 수 있는 근거를 제시한다.
> ㉢ 상대방 의견을 분석하여 무엇이 그러한 의견의 근거가 되었는지를 찾아낸다.
> ㉣ 상대방의 의견을 경청하고 자신의 주장을 제시한다.

① ㉠ - ㉢ - ㉡ - ㉣
② ㉣ - ㉡ - ㉢ - ㉠
③ ㉣ - ㉢ - ㉠ - ㉡
④ ㉢ - ㉣ - ㉡ - ㉠
⑤ ㉣ - ㉢ - ㉡ - ㉠

> ✔해설 ㉠ 합의 문서, ㉡ 해결 대안, ㉢ 실질 이해, ㉣ 상호 이해에 대한 설명이다. 협상은 보통 '협상 시작' → '상호 이해' → '실질 이해' → '해결 대안' → '합의 문서'의 단계로 구분한다.

9 다음 중 실무형 멤버십의 설명으로 옳지 않은 것은?

① 조직의 운영방침에 민감하다.
② 획일적인 태도나 행동에 익숙함을 느낀다.
③ 개인의 이익을 극대화하기 위해 흥정에 능하다.
④ 리더와 부하 간의 비인간적인 풍토를 느낀다.
⑤ 규정에 따라 행동한다.

> ✔해설 ② 순응형 멤버십에 대한 설명이다.

10 기업 인사팀에서 근무하면서 2025 상반기 신입사원 워크숍 교육 자료를 만들게 되었다. 워크숍 교육 자료에서 팀워크 활성 방안으로 적절하지 않은 것을 고르시오.

① 아이디어의 질을 따지기보다 아이디어를 제안하도록 장려한다.
② 양질 의사결정을 내리기 위해 단편적 질문을 고려한다.
③ 의사결정을 내릴 때는 팀원들의 의견을 듣는다.
④ 각종 정보와 정보의 소스를 획득할 수 있다.
⑤ 동료의 피드백을 장려한다.

✔해설 양질의 의사결정을 내리기 위해 단편적인 질문이 아니라 여러 질문을 고려해야 한다.

11 귀하는 A대학 대졸 공채 입학사정관의 조직구성원들 간의 원만한 관계 유지를 위한 갈등관리 역량에 관해 입학사정관 인증교육을 수료하게 되었다. 인증교육은 다양한 갈등사례를 통해 갈등과정을 시뮬레이션 함으로써 바람직한 갈등해결방법을 모색하는 데 중점을 두고 있다. 입학사정관이 교육을 통해 습득한 갈등과정을 바르게 나열한 것을 고르시오.

① 대결 국면 – 의견불일치 – 진정 국면 – 격화 국면 – 갈등의 해소
② 의견 불일치 – 격화 국면 – 대결 국면 – 갈등의 해소 – 진정 국면
③ 의견 불일치 – 진정 국면 – 격화 국면 – 대결 국면 – 갈등의 해소
④ 대결 국면 – 의견불일치 – 격화 국면 – 진정 국면 – 갈등의 해소
⑤ 의견 불일치 – 대결 국면 – 격화 국면 – 진정 국면 – 갈등의 해소

✔해설 갈등의 진행과정은 '의견 불일치 – 대결국면 – 격화 국면 – 진정 국면 – 갈등의 해소'의 단계를 거친다.

12 다음 중 팀워크의 촉진 방법으로 옳지 않은 것은?

① 개개인의 능력을 우선시 하기 ② 갈등 해결하기
③ 참여적으로 의사결정하기 ④ 창의력 조성을 위해 협력하기
⑤ 동료 피드백 장려하기

✔해설 팀워크의 촉진 방법
   ㉠ 동료 피드백 장려하기
   ㉡ 갈등 해결하기
   ㉢ 창의력 조성을 위해 협력하기
   ㉣ 참여적으로 의사결정하기

Answer 8.⑤ 9.② 10.② 11.⑤ 12.①

13 다음 중 변혁적 리더십의 유형으로 옳은 설명은?

① 개개인과 팀이 유지해 온 업무수행 상태를 뛰어넘어 전체 조직이나 팀원들에게 변화를 가져 오는 원동력이 된다.

② 정책의사결정과 대부분의 핵심정보를 그들 스스로에게만 국한하여 소유하고 고수하려는 경향 이 있다.

③ 그룹에 정보를 잘 전달하려고 노력하고 전체 그룹의 구성원 모두를 목표방향으로 설정에 참 여하게 함으로써 구성원들에게 확신을 심어주려고 노력한다.

④ 리더와 집단 구성원 사이의 구분이 희미하고 리더가 조직에서 한 구성원이 되기도 한다.

⑤ 소규모 조직에서 경험, 재능을 소유한 조직원이 있을 때 효과적으로 활용할 수 있다.

> ✔ **해설**   ② 독재자 유형
> ③ 민주주의 유형
> ④⑤ 파트너십 유형

14 다음 중 대인관계능력을 구성하는 하위능력으로 옳지 않은 것은?

① 팀워크능력   ② 고객서비스능력

③ 리더십능력   ④ 자아인식능력

⑤ 협상능력

> ✔ **해설**   ④ 자아인식능력은 자기개발능력을 구성하는 하위능력 중에 하나이다.
> ※ 대인관계능력을 구성하는 하위능력
> ㉠ 팀워크능력
> ㉡ 리더십능력
> ㉢ 갈등관리능력
> ㉣ 협상능력
> ㉤ 고객서비스능력

15 甲이 임원급 리더가 되기까지의 과정에서 자기개발 태도로 보기 어려운 것은?

> 헬스뷰티 전문스토어 A사에서 영업을 담당하고 있는 甲은 높은 성과와 원활한 대인관계로 최우수 영업사원으로 수년간 선정되며 능력을 인정받고 있다. 각종 교육 및 진단 참여를 통해 소통능력과 지속적으로 자기개발을 하려는 열정이 자신의 강점이라는 것을 명확하게 인식하고 있다. 이를 바탕으로, 자신의 경력목표 계획서를 만들어 해마다 목표를 보완하고 있으며 자신의 비전과 노력, 성공사례를 사보에 실어 직원들에게 공유하고 있다. 최근에는 영업 트레이너라는 목표를 품고 회사에 의사를 표시했지만 조직 전체의 이익이나 팀 실적을 위해서 당분간은 이동하지 말라는 의견을 받았다. 늘 긍정적인 모습을 유지하는 甲은 실망하지 않고 오히려 더욱 의기투합하여 충실하게 직무를 수행하였다. 동시에 교육훈련과 관련된 사내외 교육에 참석하고 야간대학원에서 관련 전공 석사 학위를 취득하는 등 공부를 이어나갔다. 회사 사업은 날로 확대되었고 甲 과장은 새로운 영업 트레이닝팀의 팀장이 되었다. 이후에도 멈추지 않고, 목표를 확대하고 노력을 기울여 甲은 몇 년 후 사업 총괄 이사로 진급하게 되었다.

① 끊임없이 자기개발을 하는 태도
② 긍정적인 모습으로 업무를 수행하는 태도
③ 포기하지 않고 필요한 공부를 이어나가는 태도
④ 새로운 목표를 세우며 안주하지 않는 태도
⑤ 자신의 약점을 보완하려는 태도

✔ 해설 약점을 보완하기 위한 활동은 제시글에서 확인할 수 없다.
① 甲은 소통능력과 지속적으로 자기개발을 하려는 열정이 자신의 강점이라는 것을 인식하고 있다.
②③ 회사에서 거절 의견을 받았음에도 긍정적인 모습을 유지하는 실망하지 않고 甲은 충실하게 직무를 수행하고, 동시에 관련 전공 석사 학위를 취득하였다.
④ 해마다 목표를 보완하고, 원하던 직무를 하게 되었어도 안주하지 않고 목표를 확대하고 노력을 기울였다.

Answer 13.① 14.⑤ 15.⑤

16 다음 중 대인관계능력에 대한 정의로 옳은 것은?

① 직장생활에서 문서나 상대방이 하는 말의 의미를 파악하고 자신의 의사를 정확하게 표현하며 간단한 외국어 자료를 읽거나 외국인의 의사표시를 이해하는 능력

② 직업인으로서 자신의 능력, 적성, 특성 등을 이해하고 목표성취를 위해 스스로를 관리하며 개발해 나가는 능력

③ 직장생활에서 협조적인 관계를 유지하고 조직구성원들에게 도움을 줄 수 있으며 조직 내·외부의 갈등을 원만히 해결하고 고객의 요구를 충족시켜줄 수 있는 능력

④ 목표와 현상을 분석하고 이 결과를 토대로 과제를 도출하여 최적의 해결책을 찾아 실행하고 평가해 나가는 능력

⑤ 업무를 수행하는데 필요한 도구, 수단 등에 관한 기술의 원리 및 절차를 이해하고, 적절한 기술을 선택하여 업무에 적용하는 능력

> **해설** ① 의사소통능력
> ② 자기개발능력
> ④ 문제해결능력
> ⑤ 기술능력

17 다음 중 대인관계 향상 방법으로 옳지 않은 것은?

① 상대방에 대한 경계심

② 진지한 사과

③ 사소한 일에 대한 관심

④ 약속의 이행

⑤ 기대의 명확화

> **해설** 대인관계 향상 방법
> ㉠ 상대방에 대한 이해심
> ㉡ 사소한 일에 대한 관심
> ㉢ 약속의 이행
> ㉣ 기대의 명확화
> ㉤ 언행일치
> ㉥ 진지한 사과

18 다음 중 고객만족 조사의 목적으로 옳지 않은 것은?

① 평가목적
② 고객과의 관계유지 파악
③ 개선목적
④ 부분적 경향의 파악
⑤ 전체적 경향의 파악

> ✔해설 고객만족 조사의 목적
> ㉠ 전체적 경향의 파악
> ㉡ 고객에 대한 개별대응 및 고객과의 관계유지 파악
> ㉢ 평가목적
> ㉣ 개선목적

19 다음 세 조직의 특징에 대한 설명으로 적절하지 않은 것은?

> A팀 : 쉽지 않은 해외 영업의 특성 때문인지, 직원들은 대체적으로 질투심이 좀 강한 편이고 서로의 사고방식의 차이를 이해하지 못하는 분위기다. 일부 직원은 조직에 대한 이해도가 다소 떨어지는 것으로 보인다.
> B팀 : 직원들의 목표의식과 책임감이 강하고 직원들 상호 간 협동심이 뛰어나다. 지난 달 최우수 조직으로 선정된 만큼 자신이 팀의 일원이라는 점에 자부심이 강하며 매사에 자발적인 업무 수행을 한다.
> C팀 : 팀의 분위기가 아주 좋으며 모두들 C팀에서 근무하기를 희망한다. 사내 체육대회에서 1등을 하는 등 직원들 간의 끈끈한 유대관계가 장점이나, 지난 2년간 조직 평가 성적이 만족스럽지 못하여 팀장은 내심 걱정거리가 많다.

① B팀은 우수한 팀워크를 가진 조직이다.
② A팀은 자아의식이 강하고 자기중심적인 조직으로 평가할 수 있다.
③ A팀은 세 팀 중 팀워크가 가장 좋지 않은 팀이다.
④ C팀은 응집력이 좋은 팀으로 평가할 수 있다.
⑤ 팀의 분위기가 좋으나 성과를 내지 못하고 있다면, 팀워크는 좋으나 응집력이 부족한 집단이다.

> ✔해설 B팀은 팀워크가 좋은 팀, C팀은 응집력이 좋은 팀, A팀은 팀워크와 응집력 모두가 좋지 않은 팀이다. C팀과 같이 성과를 내지 못하고 있지만 팀의 분위기가 좋다면 이것은 팀워크가 아니라 응집력이 좋다고 표현할 수 있다. 응집력은 사람들로 하여금 계속 그 집단에 머물게 하고, 집단의 멤버로서 남아있기를 희망하게 만드는 힘이다.

Answer 16.③ 17.① 18.④ 19.⑤

20 다음은 사업을 성공으로 이끈 A대표의 리더십에 대한 인터뷰 글이다. A대표가 가장 높게 평가할 수 있는 프로젝트 팀의 리더로 적절한 것은?

> A대표는 잡지사와 인터뷰에서 자신의 사업 성공 요인에 대하여 "신상품 개발에서 고객 서비스에 이르기까지 직원들이 자신의 업무에 확신을 가지고 노력한 결과 이렇게 엄청난 성과를 이뤄낼 수 있었다"고 말했다. 그는 "카리스마 있는 한 명의 리더보다 구성원 개개인이 가진 역량에 대한 자신 감과 긍정적 사고를 높여준 것이 업무수행 성과를 높이는 계기가 되었다"고 언급하면서 "회사의 장 기적인 목표 수립에 대한 이해가 구성원 모두에게 명확하게 전달되어야 한다. 그러면 직원들은 그 안에서 자신의 역할을 찾아 움직이게 된다. 이때 직원들이 스스로 해결책을 찾을 수 있도록 격려하 는 것이 중요하다"고 하였다. A대표는 업무 지침과 책임에 따른 보상체계, 회사 비전 및 목표 공유, 멘토-멘티 팀 시스템이 성공의 밑거름이며, 직원이 역량을 발산할 수 있도록 도와주는 것이 전체 생산성에 막대한 영향을 끼치게 된다고 조언을 덧붙였다.

① 높은 과업지향적 행동으로 구체적인 업무를 지시하는 리더
② 직위 권한이 강하고 과업수행을 엄밀히 감독하는 리더
③ 구성원들에게 비전을 공유하고 자율과 책임을 부여하는 리더
④ 예산 관리 능력이 뛰어나고 관계지향적 행동이 높은 리더
⑤ 안정을 지향하며 현상 유지를 위해 노력하는 리더

> **해설** 장기적인 목표 수립에 대한 이해를 명확히 전달 후 직원들이 스스로 해결책을 찾을 수 있도록 격려하는 것이 중요하며, 직원들에게 업무 지침과 책임에 따른 보상체계, 회사 비전 및 목표 공유, 멘토-멘티 팀 시스템이 성공의 밑거름이라고 조언하고 있으므로, A대표는 구성원들에게 비전을 공유하고 자율과 책임 을 부여하는 것을 중요하게 생각하고 있다.

21 다음 사례에서 이 부장이 취할 수 있는 행동으로 적절하지 않은 것은?

> ○○기업에 다니는 이 부장은 최근 경기침체에 따른 회사의 매출부진과 관련하여 근무환경을 크 게 변화시키기로 결정하였다. 하지만 그의 부하들은 물론 상사와 동료들조차 이 부장의 결정에 회 의적이었고 부정적 시각을 내보였다. 그들은 변화에 소극적이었으며 갑작스런 변화는 오히려 회사 의 존립자체를 무너뜨릴 수 있다고 판단하였다. 하지만 이 부장은 갑작스러운 변화가 처음에는 회 사를 좀 더 어렵게 할 수 있으나 장기적으로 본다면 틀림없이 회사에 큰 장점으로 작용할 것이라고 확신하고 있었고 여기에는 전 직원의 협력과 노력이 필요하다고 하였다.

① 개방적 분위기를 조성한다.　　② 변화의 긍정적 면을 강조한다.
③ 직원의 감정을 세심하게 살핀다.　　④ 주관적인 자세를 유지한다.
⑤ 변화에 적응할 시간을 준다.

변화에 소극적인 직원들을 성공적으로 이끌기 위한 방법
   ㉠ 개방적인 분위기를 조성한다.
   ㉡ 객관적인 자세를 유지한다.
   ㉢ 직원들의 감정을 세심하게 살핀다.
   ㉣ 변화의 긍정적인 면을 강조한다.
   ㉤ 변화에 적응할 시간을 준다.

22 다음 대화를 보고 이 과장의 말이 협상의 5단계 중 어느 단계에 해당하는지 고르면?

> 김 실장 : 이 과장, 출장 다녀오느라 고생했네.
>
> 이 과장 : 아닙니다. KTX 덕분에 금방 다녀왔습니다.
>
> 김 실장 : 그래, 다행이군. 오늘 협상은 잘 진행되었나?
>
> 이 과장 : 그게 말입니다. 실장님. 오늘 협상을 진행하다가 새로운 사실을 알게 되었습니다. 민원인 측이 지금껏 주장했던 고가차도 건립계획 철회는 표면적 요구사항이었던 것 같습니다. 오늘 장시간 상대방 측 대표들과 이야기를 나누면서 고가차고 건립자체보다 그로 인한 초등학교 예정부지의 이전, 공사 및 도로 소음 발생, 그리고 녹지 감소가 실질적 불만이라는 걸 알게 되었습니다. 고가차도 건립을 계획대로 추진하면서 초등학교의 건립 예정지를 현행 유지하고, 3중 방음시설 설치, 아파트 주변 녹지 조성 계획을 제시하면 충분히 협상을 진척시킬 수 있을 것 같습니다.

① 협상시작단계   ② 상호이해단계

③ 실질이해단계   ④ 해결대안단계

⑤ 합의문서단계

이 과장은 상대방 측 대표들과 만나서 현재 상황과 이들이 원하는 주장이 무엇인지를 파악한 후 김 실장에게 협상이 가능한 안건을 제시한 것이므로 실질이해 전 단계인 상호이해단계로 볼 수 있다.
   ※ 협상과정의 5단계
   ㉠ 협상시작 : 협상 당사자들 사이에 친근감을 쌓고, 간접적인 방법으로 협상 의사를 전달하며 상대방의 협상의지를 확인하고 협상 진행을 위한 체계를 결정하는 단계이다.
   ㉡ 상호이해 : 갈등 문제의 진행 상황과 현재의 상황을 점검하고 적극적으로 경청하며 자기주장을 제시한다. 협상을 위한 협상안건을 결정하는 단계이다.
   ㉢ 실질이해 : 겉으로 주장하는 것과 실제로 원하는 것을 구분하여 실제 원하는 것을 찾아내고 분할과 통합기법을 활용하여 이해관계를 분석하는 단계이다.
   ㉣ 해결방안 : 협상 안건마다 대안들을 평가하고 개발한 대안들을 평가하며 최선의 대안에 대해 합의하고 선택한 후 선택한 대안 이행을 위한 실행 계획을 수립하는 단계이다.
   ㉤ 합의문서 : 합의문을 작성하고 합의문의 합의 내용 및 용어 등을 재점검한 후 합의문에 서명하는 단계이다.

Answer   20.③   21.④   22.②

23 김 대리는 사내 교육 중 하나인 리더십 교육을 들은 후 관련 내용을 다음과 같이 정리하였다. 다음 제시된 내용을 보고 잘못 정리한 부분을 찾으면?

임파워먼트	
개념	• 리더십의 핵심 개념 중 하나, '권한 위임'이라고 할 수 있음 • ㉠조직 구성원들을 신뢰하고 그들의 잠재력을 믿으며, 그 잠재력의 개발을 통해 고성과 조직이 되도록 하는 일련의 행위 • 권한을 위임받았다고 인식하는 순간부터 직원들의 업무효율성은 높아짐
충족기준	• 여건의 조성 : 임파워먼트는 사람들이 자유롭게 참여하고 기여할 수 있는 일련의 여건들을 조성하는 것 • ㉡재능과 에너지의 극대화 : 임파워먼트는 사람들의 재능과 욕망을 최대한으로 활용할 뿐만 아니라, 나아가 확대할 수 있도록 하는 것 • 명확하고 의미 있는 목적에 초점 : 임파워먼트는 사람들이 분명하고 의미 있는 목적과 사명을 위해 최대의 노력을 발휘하도록 해주는 것
여건	• 도전적이고 흥미 있는 일 • 학습과 성장의 기회 • ㉢높은 성과와 지속적인 개선을 가져오는 요인들에 대한 통제 • 성과에 대한 지식 • 긍정적인 인간관계 • 개인들이 공헌하며 만족한다는 느낌 • 상부로부터의 지원
장애요인	• 개인 차원 : 주어진 일을 해내는 역량의 결여, 동기의 결여, 결의의 부족, 책임감 부족, 의존성 • ㉣대인 차원 : 다른 사람과의 성실성 결여, 약속 불이행, 성과를 제한하는 조직의 규범, 갈등처리 능력 부족, 제한된 정책과 절차 • ㉤관리 차원 : 통제적 리더십 스타일, 효과적 리더십 발휘 능력 결여, 경험 부족, 정책 및 기획의 실행 능력 결여, 비전의 효과적 전달 능력 결여 • 조직 차원 : 공감대 형성이 없는 구조와 시스템

① ㉠   ② ㉡
③ ㉢   ④ ㉣
⑤ ㉤

✅해설 ㉣ 제한된 정책과 절차는 조직 차원의 장애요인으로 들어가야 하는 부분이다.

24 배우자의 출산을 이유로 휴가 중인 심 사원의 일을 귀하가 임시로 맡게 되었다. 그러나 막상 일을 맡고 보니 심 사원이 급하게 휴가를 가게 된 바람에 인수인계 자료를 전혀 받지 못해 일을 진행하기 어려운 상황이다. 이때 귀하가 취해야 할 행동으로 가장 적절한 것은?

① 일을 미뤄 뒀다가 심 사원이 휴가에서 복귀하면 맡긴다.

② 심 사원에게 인수인계를 받지 못해 업무를 할 수 없다고 솔직하게 상사에게 말한다.

③ 최대한 할 수 있는 일을 대신 처리하고 모르는 업무는 심 사원에게 전화로 물어본다.

④ 아는 일은 우선 처리하고, 모르는 일은 다른 직원에게 확인한 후 처리한다.

⑤ 심 사원의 일을 알고 있는 다른 직원들과 업무를 임의로 나눈다.

> **✔해설** 본인이 알고 있는 일은 처리하면 되는 것이고 모르는 것이 있다면 알고 있는 직원에게 물어본 후 처리하는 것이 가장 바람직하다. ④의 경우 다른 직원에게 확인한 후 일을 처리하는 것이므로 올바른 행동이다.
> ⑤의 지문은 실제 업무 상황에서 본인 맡은 일을 다른 직원에게 임의로 넘기는 행위는 잘못된 것이다.

25 리더는 조직원들에게 지속적으로 자신의 잠재력을 발휘하도록 만들기 위한 외적인 동기유발제 그 이상을 제공해야 한다. 이러한 리더의 역량이라고 볼 수 없는 것은?

① 높은 성과를 달성한 조직원에게는 곧바로 따뜻한 말이나 칭찬으로 보상해 준다.

② 직원들이 자신의 업무에 책임을 지도록 하는 환경 속에서 일할 수 있게 해 준다.

③ 직원 자신이 권한과 목적의식을 가지고 있는 중요한 사람이라는 사실을 느낄 수 있도록 이끌어 준다.

④ 조직을 위험에 빠지지 않도록 리스크 관리를 철저히 하여 안심하고 근무할 수 있도록 해 준다.

⑤ 직원 자신이 상사로부터 충분히 인정받고 있으며 일부 권한을 위임받았다고 느낄 수 있도록 동기를 부여해 준다.

> **✔해설** 리더는 변화를 두려워하지 않아야 하며 리스크를 극복할 자질을 키워야 한다. 위험을 감수해야 할 이유가 합리적이고, 목표가 실현가능한 것이라면 직원들은 기꺼이 변화를 향해 나아갈 것이며 위험을 선택한 자신에게 자긍심을 가지며 좋은 결과를 이끌어내고자 지속적으로 노력할 것이다.

Answer 23.④ 24.④ 25.④

26 귀하는 여러 명의 팀원을 관리하고 있는 팀장이다. 입사한 지 3개월 된 신입사원인 최 사원의 업무 내용을 확인하던 중 최 사원이 업무를 효율적으로 진행하지 않아 최 사원의 업무 수행이 팀 전체의 성과로 이어지지 못하고 있다는 사실을 알게 되었다. 이때 귀하가 최 사원에게 해 줄 조언으로 적절하지 않은 것은?

① 업무를 진행하는 과정에서 어려움이 있다면 팀 내에서 역할 모델을 설정한 후에 업무를 진행해 보는 건 어떨까요.

② 업무 내용을 보니 묶어서 처리해도 되는 업무를 모두 구분해서 다른 날 진행했던데, 묶어서 진행할 수 있는 건 같이 처리하도록 하세요.

③ 팀에서 업무를 진행할 때 따르고 있는 업무 지침을 꼼꼼히 확인하고 그에 따라서 처리하다보면 업무를 효율적으로 진행할 수 있을 거예요.

④ 업무 성과가 효과적으로 높아지지 않는 것 같은 땐 최대한 다른 팀원과 같은 방식으로 일하려고 노력하는 게 좋을 것 같아요.

⑤ 일별로 정해진 일정이 조금씩 밀려서 일을 몰아서 처리하는 경향이 있는 것 같아요. 정해진 일정은 최대한 미루지 말고 계획대로 처리하는 습관을 기르는 게 좋겠어요.

> ✔ **해설** 업무 수행성과를 높이는 방법으로 일을 미루지 않기, 업무 묶어서 처리하기, 다른 사람과 다른 방식으로 일하기, 회사와 팀 업무 지침 따르기, 역할 모델 설정하기 등이 있다.

27 다음 글에서와 같이 노조와의 갈등에 있어 최 사장이 보여 준 갈등해결방법은 어느 유형에 속하는가?

> 노조위원장은 임금 인상안이 받아들여지지 않자 공장의 중간관리자급들을 동원해 전격 파업을 단행하기로 하였고, 이들은 임금 인상과 더불어 자신들에게 부당한 처우를 강요한 공장장의 교체를 요구하였다. 회사의 창립 멤버로 회사 발전에 기여가 큰 공장장을 교체한다는 것은 최 사장이 단 한 번도 상상해 본 적 없는 일인지라 오히려 최 사장에게는 임금 인상 요구가 하찮게 여겨질 정도로 무거운 문제에 봉착하게 되었다. 1시간 뒤 가진 노조 대표와의 협상 테이블에서 최 사장은 임금과 부당한 처우 관련 모든 문제는 자신에게 있으니 공장장을 볼모로 임금 인상을 요구하지는 말 것을 노조 측에 부탁하였고, 공장장 교체 요구를 철회한다면 임금 인상안을 매우 긍정적으로 검토하겠다는 약속을 하게 되었다. 또한, 노조원들의 처우 관련 개선안이나 불만사항은 자신에게 직접 요청하여 합리적인 사안의 경우 즉시 수용할 것임을 전달하기도 하였다. 결국 이러한 최 사장의 노력을 받아들인 노조는 파업을 중단하고 다시 업무에 복귀하게 되었다.

① 수용형   ② 경쟁형
③ 타협형   ④ 통합형
⑤ 회피형

> **✔해설** 최 사장은 공장장 교체 요구를 철회시켜 자신에게 믿음을 보여 준 직원을 계속 유지시킬 수 있었고, 노조 측은 처우 개선과 임금 인상 요구를 관철시켰으므로 'win-win'하였다고 볼 수 있다. 통합형은 협력형(collaborating)이라고도 하는데, 자신은 물론 상대방에 대한 관심이 모두 높은 경우로서 '나도 이기고 너도 이기는 방법(win-win)'을 말한다. 이 방법은 문제해결을 위하여 서로 간에 정보를 교환하면서 모두의 목표를 달성할 수 있는 해법을 찾는다. 아울러 서로의 차이를 인정하고 배려하는 신뢰감과 공개적인 대화를 필요로 한다. 통합형이 가장 바람직한 갈등해결 유형이라 할 수 있다.

28 다음 중 '팀원들의 강점을 잘 활용하여 팀 목표를 달성하는 효과적인 팀'의 핵심적인 특징으로 적절하지 않은 것을 모두 고르면?

> 가. 팀의 사명과 목표를 명확하게 기술한다.
> 나. 창조적으로 운영된다.
> 다. 결과보다 과정과 방법에 초점을 맞춘다.
> 라. 역할과 책임을 명료화시킨다.
> 마. 개인의 강점을 활용하기보다 짜인 시스템을 활용한다.
> 바. 팀원 간에 멤버십 역할을 공유한다.
> 사. 의견의 불일치를 건설적으로 해결한다.
> 아. 의사소통에 있어 보안유지를 철저히 준수한다.
> 자. 객관적인 결정을 내린다.

① 다, 마, 바, 아
② 마, 자
③ 다, 사, 아, 자
④ 마, 바, 아, 자
⑤ 다, 바, 자

✔ 해설 다. 과정과 방법이 아닌 결과에 초점을 맞추어야 한다.
마. 개인의 강점과 능력을 최대한 활용하여야 한다.
바. 팀원 간에 리더십 역할을 공유하며 리더로서의 능력을 발휘할 기회를 제공하여야 한다.
아. 직접적이고 솔직한 대화, 조언 등을 통해 개방적인 의사소통을 하며 상대방의 아이디어를 적극 활용하여야 한다.
※ 효과적인 팀의 핵심적인 특징으로는 다음과 같은 것들이 있다.
  ㉠ 팀의 사명과 목표를 명확하게 기술한다.
  ㉡ 창조적으로 운영된다.
  ㉢ 결과에 초점을 맞춘다.
  ㉣ 역할과 책임을 명료화시킨다.
  ㉤ 조직화가 잘 되어 있다.
  ㉥ 개인의 강점을 활용한다.
  ㉦ 리더십 역량을 공유하며 구성원 상호 간에 지원을 아끼지 않는다.
  ㉧ 팀 풍토를 발전시킨다.
  ㉨ 의견의 불일치를 건설적으로 해결한다.
  ㉩ 개방적으로 의사소통한다.
  ㉪ 객관적인 결정을 내린다.
  ㉫ 팀 자체의 효과성을 평가한다.

29 조직 내 리더는 직원들의 의견을 적극 경청하고 필요한 지원을 아끼지 않음으로써 생산성과 기술 수준을 향상시킬 수 있어야 한다. 직원들의 자발적인 참여를 통한 조직의 성과를 달성하기 위해 리더가 보여주어야 할 동기부여의 방법에 대해 추가할 수 있는 의견으로 적절하지 않은 것은?

① 목표 달성을 높이 평가하여 곧바로 보상을 한다.
② 자신의 실수나 잘못에 대한 해결책을 스스로 찾도록 분위기를 조성한다.
③ 구성원들에게 지속적인 교육과 성장의 기회를 제공한다.
④ 자신의 업무에 책임을 지도록 하는 환경을 만든다.
⑤ 위험 요소가 배제된 편안하고 친숙한 환경을 유지하기 위해 노력한다.

✔해설 리더는 부하직원들이 친숙하고 위험요소가 전혀 없는 안전지대에서 벗어나 더욱 높은 목표를 향해 나아가도록 격려해야 한다. 위험을 감수해야 할 합리적이고 실현가능한 목표가 있다면 직원들은 기꺼이 변화를 향해 나아갈 것이다.

30 협상에 있어 상대방을 설득시키는 일은 필수적이며 그 방법은 상황과 상대방에 따라 매우 다양하게 나타난다. 이에 따라 상대방을 설득하기 위한 협상 전략은 몇 가지로 구분될 수 있다. 협상 시 상대방을 설득시키기 위하여 상대방 관심사에 대한 정보를 확인 후 해당 분야의 전문가를 동반 참석시켜 우호적인 분위기를 이끌어낼 수 있는 전략은 어느 것인가?

① 호혜관계 형성 전략   ② 권위 전략
③ 반항심 극복 전략   ④ 헌신과 일관성 전략
⑤ 사회적 입증 전략

✔해설 권위 전략이란 직위나 전문성, 외모 등을 이용하면 협상 과정상의 갈등해결에 도움이 될 수 있다는 것이다. 설득기술에 있어서 권위란 직위, 전문성, 외모 등에 의한 기술이다. 사람들은 자신보다 더 높은 직위, 더 많은 지식을 가지고 있다고 느끼는 사람으로부터 설득 당하기가 쉽다. 계장의 말씀보다 국장의 말씀에 더 권위가 있고 설득력이 높다. 비전문가보다 전문가의 말에 더 동조하게 된다. 전문성이 있는 사람이 그렇지 않은 사람보다 더 권위와 설득력이 있다.

Answer   28.①   29.⑤   30.②

31 갈등은 다음과 같이 몇 가지 과정을 거치면서 진행되는 것이 일반적인 흐름이라고 볼 때, 빈칸의 (가), (나), (다)에 들어가야 할 말을 순서대로 올바르게 나열한 것은?

---

1. 의견 불일치

인간은 다른 사람들과 함께 부딪치면서 살아가게 되는데, 서로 생각이나 신념, 가치관이 다르고 성격도 다르기 때문에 다른 사람들과 의견의 불일치를 가져온다. 많은 의견 불일치는 상대방의 생각과 동기를 설명하는 기회를 주고 대화를 나누다보면 오해가 사라지고 더 좋은 관계로 발전할 수 있지만, 사소한 오해로 인한 작은 갈등이라도 그냥 내버려두면 심각한 갈등으로 발전하게 된다.

2. 대결 국면

의견 불일치가 해소되지 않으면 대결 국면으로 빠져들게 된다. 이 국면에서는 이제 단순한 해결방안은 없고 제기된 문제들에 대하여 새로운 다른 해결점을 찾아야 한다. 일단 대결국면에 이르게 되면 감정이 개입되어 상대방의 주장에 대한 문제점을 찾기 시작하고, 자신의 입장에 대해서는 그럴듯한 변명으로 옹호하면서 양보를 완강히 거부하는 상태에까지 이르게 된다. 즉, (가)은(는) 부정하면서 자기주장만 하려고 한다. 서로의 입장을 고수하려는 강도가 높아지면서 서로 간의 긴장은 더욱 높아지고 감정적인 대응이 더욱 격화되어 간다.

3. 격화 국면

격화 국면에 이르게 되면 상대방에 대하여 더욱 적대적인 현상으로 발전해 나간다. 이제 의견일치는 물 건너가고 (나)을(를) 통해 문제를 해결하려고 하기 보다는 강압적, 위협적인 방법을 쓰려고 하며, 극단적인 경우에는 언어폭력이나 신체적인 폭행으로까지 번지기도 한다. 상대방에 대한 불신과 좌절, 부정적인 인식이 확산되면서 다른 요인들에까지 불을 붙이는 상황에 빠지기도 한다. 이 단계에서는 상대방의 생각이나 의견, 제안을 부정하고, 상대방은 그에 대한 반격으로 대응함으로써 자신들의 반격을 정당하게 생각한다.

4. 진정 국면

시간이 지나면서 정점으로 치닫던 갈등은 점차 감소하는 진정 국면에 들어선다. 계속되는 논쟁과 긴장이 귀중한 시간과 에너지만 낭비하고 이러한 상태가 무한정 유지될 수 없다는 것을 느끼고 점차 흥분과 불안이 가라앉고 이성과 이해의 원상태로 돌아가려 한다. 그러면서 (다)이(가) 시작된다. 이 과정을 통해 쟁점이 되는 주제를 논의하고 새로운 제안을 하고 대안을 모색하게 된다. 이 단계에서는 중개자, 조정자 등의 제3자가 개입함으로써 갈등 당사자 간에 신뢰를 쌓고 문제를 해결하는데 도움이 되기도 한다.

5. 갈등의 해소

진정 국면에 들어서면 갈등 당사자들은 문제를 해결하지 않고는 자신들의 목표를 달성하기 어렵다는 것을 알게 된다. 물론 경우에 따라서는 결과에 다 만족할 수 없는 경우도 있지만 어떻게 해서든지 서로 일치하려고 한다.

---

① 상대방의 자존심 – 업무 – 침묵

② 제3자의 존재 – 리더 – 반성

③ 조직 전체의 분위기 – 이성 – 의견의 일치

④ 상대방의 입장 – 설득 – 협상

⑤ 자신의 잘못 – 객관적 사실 – 제3자의 역할

> ✔해설 대결 국면에서의 핵심 사항은 상대방의 입장에 대한 무비판적인 부정이며, 격화 국면에서는 설득이 전혀 효과를 발휘할 수 없게 된다. 진정 국면으로 접어들어 비로소 협상이라는 대화가 시작되며 험난한 단계를 거쳐 온 갈등은 이때부터 서서히 해결의 실마리가 찾아지게 된다.

32 K사는 판매제품에 대한 고객의 만족도를 알아보기 위하여 고객 설문 조사 방법에 대한 내부 회의를 진행하였다. 직원들로부터 도출된 다음 의견 중 고객 설문 조사의 바람직한 방법을 제시하고 있지 못한 것은?

① "설문 조사는 우선 우리가 알고자 하는 것보다 고객이 만족하지 못하는 것, 고객이 무언의 신호를 보내고 있는 것이 무엇인지를 알아내는 일이 더욱 중요하다고 봅니다."

② "가급적 고객의 감정에 따른 질문을 작성해야 할 거고, 비교적 상세한 질문과 자유회답 방식이 바람직할 거예요."

③ "우리 제품을 찾는 고객들은 일단 모두 같은 수준의 서비스를 원한다고 가정해야 일정한 서비스를 지속적으로 제공할 수 있을 테니, 질문을 작성할 때 이런 점을 반드시 참고해야 합니다."

④ "가끔 다른 설문지들을 보면 무슨 말을 하고 있는지, 뭘 알고 싶은 건지 헷갈릴 때가 많아요. 응답자들이 쉽게 알아들을 수 있는 말로 질문을 작성하는 것도 매우 중요합니다."

⑤ "고객의 만족도를 알기 위한 설문은 1회 조사에 그쳐서는 안 됩니다. 뿐만 아니라, 매번 질문 내용을 바꾸지 않는 것도 꼭 지켜야 할 사항입니다."

> ✔해설 고객만족을 측정함에 있어 흔히 오류를 범하는 형태로 다음과 같은 것들이 있다.
> ㉠ 고객이 원하는 것을 알고 있다고 생각함
> ㉡ 적절한 측정 프로세스 없이 조사를 시작함
> ㉢ 비전문가로부터 도움을 얻음
> ㉣ 포괄적인 가치만을 질문함
> ㉤ 중요도 척도를 오용함
> ㉥ 모든 고객들이 동일한 수준의 서비스를 원하고 필요하다고 가정함

Answer 31.④ 32.③

33 다음과 같은 팀 내 갈등을 원만하게 해결하기 위하여 팀원들이 함께 모색해 보아야 할 사항으로 가장 적절하지 않은 것은?

> 평소 꼼꼼하고 치밀하며 안정주의를 지향하는 성격인 정 대리는 위험을 감수하거나 모험에 도전하는 일만큼 우둔한 것은 없다고 생각한다. 그런 성격 덕분에 정 대리는 팀 내 경비 집행 및 예산 관리를 맡고 있다. 한편, 정 대리와 입사동기인 남 대리는 디테일에는 다소 약하지만 진취적, 창조적이며 어려운 일에 도전하여 뛰어난 성과를 달성하는 모습을 자신의 장점으로 가지고 있다. 두 사람은 팀의 크고 작은 업무 추진에 있어 주축을 이뤄가며 조화로운 팀을 꾸려가는 일에 늘 앞장을 서 왔지만 왠지 최근 들어 자주 부딪히는 모습이다. 이에 다른 직원들까지 업무 성향별로 나뉘는 상황이 발생하여 팀장은 큰 고민에 빠져있다. 다음 달에 있을 중요한 프로젝트 추진을 앞두고, 두 사람의 단결된 힘과 각자의 리더십이 필요한 상황이다.

① 각각의 주장을 검토하여 잘못된 부분을 지적하고 고쳐주는 일
② 어느 한쪽으로도 치우치지 않고 중립을 지키는 일
③ 차이점보다 유사점을 파악하도록 돕는 일
④ 다른 사람들을 참여시켜서 개방적으로 토의하게 하는 일
⑤ 느낌이나 성격이 아니라 사실이나 행동에 초점을 두는 일

> ✔ 해설 갈등을 성공적으로 해결하기 위한 방안의 하나로, 내성적이거나 자신을 표현하는 데 서투른 팀원을 격려해주는 것이 중요하며, 이해된 부분을 검토하고 누가 옳고 그른지에 대해 논쟁하는 일은 피하는 것이 좋다.

34 효과적인 팀이란 팀 에너지를 최대로 활용하는 고성과 팀이다. 다음 중 이러한 '효과적인 팀'이 가진 특징으로 적절하지 않은 것은?

① 역할과 책임을 명료화시킨다.   ② 결과보다는 과정에 초점을 맞춘다.
③ 개방적으로 의사소통한다.   ④ 개인의 강점을 활용한다.
⑤ 팀 자체의 효과성을 평가한다.

> ✔ 해설 효과적인 팀은 결국 결과로 이야기할 수 있어야 한다. 필요할 때 필요한 것을 만들어 내는 능력은 효과적인 팀의 진정한 기준이 되며, 효과적인 팀은 개별 팀원의 노력을 단순히 합친 것 이상의 결과를 성취하는 능력을 가지고 있다. 이러한 팀의 구성원들은 지속적으로 시간, 비용 및 품질 기준을 충족시켜 준다. 결과를 통한 '최적의 생산성'은 바로 팀원 모두가 공유하는 목표이다.
> 선택지에 주어진 것 이외에도 효과적인 팀의 특징으로는 '팀의 사명과 목표를 명확하게 기술한다.', '창조적으로 운영된다.', '리더십 역량을 공유하며 구성원 상호 간에 지원을 아끼지 않는다.', '팀 풍토를 발전시킨다.' 등이 있다.

35 다음 두 조직의 특성을 참고할 때, '갈등관리' 차원에서 본 두 조직에 대한 설명으로 적절하지 않은 것은?

> 감사실은 늘 조용하고 직원들 간의 업무적 대화도 많지 않아 전화도 큰소리로 받기 어려운 분위기다. 다들 무언가를 열심히 하고는 있지만 직원들끼리의 교류나 상호작용은 찾아보기 힘들고 왠지 활기찬 느낌은 없다. 그렇지만 직원들끼리 반목과 불화가 있는 것은 아니며, 부서장과 부서원들 간의 관계도 나쁘지 않아 큰 문제없이 맡은 바 임무를 수행해 나가기는 하지만 실적이 좋지는 않다.
>
> 반면, 빅데이터 운영실은 하루 종일 떠들썩하다. 한쪽에선 시끄러운 전화소리와 고객과의 마찰로 빚어진 언성이 오가며 여기저기 조직원들끼리의 대화가 끝없이 이어진다. 일부 직원은 부서장에게 꾸지람을 듣기도 하고 한쪽에선 직원들 간의 의견 충돌을 해결하느라 열띤 토론도 이어진다. 어딘가 어수선하고 집중력을 요하는 일은 수행하기 힘든 분위기처럼 느껴지지만 의외로 업무성과는 우수한 조직이다.

① 감사실은 조직 내 갈등이나 의견 불일치 등의 문제가 거의 없어 이상적인 조직으로 평가될 수 있다.
② 빅데이터 운영실에서는 갈등이 새로운 해결책을 만들어 주는 기회를 제공한다.
③ 감사실은 갈등수준이 낮아 의욕이 상실되기 쉽고 조직성과가 낮아질 수 있다.
④ 빅데이터 운영실은 생동감이 넘치고 문제해결 능력이 발휘될 수 있다.
⑤ 두 조직의 차이점에서 '갈등의 순기능'을 엿볼 수 있다.

> ✔해설 목표를 달성하기 위해 노력하는 팀이라면 갈등은 항상 일어나게 마련이다. 갈등은 의견 차이가 생기기 때문에 발생하게 된다. 그러나 이러한 결과가 항상 부정적인 것만은 아니다. 갈등은 새로운 해결책을 만들어 주는 기회를 제공한다. 중요한 것은 갈등에 어떻게 반응하느냐 하는 것이다. 갈등이나 의견의 불일치는 불가피하며 본래부터 좋거나 나쁜 것이 아니라는 점을 인식하는 것이 중요하다. 또한 갈등수준이 적정할 때는 조직 내부적으로 생동감이 넘치고 변화 지향적이며 문제해결 능력이 발휘되며, 그 결과 조직성과는 높아지고 갈등의 순기능이 작용한다.

36 조직 사회에서 일어나는 갈등을 해결하는 방법 중 문제를 회피하지 않으면서 상대방과의 대화를 통해 동등한 만큼의 목표를 서로 누리는 두 가지 방법이 있다. 이 두 가지 갈등해결방법에 대한 다음의 설명 중 빈칸에 들어갈 알맞은 말은?

> 첫 번째 유형은 자신에 대한 관심과 상대방에 대한 관심이 중간정도인 경우로서, 서로가 받아들일 수 있는 결정을 하기 위하여 타협적으로 주고받는 방식을 말한다. 즉, 갈등 당사자들이 반대의 끝에서 시작하여 중간 정도 지점에서 타협하여 해결점을 찾는 것이다.
>
> 두 번째 유형은 협력형이라고도 하는데, 자신은 물론 상대방에 대한 관심이 모두 높은 경우로서 '나도 이기고 너도 이기는 방법(win-win)'을 말한다. 이 방법은 문제해결을 위하여 서로 간에 정보를 교환하면서 모두의 목표를 달성할 수 있는 '윈윈' 해법을 찾는다. 아울러 서로의 차이를 인정하고 배려하는 신뢰감과 공개적인 대화를 필요로 한다. 이 유형이 가장 바람직한 갈등해결 유형이라 할 수 있다. 이러한 '윈윈'의 방법이 첫 번째 유형과 다른 점은 (   ) 는 것이며, 이것을 '윈윈 관리법'이라고 한다.

① 시너지 효과를 극대화힐 수 있다.

② 상호 친밀감이 더욱 돈독해진다.

③ 보다 많은 이득을 얻을 수 있다.

④ 문제의 근본적인 해결책을 얻을 수 있다.

⑤ 대인관계를 넓힐 수 있다.

✔ 해설 첫 번째 유형은 타협형, 두 번째 유형은 통합형을 말한다. 갈등의 해결에 있어서 문제를 근본적·본질적으로 해결하는 것이 가장 좋다. 통합형 갈등해결 방법에서의 '윈윈(Win-Win) 관리법'은 서로가 원하는 바를 얻을 수 있기 때문에 성공적인 업무관계를 유지하는 데 매우 효과적이다.

37 민원실에 근무하는 서 대리는 모든 직원들이 꺼리는 불만 가득한 민원인이 찾아오면 항상 먼저 달려와 민원인과의 상담을 자청한다. 이를 본 민원실장은 직원들에게 서 대리의 적극성에 대해 설명한다. 다음 중 민원실장이 들려준 말이라고 볼 수 없는 것은?

① "불평하는 고객은 결국 회사를 이롭게 하는 역할을 하는 겁니다."
② "고객의 거친 말은 꼭 불만의 내용이 공격적이기 때문은 아닌 겁니다."
③ "서 대리는 회사의 가치가 왜곡되거나 불필요하게 침해당하는 것을 막고자 하는 겁니다."
④ "불평고객 대부분은 단지 회사의 잘못을 인정하고 사과하는 모습을 원하는 경우가 많습니다."
⑤ "서 대리는 회사보다 민원인의 입장에서 이야기를 들어보고자 하는 직원입니다."

✔해설 ③ 서 대리와 같이 적극적으로 상담에 임하는 자세를 회사의 가치 왜곡을 바로잡고자 고객에게 항변하는 모습으로 볼 수는 없다.
①②④⑤ 고객의 불평에 대해 부정적인 인식을 예방하고 좋은 방안으로 활용하기 위해 꼭 알아야 할 사항들이다.

38 다음은 고객 불만 처리 프로세스를 도식화한 그림이다. 이 중 '정보파악'의 단계에서 이루어지는 행위를 〈보기〉에서 모두 고른 것은?

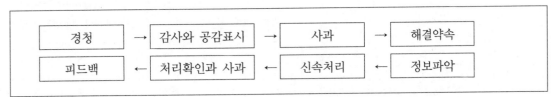

| 경청 | → | 감사와 공감표시 | → | 사과 | → | 해결약속 |
| 피드백 | ← | 처리확인과 사과 | ← | 신속처리 | ← | 정보파악 |

─── 〈보기〉 ───

㉠ 고객의 항의에 선입관을 버리고 경청하며 문제를 파악한다.
㉡ 문제해결을 위해 고객에게 필수적인 질문만 한다.
㉢ 고객에게 어떻게 해주면 만족스러운 지를 묻는다.
㉣ 고객 불만의 효과적인 근본 해결책은 무엇인지 곰곰 생각해 본다.

① ㉠㉡㉢
② ㉠㉡㉣
③ ㉠㉢㉣
④ ㉡㉢㉣
⑤ ㉠㉡㉢㉣

✔해설 ㉠은 첫 번째 경청의 단계에 해당하는 말이다. 정보파악 단계에서는 문제해결을 위해 꼭 필요한 질문만 하여 정보를 얻고, 최선의 해결방법을 찾기 어려우면 고객에게 어떻게 해주면 만족스러운지를 묻는 일이 이루어지게 된다.

Answer 36.④ 37.③ 38.④

39 다음에 제시된 인물의 사례 중 동일한 멤버십 유형으로 구분하기 어려운 한 사람은 누구인가?

① 갑 : 별다른 아이디어가 없으며, 묵묵히 주어진 업무를 수행한다.

② 을 : 조직을 믿고 팀플레이를 하는 데 익숙하다.

③ 병 : 기존의 질서를 따르는 것이 무엇보다 중요하다고 여기며, 리더의 의견을 거스르지 않는다.

④ 정 : 조직의 운영 방침에 민감한 태도를 보이게 된다.

⑤ 무 : 획일적인 태도에 익숙하며, 대체로 기쁘고 즐거운 마음으로 업무에 임한다.

✔ 해설 멤버십 유형을 마인드를 나타내는 독립적 사고 축과 행동을 나타내는 적극적 실천 축으로 구분해 보면 다음과 같다.

구분	소외형	순응형	실무형	수동형
자아상	• 자립적인 사람 • 일부러 반대의견 제시 • 조직의 양심	• 기쁜 마음으로 과업 수행 • 팀플레이를 함 • 리더나 조직을 믿고 헌신함	• 조직의 운영방침에 민감 • 사건을 균형 잡힌 시각으로 봄 • 규정과 규칙에 따라 행동함	• 판단, 사고를 리더에 의존 • 지시가 있어야 행동
동료/리더의 시각	• 냉소적 • 부정적 • 고집이 셈	• 아이디어가 없음 • 인기 없는 일은 하지 않음 • 조직을 위해 자신과 가족의 요구를 양보함	• 개인의 이익을 극대화하기 위한 흥정에 능함 • 적당한 열의와 평범한 수완으로 업무 수행	• 하는 일이 없음 • 제 몫을 하지 못함 • 업무 수행에는 감독이 반드시 필요
조직에 대한 자신의 느낌	• 자신을 인정 안 해줌 • 적절한 보상이 없음 • 불공정하고 문제가 있음	• 기존 질서를 따르는 것이 중요 • 리더의 의견을 거스르는 것은 어려운 일임 • 획일적인 태도 행동에 익숙함	• 규정준수를 강조 • 명령과 계획의 빈번한 변경 • 리더와 부하 간의 비인간적 풍토	• 조직이 나의 아이디어를 원치 않음 • 노력과 공헌을 해도 아무 소용이 없음 • 리더는 항상 자기 마음대로 함

따라서 '정'을 제외한 나머지 인물들은 순응형의 멤버십을 지녔다고 볼 수 있으며, '정'은 실무형의 멤버십 유형으로 구분할 수 있다.

40 A기업 인사팀에 근무하고 있는 김 대리는 팀워크와 관련된 신입사원 교육을 진행하였다. 교육이 끝나고 수강한 신입사원들에게 하나의 상황을 제시한 후, 교육 내용을 토재로 주어진 상황에 대해 이해한 바를 발표하도록 하였다. 김 대리가 제시한 상황과 이를 이해한 신입사원들의 발표 내용 중 일부가 다음과 같을 때, 교육 내용을 잘못 이해한 사람은 누구인가?

〈지시된 상황〉

　　입사한 지 2개월이 된 강 사원은 요즘 고민이 많다. 같은 팀 사람들과 업무를 진행함에 있어 어려움을 겪고 있기 때문이다. 각각의 팀원들이 가지고 있는 능력이나 개인의 역량은 우수한 편이다. 그러나 팀원들 모두 자신의 업무를 수행하는 데는 열정적이지만, 공동의 목적을 달성하기 위해 업무를 수행하다 보면 팀원들의 강점은 드러나지 않으며, 팀원들은 다른 사람의 업무에 관심이 없다. 팀원들이 자기 자신의 업무를 훌륭히 해낼 줄 안다면 팀워크 또한 좋을 것이라고 생각했던 강 사원은 혼란을 겪고 있다.

최주봉 : 강 사원의 팀은 팀원들의 강점을 잘 인식하고 이를 활용하는 방법을 찾는 것이 중요할 것 같습니다. 팀원들의 강점을 잘 활용한다면 강 사원뿐만 아니라 팀원들 모두가 공동의 목적을 달성하는 데 대한 자신감을 갖게 될 것입니다.

오세리 : 팀원들이 개인의 업무에만 관심을 갖는 것은 문제가 있습니다. 개인의 업무 외에도 업무지원, 피드백, 동기부여를 위해 서로의 업무에 관심을 갖고 서로에게 의존하는 것이 중요합니다.

이아야 : 강 사원의 팀은 팀워크가 많이 부족한 것 같습니다. 팀원들로 하여금 집단에 머물도록 만들고, 팀의 구성원으로서 계속 남아 있기를 원하게 만드는 팀워크를 키우는 것이 중요합니다.

장유신 : 강 사원이 속해 있는 팀의 구성원들은 팀의 에너지를 최대로 활용하지 못하는 것 같습니다. 각자의 역할과 책임을 다함과 동시에 서로 협력할 줄 알아야 합니다.

심현탁 : 강 사원의 팀은 협력, 통제, 자율 세 가지 기제에 따른 팀 내 적합한 팀워크의 유형을 파악하여 팀워크를 향상시키기 위해 노력할 필요가 있습니다.

① 최주봉　　　　　　　　　② 오세리
③ 이아야　　　　　　　　　④ 장유신
⑤ 심현탁

✔해설　구성원이 서로에 끌려서 집단에 계속해서 남아 있기를 원하는 정도는 팀응집력에 대한 내용이다.
　　　　팀워크는 팀 구성원간의 협동 동작·작업, 또는 그들의 연대, 팀의 구성원이 공동의 목표를 달성하기 위하여 각 역할에 따라 책임을 다하고 협력적으로 행동하는 것을 이르는 말이다.

Answer　39.④　40.③

가볍게! 빠르게! 확인하는 용어사전 시리즈

시사용어사전 | 경제용어사전 | 부동산용어사전

시사용어사전 1228

매일 접하는 각종 기사와 정보! 공기업/언론사/기업체/공무원 채용을 준비하는 수험생과
현대인이 꼭 알아야 할 최신 시사상식을 쏙쏙 뽑아 이해하기 쉽도록 영역별로 정리

경제용어사전 1050

주요 경제용어는 거의 다 실었다! 금융권/공기업/언론사/기업체/공무원 채용을 준비하기 전에,
경제 공부를 시작하기 전에 읽어보면 경제가 쉬워지도록 사전식으로 구성

부동산용어사전 1310

부동산에 대한 이해를 높이고 부동산의 개발과 활용, 투자 및 부동산 용어 학습에도
적극적으로 이용할 수 있는 교재, 공인중개사 출제용어도 수록